孤本中医古籍书目提要

张伟娜　佟琳　主编

中医古籍出版社
Publishing House of Ancient Chinese Medical Books

图书在版编目（CIP）数据

孤本中医古籍书目提要 / 张伟娜，佟琳主编 . -- 北京：中医古籍出版社，2023.12

ISBN 978-7-5152-2409-1

Ⅰ . ①孤…　Ⅱ . ①张… ②佟…　Ⅲ . ①中医典籍－图书目录－中国　Ⅳ . ① Z88：R2-5

中国版本图书馆 CIP 数据核字（2022）第 003981 号

孤本中医古籍书目提要

张伟娜　佟　琳　主编

责任编辑　郑　蓉
文字编辑　张　威
封面设计　蔡　慧
出版发行　中医古籍出版社
社　　址　北京市东城区东直门内南小街 16 号（100700）
电　　话　010-64089446（总编室）　010-64002949（发行部）
网　　址　www.zhongyiguji.com.cn
印　　刷　北京广达印刷有限公司
开　　本　787mm × 1092mm　1/16
印　　张　28.5
字　　数　556 千字
版　　次　2023 年 12 月第 1 版　2023 年 12 月第 1 次印刷
书　　号　ISBN 978-7-5152-2409-1
定　　价　128.00 元

《孤本中医古籍书目提要》
编委会

编写指导专家

薛清录 张华敏 刘国正 裘 俭

主编

张伟娜 佟 琳

副主编

李鸿涛 李 兵 董 燕 陈广坤

编写人员

（以姓氏笔画为序）

王 程 王 蕊 王婧琳 王腾飞 毛宇红 方 艳
邓景鹏 卢 鹤 包 蕾 刘希萍 刘思鸿 安 欢
李 辰 李 萌 李 斌 李 想 李莎莎 李筱颖
肖 静 张 宇 张 迪 张 悦 张 磊 张明锐
张楚楚 罗丽丽 郑陆峰 孟虎彪 郝鸣昭 段 青
洪立珠 高思嘉 葛 政 董 菲 董毅智 覃 晋
傅小欧 樊雅梦 黎晓蕾 魏丹丹

本书出版得到中国中医科学院中医药信息研究所
第六批全国老中医专家学术经验继承工作项目（ZC202105）资助

前　言

我国目录学的历史源远流长，目录学的起源可以上溯到春秋时期孔子删诗、书之时，而目录学正式建立的标志则是西汉刘向、刘歆等编制完成综合性图书目录《别录》和《七略》，当时就已经有“方技略”的记载。古人不仅对医书进行了初步的分类，记录了具体的书名和卷数，而且对于本类书籍的主旨也做了归纳和概括。目录学是一门专门之学，主要包括书目著录、分类、提要等研究内容。同时，目录学也是一门应用学科，对于读书、治学具有“辨章学术、考镜源流”“即类求书、因书究学”等重要的学术价值和作用。中医目录学，尤其是中医古典目录学，作为专门之学中的一门专科之学，对于中医古籍的科学研究、中医学术的传承与发展都具有重要作用与现实意义。无论是古代的《医藏书目》，还是现代的《中国中医古籍总目》等工具书，这些标志性的中医古典目录学专著都对中医学的传承与发展提供了至关重要的学术支撑。

孤本古医籍是中医古籍重要而特殊的组成部分。一般来讲，孤本古医籍是世上仅存一本的古代医籍。据《中国中医古籍总目》统计，目前存世孤本古医籍共3734种，分布于115家收藏单位。其中，抄本占绝大多数。孤本形成的原因复杂多样，诸如兵燹火烬，或家藏秘抄，或受经济条件制约无力出版，或精绘无法复制，或杂抄、拼抄，因此孤本的价值也参差不齐。现存的孤本古医籍中不乏稀世珍品，如宋元以来历代精刻之善本、名医手稿、世代相传的诊疗经验和验方、名家批校本、精写本、刻书底稿、彩绘本草图、经络图、内景图以及导引图等。这些珍贵的医药典籍存在濒临失传的危险，抢救、保存、传播这些珍贵的文化遗产是刻不容缓的历史任务。

中国中医科学院图书馆中医目录学家薛清录研究员于二十世纪五六十年代起先后组织开展了三次大规模的全国中医古籍资源调研，并编纂出版《中国中医古籍总目》等3版目录学专著。在此基础上，于二十世纪九十年代开始开展对分散于全国各地的孤本医书进行调研和《中医古籍孤本大全》的选编出版工作。秉承薛老师的学术思想，中医古籍调研和孤本选编工作一直在持续开展，并取得一定成果。一方面，《中医古典目录学概论》《中国近代中医书刊联合目录》等专著得以出版；另一方面，目前影印出版的孤本中医古籍已达200余种，并出版《孤本医籍叙录集》。其中，对于孤本古医籍的调研虽然相对系统，但是对于调研成果的凝练和整理，尤其是孤本内容的揭示还不够全面。因此，我们基于以往中医古籍和孤本调研工作，遵循中医古典目录学的理论与方法，吸收前辈学者们的研究成果而编撰本书，作为中医古典目录学理论与实践相互转化、传承与创新相互促进的具体示范。

本书主要收录1912年以前历代流传下来的孤本古医籍，包括刻本、彩绘本、稿本、抄本等。对于孤版或者稀见古医籍，以及国内未见、日本现存的古医籍，我们依据学术价值和珍稀程度进行酌情收录。本书共收录我国和日本58家收藏单位的1912年以前出版的古医籍1334种。整体编写体例仿照《中国中医古籍总目》的分类编年体例；书目信息著录参照国家标准《古籍著录规则》（GB/T 3792. 7–2009）；分类方法依据团体标准《中医古籍分类标准》（T/CAS 531–2021）；提要撰写是在书目调研、文献调研、原书及相关资料查阅的基础上对医籍异名、著者考证、主要内容、学术特色、版式特征等进行整理。同时，本书主要参考了《中国中医古籍总目》《中国医籍大辞典》《上海地区馆藏未刊中医抄本提要》等工具书。

本书的出版得到各收藏馆的鼎力相助，相关专家学者、图书馆工作者给予大力支持，在此谨表衷心的感谢。同时，由于时间、水平所限，错讹疏漏之处在所难免，恳请专家、读者给予批评指正。

编者

2023年12月

目　录

*本目录主要依据《中医古籍分类标准表》中一二级类目而成，由于本书收书数量有限，个别二级目录下无书，故做适当调整。

编纂说明

一、收录范围

（1）本书依据《中国中医古籍总目》精选收录1912年以前出版的孤本中文医籍。

（2）孤本或者稀见古医籍酌情收录。

（3）国内未见、日本现存的古医籍酌情收录。

二、内容结构

（1）本书的主要内容包括编纂说明、中医古籍分类标准表、书目提要正文、索引。

（2）书目提要正文内容包括：类号，类目名称，序号，书名卷数，著者（包括朝代、姓名、字、号、著作方式），成书年，版本（包括出版时间、地点、出版者、版本类别），叶数或册数，版本信息，收藏馆，提要（包括医籍异名、著者考证、主要内容、学术特色、版式特征等）。

三、编排体例

（1）本书正文按分类编年方法排序。

（2）本书分类主要依据《中医古籍分类标准》（T/CAS 531–2021）。对于专科之丛书、方书、医案，本书均按专科归类，如：儿科丛书入儿科，妇科方书入妇科，外科医案入外科。

（3）成书年是本书的主要排序依据，一律采用阿拉伯数字标成书年。

（4）查不出准确成书年的著作，给参考年号，用方括弧括之。例如明朝著作，查不出具体年份，以明朝最后一年［1644］为参考年号，清朝则标以［1911］。

四、总序号

（1）总序号是书的代码，一种书只有一个序号。

（2）凡没有单行本之丛书子目单列条目，给总序号，版本采用丛书版本，并标注：见（丛书名+序号）。

五、索引

本书书名索引和著者索引分别按笔画和音序两种方法编排，分为书名笔画索引、书名音序索引、著者笔画索引、著者音序索引。

六、文字

本书的文字一律采用国家语言文字工作委员会2013年公布的简化字。

中医古籍分类标准表

（参见中国标准化协会团体标准《中医古籍分类标准》T/CAS 531–2021）

类号	一级类目	二级类目	三级类目
1	医经		
1.1		内经	
1.1.1			本文
1.1.2			注释
1.1.3			发挥
1.2		素问	
1.2.1			本文
1.2.2			注释
1.2.3			发挥
1.3		灵枢	
1.3.1			本文
1.3.2			注释
1.3.3			发挥
1.4		难经	
1.4.1			本文
1.4.2			注释
1.4.3			发挥
1.5		内难合编	
2	医理		
2.1		通论	
2.2		五运六气	

续　表

类号	一级类目	二级类目	三级类目
2.3		病源病机	
2.4		经络腧穴	
2.5		藏象骨度	
3	伤寒金匮		
3.1		伤寒论	
3.1.1			本文
3.1.2			注释
3.1.3			发挥
3.1.4			方论歌括
3.2		金匮要略	
3.2.1			本文
3.2.2			注释
3.2.3			发挥
3.2.4			方论歌括
3.3		伤寒金匮合编	
4	诊法		
4.1		通论	
4.2		脉诊	
4.2.1			脉经
4.2.2			脉诀
4.2.3			脉学
4.3		望诊	
4.4		舌诊	
4.5		杂著	
5	本草		
5.1		本经	
5.1.1			辑本
5.1.2			注释

续 表

类号	一级类目	二级类目	三级类目
5.2		历代本草	
5.2.1			唐及唐以前
5.2.2			宋辽金元
5.2.3			明代
5.2.4			清代
5.3		歌括便读	
6	方书		
6.1		历代方书	
6.1.1			唐及唐以前
6.1.2			宋辽金元
6.1.3			明代
6.1.4			清代
6.2		专科方书	
6.3		歌括便读	
6.4		成方药目	
7	临证各科		
7.1		通论	
7.2		温病	
7.2.1			通论
7.2.2			瘟疫
7.2.3			痧症
7.2.4			疟痢
7.2.5			霍乱鼠疫
7.2.6			白喉喉痧
7.3		内科	
7.3.1			通论
7.3.2			风痨臌膈
7.3.3			杂著

续 表

类号	一级类目	二级类目	三级类目
7.4		妇科	
7.4.1			通论
7.4.2			胎产
7.5		儿科	
7.5.1			通论
7.5.2			痘疹
7.5.3			惊疳
7.6		外科	
7.6.1			通论
7.6.2			痈疽疔疮
7.6.3			疠疯霉疮
7.6.4			杂著
7.7		伤科	
7.8		眼科	
7.9		咽喉口齿	
7.9.1			咽喉
7.9.2			口齿
7.10		祝由	
8	针推外治		
8.1		通论	
8.2		针法	
8.3		灸法	
8.4		推拿	
8.5		外治	
9	养生		
9.1		通论	
9.2		食疗	
9.3		房中	

续　表

类号	一级类目	二级类目	三级类目
9.4		广嗣	
9.5		导引	
9.6		炼丹	
10	医案医话医论		
10.1		医案	
10.1.1			综合医案
10.1.2			专科医案
10.2		医话医论	
10.3		笔记杂录	
11	医史目录		
11.1		医史	
11.2		目录	
12	丛书		

1 医经

1.1 内经

1.1.1 注释

0001

内经要旨一卷／（清）顾沅（号潜石子）注：1673. --清康熙二十三年甲子（1684）顾沅自刻本. --56叶／一册. --半叶十行，行二十四字，白口，框高21.7厘米，宽14.8厘米

中国科学院国家科学图书馆

提要：此书为疏注《黄帝内经》中要言的专著。书中摘录《黄帝内经》中"上古天真论""四气调神大论""生气通天论""阴阳应象大论""阴阳别论""灵兰秘典论""五脏生成篇""脉要精微论""平人气象论""三部九候论""经脉别论""通评虚实论""评热病论""疟论""举痛论""痿论""厥论""调经论""标本病传论""六微旨大论""气交变大论""五常政大论""六元正纪大论""至真要大论"等篇中重要经文予以阐发，具有个人见解，后附有"附《灵枢》精义"，对《灵枢》中个别篇章中经文摘录，略作批注。后又附有"论说二条"，一为"血症比象"，一为"腑脏斤两"。末有"征言"及"跋"各一篇。

0002

内经截要不分卷／著者佚名：［1875］. --清抄本. --211叶／五册

中国国家图书馆

提要：此书又名《内经会要》《内经摘要》。全书五册，每册首有目录，后为正文。第一、二册目录首叶分别标有卷一、卷二，后三册未题卷次。前四册为节选《黄帝内经》内容，其中第一册含《素问》"四气调神大论""阴阳应象大论""金匮真言论"、《灵枢》"天年篇"等58篇；第二册有十二经脉、经络之辨、刺诊之法、气穴孙络溪谷之应等71篇；第三册有色味当五脏、人有阴阳五等、手足阴阳系日月等21篇；第四册有《素问》疟论、风水黄疸辨、杂病所由等56篇。第五册附脉诀，有李濒湖脉学、四言脉诀、诸家论脉摘要、陶氏伤寒三诊脉义、叶天士辨胎脉等14篇。书中题有"绿阴书屋手录"。书中录文之上有墨笔批注或释文，行间有朱笔圈点。

0003

医经类纂五卷／（清）田晋蕃（字杏村）撰：1884. --清光绪五年己卯（1879）至清光绪十年甲申（1884）稿本（见田晋蕃医书七种1328）. --546叶／五册. --半叶十一行，行二十三字，有界栏，框高17.6厘米，宽11.2厘米

中国中医科学院图书馆

提要：著者田晋蕃，清末医家，字杏村，会稽（今浙江绍兴）人，著有《内经素问校

正》《中西医辨》《慎疾格言》等，均有刊本行世。此书系将《黄帝内经》等医经类著作，不拘泥篇章，予以条分缕析，按四时、阴阳、九窍、传变、腧穴、脏腑等知识点分别摘录，甚至以“天”“脂”“衣”等具体的字为标题予以摘编。每段文字后注明原著章节，清晰明了。书中对经典著作内容的解析，对于学习和理解经典有一定的参考价值。

0004

内经类要纂注三十九卷 /（清）叶霖（字子雨，号石林旧隐）撰注：1898. -- 清抄本. -- 二十册

上海中医药大学图书馆

提要：此书将《素问》《灵枢》篇章重新分类编纂。卷一为摄生、阴阳类，卷二、三缺，卷四为藏象类，卷五至卷七为经络类，卷八至卷十一为脉色类，卷十二、十三为切脉余义，卷十四为察色余义，卷十五为标本类，卷十六、十七为论治类，卷十八至卷二十九为疾病类，卷三十至卷三十四为疾病余义，卷三十五至卷三十九为针刺类。此书在《黄帝内经》原文下纂集诸家之说以为阐注，既辑选王冰、林亿、吴崑、张介宾、张志聪等医家注释《黄帝内经》之文，亦汇萃历代名医要说，以发明经旨余义，并直抒己见，评说各家之得失。

0005

素灵汇萃四卷 /（清）汪宗淦（字稚琢）辑：［1911］. -- 清抄本. -- 一册

上海中医药大学图书馆

提要：此书是将明代张景岳《类经》前四卷的部分篇章摘录编辑而成。内容分为摄生、阴阳、藏象三类。包括《类经》卷一“摄生”收录“上古之人春秋百岁今时之人半百而衰”“上古圣人之教下”“四气调神”“四时阴阳从之则生逆之则死”4篇，卷二“阴阳”收录“阴阳应象”“法阴阳”“天不足西北地不满东南”“天地之气通于人”“阴阳之中复有阴阳”5篇，卷三、四“藏象”收录“十二官”“藏象”“藏府有相合三焦曰孤府”“五藏之应各有收受”“四时阴阳外内之应”“五气之合人万物之生化”等21篇。汪氏从这30篇中择要抄录，辑成此书，可作为速阅《类经》前四卷之选本。

0006

素灵类纂注释十七卷 / 著者佚名：［1911］. -- 清抄本. --536叶 / 六册

上海中医药大学图书馆

提要：此书目录分别列于每册卷首，内容涉及摄生、藏象、经络、病机、审治、生死、诊要、运气八类，是将《素问》《灵枢》的重要段落以类划分，分别列于上述八大类之中，并分别加以注释。书中注释的内容，除《素问》《灵枢》外，也有《难经》的内容，如经络类即收录《难经》之二十八难、二十九难。但此书少有独到之处。

0007

发藻堂纂集灵素类言二卷 / 著者佚名：［1911］. -- 清稿本. --250叶 / 二册

浙江图书馆

提要：此书将《黄帝内经》按类予以归类注释。上卷有阴阳、三阴三阳、脏腑、五脏六腑、寒热、虚实、饮食、治养、时

序、标本、生死愈剧、脉、营卫、经络、关格、气味、清浊，中卷有身、气、血、津液、色、声、形、筋、骨、头、颈项、面、目、耳、舌、齿、鼻、口、手、足膝、肩、脊背、腰、四肢、皮肤、咽喉、胸胁、腹、膈、九窍、三焦、大小便、外淫、内伤、中风、疠风、暑、湿、燥、火、燥渴、厥、疟、痉，下卷载痿、痹、癫、咳、喘、汗、呕吐、眩、悸、狂、喑、疝、虫、冲逆、霍乱、积胀、心痛、胀满、肠鸣、反胃、癃淋、麻木、洞泄、烦躁、麻木、瘛疭、消瘅、健忘、悗乱、黄疸、寒栗、畏恶、惊惧、喜怒、怠惰、遗精、阴痿、石水、五饮、卒仆、邪祟、吞酸、虚损、涎沫、喘泣、太息、呻吟、呛、唾、噫、殚、欠、梦、悲、针灸、睡卧坐立。此书主要以论述人体生理病理的原文为主，同时还夹有著者个人的解析注释，可作为研究和学习《黄帝内经》较好的范本。

1.1.2　发挥

0008

灵素音释汇抄一卷／（清）陆懋修（字九芝、勉旃，号江左下工、林屋山人）辑：［1884］．--清光绪十年甲申（1884）陆懋修抄本．--29叶／一册．--半叶九行，行二十二字，四周双边

中国国家图书馆

提要：此书著者陆懋修鉴于庸医对于古代医经“不明古训，诘屈难读，束阁不观。甚者又窜易篇第，损改旧文，使轩憩古书瘢类遍体”。于是“纂成内经难字音义一卷，爬梳理董于形声通假之故”（见清光绪十年王颂蔚跋）。书中内容首有摘录“明道藏本史崧灵枢音释”，陆氏并以赵府居敬堂本予以考校；又有摘录“林校王冰注素问音义”，亦予以考校；其后为“世补斋内经难字音义”，此部分已刻入《世补斋医书六种》。书中多有陆氏校记、题记。

0009

医经八卷／（清）陈世杰（字怀三）著　张邵焕（字有文）参订　余谦牧（字心恭）重校　张嵩阅：［1911］．--抄本．--185叶／八册．--半叶九行，行二十字，白口，四周双边

中国科学院上海生命科学信息中心生命科学图书馆

提要：此书卷一为疏序和证治总例，卷二至卷六为辨痉湿暍、辨脉、辨太阳病形证治等29种，卷七至卷八为方药炮制、桂枝汤方等115种汤方。

0010

论内经一卷／著者佚名：［1911］．--清抄本．--37叶／二册．--半叶九行，行二十五字，白口，四周双边

中国国家图书馆

提要：此书收集《黄帝内经》中重要篇章语句为题的论文约30余篇，以著者自己的理解和认识加以阐发。书末附10余条临证理论发挥，但无标题，或为临证偶得而记录。

1.2　素问

1.2.1　注释

0011

素问臆说二卷／（明）王未宾：1579．--明

万历七年己卯（1579）种芝堂刻本. --111叶. --半叶九行，行十七字，白口，左右双边，框高18.4厘米，宽13.4厘米

南京图书馆

提要：此书为《素问》注释之书，共选原文65篇，编注条目366节。著者对于《素问》逐篇难句加以汇释诠解，对于《素问》的学习颇有参考价值。但内容侧重顺通诠释文意，少有联系临床实际。

0012

黄帝内经素问傍训八卷/（清）李守真抄辑：［1875］. --清光绪元年乙亥（1875）抄本. --46叶/一册

中国国家图书馆

提要：此书抄录马莳《黄帝内经素问注证发微》《黄帝内经灵枢注证发微》和张志聪《黄帝内经素问集注》《黄帝内经灵枢集注》的部分内容。书中首有仿刻本内封叶，书："黄帝内经素问傍训，李守真抄读，元台原本隐庵增注摘录。"后有目录，列八卷内容，而正文无总题名，仅为目录所列一至四卷内容。全书抄录工整谨严，似为仿抄刻本。间有朱笔圈点。

0013

素问说意二卷/（清）惜余主人著：［1911］. --清抄本. --95叶/二册

中国国家图书馆

提要：此书为《黄帝内经素问》八十一篇逐篇解题之书。综论每篇内容及大意，提要钩玄，敷扬要旨，语言精练而不繁，对于把握《素问》每篇主旨大意有一定参考价值。

0014

素问撮要句解一卷/著者佚名：1911.--稿本. --79叶/一册. --半叶十行，行二十八字，框高21.5厘米，宽12.1厘米。

中国中医科学院图书馆

提要：此书选择《素问》部分重要或难以理解的经文，予以注释，大字系经文，小字为注文。次序与王冰本类似，但非每篇都选择经文注释。著者受新校正按语影响，将第二十篇"三部九候论"改为"决死生论"。注文受王冰注影响较大，间或抒以己见。

1.2.2 发挥

0015

新刊图解素问要旨论八卷/（金）刘完素（字守真，号河间居士、通玄处士）原撰（元）马宗素编：1271.--清抄本. --一册

中国国家图书馆

提要：此书主要论述五运六气学说在医学上的运用，内容依据《素问》七篇大论，阐明运气学说的概念、原理、推演方法、变化规律及其与疾病发生发展的关系。全书采用图表方式演绎运气学说，通俗易懂，便于掌握。

0016

黄帝内经素问校义十一卷/（清）姚凯元（字子湘，号雪子）撰：1911.--清稿本. --65叶/二册

中国国家图书馆

提要：此书为医经版本及内容校勘研究类著作，内容包括《黄帝内经素问》相关版本、源流等内容的校勘与考释。书中目录

所列：卷一溯源，卷二句读，卷三通证289条，卷四摘衍277条，卷五考异608条，卷六订误352条，卷七辨穴，卷八检注，卷九正审，卷十广引，卷十一祝由。此书为残卷，现仅存卷一历代名家注订书目源流。本卷援引录存有关《素问》的各种传本及注本之序。

0017
素问玄机歌诀一卷／著者佚名：［1911］．--清抄本．--一册

上海中医药大学图书馆

提要：此书为类注加以歌诀阐释医经类著作，无目录、序跋。书末另附《补遗》《脉体捷法》《脉诀撮要》。全书大多以寻、候、遂、顺、得、失、新、久、缓、急、清、浊等单字为标题，计载80余首歌诀，某些单字有重复出现。每首歌诀之下均有详尽阐释，内容包括脉诊、病机、治法等。与清代王应震《王应震要诀》之“王应震先生四十四字要诀”有部分雷同，但此书内容更丰富。书末还用歌诀形式论述药物功效。所附《脉体捷法》主要描述浮、芤、滑、实、弦等24种脉象，并说明其病机。《脉诀撮要》载原脉说、人迎气口、分人迎气口脉诀、内因脉、外因脉、脉有相似宜辨、辨脉法等内容。

1.3 难经

0018
难经本义三卷／（清）童圣功选编：［1911］．--清怀幼堂抄本（见医法通汇大全）．--123叶／二册．--半叶九行，行十八字，白口，四周双边

中国国家图书馆

提要：此书大题“医法通汇大全”，次题“难经本义”，当为《医法通汇大全》之子书。全书二册，第一册首有缺叶，其内容自“五难”至“三十五难”；第二册卷端题“医法通汇大全，童圣功合选”，次题“难经本义”，自“三十六难”至“八十一难”，卷尾题“难经本义三卷毕”。其后附“童圣功补扁鹊药王真君救八十一难病症”。书中未见分卷次，唯卷尾题“难经本义三卷毕”，此种情况或为缺叶所致。

0019
难经古注校补不分卷／（清）力钧（字轩举、香雨，号医隐）辑：1911.--清稿本．--239叶／七册．--半叶十行，行二十四字，黑口，上黑鱼尾，左右双边，有界栏，框高18.4厘米，宽12.1厘米

中国中医科学院图书馆

提要：此书为《难经》校注类医籍。全书七册。前四册是著者据其研究《难经》25年所得佚存丛书《难经王氏集注本》而校补。《难经集注》是现存最早的《难经》注本，集三国吴吕广、唐代杨玄操以及北宋丁德用、虞庶、杨康侯5家注《难经》之文，合为一编，按脉诊、经络、脏腑、腧穴、针法等次序分为13篇，共5卷。另外，书中还多处引用《黄帝内经》等经典医籍及其他经史书籍之文。此书对于整理研究《难经》早期注本情况及古医籍的校勘等均有重要参考价值。书中红字序文提及，徐灵胎谓《难经》有图始于丁德用，集注仍本丁本，以杨注附之，吕注在杨注内。图

示较今传本不全，全书以“吕注”“丁注”等表示，不似别版，以“吕曰”“丁曰”等表示，可以为《难经集注》的版本考证提供一定的依据。第五册《史记正义引难经考》节选《难经》原文，时有杨玄操注文，吕广注文。先辑《史记正义》原文，后为辑录者考。最后录有《隋书·经籍志》《唐书·艺文志》等所载秦越人《黄帝八十一难经》。第六册《难经本义增辑》为海宁周学海纂，文以“增辑徐氏曰”叙述，对《难经》原文以及部分集注释文的问难、解释，后附有著者的简要按语，或赞赏徐氏之细心严谨，或斥责徐氏之论过于武断，见解独到。第七册《难经经释补》为力钧增补清代徐大椿《难经经释》而成，书中以《黄帝内经》原文注释《难经》，或详引诸篇内容，或仅列篇名，与今本《黄帝内经》篇名稍有差别。总之，此书对《难经集注》《难经本义》《难经经释》《史记正义》四本《难经》古注本的校补、增辑，对研究《难经》及其注家均具有一定参考价值。

2 医理

2.1 通论

0020

医学门径图说不分卷 / 著者佚名：[1911]. -- 清抄本. -- 二册

上海中医药大学图书馆

提要： 此书书首有弁言。上册首先论述太极、阴阳五行之理，其次讨论胎元、逐月养胎、小儿变蒸、新生儿辨五脏强弱法、人体生长发育与阴阳气血关系、脾胃生理病机等，最后列举身体外门和身体内门、人身外在体表和内在脏腑之区别，大多承袭旧说，并无新意。下册主要记载五脏图和十二经脉走行及穴位图。每条经脉有本经诸穴歌、诸穴分寸歌、本经经脉歌、本脏（腑）补泻、温凉药及本脏（腑）引经药等。总之，此书对研究中医阴阳五行学说、胎元与儿科理论、十二经脉理论等有一定的参考价值。

0021

金匮直解一卷 / 著者佚名：[1911]. -- 清抄本. -- 一册. -- 半叶七行，行三十五字，框高24.7厘米，宽15.6厘米

北京中医药大学图书馆

提要： 此书名为《金匮直解》，但并非针对《金匮要略》作注解，用“金匮”之名者，实取所述内容为至真要道、无比珍秘之意。全书无序跋，论述营卫生会解、伤寒统辨、元气论、精神论、阴阳论、气血论、津液论、营卫论、宗气论、胎妊论、伤寒杂病论原序、凡例等篇章，又有生气浮沉图、阴阳生化图等图及解说。此书以《黄帝内经》天人相参理论为宗旨，结合易理，从鸿蒙天地、阴阳四时、六气时辰构建框架，将人体营卫气血、精神津液、元气生气、谷气胃气之生成长养、盛衰转化对应其中，阐幽发微，揭示人体气化机理，并且深入论述了男女媾精、立胎妊娠之生理。并以《伤寒论》“三阴三阳”、《难经》“伤寒有五”为纲要，从广义“伤寒”角度统贯百病，以六经结合三焦概括一切病机。卷末绘图附说，更为直观阐述以上观点。

2.2 五运六气

0022

素问元密十六卷 / 原题（唐）王冰（号启玄子）述：[762]. -- 清抄本. --240叶/四册. -- 半叶八行，行二十字，红格

中国国家图书馆

提要： 此书为《素问六气玄珠密语》的清代精抄本，卷数与每卷内容与明抄本《素问六气玄珠秘语》基本相同，经对比，只有行文中个别词语有差异，但内容完全相同。此书正楷抄录，为避清讳，改“玄”为“元”。全四册，十六卷。首有王冰序，云其年少勤学，以后专心问道，执志求贤，

遇元珠以师事之数年，以后渐窥幽元，得相启发，故自号启元子也。于是，记其论说，目曰《元珠密语》，计凡十有六卷。

0023

运气指明二卷/（明）王三乐（字存斋）撰：1614. --明万历四十二年（1614）抄本. --二册

上海中医药大学图书馆

提要：著者王三乐，字存斋，高邮（今江苏高邮）人。书首有明代科学家李之藻于万历四十六年（1618）为此书所作的序，继为“自叙”，写于万历四十二年（1614）。上卷分“五运六气总论”“太过不及平气之年”“十干五运太过之纪”三部分。下卷分“五天五运”“南北政”“九宫八风”三部分。绘图九幅，包括各年起六气指掌图、六气正对化图、手足经图、十干化气图、五色天气胜复之图、五气郁发之图、天符步会之图、五天五运之图、九宫八风图。此外，“南政脉图、北政脉图”有名无图。书末附“名公纪赠”，载被治愈患者所赠诗文计38首。此书采用图说、歌诀体裁，图文并茂，形象地阐述运气学说以及人体疾病与五运六气的相互关系。

0024

运气彀一卷/（明）张昶（字甲弘、海澄）编：1619. --明万历四十七年己未（1619）刻本. --63叶/一册. --半叶九行，行二十字，白口，单鱼尾，四周双边，棉纸，框高20厘米，宽14厘米

中国科学院国家科学图书馆

提要：此书行文采用歌诀和图说的形式。全书包起例歌括、六气应候定局，五运加临图、十干化气应候、天时民病纪年分解、司天在泉不应脉、五运主方治例，六绝脉死不治、六十年运气定局、立运气本旨、六气主客加临图、运气支干分解、五运配五音、五类胎孕不育、六气主方治例等。书中内容除摘自《黄帝内经》外，六气主治例参考摘录《圣济总录》中运气方药内容。

0025

运气商二卷/（明）徐亦穉（字季孺）撰：1634. --明崇祯刻本--73叶/二册. --半叶九行，行十九字，白口，四周单边，框高19.3厘米，宽13.8厘米

浙江中医药大学图书馆

提要：此书分前后两集。前集有运气图四幅、运气说七篇、运气治验十二则、运气征应四则。后集为运气博说，有“岁气起大寒说”等24论。书尾有跋和愿寿赠言，共有名士、法师、上人等33家的诗文。

0026

五运六气天干地支等法并论一卷/著者佚名：［1911］. --清抄本. --54叶/一册

中国国家图书馆

提要：此书首有五运六气图、天干地支图，其后分别论述五运、六气、天干、地支。全书分五运论、六气论、天干论、十二地支配人身十二经络、运气致病解、太极说、内景说、五行论、二十四气歌、详五邪论、天干地支论、脉症宜忌、用药治病大略等若干篇，阐释阴阳学说，论述气候变化与

人体健康和疾病的关系，并对症论治而录方。

2.3　病源病机

0027

校注病机赋三卷／（明）徐师曾（字伯鲁，号鲁卷）撰：1566. --明嘉靖四十五年丙寅（1566）钦懋熙刻本. --103叶／三册. --半叶九行，行二十字，白口，左右双边

中国国家图书馆

提要：明代医家刘全备曾作《病机赋》，后又自为注解，成《新编注解病机赋》一书，流传于世。徐师曾遂校读其书。书首徐师曾自序言道："辄为更注，祛其背戾，文以儒术，俾词足以达意，意足以析理，名曰《校注病机赋》。"卷端题："校注病机赋，柯城医士刘全备克用撰注，太末山人徐师曾伯鲁校注。"全书分上、中、下三篇，即三卷。其版本据书首徐师曾自序："太学生钦君懋熙，见而悦之，爰命锓梓，工将告竣，请题篇端。"书中有藏印"遵一氏"，又有木戳"全德源贞记票"。

0028

医宗三法不分卷／（明）冯愈（字淑沙）撰　多纪氏校：［1566］. --多纪氏抄本. --172叶／五册

日本国立公文书馆内阁文库

提要：此书是一部以表格为主的临床病因诊治手册。由于形式特殊，所以并没有分卷。冯愈在讲述其撰书宗旨时，提到是根据《黄帝内经》"治病必求其本"的原则，并在陈无择阐发"三因"的基础上画图列表，进一步将病因细致化。此书由内外因说、识病总诀、百证图及病因论治组成。中医学史上所遗存病因专著并不多，此书为明代重要的病因专著之一。

0029

新刊医要见证秘传三卷／（明）张文介编注：1644. --明刻本. --102叶／二册. --半叶九行，行十八字，框高18厘米，宽11.8厘米

上海图书馆

提要：此书分上、中、下三卷，以人体五脏六腑、十四经脉所见阴阳寒热表里虚实等为纲，从生理到病理，阐发病因病机、虚实补泻、寒热温凉用药、引经报使等。全书内容精简，并附人体经脉图，对于脏腑辨证有一定发挥之处。最后附小儿痘疹病状见证及虚实寒热治法，适合初学者研读。

0030

病机赋一卷／（明）叶文龄（字德征，号石峰子）撰：1595.-- 日本享保元年丙申（1716）仿雍州书铺含翠亭刻本. --18叶／一册. --半叶七行，行十四字，白口，四周单边，框高19.8厘米，宽15.8厘米

中国中医科学院图书馆

提要：此书为病机专著。书中对阴阳、气血、寒热、虚实的病机特点、病证表现、相应的治则治法，以及男女长幼之体质特点、脉象差异进行了细致描述。此外，书中提及脾胃的生理病理特点，并提出"调

理脾胃是医中之王道”，是一本简易的有关病机的理论著作。

0031

考证病源一卷/（明）刘全德（字一仁，号完甫）撰：1597.——清嘉庆元年丙辰（1796）抄本.——一册

上海中医药大学图书馆

提要：此书重点对病因病源进行了详尽而精辟的阐述。著者刘全德，字一仁，号完甫，明代万历年间上海人，著有《考证病源》《伤寒神镜》《钩玄秘集》。书中对74种病源进行考证，每一病源条下列有治法，大多列方剂及经验方、加减法，并附有验案13则。此书行文采用歌赋形式，如治病主药诀、引经药，病因赋、方诗等。此外，书中在分析病因时汇集历代诸家之说。经与《医学传心录》比对，二书内容相近，《医学传心录》应为《考证病源》的别传抄本。

0032

虚邪论不分卷/（清）费涵（字养庄）撰 莫枚士（字文泉，号苕川迂叟）校订：1882.——清光绪十五年己丑（1889）稿本.——117叶/一册

上海中医药大学图书馆

提要：此书主要阐发《黄帝内经》虚邪贼风之要旨。如论八方之风，“主天下水旱，化四时寒暑燥湿之气，而一岁生长收藏之令，皆禀命于此；天必应以风雨，其风雨有实有虚”。并认为“四时之气循序而来，谓之实风，为天地之正气；风若逆天违令，谓之贼风，亦名虚风，即虚邪；虚邪伤人挟雨气”，即张仲景所指之水气。强调风为六气之源，谨避虚邪可去病延年。此书对研究《黄帝内经》之虚邪贼风伤人及其诊治有参考价值。

0033

病机考一卷/著者佚名：［1911］.——清抄本.——一册

上海中医药大学图书馆

提要：此书内容包括病因赋、百病皆因乎六气、诸症莫逃乎四因、伤寒症传遍六经必须熟认、直中三阴经真寒症、瘟疫病感冒四气务要先明，以及中暑有动静之异、受湿有内外之分、火有七说、痰有十因、气有九论、郁有六名等。对每种疾病的病因病机进行考证，有的还列举治疗方剂、经验方及其加减法，有的还附有验案，将因（理）、法、方、药统一起来。此外，书中节选明代刘全德《考证病源》的部分内容，对《考证病源》有校勘学意义，如《考证病源》中“病因赋”一章节内容最后有缺文，此书则可用于填补。

2.4 经络腧穴

0034

经穴指掌图一卷/（明）施沛（字沛然，号元元子、一鹤道人、笠泽居士）纂：1639.——明崇祯十二年己卯（1639）刻本（见灵兰集）.——一册

日本国立公文书馆内阁文库

提要：此书由著者叙言、凡例、目录、正文组成。正文卷首题“华亭施沛沛然甫纂述”。内容包括经络总论和分论两部分，

间插经穴图20幅。“人身经络全图、十二经脉始终一贯之图、十二经背俞腹募图、十二经井荥输原经合及动脉别络根结图”乃其总述；“经络全图、十二经脉始终一贯之图、十二经穴起止图、十二经背俞腹募图、十二经井荥输原经合及动脉别络根结图、手太阴肺经穴图、足阳明胃经穴图、足太阴脾经穴图、手少阴心经穴图、手太阳小肠经穴图、足太阳膀胱经穴图、足少阴肾经穴图、手厥阴心包经穴图、手少阳三焦经穴图、足少阳胆经穴图、足厥阴肝经穴图”是其十二经络图论部分，一图附一歌诀；“任脉图、督脉图”是其奇经八脉图论部分，但只有任、督两脉图，其余六脉只有歌诀而无图；“仰人骨度部位图、伏人骨度部位图”是骨度图论部分。此书的内容主要引述了《人镜经》《类经图翼》《图书编》《医家大法》等有关经络图论部分，以及《黄帝内经》《难经》《针灸甲乙经》《黄帝内经太素》等相关论述。

0035

十四经合参十六卷/（元）滑寿（字伯仁，号撄宁生）注 （明）张权（字浩然）参：1640. --明崇祯十三年庚辰（1640）抄本. --168叶/一册

日本宫内厅书陵部图书馆

提要：此书在元代滑寿《十四经发挥》基础上，略加补充（增图1幅）与变更（如将各经穴位集中于卷三，增补穴位主病、针刺深度与火灸壮数），附卷为张权所添，主要介绍八穴位置与主治、各种针刺手法，并编成歌诀。其内容与临床治疗联系更密，简捷实用，然于循经订穴则别无新意。

0036

足经图一卷/著者佚名：［1644］. --明抄绘本. --4叶/一册

中国国家图书馆

提要：此书残缺严重，仅存内容系足太阴、少阳、太阳三经经络图。

0037

经络穴法二卷/著者佚名：1644. --明抄彩绘本. --90叶/一册. --半叶十行，行二十三字，框高24.7厘米，宽14.9厘米

上海图书馆

提要：此书分上、下二卷。上卷为针灸总论、标幽赋、十五经络（循行）、子午流注纳甲表、五输穴、十四经穴尺寸歌、十四筋脉图（彩绘，绘画技法一般，图欠美观）、神应经、诸穴取穴定位法、逐日人神歌。下卷为诸穴针灸治病，总列各种病症施针，施灸具体处方，只列穴名诠解。

0038

身经通考四卷/（清）李潆（字禹门）撰：1672. --清康熙十一年壬子（1672）刻本. --341叶/四册. --半叶十行，行二十字，白口，上黑鱼尾，四周双边，框高18.5厘米，宽13.8厘米

中国科学院国家科学图书馆

提要：此书为医学入门著作，重在列述人身经络脏腑等医理。卷一为身经答问，举凡人体身形、经脉循行、气血多少等问题，均设问以阐之，计14问；卷二为五脏六腑、任督二脉及正背身形之图及图说，每脏腑图说之后有“应用药品”项，简述该脏腑用药所宜；卷三为论脉，凡寸关尺三

部、反关脉、四时脉、平脉、病脉、逆顺脉等皆详细论之；卷四为方选，按中风、伤寒、感冒、瘟疾、阴症等50门，列古方数百首，以利临证应用。此书内容系统翔实，说理多从朱子阴阳五行出。唯版本漫漶，时有字迹不清之处。

0039

考定经穴一卷/（清）吴超士撰：1748. --清稿本. --76叶/一册

浙江图书馆

提要：此书封鉴注明为"吴超士底本"，卷端有朱笔批曰"此本乃超士吴生同沈果堂（沈彤），考定经穴时与果堂略有异同，别成此书，以备查阅。其所称师云者，则余与吴生面商而补注者也。"批者自称"洄溪"，记年于戊辰（1748）二月。此书以《针灸甲乙经》为底本，自手太阴、厥阴至督任二脉，考定诸家异同，有征引前人之气，所引之书有《铜人针灸腧穴图经》《千金翼方》等，又引高、张、青等氏之说，而以"师云"为多。诸经穴部位、性质、治疗方法，考证至详确，每出己见，具有重要参考价值。

0040

凌门传授铜人指穴一卷/著者佚名：[1795]. --清乾隆抄本. --60叶/一册

中国中医科学院图书馆

提要：此书主要内容为针灸经络歌赋。有针灸歌38首、赋6首，涉及经络腧穴、刺法、治则、禁忌及子午流注等。还有论5篇，主要论述脏腑、组织及其功能等。另有图38幅，计十四经穴图14幅、歌诀用穴图5幅、十二经五输穴图12幅、五脏图2幅、精溺之分图2幅、气海膈膜图1幅、肺以下右侧图1幅、心系图1幅，分别描绘上述十四经脉循行、穴位，以及脏腑组织等。全书内容的编排，44首歌赋在前，全为文字，绘图部分在后，图文并茂，多是以图带文，绝大部分为针灸内容，仅最后7图论及脏腑内容。此书作为家传秘本，是在前代针灸名著的基础上，经过了著者的加工和提炼而成。

0041

针灸内篇经络图歌一卷/（清）江上外史撰　凌声臣　宣佩九传：1821. --清稿本. --34叶/一册

中国中医科学院图书馆

提要：此书首列针法及练针法，次列十四经图、内丹诀及禁针禁灸歌，并将《黄帝内经》《难经》《扁鹊神应经》之针刺补泻法与明代针灸学家凌云所传手法进行比较，认为凌氏手法与《扁鹊神应经》所述基本相合。书中正文采用歌诀形式，而凌氏所传针灸法与主治则以小字详注于正文之下。

0042

藏府经络指掌二卷/著者佚名：1834. --清抄本. --二册

上海中医药大学图书馆

提要：此书上卷依次描绘肺经、大肠经、胃经、脾经、心经、小肠经、膀胱经、肾经、心包经、三焦经、胆经、肝经的脏腑图、循行图、穴图，每幅脏腑图后载录《黄帝内经》《难经》《中藏经》《类经》等有关该脏腑的经文内容，各经循行图及穴图后载录循行路线、腧穴、是动所生病及补、泻、温、凉、引经报使药等内容。下卷依次描绘督任冲三脉合图及督脉、任脉、冲脉、带脉、阳跷脉、阴跷脉、阳维脉、阴维脉经穴图，各经穴图后载录《黄帝内经》《难经》及张仲景、王叔和、张洁古、李杲、李时珍等医家有关该经的论述，或附著者评述。全书载图45幅。书末有“脏腑经络补遗弁言”。此书主要载录脏腑图、循行图、穴图及相关内容，图文并茂，对脏腑经络及针灸学研究有参考价值。

0043

引经便览一卷／（清）夏翼增撰：1842. --清道光二十二年壬寅（1842）仁心斋刻本. --40叶／一册. --半叶七行，行十六字，白口，上黑鱼尾，四周双边，框高15厘米，宽10.2厘米

中国科学院国家科学图书馆

提要：此书将十二经脉、奇经八脉，各脉的循行、所属脏腑形态及重量、引经药类分列论，并附有经络循行路线图。

0044

扁鹊针灸纂要一卷／（清）金松亭　张鹤鸣合撰：［1874］. --乐邑西乡三和堂藏板抄本. --54叶／二册

辽宁中医药大学图书馆

提要：此书共论及周身经穴79个，条目、图文并重。每论先绘其图，再述经穴歌，最后考证穴法，如“胃腑图”“足阳明胃经穴歌”“考证穴法”；“心脏图”“手少阴心经穴歌”“考证穴法”；“督脉经穴像”“督脉经穴歌”“考证穴法”等。此书两册，未完即终。结于“手少阴心经穴歌”“考证穴法”，目录中之“手太阳小肠穴歌”“考证穴法”及以后内容均佚。

0045

经络穴位一卷／（清）仲山氏编：［1879］. --清光绪五年己卯（1879）抄本. --一册

上海中医药大学图书馆

提要：此书卷首为“经络统序”“原始”“脏腑联络分合详说”。前两篇皆附以“释义”，对其进行阐发。后附“仰人骨度部位图”“伏人骨度部位图”“内景之图”。次载十二脏腑图（心包络、三焦除外）及相应的十二经图，督脉、任脉二经图列于后，各经图后载该经诸穴歌、分寸歌，并述该脏腑经络，附以“释义”详加论述。如论肺脏及肺经部分，依次为“肺脏之图”“手太阴肺经左右共二十二穴图”“肺脏诸穴歌”“又分寸歌”“述（肺）”及“释义”。其后附“手经起止图”及“足经起止图”。最后为“新著四言脉诀”，论述脉义、诊脉之法等，又论浮、沉、迟、数等27脉的主证。其后论伤寒、疟疾、泻痢、呕吐等证的脉象善恶。如论呕吐反胃证，“其脉浮滑者昌，弦数紧涩，结肠者死”。书末附《脉法心参》。此书以中医经络学说为基础，阐述脏腑、经脉的功能状态，对脉象进行剖析，并以脉象判断病证之进退善恶，示人脉诊在疾病诊治中的重要性。

0046

医学简粹十二经脉起止诀一卷／著者佚名：［1911］. --清抄本. --一册

上海中医药大学图书馆

提要：此书以歌诀形式依次载述心经、肝经、肺经、脾经、肾经、胃经、大肠经、小肠经、膀胱经、三焦经、心包络经、胆经、奇经八脉的起止循行路线及腧穴，同时载有八奇经总诀。此书所载十二经脉及督脉的起止循行路线、腧穴，对于经络学的学习有参考价值。

0047

内经藏府经络穴名绘考二卷/著者佚名：［1911］.——清抄本.——二册

上海中医药大学图书馆

提要：此书上卷依次载仰人诸经起止全图、俯人诸经起止全图、仰人骨度部位图、俯人骨度部位图、仰人骨度尺寸图、俯人骨度尺寸图、前头面颈穴总图、胸腹穴总图、后头项穴总图、背穴总图、侧头面颈肩穴总图、侧腋胁肋穴总图、手三阴经总穴图、手三阳经总穴图、足三阴经总穴图、足三阳经总穴图，详细考订周身穴位与骨度尺寸等内容。下卷依次载肺经、大肠经、胃经、脾经、心经、小肠经、膀胱经、心包经、肾经、三焦经、胆经、肝经的脏腑图、循行图、穴图，以及任脉、督脉、冲脉、带脉、阳跷脉、阴跷脉、阳维脉、阴维脉的循行图、穴图。脏腑图、经络循行图后载录相关文字内容，并附注解。全书载图68幅。

0048

奇经八脉图歌一卷/著者佚名：［1911］.——清抄本.——一册

上海中医药大学图书馆

提要：此书首载图22幅，包括内景图、手足端穴图、奇经八脉穴图及十二经脉穴图等。记有奇经八脉总要歌、奇经八脉经穴歌、奇经八脉经穴分寸歌、十二经脉经穴歌、十二经脉经穴分寸歌。次列头部主病针灸要穴歌及胸腹部、背部、手部、足部主病针灸要穴歌。后列伤寒、痢疾、疟疾、中风、中寒、耳证、目证、口证、舌证、鼻证、齿证、喉证、痞满、积聚、呕吐、反胃、呃逆、噎膈等63种病症的灸治穴位。

0049

十二奇经循行图一卷/著者佚名：［1911］.——清抄本.——一册

上海中医药大学图书馆

提要：此书依次将肺经、大肠经、胃经、脾经、心经、小肠经、膀胱经、肾经、心包经、三焦经、胆经、肝经及任脉、冲脉、督脉、阴阳维脉、阴阳跷脉的循行路线描绘成图，一经一图，每经后附《灵枢》原文，并在图中逐句标出。此书主要论述十二经脉与奇经八脉的循行，图文并茂，对于经络及针灸学研究具有参考价值。

0050

素灵约选经穴歌括一卷/（清）张文睿校：［1911］.——抄本.——78叶/一册

中国国家图书馆

提要：此书选取《素问》《灵枢》中有关经络穴位的内容，为便于记诵，以歌括的形式抄录成篇。分述手、足各穴及肺经11穴、大肠经20穴、小肠经19穴、膀胱经63穴、肾经27穴、心包经9穴、三焦经23

穴、胆经43穴、肝经14穴、任脉24穴、督脉28穴等。此书与"温病论治""温热赘言""瘟疫论歌诀""十药神书歌诀""温热论"等合抄合订一册。

0051

节穴身镜二卷 / (清)张星余(字澹初)撰 苗自成(字遂田)校刊:[1911]. 抄本. --231叶/一册. --半叶九行,行二十字

中国国家图书馆

提要: 此书按"地""火"分为上、下二卷,取自"地火明夷"之卦。书中主要内容为经络腧穴、骨度分寸定位,属针灸取穴定穴之基础类书,并附有骨度尺寸图及经络腧穴图等。上卷含地集、水集,下卷含火集、风集。此书乃著者"执诸《素问》《灵枢》《难经》《脉理》及沈承之之分野,并历代先贤所注之经络,与夫《御院图篇》等书,参究研悉,乃自顶至踵,分门列款,逐件提出四肢各项,一一条析,名曰《节穴身镜》。"上卷地集分66部分,论述从头至足各部位概况;水集分42部分,图示人体各部位及脏腑器官,论述艾灸法。下卷火集、风集共72部分,有全身分布经穴脉络图及论述辨析图说歌诀。全书"自顶至踵,各个脏腑相附。至于脉穴经络,内外百骸,悉系以图"。据著者自序及卷端可知,此书著者张星余,字澹初,其他不详。苗自成,字遂田,重病时曾得益于著者的及时救治,为感念再生,愿作善果,欲将此书刊刻,此抄本即拟刻本版式书写,当为刻书底稿。此书首有李继贞序,未题撰写时间,仅末署"娄东李继贞题于惟月公署"。

0052

铜人图经络纂要一卷 / 著者佚名:[1911]. --时敬斋抄本. --72叶/二册. --半叶八行,行二十四字,白口,四周双边

中国国家图书馆

提要: 此书二册,书名据卷端题。书中无图,其文字内容围绕以下各题展开:明堂针灸尺寸总法、人身尺寸、十四经流注长短丈尺、交经流注、十二经、八会、井荥输经合解、十二原、经络上行、经穴起止歌、经络流注歌、十五络穴歌、十二经纳天干歌、十二经纳地支歌、八法交会歌、八脉交会八穴歌、奇经八脉歌等。此书用朱丝栏印格纸抄写,书口印有"时敬斋丛抄"五字。二册书中间有空白叶,内容不甚完整。封面签题书名,其下小字云"镜宇先生珍藏内府秘本,属为题检。潜盦杨昭儁。"杨昭儁,字潜盦,湖南湘潭人,清末民初时人。以此推之,此本应为清末或民初时抄写。

0053

经络歌一卷 / 著者佚名:[1911]. --清抄本. --一册

上海中医药大学图书馆

提要: 此书无序跋、目录。先载李士材所校"正内景图"与"仰面部位图",共5幅。次为总论经络的"经络歌"及《灵枢》十二经络循行原文,并对是动、所生病机理进行归纳概括,用小字对经文进行注释。每经后附补、泻、温、凉的药物及饮食。书末载奇经八脉及脾、胃之大络,详其循行及主证,用小字对经文注解。全书详细记述十二正经、奇经八脉与脾、胃之大络

的循行路线与主病，语言简洁，注释明晰，便于读者理解。

0054

十二经分寸歌一卷／（清）陈秉钧（字莲舫，号庸叟、乐余老人）撰：［1911］. --清抄本. --一册

上海中医药大学图书馆

提要：著者陈秉钧（1840—1914），字莲舫，别署庸叟，又号乐余老人，白鹤旧青浦（今上海）人。其学识宗东垣，确守四时百病、胃气为本之训。书中依次记载手太阴肺经、手阳明大肠经、足阳明胃经、足太阴脾经、手少阴心经、手太阳小肠经、足太阳膀胱经、足少阴肾经、手厥阴心包经、手少阳三焦经、足少阳胆经、足厥阴肝经、任脉、督脉十四条经脉诸穴，每条经脉均包括腧穴分寸歌一首、穴位歌一首及穴位图一幅。书末附《脉诀入门》，系由崔紫虚撰，李东垣批校。

0055

经穴全集不分卷／（清）徐青岑撰：［1911］. --清抄本. --124叶／二册. --框高20厘米，宽11.5厘米

南京图书馆

提要：此书第一册为"用穴治例"，例举内科、五官科、小儿、妇人等针灸医案34例。一病一案，先录针灸处方，次载医家或某氏按语，论述详细，理法兼备。后列有禁针穴7处，禁灸穴13处。第二册为"经穴全集"，详解十二经及任督二脉穴位分布、功能、起止循行路线、针法、奇经八脉、十二经脉、十五络脉、十二经气血、经脉流注、十二经井荥输经合穴、十二经纳甲等。最后编以周身经穴赋，以便诵记。

0056

遵生秘笈不分卷／著者佚名：［1911］. --抄本. --61叶／二册. --半叶十四行，行二十字，无格，框高29厘米，宽16.5厘米

中山大学图书馆

提要：此书主言经络，前为"经络统序"，后分别介绍脏腑经络的运行、穴位，并附脏腑、经络走行及穴位图，涵盖骨度、分寸。

2.5 藏象骨度

0057

藏经一卷／原题（汉）张伯祖著 （汉）张机校订：234. --清抄本. --65叶／一册

上海中医药大学图书馆

提要：此书由藏经、藏经均玄、藏经方、运气略等部分组成。书中简述五脏生理、病理、治疗法则、肝心脾肺肾五脏的证治，及其五脏经方十八则，并概述五运六气学说。

0058

存真环中图一卷／（宋）杨介撰：［1279］. --清抄绘本. --经折装／一册

中国国家图书馆

提要：此书为藏象山内景、经络图著作，由《存真图》和《环中图》组成。《存真图》系杨介据《五脏类纂》、"黄帝书"等古医书、崇宁间所画之解剖图，以及欧希

范五脏图相参详而定。《环中图》所载十二经脉图，除体表循行线外，还绘有经脉络属内脏的内行线，及相关内脏部分，其脏腑形态形象而逼真。

0059

尊生图要一卷／原题（明）文徵明撰：1547.——明抄绘本.——经折装／一册

天津图书馆

提要：此书为脏腑经络图著作，内容分“脏腑图”“经络图”两部分。收集有关脏腑经络知识，阐述人体生理功能、病理状况等，内容出自《素问·灵兰秘典论》《灵枢·经脉》《难经·四十二难》以及《针灸甲乙经》等。其次收集脏腑宜忌，与七情、五味及自然界关系等知识，阐述养生之道。又收集脏腑补、泻、温、凉用药特点，“东垣报使引经”及经脉穴位，调整脏腑之盛衰，以供养生治病之用。更对心包、脏腑位置图进行简略考证，所载脏腑图有一定参考价值。此书内容虽然多系摘抄，但图文并茂，字体恭正秀美，颇具欣赏价值。

0060

脏腑指掌图说不分卷／（明）施沛（字沛然，号元元子、一鹤道人、笠泽居士）辑：［1640］.——明崇祯刻本（见灵兰集）.——二十册

日本国立公文书馆内阁文库

提要：此书系明代施沛《灵兰集》初集中的一种，为国内失传的明代富有特色的脏腑图论的集大成之作。全书由著者题词、凡例、目次、正文组成。正文卷首题：华亭施沛沛然甫纂正。内容大致可分总述、各论两端，间插人体局部解剖、脏腑形态等22幅图示。“脏腑总论、脏腑位次、黄庭内景秘要、内景全图、内景正面全图、内景背面全图”乃其总述，“鼻口通喉咽说、喉咽分脏腑说、喉咙通五脏说、肺脏图说、心脏图说、心主图说、脾脏图说、肝脏图说、肾脏图说”是其五脏图论的部分，“咽嗌通六腑说、胃腑图说、小肠图说、大肠图说（附直肠）、胆腑图说、膀胱图说、三焦图说”是其六腑图论的部分，“肺以下左侧图说、肺以下右侧图说、五脏系与心相通图说、膈膜图说、脾胃包络图说、大小肠会为阑门说、命门图说、大小肠膀胱系说、髓海说、血海说”是为人体解剖的图论部分。书中明确标注引文出处的有《存真图》《医家大法》《人镜经》《图书编》等宋元明有关脏腑解剖的图论部分，以及《黄帝内经》《难经》《黄帝内经太素》《中藏经》《华佗内照图》《针灸甲乙经》《黄庭内景》等的相关论述。但经系统考察，这些引文多数为间接引文。

0061

历藏篇一卷／（清）罗浮山人撰：1659.——清光绪十七年辛卯（1891）抄本.——23叶／一册

中国医学科学院图书馆

提要：此书又名《医学引蒙新说》，为阐述脏腑生理著作，分12篇，即生生说、胞胎说、脑说、三焦说、心包络说、心说、肺说、肾说、肝胆说、脾胃说、膀胱小肠大肠直肠说、死说。尽述人之生

理，使学医者以明脏腑为先。此书“说多异旧，故曰新说”。另附鼠疫验方及避疫方各一首。

0062

内景求真四卷 /（清）李延鉽撰：1892. --清光绪十八年壬辰（1892）鄂城三寐楼刻本. --56叶/一册

中国中医科学院图书馆

提要：此书为解剖学专著，据凡例载：“是书以西医全体阐微为蓝本，而尽改其晦涩之文，庶阅者易于领解。”此书记载人体脏腑经络、脑、髓、骨、脉、胆等生理形态及功能，用心可谓专。但以西医之学理比附中医治藏象，多有牵强附会之处。可见清末民初时西学东渐之风影响所及，为彼时代的历史产物。

0063

五脏六腑并心包络命门解一卷 /著者佚名：［1911］. --日本抄本. --11叶/一册. --半叶十一行，行二十一字，框高26.3厘米，宽16.8厘米

北京中医药大学图书馆

提要：此书为脏腑学说专著，以心、小肠、心包络、肺、大肠、肝、胆、脾、胃、肾、膀胱、三焦、命门之顺序，对上述脏腑之脏器形态、重量、尺寸、所在部位、上下连属、生理功能、脏腑应象、命名原因、名实考辨等予以介绍。

3 伤寒金匮

3.1 伤寒论

3.1.1 注释

0064

仲景伤寒论注解不分卷/（明）方有执纂修 （清）北园主人删定：1589. --清嘉庆二十四年己卯（1819）拱辰堂抄本. --126叶/一册

中国中医科学院图书馆

提要：此书以方有执所著《伤寒论条辨》为基础，由北园主人予以删繁从简，附注旁篇和个人见解而成。全书分伤寒六经与温证风湿证治、霍乱痉湿暍三证、痉病序、脉法等篇，辨析《伤寒论》之病因病机、主症主脉、表里寒热、处方用药诸方面，并述两感伤寒、虚损伤寒诸证。载方结合临证经验，灵活变通，不限于仲景方，多有加减。全书意旨明晰，条理贯通。末附庐山刘复真脉决总要、严氏三总提法。

0065

伤寒论全书本义十三卷/（清）许宋珏（字式如）撰：[1661]. --清抄本. --320叶/八册

辽宁中医药大学图书馆

提要：此书为《伤寒论》汇注评析著作。著者自言“研究三十余年”，对上至成无己、下至清代《伤寒论》注家之注文均有评论，从而独树已见。

0066

伤寒手援二卷/（清）施瑞教撰：1667. --清康熙六年丁未（1667）啸阁刻本. --93叶/二册. --半叶八行，行二十字，上鱼尾，四周单边，框高19.4厘米，宽13.6厘米

上海中医药大学图书馆

提要：此书内容为广义伤寒，包含温病、四时气、天行疫病等，以简要的语言和篇幅阐述广义伤寒的因、症、脉、治、方。上卷分两部分，前半部分为伤寒脉法，其中有引述于《伤寒论》原文者，有引述后世各家者，如滑伯仁；并列述六经症形，以及伤寒常见合并症，如结胸、呃逆、痞等的条文论治。后半部分为广义温病中一些重要问题的阐介辨论。下卷主治述及六经证治，温病杂气辨治，以及汗吐下法、伤寒合并症的处理方法等。最后附药方，有《伤寒论》中者，有后世温病学派发展者，亦有著者个人发挥者。

0067

伤寒论纲目九卷附伤寒论白文一卷/（清）张志聪（字隐庵）撰：1673. --清康熙十二年癸丑（1673）著者自刻本. --十二册

中国中医科学院图书馆

提要：此书九卷，对《伤寒论》内容次序作了调整。书中张志聪研究和阐发《伤寒

论》的特点可以概括为：一是对于《伤寒论》原文反对"错简说"，二是注释"不集诸家训诂，止以本文参悟"，三是以气化学说阐释《伤寒论》六经病证。此书存世孤罕，刻印精良，弥足珍贵。

0068

伤寒正宗八卷/（清）史以甲编：1678.--清康熙十七年戊午（1678）刻本.--六册

中国医学科学院图书馆

提要：此书八卷，从卷一至卷三为"张仲景方论"，按六经之序叙证列方；卷四至卷八为"证治方论"，载伤寒和杂病，也包括几种温病，按目列方，很多是宋金元明医家的名方。书尾附"脉法执掌"，系引自宋代杨士瀛的《仁斋直指方》。全篇论述精辟，文字典醇，通俗易读，板刻精良，堪称善本。

0069

伤寒源流全集六卷/（清）陶憺庵辑：1697.--清康熙三十六年丁丑（1697）杨家修等校刊刻本.--313叶/四册

中国中医科学院图书馆

提要：此书著者认为仲景《伤寒论》虽"历经往哲考辨诠注，……及今习之者，犹苦其难"，逐参考诸家疏义，辑成此编。书分源集与流集，"其源集叙次六经，标本传变，并（病）、合（病）、在经、越经，与大汗吐下后诸见证之原；其流集则分各证经络归属，表里浅深，施治主方之要。其诠次发明本成无已《注解伤寒论》原义，间参以一得之隅；而其胪列体例，则一依王肯堂《证治准绳》"（著者自序）。书中列240方，除附《伤寒论》113方外，并另选后世名方，注于诸证主治条下，便于读者检索。

0070

伤寒总注四卷/（清）詹法祖（字存古）撰：1702.--清康熙四十一年壬午（1702）刻本.--248叶/四册.--半叶九行，行二十字，黑口，单鱼尾，左右双边

中国科学院上海生命科学信息中心
生命科学图书馆

提要：此书卷端题"行仁一艺，星源詹法祖存古甫撰注，男詹邦桢乔林、詹邦植立林，门人程准章远、程坤弘载，周邦彦粲英同校"。后附清康熙41年成光叙、伤寒总注序。卷一至卷三为伤寒六经大旨，热病论，仲景伤寒论辨痉湿暍脉证，太阳经原文185条、太阳总注，阳明经原文84条、阳明总注，少阳经原文10条、少阳总注，太阴经原文9条、太阴经总注，少阴经原文45条、少阴总注，厥阴经原文57条、厥阴总注，霍乱证原文11条，以及阴阳易、瘥后劳复等。卷四为113个伤寒诸方。

0071

伤寒句解释义十二卷/（清）陈裕（号无知子）辑注：［1722］.--清乾隆抄本.--345叶/八册

中国中医科学院图书馆

提要：此书卷首载方有执阴阳表里图及图说、闵芝庆传经论、六经七日病愈篇、魏荔彤列三焦三中四穴论、内景赋、五脏六腑十二经络论、伤寒论总论等篇。其后列《伤寒论》原文，选录程应旄、魏荔彤、方

有执、喻昌等医家之论，逐篇逐条予以注释，间抒个人见解。著者认为六经病证无非“表里脏腑”四字，“风伤卫”多内热，“寒伤营”多外寒。

0072

伤寒论类编十卷/（清）虞镛编注　虞长源参订：1736.--清抄本.--五册

上海中医药大学图书馆

提要：此书卷一为“伤寒论原序”“伤寒论类编序”“凡例”“太阳经全旨”“太阳上篇”，论太阳病不同证型，如风、寒、湿、温、暍等，附《脉经》引《医律》湿温、风温律二条及“温病论”“扶旧论”“气水同源”三则，载桂枝汤、麻黄汤、炙甘草汤、小建中汤、防己黄芪汤、栀子柏皮汤、白虎汤等方。卷二为太阳中篇，论坏病，载桂枝二麻黄一汤、桂枝加附子汤、桂枝新加汤、茯苓四逆汤、桂枝加桂汤等方。卷三为太阳下篇，论结胸、痞证，载大陷胸汤、小陷胸汤、生姜泻心汤、十枣汤、栝蒌桂枝汤等方，并论痉病。卷四为阳明上篇，论阳明经证，列阳明全旨论，载黄连汤、茵陈蒿汤、猪苓汤等方。卷五为阳明下篇，论阳明腑证，载调胃承气汤、麻仁丸、大柴胡汤、大承气汤等方，后附削例。卷六为少阳篇，列少阳全旨论，载小柴胡汤、柴胡桂枝汤、柴胡加芒硝汤、柴胡桂枝干姜汤等方，又论合病、并病，并载合病、并病条文中相关方剂，如葛根汤、黄芩汤等。卷七为太阴篇，列太阴全旨论，载桂枝加芍药汤、桂枝加大黄汤等方。卷八为少阴篇，列少阴全旨论，载麻黄细辛附子汤、四逆汤、白通汤、黄连阿胶汤等方。卷九为厥阴篇，列厥阴全旨论，载吴茱萸汤、乌梅丸、白头翁汤、四逆加人参汤等方。卷十上篇论瘥后劳复、霍乱，载竹叶石膏汤、牡蛎泽泻散等方；卷十下篇载平脉、辨脉、削例、叔和序等。书末有其弟虞蓉峰跋，称此书“将五种伤寒之文比其类而注之”。此书考正诸家之说，参以己见，对《伤寒论》文义不洽者略加次序，分经不清者稍为移动，删去假托之条，希合张仲景之原意。

0073

新编伤寒指南详解十卷/（清）倪大成撰：1744.--清抄本.--六册

上海中医药大学图书馆

提要：此书首有自序、伤寒论原序、凡例各一篇，除总目录外，每卷首亦各有目录。此书卷一、卷二为太阳篇，卷三、卷四为阳明篇，卷五为少阳篇，卷六为太阴篇，卷七为少阴篇，卷八为厥阴篇，卷九为伤寒瘥后、风温、霍乱、痉湿暍篇，卷十列脉法、辨脉、平脉篇。此书重在论述伤寒卒病传经，以六经首叙传经。次附变证，末言兼证，其三阴直中，则编于各经之后。杂病痉湿暍，则另编附末卷。“凡例”对伤寒与三时之感冒进行辨别，提出“真伤寒”之说。“伤寒序例”篇首先对四时之正气、时行之气、温病、暑病进行论述，其次阐明六经传变方式，而后辨别伤寒、冬温与寒疫之异同，最后明确指出两感治疗有先后，反对汗下并施。总之，此书在《难经》《神农本草经》《汤液本草》《金匮玉函经》等基础上旁征博引诸家之言，并参以己见，对于研究仲景学说具有一定的参考价值。

0074

伤寒论参注二十二卷/（清）王更生编：1776.--清乾隆四十一年丙申（1776）稿本.--四册

中国中医科学院图书馆

提要：此书著者有鉴于前人注解之失，乃博搜诸注，参以己意，“先后十年，稿凡数易，至是乃克缮写成编”。稿本共有二十二卷，改后分前、后两编。前编第一含太阳病上、中、下三篇；第二含阳明病上、中、下三篇；第三为少阳病，附合病并病、坏病、痰病；第四含太阴病；第五含少阴病前篇、后篇；第六含厥阴病，附过经不解、瘥后劳复、阴阳易温病（按喻嘉言《尚论篇》无此目）。此卷卷第篇目，与喻嘉言《尚论篇》大致相同，然对条文的编排则不同，其学术观点，亦不尽同。后编含痉、湿、暍，霍乱，辨脉法，平脉法，可汗、不可汗，可吐、不可吐，可下、不可下，序例附卷末。后编部分，亦不再分篇序，注释内容亦从简。

0075

伤寒易简三卷/（清）王廷瑞（字辑五）注：1776.--清乾隆四十一年丙申（1776）舒嘉谟刻本.--146叶/四册.--半叶十一行，行二十三字，白口，单鱼尾，四周双边，框高14厘米，宽19.6厘米，竹纸

中国中医科学院图书馆

提要：此书分三卷，书中未列目录，上卷书签标“一百一十三方解”；中卷书签标“三百九十七法解”；下卷接续中卷，属于“三百九十七法解”之从少阳病至厥阴病诸条。全书内容分：伤寒三十二症歌，九九赋，伤寒一百一十三方解，为上卷；伤寒六经总义，伤寒论条款次序与重编条目说，序列三百九十七法，太阳篇、阳明篇，为中卷；少阳篇、太阴篇、少阴篇、厥阴篇，为下卷。著者并对《伤寒论》中三十二种症状以通俗歌诀作了诠释。

0076

仲景伤寒集注四卷/著者佚名：1781.--清乾隆四十六年辛丑（1781）武林大顺堂刻本.--四册.--半叶十行，行二十字，白口，四周双边，框高24.7厘米，宽15.6厘米

北京中医药大学图书馆

提要：此书卷首录“伤寒论序”，无著者及他人序，卷末亦无跋。全书分四卷，共191篇文章。卷一载辨伤寒论、总赋、诸赋选句、三阴三阳脉证、浮中沉三脉法等25篇；卷二载可发汗、不可发汗、可吐、不可吐、可下、不可下等66篇；卷三载发热、寒热往来、潮热、汗后发热、下后发热等54篇；卷四载发狂、如狂阴极发躁、自利、大便不通等46篇。卷一论述辨伤寒大法、用药大法、六经传变等；卷二至卷四为七言歌诀，对应有双行小注、眉批，论述伤寒治法宜忌、100多种伤寒病证以及相关治疗方药。

0077

伤寒杂病论集注十六卷首一卷末一卷/（清）曹家珍撰：1795.--清乾隆稿本.--431叶/四册.--半叶十行，行字不等，框高17.5厘米，宽13.8厘米

南京图书馆

提要：此书著者学术上推崇喻嘉言、程郊

倩，而持伤寒“错简重订”之论，其书中亦多引用此二家之言。凡例中指出：凡引喻嘉言《尚论篇》者标一“论”字，引程郊倩《伤寒论后条辨》者标一“辨”字，自注者标一“按”字。此书为参引前代名医基础上，附以个人理解而成。书中除伤寒六经病的注释外，还有“平脉”等篇辨伪之文。

0078

陈修园伤寒论浅注条论摘要二卷／（清）黄子言编著：1803. -- 清稿本. -- 三册

上海中医药大学图书馆

提要：此书为摘录陈修园《伤寒论浅注》主要内容而成。体例内容大致依照原著，具体文字由著者重新编写。若干条论后有章节小结，归纳主要内容，天头有眉批，间有著者见解。

0079

伤寒论注释四卷／（清）王元济编注：1818. -- 清嘉庆二十三年戊寅（1818）抄本. -- 四册

上海中医药大学图书馆

提要：此书首有自序，卷首凡例分析三阴三阳之脏腑经络与表里大概之规模，并将历传次第常法以及阳证阴证之不同逐一阐发；卷一列太阳病篇；卷二至卷三列阳明、少阳、太阴、少阴、厥阴病篇；卷四列霍乱、阴阳易、瘥后劳复病篇，辨不可发汗吐、不可下、可吐下脉证篇及辨脉法、平脉法。此书旨在使读者可“因证以察脉，因脉而知证”。书中于每章节之首，均立章旨节义以明大略。注文对《伤寒论》原文逐条注释，先列按语，简述大意，后详于解析，或集诸家大义，或参以诸经之旨，触类旁推，悉心阐发，以期词明义晰，可作为学习和研究《伤寒论》的参考书。

0080

玉函广义二十八卷／（清）祝勤（字修来，号补斋、西溪外史）辑：1844. -- 清抄本. -- 1820叶／二十一册. -- 半叶九行，行二十字，框高18厘米，宽12.5厘米

上海图书馆

提要：此书为广义伤寒类编研究著作。全书可分14部分：纲领三册，载运气、标本、脏腑、阴阳、表里、辨证、合病、并病等篇；六经一册，载六经症及历代医家名论；分症三册，将《伤寒论》中症状分类阐述，如风寒、发热、如疟、头眩、坏病等；治法一册，将伤寒名家名论、治则治法汇集类聚，方药分类及汗吐下禁例等；列方四册；附方、药性、湿痉、温热、疟痢、暑霍乱、瘟疫痧胀、阴阳毒、斑疹各一册。

0081

伤寒集注辨诬篇十卷／（清）秦克勋（字禹功、相台）著：1866.-- 清稿本. -- 六册. -- 半叶九行，行二十八字

成都中医药大学图书馆

提要：此书主要由序、一百一十三方总目及正文组成。正文根据张仲景《伤寒论》原文，对伤寒集注逐字逐句进行了注解释义及释疑。序为秦克勋作，阐明了撰写此书的原因及目的，序曰：“伤寒者，汉儒张仲景先生之所集也。先生穷阴阳之理，极

病情之变，撰著此论，按证出治。……但其书杂于《金匮要略》中，莫为辨识。西晋王叔和先生，为之剔出，厘订六经，以授学者。此书之用，益以盛行，是则仲景之书得叔和而益显，叔和之为功于仲景者大。惟叔和当日，第录仲景原文，未及别为之注。后之读者，未经口授不得其解之处恒多，无所归咎，或疑叔和杂有伪撰，不过揣摩想象无聊之词耳。舒氏不寻其端，不究其委，援此一语，定为铁案。……著书者汉人，被诬者晋人。”此为撰著原因。序中又曰：“仲景之书，文笔高古，直与经典无异，读者不得口授，往往难通，动生疑障，所以大惑不解。今若仍沿其旧，蒙头盖面，不与解明，则前之注者，既未及解，后之读者，又猝不能解，千秋万世，终于莫解。仲景之真，无由而见，即叔和之诬，无自而明。因仿讲章之例，先为串讲，顺衍本文语意，后为析讲，破析本文疑义，务使读者寓目了然，不致惑于伪撰之诬。”此为撰著目的。全书小楷抄写，字迹工整清晰，且有著者独到见解，具有一定的学术研究价值。

0082

伤寒论读二卷/著者佚名：［1874］. --日本抄本. --85叶/一册. --半叶九行，行二十三字，白口，四周双边

中国国家图书馆

提要：此书开本较大，为日本抄本，共分二卷，包含四部分内容：辨脉法第一、平脉法第二、伤寒序例第三、辨痉湿暍病脉证第四。每行满格书者为《伤寒论》原文，每行低一格书者为著者读后语。书中列各种脉象病症，据症开药方。眉上偶有校字。书品较好，抄写齐整。书中钤有“杨印守敬”“宜都杨氏藏书记”“星吾东瀛访古记”“朱师辙观”等藏书印。此书当为杨守敬从日本访得之本。

0083

寄梦庐伤寒述注八卷/（清）秦冠瑞（字倜松）撰：［1890］. --清稿本. --一册

上海中医药大学图书馆

提要：此书共八卷，已残。卷首有伤寒杂病论原序、诸家之序及著者自序。卷一列伤寒例、辨痉湿暍病脉证、辨脉法、平脉法；卷二列太阳病篇；卷三列阳明病篇；卷四列少阳、太阴病篇；卷五列少阴、厥阴病篇；卷六列可汗吐下证、不可汗吐下证及伤寒类证，如温病、痉病、湿病、暍病、霍乱、瘥后劳复阴阳易等；卷七至卷八为方解。书中《伤寒论》经文悉遵王叔和原文，经文圈点悉依清代徐灵胎批本。经文章节仿包诚《伤寒审证表》，将原文按本病、经病、脏病、腑病、坏病及传腑、传脏、入阳、入阴等分类编排。条文下注释悉录前贤研究注释《伤寒论》要语，少有己见，亦参考引述《黄帝内经》《外台秘要》《千金要方》诸书。并将《伤寒审证表》中未纂入之《伤寒论》原文另立一册，按六经分法附于卷末，包括太阳方解、阳明方解、少阳方解、太阴方解、少阴方解、厥阴方解、湿病方解、霍乱方解、瘥后劳复阴阳易方解等内容。

0084

伤寒类经不分卷/（清）王祖光撰：1894.

--清光绪二十年甲午（1894）稿本．--六册

上海中医药大学图书馆

提要：此书分三部分。第一部分列经气要语熟读、经气表里脏腑表里、审证施治关键语熟读、经病提纲熟读、病情喜恶、三阳三阴发热之差别、恶寒发热、传经大关目、直中非寒症、寒邪非不传等，内容出自历代医家或著者本人之箴言。第二部分为此书的主体，首先以六经为纲，分列出相应的提纲、来路、出路及去路等目；其次对各目进行具体阐述；最后将《伤寒论》中涉及桂枝汤的条文悉数列出。六经证治之后，对霍乱证治、阴阳易证治、瘥后劳复证治、痉湿暍证治及温病证治作辨析。第三部分为订正病名，包括病名提纲、各病脉证、诸病证治三方面内容。综观全书，纲举目张、条分缕析，对于分类研究《伤寒论》具有一定的参考价值。

0085

伤寒论恒解八卷／（清）全纯熙（字春和）撰：1903．--清末抄本．--七册．--框高32厘米，宽18厘米

中国中医科学院中国医史文献研究所

提要：此书前有"伤寒论序"、自序、凡例、目录，包括中外六淫治法、伤寒总论、辨太阳病脉篇、辨阳明病脉篇、辨少阳病脉篇、辨太阴病脉篇、辨少阴病脉篇、辨厥阴病脉篇。书中以历代医籍注解伤寒论原文，但文中"节解"之下，常有"仲景曰"的提法，按仲景遗文除保存于《伤寒论》《金匮要略》之外，在《脉经》《千金要方》《外台秘要》中亦偶有引载。此书中的"仲景曰"不见于上述医籍，恐非仲景之语。"节解"之下还有"附解"和"引解"作为叙述体例。此外，书前附朱琏于1957年写给曹炳章的信，表明此书的来历和价值。信中述及此书原为九册，但现存七册，并且信中评价道："全老先生从事中医业务三十余年，以一生心血成此名著，遗益后学匪浅，实令人不胜悼念。"

0086

李千古伤寒论一卷／（清）李溶（字千古）撰　程有为补正：1911.--清宣统三年辛亥（1911）石印本．--47叶／一册

河南省图书馆

提要：此书为有关伤寒等外热病辨证施治专著。书中以疾病症状分篇，包括"伤寒表里阴阳""头疼论""头眩论""头摇论""发热论""声嘶论""鼻塞论""流涕论"等53篇，每篇有病因病机、治法、注解、方名、药物组成等。

0087

伤寒条例解释一卷／著者佚名：[1911]．--清抄本．--一册

上海中医药大学图书馆

提要：此书有目录，无序跋。书中以六经病分篇，对《伤寒论》条文逐条注释。书末所附《半垒医学小识》仅简单论述吐血、血崩、失眠三证。其中关于血崩的论述尤为简略，仅70余字，但已涵盖了血崩的病因、症状、治法、方药。书末所附另一书《幼科条解》主要论述天花、鼻苗、痧

子，最初三逆证、三逆证治法，以及惊风等病证。

0088

伤寒纂要备解不分卷/（清）吴耀汉纂辑　张霖旭订：［1911］. —清抄本. --105叶/一册. --半叶九行

成都中医药大学图书馆

提要：此书对伤寒论六经正病、论表里阴阳汗吐下温解五法、论正伤寒名义、论类伤寒名义、论伤寒初症、论伤寒杂症，从面走足及眼，逐一审详。论传阳变阴之极，变病变法则推究融会以尽其妙。论痓症、危症、死候及妇人伤寒等进行了诠解。此书抄写精美，字迹工整清晰，内容朱笔圈点。

0089

伤寒入门二卷/著者佚名：1911.—清稿本. --99叶/二册

南京图书馆

提要：此书为广义伤寒著作，其中包括温病学内容，亦包含部分《金匮要略》内容。书中将伤寒与杂病的常见症状，如背恶寒、面恶热、漱水不欲咽、惊狂等，据中医病理加以解析，又据仲景之书以出方治，述病简要，理法明晰，有助于中医诊断治疗学的参考与借鉴。

0090

仲景伤寒论指归小注十一卷/（清）陈桂林（字孔授，号心斋）撰：［1911］. --清抄本. --四册

上海中医药大学图书馆

提要：此书内容包括：伤寒辨脉法、六经病脉诸证及兼证。书前有巢念修所补目录，其言“原本卷数分至十一阳明病，后尚未编定，今仍之编成此目，便省览也”。此书著者对《伤寒论》逐条解析，并调整条文篇属及次序，每篇前撰有本篇体例大略、条文增减情况。书中以“愚按”阐发己见，并详辨方有执、程应旄、徐大椿、喻嘉言等伤寒注家之医论得失，探究仲景《伤寒论》之真义。除阐释《伤寒论》条文外，著者亦根据病证情况，增补方剂。全书多崇方、程二家之论，而黜喻氏之说，可为《伤寒论》研究者提供参考。

3.1.2　发挥

0091

伤寒要旨一卷附药方一卷/（宋）李柽（字与几）撰：1171.--宋乾道七年辛卯（1171）姑孰郡斋刻本. --79叶/一册. --半叶九行，行十六字，白口，左右双边

中国国家图书馆

提要：此书为类编整理《伤寒论》著作。著者以北宋校正医书局校定之汉代张机著《伤寒论》为底本，创制以方类证、依证用方之原则，先列药方而后言治症，撰成此书。此书含前后两部分，先列药方，后述要旨，不题卷次卷数。首有“伤寒要旨药方目录”，列药方108道，每道药方述配方、重量、服用方法、主治。版本据药方后镌刻书题记：“右伤寒要旨一卷，药方一卷，乾道辛卯岁刻于姑孰郡斋。”“乾道辛卯岁”为宋乾道七年（1171）。版心下记刻工黄宪、毛用等，其与宋乾道六年（1170）洪遵知太平州时所刻印的《洪氏集验方》

一书刻工同，故为同一时期刊刻。此书曾经黄丕烈、汪士钟、韩应陛等名家递藏。有清代黄丕烈清嘉庆八年、九年、十二年跋，清代杨象济咸丰七年题款。此书纸墨精良，宋以后无传，仅存此本，版本珍稀。

0092

东垣此事难知节抄三卷／（元）王好古（字进之、海藏）原撰 （明）范文兼（字周卿）辑：［1308］. --清抄本. --58叶／一册. --半叶十二行，行二十六字，白口，左右双边

中国国家图书馆

提要：此书为王好古撰《东垣先生此事难知》的节抄本。元代医家王好古从医数十年，深究仲景《伤寒论》，后师从金代名医李东垣，著《东垣先生此事难知集》二卷，内容涉及脏腑、经络、病因病理、荣卫、气血、诊断、方药以及伤寒辨证等方面。尤其是对于“伤寒六经”辨证的深入解析，颇受后世医家推崇。此节抄本凡上、中、下三卷，首有节抄目录，注明“节去之题不录”，全书根据病症或治方共列167小题。卷端题名“风林节抄”。卷末题“天启元年菊月海阳后学范文兼周卿父辑”。此书曾经名家收藏，书中有清世宗之子弘晓藏书印记，其抄本年代或为清初。

0093

伤寒纪玄妙用集十卷附仲景药性论治一卷／（元）尚从善编：1331. --清抄本. --177叶／二册

浙江图书馆

提要：此书《医藏书目》著录为《伤寒纪元》，《医籍考》著录为《尚氏伤寒纪选》，是元代医学家尚从善关于《伤寒论》的解读发挥之作。著者尚从善基于自己的临床经验和学养，又采摭先贤要言编辑成此书，是尚氏竭其心智二十年的成果。全书十卷40篇，包括三十论、十辨。附仲景药性凡90品。卷一为“伤寒类说”，用865字对伤寒医理、主证主方、治要传经进行概述，继下以问答结合注释精解了“辨脉法”“平脉法”和“伤寒例”。卷二为“六经论治”，著者基于足六经的经络说，以《内经》之理述各经病证之要，提出引领六经病的12个主方，还论述了六经禁忌和太阳证以下有十八变。卷三至卷九论述30种脉证并治。卷十为十种治法运用之辨，阐述诸方后又进一步详明10个方剂的加减，凝聚了著者的临证经验。书中除仲景原书112方外，又补充了历代治伤寒卓效者32方，全书共144方。

0094

新刊陶节庵伤寒十书十卷／（明）陶华（字尚文，号节庵、节庵道人）撰：1445. --明嘉靖十年辛卯（1531）明德书堂刻本. --201叶／二册. --半叶十行，行二十一字，黑口，四周双边

中国国家图书馆

提要：此书为广义伤寒医籍。著者陶华，字尚文，号节庵，明初浙江余杭人，精研《伤寒论》，悟其奥理，多有发明及著述。此书首有明嘉靖九年潘轨序，释其题名《伤寒十书》之意，序云：湖州知府刘天和将陶氏著《一提金》《的本》《琐言》《截江网》《明理续论》《刹车槌》六书刊诸府中，

传于建安，锓梓久矣。“所缺者点点金、段段锦、标本论、治例四帙，余家旧有写本，不惶衰朽，出而辐辏十本，板足于书坊，四方学医者共之。”序后有牌记“嘉靖辛卯岁季春明德书堂刊”。此书今仅存五卷，分别为卷一、二“伤寒治例直格”、卷三“伤寒治例标本”、卷四“点点金”、卷五“段段锦”。据《中国中医古籍总目》著录，陶氏的《伤寒六书》现存明嘉靖元年刻本、嘉靖十二年湖广布政使司刻本等，均未见上述四书内容。因此，所遗明德堂刻本据潘氏家藏旧写本刊刻的此五卷四书的内容，唯见于此本，硕果仅存，故弥足珍贵。

0095

伤寒必用运气全书十卷/（明）熊均（字宗立、道宗，号道轩、勿听子）编：1458.--明正德八年癸酉（1513）熊氏厚德堂刻本.--189叶/一册

日本国立公文书馆内阁文库

提要：此书为依运气解伤寒并推衍治疗之作。全书十卷，前五卷为运气，推崇宋代刘温舒《素问入式运气论奥》，载运气图论19篇、主客气图逐年定局、客主加临天时民病说、运气起例歌诀48首、运气精微括诀5篇等。后五卷为伤寒，在元代程德斋《伤寒钤法》基础上，再予重编。内容有伤寒钤法歌、痉湿暍证歌、伤寒识证认字号用药歌等5种歌诀，三阴三阳字号，六经证歌232首，伤寒钤法方药113道，后附处方4道。其书以病者所生年月日时，合得病之日期，推导五运六气与伤寒六经证候，决定伤寒某日当得某经，某经不用某药，谓之“伤寒运气钤法”。其法当时或秘之为宝，或斥之为无稽之术、杀人多矣。故此书至清代即少有流传，终至散佚。今日本存明正德刻本。

0096

伤寒全书一卷/著者佚名：1521.--明正德间刻本.--56叶/一册.--半叶十行，行二十字，白口，双鱼尾，四周单边，框高18.7厘米，宽12.3厘米

中国中医科学院图书馆

提要：此书卷端缺失，书口作“伤寒全书”。前六叶以问答形式对伤寒证治中一些问题做了解答，所列11个问题颇为实用。其后之五运要略、六气司天在泉主病例、察色要略、脉诊要略、审证、伤寒药性证治要略等皆要言不烦，并且理法、药物皆有所论及。此外，经检查核对，此书内容多摘自明代孙一奎所著《赤水玄珠》。

0097

伤寒选录八卷/（清）汪机（字省之，号石山居士）撰　陈桷辑　程鐈校正：[1539].--明万历三年乙亥（1575）敬贤堂刻本.--68叶/九册.--半叶十一行，行二十三字，白口，上黑鱼尾，四周单边，框高28.8厘米，宽11.7厘米

日本国立公文书馆内阁文库

提要：此书大致可分三大部分。卷一为各专题论说，辑录“诸先贤所论，于仲景有发明者，并采辑卷首，以广见识（凡例）。”这些论说反映出汪机对伤寒的学术认识。卷二至七卷是全书的主体，以病症名为纲，归纳伤寒条文，为之集注。据凡例称：“六经诸病，皆仿成无己例，摘取诸证条中一

证，别立条款，为之发明。成氏或有未莹者，复附诸贤所论，俾学者知有所择也。”卷八为“伤寒选录药方”，其中又分方、药两部分：“药方加减例”“伤寒药性主制要略”。其中“药方加减例”是将全书所用方剂集中叙述，并附加减法。“伤寒药性主制要略”将所用的195种药物逐一罗列，略述其性味、归经和功效。总之，此书按论、症、方药为序，对仲景伤寒条文进行了整理，“较诸他书，颇为详尽。临证一览，而诸说皆在目矣（汪机自序）”。

0098

考证注解伤寒论十卷／（明）黄甲撰：［1545］．--明嘉靖二十四年乙巳（1545）刻本．--310叶／六册．--半叶九行，行十六字，白口，单鱼尾，四周单边

甘肃省图书馆

提要：此书著者是在成无己《注解伤寒论》基础之上予以考证注释之作。其学术主体是接受成无己的“以经注论”的研究方法，并援引了后世一些著作加以增润和发挥，对于学者领悟和使用《伤寒论》这部义理精深的经典著作颇有裨益。

0099

伤寒摘玄二卷／（明）杨珣（字恒斋）编：［1560］．--明嘉靖抄本．--46叶／一册．--半叶九行，行二十四字，框高19厘米，宽11.5厘米

浙江省图书馆

提要：全书囊括《伤寒论》《金匮要略》中90个门类的疾病，如咳嗽、无汗、渴、发黄、背恶寒、直视、吐血、狐惑等，或为单一症状，或为独立病症，各自成篇，结合原文及著者临证经验详加阐释。后附全书所载方剂目录，共有276方。每门以综论该门病因病机、病状、治疗方剂、方解为撰著体例。惜此书残缺不全，90门中仅存13门，自十四门以下内容均已散佚。

0100

东垣伤寒正脉十二卷／（明）王执中（字叔权）撰：1580．--明万历八年庚辰（1580）世征堂刻本．--877叶／十二册．--半叶十行，行十九字，白口，框高20.5厘米，宽12.5厘米

苏州市中医医院图书馆

提要：此书录《素问》以及李东垣、陶节庵论伤寒异同之旨，而溯流寻源，以期得一贯之正统。而其中于李东垣有关伤寒参究最详，谓东垣不独长于脾胃，且于仲景伤寒得不传之秘，故题为《东垣伤寒正脉》。卷一正脉指南，卷二《素问》，卷三至卷五张仲景《伤寒论》，卷六李东垣先生《此事难知》，卷七已佚，卷八、卷九《陶节庵六书》中、下，卷十至卷十二为《活人大会方》上、中、下。书后附拾遗，内容为姑苏缪存济《伤寒撮要》。

0101

甦生的镜十卷末一卷／（明）蔡正言（字受轩，号默尼子）编：1620．--明天启三年癸亥（1623）跋刻本．--六册．--半叶十八行，行三十字，白口，四周单边，框高20.3厘米，宽14.9厘米

日本国立公文书馆内阁文库

提要：此书分论、法、方三大部分，简明

通俗地阐述伤寒辨证论治要领。此书卷首由序、目次、提要、正文、跋文组成。序跋共11篇、小引1篇、绘像1幅、像赞2篇。目次后为凡例“剖明的镜示要”23条，阐述此书立题名义、编集方法、旨趣、内容大要。正文十卷，以天、地、人为标记，分作三大部分。此三部各有侧重，依次为论、法、方。天部二卷，著“脉、症、治”三层法门。其中卷一又以“脉理为医之首务，病症由脉，洞彻其情”，因此辑录了《黄帝内经》《脉经》以及宋元明诸家的脉论，并采用图表的形式加以分类对照。卷二辑录了当时有关《伤寒论》应用中的27个问题并加以讨论。地部七卷，列述了《伤寒论》全部条文，除十分难解的内容附有注释外，每一条文的方脉证治，均用七言歌诀予以概括。人部仅一卷，著者以千字文来标注《伤寒论》113方。此外，该卷还讨论了一些药品的炮制法、剂量、煎药法则等内容。卷末补遗一卷，主要是内伤诸病的常用方剂。该卷首有“医方总论”一节，议组方的活法机要。其后收录了汤方36首、丸方18首、药方8首、膏方6首。

0102

伤寒会要二卷/（明）江原岷编：1637.--明崇祯十年丁丑（1637）抄本.--29叶/一册

上海中医药大学图书馆

提要：此书上卷亡佚，下卷列劫病法、制药法、煎药法、解药法、秘用汤方五部分。“劫病法”13条，分别为辨治躁狂症、痛症、直中阴经真寒症、辨治舌胎、鼻衄成流、热邪传里之症、吐血不止之症、直中阴经真寒症或阴毒症、热极症、服药不纳症、中风痰厥昏迷症、干霍乱不得吐症、中寒卒倒不省症。“制药法”4条，介绍去除附子、大黄、麻黄、吴茱萸毒性的炮制方法。“煎药法”20条，分列发汗药、止汗药、和解药、下药、温药、行血药、利水药、止泻药、消渴药、止痛药、发黄药、发斑药、发狂药、呕吐药、劳力感寒药、感冒伤寒药、暑症药、痉病药、腹如雷鸣药、湿证药的煎服方法。遵循的原则为：根据方剂的功效，先煎方剂中相应的主药。“秘用汤方”37首，所录之方多由张仲景方加减变化而成，亦包括导赤散、羌活冲和汤、升阳散火汤、黄龙汤等后世验方。此部分主要论述这些方剂的主治、组成及加减。此书虽无大篇医论，但所论诊断方法、治法和方药，较为切合临证应用。

0103

伤寒总论一卷/（明）秦昌遇（字景明，号广埜道人）撰：［1641］.--清刻本.--19叶/一册

上海中医药大学图书馆

提要：此书包括总论、验舌、二阴经热病，以及发表、吐下、补虚等治法的宜忌，共28篇短文。书中对《伤寒论》治法论述较详，辨证重视舌苔及口唇的诊察。

0104

伤寒阐要编七卷/（明）闵芝庆（字涵清，号松筠馆主人）编：［1644］.--明刻本.--二册.--半叶九行，行十九字，白口，四周单边，框高20厘米，宽14厘米

日本国立公文书馆内阁文库

提要：此书分七大部分。每一部分之前，著者用“叙曰”开头，讲述该部分的要点。第一部分为注《素问·热论》。第二部分为辨经脉配合，闵氏根据《伤寒论》编列脉法居前，表明当先明脉。著者认为《崔嘉彦脉诀》以命门配三焦于右尺，乃一大“遗祸”，又力申“右肾命门属水不属相火”、三焦无形。第三部分为辨经脉证治，分三节：浮中沉脉法、六经证治、证治总要，介绍伤寒脉法、伤寒经证与脉象的关系、伤寒证治大法。第四部分为辨伤寒大义，是全书学术观点最丰富的一个部分，占了两卷半的篇幅。第五部分为辨伤寒变证，列温暑、温疟、风温、温毒、温疫、痉病诸病，逐一辨其证治。第六部分为辨类伤寒证，列时行、冬温、寒疫、中暍、湿证、伤食、痰证、虚烦、脚气、瘟疫、大头瘟、瘀血、痈毒、狐惑等病，先论后方，以便临证之需。第七部分为辨运气脉法，主要介绍的是运气学说中的司天在泉、南政北政内容，仅列数图，说是以辨脉法，其实与伤寒无关。此书虽名为《伤寒阐要编》，但实际上重在学习张仲景的辨证、立法。同时书中著者对后世温病学的许多问题亦进行了较为详尽的讨论。

0105

伤寒述微三卷／（清）李栻撰：1646.——清南益堂刻本.——一册

上海中医药大学图书馆

提要：此书多临证诊治经验。上卷七节，相当于总论，卷首为“伤寒序例”“切脉”“问证”“伤寒危证论”“伤寒劝诫法”。卷中、卷下以伤寒相关病证为主。卷中首论为“三阴三阳正变通治法”，即列举伤寒六经病证的主要治法及用方。卷下“辨惑”之后，列“懊憹”“呃逆”“由三阳传入三阴”“身痛”“腹痛”“痉病”等病证13条，末附“条理丸方”“伤寒决死生脉歌”两节。在这些病证之下，著者多附入自己的治疗案例。其辨证入微，尤精脉诊。选方用药不拘一格，或取成方，或用单方，临床疗效甚佳。

0106

伤寒起景集一卷／（清）吴乆（字修会）撰：1657.——清抄本.——61叶／一册.——半叶十行，行二十字，框高24.6厘米，宽16.5厘米

上海中医药大学图书馆

提要：此书系有关研究的伤寒医论汇编，是著者研习《伤寒论》及近世诸注家之体会所著成。其中对于伤寒中若干问题的理解较为透彻，而书中对陶节庵之论驳斥甚多。

0107

伤寒指下活人秘书一卷／（清）芙蓉城山人撰：［1661］.——清抄本.——53叶／二册

中国国家图书馆

提要：此书分析伤寒脉象，论述诊脉指法，根据脉象沉浮及病症特点施治出方，间有引用明代陶华医治伤寒诊脉理念。书中标题有：伤寒秘要脉证指法、论中脉形状指病、伤寒表里见证治例活法等。书内钤有“辅国公卓”“载卓之印”“金华朱颜珍藏”等藏印，可知此书曾经清代果亲王后代载卓收藏。

0108

伤寒溯源六卷 / (清) 顾宪章注释: 1678. --清抄本. --483叶 / 六册

日本国立公文书馆内阁文库

提要: 此书著者取明代陶华《伤寒全生集》，为之辑注解释。其书以陶华书为正文，随文加注、按，阐其文义，析其方药，并旁征博引，对伤寒疑难问题予以阐发。

0109

伤寒汇参四卷 / (清) 张世炜 (字雪窗) 辑　张守坚 (字非磷) 订补: 1689. --清抄本. --107叶 / 一册. --半叶十三行，行二十八字

中国国家图书馆

提要: 此书为《若山居医学读本》第三帙，首有清康熙二十八年 (1689) 张世炜所撰之序，称其家五世业医，三世尤专伤寒一科。于是取陶华有关伤寒医著“删烦去复，因病附方，参以诸家之书，汇成一集”。目前只存二卷。卷一有伤寒提纲、伤寒伤风中寒辨、正伤风感冒等43篇，卷二有63篇，皆为有关伤寒的论辩、诊法、治例等内容。

0110

伤寒证治准绳增删八卷 / (清) 陆遇霖增删: 1703. --清康熙四十二年癸未 (1703) 最乐堂刻本. --166叶 / 四册

安徽省图书馆

提要: 此书著者取明代王肯堂《证治准绳》，整理其中伤寒部分，而成《伤寒证治准绳增删》。此书就《伤寒证治准绳》剪繁裁赘，训释疑难，采摘医案，附以己见(加‘霖按’二字)。又增语录一门，集取前人之有特见者。目录有“伤寒证治准绳增删类方目录”，然实则类方并未单独成章，而是附在各卷主方之后。

0111

伤寒伐洗十二稿三卷 / (清) 钱座书撰: 1710. --清康熙四十九年庚寅 (1710) 抄本. --89叶 / 一册

上海中医药大学图书馆

提要: 此书上卷载脉法、六经、总纲、传经、表里辨、风寒辨、阳证阴证辨、温热病辨、伤寒治法等39篇；中卷有六经提纲、六经标本及六经病主证等63篇；下卷论伤寒杂证，包括结胸、脏结、厥、蓄血、坏病、心悸等39种。书中对伤寒病证的辨证论治论述较详，并有所发挥。

0112

尚论翼八卷 / (清) 舒诏 (字驰远，号慎斋学人) 撰: 1739. --清乾隆五十四年己酉 (1739) 敬直堂刻本. --264叶 / 四册

上海中医药大学图书馆

提要: 此书卷一至卷三太阳篇，论述135法；卷四阳明篇，计73法；卷五少阳篇21法，合病、并病、坏病、痰病等计19法；卷六太阳、少阴篇，计53法；卷七厥阴篇48法，瘥后劳复等11法；卷八载《温疫论》摘录，以及杂病、吐血、肺痈肺痿、辨脉等11篇。篇目遵喻嘉言《尚论篇》，补《伤寒论》113方于条文之下，并述其方义及主治病症。书中引喻嘉言之说颇多，又博采诸家，并参以己见，而对《温疫论》的注疏较详，于临证有一定参考价值。

0113
叶氏伤寒家秘四卷/原题（清）叶桂（字天士，号香岩、上津老人、南阳先生）撰：1746.－－清抄本.－－四册

上海中医药大学图书馆

提要：此书卷一列辨伤寒温病热病论、伤寒审病问因察形正名总论、伤寒传经症治脉法要旨、伤寒相关脉法、伤寒阴阳症论、合病并病论、标本论、伤寒至病所察各法、伤寒诸禁忌法、辨温病热病时气例、辨类伤寒例、可或不可汗吐下例等61篇，并附方论49首；卷二列论伤寒发热、恶寒、烦躁、汗、吐血例，辨伤寒无表里症，辨伤寒表里俱见等共31篇，附方论60首；卷三列辨伤寒呃逆、胸胁满、咳喘、心下痞、发黄、发斑、结胸、谵语郑声、小便难或自利、大便不解等共27篇，附方论120首；卷四辨伤寒阴阳二症不可误治论、阳证似阴、阴证似阳、除中、寒热厥、狐惑、百合、瘛疭、瘥后、妇人伤寒、小儿伤寒等证计52篇，附方论72首。全书内容丰富，注重病证的鉴别诊治，尤其对温热病的证治论说较详，所论方剂，除张仲景方外，增入大量后世验方，对文献研究及临床均有一定参考价值。

0114
伤寒归二卷/（清）谢景泽（字汝霖）校：1749.－－清乾隆十四年己巳（1749）稿本.－－240叶/四册

上海中医药大学图书馆

提要：此书上卷为总论与类证，总论述察色、面、耳和辨舌、辨脉等诊法；类证叙伤寒、内伤等37种。下卷论辨证，列发热、呕吐、心悸等100种，附伤寒归选方。书中论述既博采群言，亦有谢氏临证经验，对温热病的辨治尤详。

0115
医抄醇粹首集二卷附伤寒论翼一卷/（清）高赓歌（字嗣亭）编：1752.－－清活字本.－－114叶/四册.－－半叶九行，行二十字，框高19厘米，宽13.8厘米

上海中医药大学图书馆

提要：此书为著者所辑《医抄醇粹》首集，并附入柯琴《伤寒论翼》。据书中序言，当时柯琴《伤寒论翼》尚未经刊刻行世，其好辑医书，因做《医抄醇粹》医书，“凡列男妇伤寒杂证合计得二百余种，各悉采名家名言精论分列病因见证，脉息治法、医方五项叙入每证中”。故而此书为《伤寒论翼》的一个传本，具有校勘价值。具体包括：卷一伤寒证上：全论大法第一，六经正义第二，合并启微第三，风寒辨惑第四，温暑指归第五，痉湿异同第六，平脉准绳第七；卷二伤寒证下：太阳病解第一，阳明病解第二，少阳病解第三，太阴病解第四，少阴病解第五，厥阴病解第六，制方大法第七。

0116
伤寒三书合璧/（清）顾沧筹编：1760.－－清乾隆二十五年庚辰（1760）吴门乐真堂刻本.－－250叶/四册.－－半叶十行，行二十二字，白口，上黑鱼尾，左右双边

中国国家图书馆

提要：此书为《伤寒琐言》《伤寒方法》《伤寒舌辨》合刻之丛书。全书四册。第

一册首有书名叶，题总书名《伤寒三书合璧》。子书名：《伤寒舌辨》申斗垣先生著；《伤寒琐言》陶节庵先生著；《伤寒方法》王晋三先生注，吴门乐真堂梓，乾隆五十二年刊，又有清乾隆五十四年田枌撰序。后为《伤寒琐言》上、下二卷，每卷先目录后正文。卷上以论为主，含辨张仲景伤寒论、治伤寒用药大略、伤寒言证不言病、厥分寒热辨、伤寒传足不传手经辨等多篇；卷下以药方治例为主。后附六经脉证、司天在泉歌诀、十二经所属歌。第二册《伤寒方法》上、下二卷，有伤寒一百十三方条目，含和剂、寒剂、温剂、吐剂、汗剂、下剂等六门。第三、四册《伤寒舌辨》上、下二卷，首有元代医家杜本撰“伤寒舌辨序”，正文多为辨析各色舌苔图，每图标注舌苔颜色位置，图下有五言歌诀，总括病症病因，旁加注解，后列药方。此书卷末有墨书题款“道光廿三年五月二十三日贞丰寓置”。

0117

伤寒传变大略一卷附疾病证治大略一卷/（清）沈竹安撰：1820. --清抄本. --15叶/一册. --半叶八行，行二十字

南京中医药大学图书馆

提要：此书所述内容以外感病为主，分为两个部分。前半部分为“伤寒传变大略”，主要依据外感风寒喉舌象的变化来确定方药，共列21则。后半部分为“疫病治法大略”，以“宜汗大略”“宜吐大略”“宜下大略”“宜清大略”“宜温补大略”为纲，论述疫病传变中的证治，有著者原则观点，值得深入研究。

0118

伤寒经晰疑正误十二卷/（清）汪时泰（字春溥，另惟诚子）纂述：1841. --清道光二十一年辛丑（1841）汪时泰梯云书屋稿本. --400叶/四册

安徽省图书馆

提要：此书前有序5篇，另有方有执“张仲景传”，次为“伤寒论序”“读经要言”（即全书凡例）、程应旄“辨伤寒论”“纂集历代明贤姓氏”83人。其后分十二经，类列《伤寒论》诸方，汇集历代注家之论，析疑正误。此书为清道光二十一年（1841）撰成之稿本，且有延至1844年后补之序文及题识。

0119

医津指迷三卷/著者佚名：1845. --清抄本. --87叶/一册. --半叶十二行，行二十四字，框高21厘米，宽15.5厘米

中国科学院国家科学图书馆

提要：此书为广义伤寒辨证施治著作。卷一为伤寒，卷二为时毒、瘟疫等4证，卷三为诸难症要方及丸散膏丹各种方剂。卷一首列伤寒脉候，继列高鼓峰脉候辨、医贯治略，载前贤有关伤寒脉治方略，次论太阳病、太阴兼阳明、少阴兼阳明等六经病候，最后列正治法、验舌存津液法、吐血、红汗等病证，备方及伤寒死候。书中正文前有印记“松溪”。

0120

伤寒剖绪二卷/（清）陈厚溪（字国笃）著：1854. --清咸丰四年甲寅（1854）贵州遵义陈氏家刻本. --49叶/一册. --半

叶八行，行二十二字，黑口，单鱼尾，四周双边

浙江中医药大学图书馆

提要：此书卷上论述伤风有汗及伤寒无汗、阳邪不能传阳明、治伤寒六法、三阴无下法、伤寒传经次序、经尽再经、从阳化热及从阴化寒、温疫有斑及伤寒无斑、促结代三脉等。卷下论述太阳、阳明、少阳、太阴等诸证辨及桂枝汤、麻黄汤等27则经方应用。

0121

伤寒秘要一卷/著者佚名：1903. --清光绪二十九年癸卯（1903）抄本. --63叶/一册

中国中医科学院图书馆

提要：此书内容不仅发挥仲景之学，亦有收载地方温病学内容。卷端题“光绪廿九年岁次癸卯闰月吴门后学顾时田字相轩于敦复书屋”。此书有97篇短论组成，涉及伤寒、温病、时行、中暍、中暑等时气广义伤寒；水气、火劫等误治变证及类伤寒，如夹食伤寒、夹痰伤寒、夹血伤寒等；亦有内伤杂病类伤寒者，如内伤外感始为热中病、内伤似外感未传中病等。开篇论述总说广义伤寒，从各个角度阐发广义伤寒的特点，包括辨证要点、审证要点、脉象特点等。在叙述常见病证之后，对一些伤寒病的重要问题加以阐介，如传经数日、可汗可下可吐、热入血室（亦提及男子热入血室是其特色）、急下急温、瘥后诸症等，言简意赅，足资借鉴。第92至97篇总说六经病证，故可见著者仍持“六经钤百病”的观点，治疗认识虽已脱却伤寒构架，但名义仍在其中，未将寒温分开。书中论说有原创内容，有一定的研究价值。

0122

伤寒宗正全书五卷/（清）陆经正（字文定）撰：1911.--清抄本. --一册

上海中医药大学图书馆

提要：此书仅存卷四、卷五。卷四为选方评断上，载麻黄汤类、桂枝汤类、柴葛解肌汤类、清暑益气汤类、犀角地黄汤类等方，计55类；卷五为诸方备览，载葛根汤类、大小青龙汤类、酸枣仁汤类、阿胶散类、参苏饮类等方，计116类。两卷皆采用以方类证的形式，将《伤寒论》中的方剂与后世验方重新加以归类与编次。每首方剂后汇列该方主要适应证、组成与用法、禁忌证、疑似证及服此方后的转归证等。且以诸经之旨与诸家论说为据，以按语形式阐发组方原则与加减应用。除伤寒方外，亦有多首治疗内伤杂病及温病的方剂。

0123

陶节庵先生六书辨疑一卷/著者佚名：1911.--清抄本. --48叶/一册. --半叶九行，行二十四字，框高36厘米，宽12.3厘米

浙江省中医药研究院图书馆

提要：此书无目次，每篇独立成论，设有启蒙论，伤寒论，脉要上，脉要下，阴阳表里脉证论，伤寒脉证指法，浮脉形状指法主病，中脉形状指法主病，沉脉形状指法主病，三阴三阳经脉证，太阳经见证法，本经用药法，少阳、阳明、厥阴、太阴、少阴等经见证及用药法，伤寒六经变症；最后有贯珠篇、产后伤寒治法等。

0124

伤寒症治海底眼秘法二卷 / 著者佚名：［1911］. -- 清抄本. -- 一册

上海中医药大学图书馆

提要： 此书无序跋，有目录。上卷载伤寒海底眼病机论、六经证治（包括足太阳膀胱经、足阳明胃经、足少阳胆经、足太阴脾经、足少阴肾经、足厥阴肝经）、伤寒两感互见脉论、伤寒两经脉相似论、伤寒首尾一经症治、伤寒过经不解等；下卷重点阐述内容为三法失宜、夹病症治、伤寒同症误治、伤寒类症治法、诸经症应药（包括心经、肝经、胆经、脾经、胃经、心包经、肺经、大肠经、肾经、膀胱经、三焦经），药引略等。其中，目录最后“十三方加减歌诀”和“十三方加减主药”，为正文所无。此书对引经药有所发挥，还强调服药时的饮食禁忌。

0125

伤寒的秘珠玑二卷 / （清）顾士魁（字介标）鉴定　顾兆熊（字渭南）订：［1911］. -- 清抄本. -- 二册

上海中医药大学图书馆

提要： 此书上卷载论伤寒脉证大旨、论伤寒脉与杂证脉不同、伤寒诊脉要略歌、伤寒症名赋、论伤寒治法提纲、风温等22篇，对湿温、风湿、中湿、温毒、温病、热病、感冒时行、痉、中暑、中热中暍、类伤寒、伤寒两感等的辨证论治作了详细论述。下卷载发热、头痛、项强、身体痛、各种汗出、结胸、痞、腹满、心悸、咳喘、狐惑、百合、阴阳易、撮空症、无阳症、戴阳症、大头伤寒等79证，对其病因、症状、治法及方剂等均加阐述。

0126

仁寿堂伤寒定本一卷 / （清）陶宏宾（字羽逵）编：［1911］. -- 清抄本. -- 一册

上海中医药大学图书馆

提要： 此书为《伤寒论》的一个别传本，与赵开美本《伤寒论》相较，条目顺序及内容均存在较大差异。此书按编排顺序分别为“辨脉法”“平脉法”“伤寒例”“辨痉湿暍脉症”“辨太阳病脉证并治法”“辨阳明病脉证并治法”“辨少阳病脉证并治法”“辨太阴病脉证并治法”“辨少阴病脉证并治法”“辨厥阴病脉证并治法”“辨霍乱病脉证并治法”“辨阴阳易瘥后劳复病证并治法”“入门辨发热外感内伤证”“杂著”“附方”“音释”16篇。其中“杂著”又分为“六经病外见”“不可汗”“不可下”“阳症似阴”“阴症似阳”“喘”“短气”“小便不利”“舌胎”等28条。较赵开美本《伤寒论》，增加“入门辨发热外感内伤证”“音释”2篇；赵开美本《伤寒论》“辨不可发汗病脉证并治”“辨可发汗病脉证并治”“辨发汗后病脉证并治”“辨不可吐”“辨可吐”“辨不可下病脉证并治”“辨可下病脉证并治”“辨发汗、吐、下后病脉证并治”等8篇，此书归入“杂著”部分。

0127

伤寒琐屑附翼一卷 / （清）吴开业（字勋臣）编：［1911］. -- 清抄本. -- 一册

上海中医药大学图书馆

提要： 著者吴开业，字勋臣，江苏仪征人，生平事迹不详。此书有目录，无序跋。书中将伤寒类病证分为8门，根据寒热、疼痛、气血、二便、呕吐、头面部等症状分为“寒热门”“诸痛门”“诸气门”“诸血门”“诸府门”“呃逆门”“汗卧门”“七窍门”。“寒热门”载18个小专题。“诸痛门”载伤寒头痛、项痛、胸胁痛、腹痛、心下痛、诸湿痛证等伤寒痛证。“诸气门”载伤寒喘、咳、肿、腹中雷鸣4种病证。“诸血门”载伤寒出血诸证，如吐衄、便血等。“诸府门”主要阐释伤寒病与二便相关的病证，如自利、下利、下重、下后不解等。“呃逆门”主要阐述伤寒呃逆、呕吐类病证。“汗卧门”载伤寒汗证和卧寐方面的病证。“七窍门”记述口、鼻、咽喉、舌苔等方面病症。

0128

伤寒神秘精粹录一卷 /（清）吴谦如（字敬公）著：［1911］. -- 清抄本. --81叶/一册

中国国家图书馆

提要： 此书著者开篇即标示引据《素问》《伤寒论》等16种冠称伤寒的著作。引据的主要医家有庞安时、韩祇和、成无己、刘完素、李东垣、赵嗣真、陶节庵、吴绶、方有执、喻嘉言等。尚有《克勤伤寒论意》，是未曾刊刻的秘本。在引据古今伤寒各家书名目录之后即是伤寒各症立方次第目录，从太阳症起至瘟疫流行症，共110症。正文首篇是“论伤寒”，概论著者对伤寒之学的见解和全书的文意。继后是“伤寒各症条例”，以说明此书所言“症”的内容、章法及编著体例，共12项，此分症原则也直接联系辨症辨脉及预后判定。续则为“辨可发汗病脉症”“辨不可发汗病脉症”“辨可吐病脉症”“辨可下病脉症”4辨。辨后是7种类症之论：论发热、论潮热、论寒热往来、论恶寒、论恶风、论阳毒、论阴毒。承接七论的是述六经传变、病证、死症、死脉、集方等6篇歌诀和“伤寒各症根由并各方捷法要语”，此要语也是韵文。六篇歌诀是“伤寒六经传变歌”“六经症病歌”“仲景伤寒死证歌”“伤寒五脏受病歌”“伤寒决生死脉歌”“伤寒各症要语集方歌”。以上编论歌诀，相当于总论伤寒之症病脉、五脏受病及传变的内容。对于从表症起开始叙述的110症的阐述，也是用歌诀形式，多是四句或八句，也有超过八句的，但为数不多。这些歌诀的题目是“伤寒诸变症随症立方歌”。有些不属变症的独立症，在前面的“要语”之中，故此篇实际上最后为一百零一症戴阳症。戴阳症列蜜导法、猪胆汁导法、阴毒熏法、葱慰法、瓜蒂搐鼻法、水渍法、扑粉止汗法等7种治疗技法。最后是“伤寒各症要方详解”，从第一方麻黄汤、第二方桂枝汤、第三方大青龙汤序次，到第五十二方三消达原饮，方名之下详列药味组成和药量。

0129

伤寒要言一卷 / 著者佚名：［1911］. -- 清抄本. -- 一册

上海中医药大学图书馆

提要： 此书无目录、序跋，由后人重订，书写了封面、目录。内容包括“六经传变说”“伤寒病后劳复有八变”“用药引治之法”“伤寒金口诀”“伤寒至捷法”“伤寒指掌赋”“治病通论”“伤寒奇汤”等篇。对外感病有关病证、治疗、方药等进行论述。其论虽宗陶节庵之说，但并非盲从，而是有个人见解。如“陶节庵泄漏方，不问阴阳两感伤，通用冲和灵宝饮”，著者认为“表病急，里病微，麻黄葛根汤最奇。表缓里急宜攻里，调胃承气急通之”。“伤寒奇汤”末有残缺，从现存文字看，共列举了35首治疗伤寒方剂。书末又有四物汤论、二陈汤论、小柴胡汤加减法等内容。

3.1.3 方论歌括

0130

金鉴伤寒论方一卷/（清）陆懋修（字九芝、勉旃，号江左下工、林屋山人）撰:1866. --清稿本. --52叶/一册

中国国家图书馆

提要：此书主要是摘录《伤寒论》中诸方及其主治功效而成。所摘内容均来自《医宗金鉴》，故书名《金鉴伤寒论方》。封题“宏维新编”，故又名《宏维新编》。首叶题“金鉴伤寒论方次序”，即目录。全书内容凡太阳上篇、太阳中篇、太阳下篇、阳明全篇、少阳全篇、太阴全篇、少阴全篇、厥阴全篇等八个部分，列药方共计109个，后详论药方77个，并强调几种药方的用法。其后附平川吴氏稿本，有咽喉十二方、咽喉通治方等；又附王士雄撰《随息居霍乱用药》，列治霍乱主药20余种，并注明“同治元年壬戌刊于上海”。《中国中医古籍总目》著录有清王士雄撰、陆懋修摘抄的《随息居霍乱论节本》，唯见清同治九年徐氏刻本，或从陆氏此稿本摘出。

0131

汉张仲景伤寒一百一十三方一卷/著者佚名：［1908］. --清糊涂道人抄本. --49叶/一册

中国国家图书馆

提要：此书名据卷端题“汉张仲景伤寒一百一十三方”。书末有光绪十九年（1893）糊涂道人跋文：“以上共一百十五方，徐洄溪《伤寒类方》止一百十三方，兹从《医宗金鉴》补入土瓜根方及阳旦方，遂为一百十五方。”据此可知，此书之一百一十三方皆为徐大椿《伤寒类方》内容。跋后又附“喇嘛药酒方”“固牙补肾方”，故全书实录一百一十七方。

0132

伤寒百问经络图九卷/著者佚名：1162. --元燕山活济堂刻本. --四册. --半叶十一行，行二十字，白口，双黑鱼尾，左右双边，框高21.8厘米，宽14.2厘米

日本宫内厅书陵部图书馆

提要：此书为以图表附注伤寒之作。扉页题书名《伤寒百问》，卷首题《伤寒百问经络图》。前六卷就伤寒设一百问，以阐发张仲景伤寒奥义，辨别六经证治，辨析伤寒与伤风、热病与中暑、风温与温毒、风湿与湿温等证。后三卷辑录伤寒方。其中卷一从第二问起论伤寒六经之证，其问题之后引述某经循行内容，又别出一幅人身之图，但不标经络，仅指示该经脉循行之部位，共计有六经之图。《伤寒百问经络图》一名首见南宋郑樵《通志·艺文略》，不著撰人，仅一卷。“燕山活济堂”为元代窦汉卿药室之号，故将此本定为元刊。经核对，书中《伤寒百

问》内容出自宋代朱肱《伤寒百问》。此本揉入六经之经络循行图说，仍用《伤寒百问经络图》一名，析为九卷。书前有宋嘉定六年张松序，乃刻书者将南宋张松《究原方》之序误植于此。此书版式、字体，颇有宋刻之风，书品及刻工均佳。

0133

伤寒三秘三卷首一卷/（明）刘浴德（字肖斋、子新，号壶隐子）撰：1596.--明万历二十四年丙申（1596）稿本.--46叶/一册

辽宁中医药大学图书馆

提要：此书为伤寒歌括解读类著作，系著者自明万历十五年至万历二十四年将近10年间，对《儒门事亲》《伤寒直格》《伤寒杀车槌法》《医经小学》中有关“伤寒歌括”予以编辑修订。如著者在自序中所言：“错杂者顺之，遗忘者补之，复因汤名以释意。”

0134

伤寒书稿一卷/著者佚名：1722.--清抄本.--38叶/一册

中国中医科学院图书馆

提要：此书为伤寒歌括总汇之书，系著者摘录各家名著中伤寒歌诀而成。如第一篇“杂病赋”实为明代皇甫中所撰《明医指掌》中之“病机赋”，又如“伤寒证治总略歌”实为《赤水玄珠》中之“伤寒至捷法歌”。书中还载有“伤寒五脏受病歌”“伤寒四证相类诀”“引经药报使歌”“伤寒秘传歌诀”“十九畏歌”。摘录内容不成系统，亦无篇次分类，为著者读书笔记，信笔录之。

0135

伤寒类证解惑四卷/（清）张泰恒撰：1745.--清光绪十五年己丑（1889）邓州张炳义刻本.--171叶/二册.--半叶九行，行二十一字，白口，上单鱼尾，左右双边，框高22厘米，宽13.8厘米

中国医学科学院图书馆

提要：此书卷一首为“伤寒总论”，次为“伤寒类证解惑赋”（其前有十八门目录，即为该赋而设），最后为“伤寒类证解惑赋注”。其中“伤寒类证解惑赋注”从卷一之末延续到卷二、卷三。卷三在“伤寒类证解惑赋注”之后附有“动气伤寒、脉分四纲、脉之情状”三小节内容。卷四则为“伤寒类证药方”，列方剂182首。此书的主要内容是“伤寒总论”与“伤寒类证解惑赋”“伤寒类证解惑赋注”三部分。这三部分内容中，又以“伤寒类证解惑赋”为全书中心，“伤寒类证解惑赋注”实际上是围绕着“伤寒类证解惑赋”所作的注解。而“伤寒类证药方”，则是全书的方剂附录卷。书中对临床辨证伤寒相关疾病甚详，所出方剂也非常实用，对于研究伤寒和临证工作者均具有参考价值。

0136

伤寒锦囊二卷/（清）刘渭川撰：1881.--清光绪七年辛巳（1881）三槐堂汇以氏抄本.--二册

辽宁中医药大学图书馆

提要：此书为以歌括诠释广义伤寒之著作。书中客观对待历代医家的诠释和发挥，包括金元四家和温病学派的时方，皆择善而用。书中以歌诀形式著述，对于重要内容，

都式之以诀，援之以歌。用歌诀释要、释脉、释症。例如首篇“伤寒症名要领赋”和其后的“伤寒金口诀”“伤寒六经要诀”“脉诀歌”等，都能以纲领性的数言，精其要而易记。故此书颇有助于研习和记忆伤寒学中重要内容，具有一定的参考价值。

0137

伤寒一掌经一卷／著者佚名：［1911］. ——清抄本. ——一册

上海中医药大学图书馆

提要：此书正文起始部分以歌诀的形式，对痉、湿、暍、百合、狐惑、阴阳毒、发热、呕吐、咳嗽、下利、脏结、阴阳易、瘥后劳复等60余种病证进行归纳，名曰“伤寒要领”。接着以每句歌诀为要领，对其进行演绎，此为全书主体部分。最后又以歌诀的形式，重申如何辨别表、里、中三症，如何辨别内、外伤，如何辨别两感、温病、中暑、时疫，以及如何辨别与伤寒相类的虚烦、痰气、食积、脚气四症等。另外对五苓散、白虎汤、大承气汤、麻黄汤、桂枝汤等方剂进行了单论。值得一提的是，书中论及了多种外治法，如灸刺法、葱熨法、灼艾法、熏法等，值得借鉴。

0138

伤寒证论传经验舌图一卷／著者佚名：［1911］. ——清抄本. ——/一册

上海中医药大学图书馆

提要：此书为以图表歌赋诠释伤寒著作，卷首为“伤寒症名要领赋”，其后为目录，无序跋。正文载“伤寒症论”“伤寒症”“寒邪侵逼图”“六经图”“治伤寒症察病人舌法”“验症舌法”等29篇。其中“治伤寒症察病人舌法”摘自《伤寒全生集》。此书最具特色的是“验证舌法”，列有白胎舌、将瘟舌、中焙舌、生斑舌、红星舌、黑尖舌、里圈舌、人裂舌、虫碎舌、里黑舌、厥阴舌、死现舌、黄胎舌、黑心舌等36幅彩色舌图。每一幅舌图下列有文字说明、形成病因、治疗方法等。此书对于《伤寒论》的研究，以及临床舌诊有一定的参考价值。

3.2 金匮要略

3.2.1 注释

0139

张仲景金匮要略纂要一卷／著者佚名：1736. ——清乾隆元年丙辰（1736）雪海抄本. ——40叶／一册. ——半叶九行，行二十六字，框高24.7厘米，宽12.5厘米

上海图书馆

提要：此书为《金匮要略》原文阐释之书，书中简要地以批注形式解释《金匮要略》部分原文，摘录之文为主，批点为辅，原创内容无多。

0140

金匮要略浅注摘要一卷／（清）黄子言编：1803. ——清抄本. ——一册

上海中医药大学图书馆

提要：此书系辑录陈修园《金匮要略浅注》的注释内容而成书。辑有“脏腑经络先后病脉证”“百合狐惑阴阳毒病证治”“疟病脉证并治”“中风历节病脉证并治”“血痹虚劳病脉证并治”等前22篇。

0141

高注金匮要略八卷/（清）高学山（字汉峙）注：[1872]. --清抄本. --563叶/八册

内蒙古医科大学图书馆

提要：此书著者将《金匮要略》二十五篇逐一注释，词尽其意，文尽其理，每以《黄帝内经》《难经》等中医经典理论和其本人经验体会详细注释，多有妙语连珠，不乏精辟论断。此书注释精妙翔实，旁征博引，除以经典解析《金匮要略》显微之处外，能从临证处阐发，尽显注者高超的临证经验和广博的医学素养。此书对于研习《金匮要略》来说是一部水平较高的参考书。

0142

金匮要略阐义四卷/（清）汪近垣编：1860. --清咸丰十年庚申（1860）抄本. --293叶/四册

南京图书馆

提要：此书是阐明《金匮要略》义理之书。阐是钩深致远，显微阐幽。义者，通其意理，神而明之，引而申之。正文之前有同邑刘毓崧和李祖望两人的序。此书为汪近垣行医50余年的唯一一部遗存著作，且书中间有引述其师李西垣先生之医案治验。此书特点：一是援经为解，通达明白。著者引述《素问》《灵枢》中营卫、血气、阴阳之理阐释病证，洽切病情，直揭医理。二是联系《伤寒论》，互相鉴别。这有助于深入理解仲景之学，如何体观于伤寒与杂病之用的问题。三是结合医案以证心得。以医案之事实，验证理论，传述经验。四是在阐义中，每多精卓原创之见。五是在阐释条文中，常示人以学习方法。总之，此书是以著者之识，阐解其义，是一部析理精微而实用的书。

3.2.2 发挥

0143

金匮原理论一卷/（清）汪广撰：[1911]. --清抄本. --82叶/一册

中国科学院国家科学图书馆

提要：此书除引述《金匮要略心典》《医宗金鉴》《金匮要略广注》等外，还有著者自加按语，按《金匮要略》篇章顺序逐段述评。但后大部分缺损较严重，仅遗存第六篇“水气病脉证并治”以前的内容。

3.3 伤寒金匮合编

0144

仲景方汇录一卷/（清）陆懋修（字九芝、勉旃，号江左下工、林屋山人）辑：1854. --清咸丰四年甲寅（1854）云和陆氏林屋丹房抄本. --35叶/一册

中国国家图书馆

提要：此书为汇录《伤寒论》《金匮要略》方剂之作。卷端题“古方集录”，内容分两部分，一为《伤寒论》方，约100余方；一为《金匮要略》方，分22类病症，约200余方。书中有陆懋修跋文，提及初学医时，其父教其先识仲景方，于是将《伤寒论》《金匮要略》中的所有医方合为一编，集成此册，在以后的习医过程中，偶有心得体会，便附记于各方之下。他认为仲景经方即初学者之“敲门砖”“后世千方无不

从此脱胎”。此书除跋文外，书中眉上、行间多有陆氏批注校记，封面题有“仲景方汇录甲寅年林屋丹房”。

0145

仲景伤寒轨伦四卷/（汉）张机原撰 （清）周一宁（字溯菴）辑：［1911］.－－清古堇陈又森抄本.－－175叶/二册

中国国家图书馆

提要：此书为伤寒金匮考订研究类著作。著者多年研究《伤寒论》，于是摘引《金匮要略》，校定其《伤寒论》中的三百九十七法，一百一十三方，“其中或错简者校正之，或有法无方者意补之，或有方无解者续释之”。全书共四卷，分十八证，从六经，分太阳经三篇、阳明经三篇、少阳经全篇、太阴经全篇、少阴经两篇、厥阴经全篇。全病、并病、坏病、过经不解、瘥后诸复、金匮补遗共六篇。考定总数共397法、113方。将仲景原文定做大纲，纲上标记条数，下注原文，原方全录条上。书中周一宁序云：“采取各家注解，详为细释，使后学之易知，且杜从前之疑窦。”此书既有辑自张仲景《伤寒论》和《金匮要略》原著的内容，又有著者对其原著的校补、注释，并附各家注解。

4 诊法

4.1 通论

0146

四诊心传不分卷/（明）王九达（字日逵）著：［1628］.--明崇祯刻本.--120叶/一册.--半叶十行，行二十字，小字双行同，白口，左右双边，框高22厘米，宽14厘米

中国科学院国家科学图书馆

提要：此书内容涉及望闻问切四诊。著者综合参考王叔和《脉经》、滑伯仁《诊家枢要》、高阳生《脉诀》等著作，溯源穷流，以阴阳表里为纲，立四言、为九章以提脉学纲领，兼引《灵枢》《素问》诸家之注，以成其书。书中以大字引述经文，小字诠释解析。全书重脉诊及望诊，内容较全面，且有个人独到见解，是中医脉学著作中较为系统而实用者。

0147

诊法集成三卷/（清）沈李龙（字云将）编：1691.--清抄本.--81叶/三册.--半叶十二行，行字不等，框高16.6厘米，宽11.8厘米

南京图书馆

提要：此书侧重于脉学的论述，且附有脉图多幅。其论脉内容多从《丹溪心法》中摘出。问诊收录景岳“十问歌”，每条详加解析。此书还收录王叔和、李中梓等人有关诊断学方面的著述。最后又列有常见症状病候的因证脉治，也都是从症状诊断出发的。

0148

四诊集成八卷/（清）吕绍元（字玉峰）编纂：1835.--清道光二十年庚子（1840）双遂堂藏板刻本.--244叶/四册

上海中医药大学图书馆

提要：此书卷一至卷三为望诊，论述察形气、神气、五官五色、察色；卷四先列望诊，察妊娠、验胎等，次列闻诊，察声听音及语言、气息，后列问诊，根据十问歌内容详细论述常见症状；卷五至卷六为脉诊，主要内容包括脉象总论、脉诊方法、注意事项、二十八脉之体状与主病等。

0149

四言脉法全书一卷/著者佚名：1900.--清稿本.--27叶/一册.--半叶十行，行二十字，白口，框高19.2厘米，宽10.9厘米

中国中医科学院图书馆

提要：此书著者认为医家四要乃望闻问切，须精详切，不可忽视。书中详解望色、闻声、问病等关键难点，如五脏为病之绝色、虚损危象、详解景岳十问，后附有《医宗金鉴》校订内经三部脏腑脉法图。

0150

四诊精义一卷/（清）姜勋阁撰：［1910］. ——清抄本. ——114叶/一册

中国国家图书馆

提要：此书著者选取历代名医诊法，结合自身实践经验，分别论述中医望闻问切之精义。书中通过对面部等的望形察色来诊断疾病，并间以引用“陈修园望色诗并附说”、张介宾“十问篇”。“望舌苔法”则汇集了清代医家叶桂、薛雪、张登、章楠、王士雄、余霖、陈平伯、秦之桢、叶子雨等名家之论而成，并以“阁按”的形式抒发己见。全书内容详悉，抄写工整。

0151

诊治圆机歌括三卷附诸方一卷/著者佚名：［1911］. ——清抄本. ——二册

上海中医药大学图书馆

提要：此书无序跋与目录，以歌括形式介绍80余种常见病症之诊治，内容涉及临床各科。上卷主要是内科之内伤病症，如中风、肝风、眩晕、头风、虚劳、咳嗽、吐血、失音、肺痿、遗精、淋浊、阳痿、汗症、脱症、脾胃病及木乘土、肿胀、积聚等；中卷包括内科之外感和内伤病症，如风寒、暑、燥、饮、三消、泄泻、脱肛、痿、痹、痉厥、惊、癫狂痫等；下卷包括内科、外科、五官科、妇科病症，如衄、疝、诸痛、耳、目、鼻、牙、咽喉、疮疡、经候先期、经候后期、经闭、崩漏、带下、恶阻、胎肿、胎晕、转胎、胎不长、胎滑、难产、胞衣不下、乳汁不行、乳痈乳岩、癥瘕等。附方一卷，介绍方剂如复脉汤、玉屏风散、六君子汤等35首。此书内容包括内、外、妇、五官等临床各科，对于临床诊断、辨证、用药均有一定的参考意义。

4.2 脉诊

4.2.1 脉诀

0152

新刊通真子补注王叔和脉诀一卷补注通真子脉要秘括一卷/（晋）王叔和撰 （宋）刘元宾（字子仪，号通真子）注：1090. ——明成化五年己丑（1469）合刻本. ——二册

日本国立公文书馆内阁文库

提要：此书著者对《王叔和脉诀》加以注解，引用多种经典的理论著作，来诠释歌诀内蕴的含义。“以经注诀”是此书最大的特色。此书共有七言歌括103首，分成两卷，系统地介绍了脉学知识。前一卷的主要内容为心、肝、脾、肺、肾五脏色脉歌，脉诊的一些基本知识（如脉分左右手、三部九候、下指法、持脉法、脉至数等），并分别叙述了五脏脉、五脏虚实、积气的证候等。后一卷在介绍了七表脉、八里脉的体状之后，用较多的篇幅介绍了奇经八脉及其主病。此后又叙述了七诊脉、脏腑病证、五脏中风候、审色、听声、审味、原梦、诊杂病、诊妊娠、看小儿脉歌等。全书的内容层次清晰，歌诀通俗易懂而无歧义。其重点内容是介绍以脉诊为主的诊断方法，并以脏腑为主线，介绍脉诊、色诊与疾病的关系。如在五脏色脉歌中，简明扼要地介绍了望诊、症状、情志与脉象顺逆，并引用经文作注。此书论脉及病症多据《黄帝内经》《难经》。在讨论脉象

时，虽然著者仍吸取了《脉诀》的七表、八里脉，却不提九道脉，而另增了奇经八脉。著者将奇经八脉纳入歌诀，对明代李时珍阐发奇经八脉不无影响。书中也表述了著者自己的许多脉学观点，如“男女阴阳脉不同”“男形女脉为虚候，女脉如男作实医”“命门有名而无藏”“三焦有位而无形”。

0153

脉诀理玄秘要一卷/（宋）刘开（字立之，号三点、复真先生）撰　王和鼎编:1241.--明嘉靖二十六年丁未（1547）朝鲜跋刻本.--一册

日本国立公文书馆内阁文库

提要：此书又名《刘三点脉诀》，在脉学发展史上占有重要的地位。著者刘开，师从南宋名医崔嘉彦。刘开继承了崔氏的脉学，又在其基础上再加发挥，写成了《脉诀理玄秘要》。此书前半部分，基本上是从《脉诀秘旨》中移植过来的，但从“五脏受病旨要”一节以后的内容为《脉诀秘旨》所无，因而这部分内容最能反映刘开的脉学思想。后半部书中的“四时伤寒脉”一节，以脉象作为判断伤寒、伤风、夹食、中湿的依据；“明汗吐下三部”一节，则以浮紧脉在不同部位的显现作为使用汗、吐、下三法的依据。此两小节寥寥数语，但却是临床诊脉经验的高度概括。此后的四节可看作刘开自家脉学见解的主体内容。这四节是“明左手太过脉诀”“明右手太过脉诀”“明左手不及脉诀”“明右手不及脉诀”。其内容是通过了解左右手脉象的太过、不及，来推测与脏腑相关的各种疾病。在四太过不及脉之后还有“分部脉”“总论脉”“总论七表八里候歌”“总七表形候歌”“总八里形候歌”“定死脉形候歌”等节。其内容不过是将世传托名之作《王叔和脉诀》中的七表、八里脉，以及六绝脉的体状及所主症状编为歌括而已，别无新见。但书末的最后一节“四季相传脉歌”，却又体现了刘开对四脉为纲说的发展。在这一节中，刘开以寸口脉的心、肝、脾、肺、肾、命门六部为序，分别叙述浮、沉、迟、数四脉可能互见（如浮数、浮迟、沉数、沉迟）时所主的疾病。这比崔嘉彦仅列举五脏单见一脉的主病更切合临床实际。综上所述，此书最重要的见解是提出用太过、不及脉来诊察疾病，并将寸口六部脉在浮、沉、迟、数四脉两两互见时所当预示的疾病编成歌括。此书在西原脉学流派的传承过程中，发挥了重要的承上启下作用。

0154

决脉精要一卷/（宋）黎民寿（字景仁）撰：［1260］.--日本天正二年甲戌（1574）王月轩抄本.--23叶/一册.--半叶八行，行十五字，白口，四周单边

日本国立公文书馆内阁文库

提要：此书为七言歌诀体的脉学普及性医著。全书首为“原道歌”，讲述脉学的基本道理。此后依次在“七表脉名”“八里脉名”“九道脉名”之后，分别列举七表（浮、芤、滑、实、弦、紧、洪），八里（微、沉、缓、涩、迟、伏、濡、弱），九道（长、短、虚、促、结、代、牢、动、细）共24种脉的脉体和主病，在各脉歌之后，有小字注

文，解释各脉的涵义、辨析脉象及其相似脉的特点和主病，并解释歌诀中某些字词的读音和意义。其后列十怪脉（釜沸、鱼翔、弹石、解索、屋漏、虾游、雀啄、偃刀、转豆、麻促）歌诀及解说，体例同24脉。最后为“五行乖违脉歌”，述常见病症的应见脉象。统观全书，仅菲薄一小册，为脉学入门之读物。但著者在各种脉象的解释方面，仍有自家见解。因此，元明某些有关书籍中，或可见引用其观点。

0155

脉证传授心法一卷／（明）吴景隆（字世昌，号梅窗居士）撰：［1487］．--日本江户初抄本．--96叶／一册．--半叶七行，行十六字，灰丝栏，上有批文栏

日本国立公文书馆内阁文库

提要：此书重在论脉，注重从经典医著中掘取脉诊精华。故其开篇之“论诊脉入式法”“论诊脉所主病证”，均立足于《素问》《难经》有关脉诊理论。著者沿袭了《脉诀》七表八里的脉象分类法。除列述“七表总脉歌、八里总脉歌、七表主病歌、八里主病歌”之外，还按照《脉诀》的论脉次序，逐一将各脉予以详细介绍。伤寒脉象也是此书的主要内容，其中涉及伤寒脉证总歌、伤寒死脉歌、伤寒五脏死绝歌、伤寒死候歌、妇人伤寒歌等。其后为妊娠脉、新产生死歌、产后伤寒歌、咏杂病歌等。此书还就痰症、咳嗽、泄胀、腹癖、下痢、尸厥、胃痈、霍乱、金疮等疾病的脉证进行了论述。和多数脉诊专书一样，此书在下半部分也兼及了脉诊之外的诊察方法。在形证歌、外证二十四种死候、听声验病诀、察色等节中，介绍了其他诊法的知识。最后，在五脏虚实补泻的脉证方面致力尤多。此书在脉诊方面虽然新见解不是很多，但立论比较公允，不失为一部较好的脉学著作。

0156

脉诀秘鉴一卷／（清）郭大铭（字书台）撰：1735.--清雍正十三年乙卯（1735）凝合堂刻本．--63叶／一册．--半叶十二行，行二十字，白口，四周双边，框高19厘米，宽12.8厘米

南京图书馆

提要：此书著者勤于临证，善通脉学，诊余之暇，撰集名家及个人心得而成此书。全书分为脉理和脉象两部分。脉理为“诊贵平旦”“寸关尺之义”“内经分配脏腑定位”“脉资始于先天原气”“脉资生于后天谷气”“五脏经脉”“脉贵有神”“人迎气口”“指下轻重”“神门脉”“反关脉”“上鱼脉”“冲阳脉”“太谿脉”“太冲脉”“从证不从脉，从脉不从证”“女人脉法”“小儿脉法”“阴阳表里症状主病”“十二经十五经络奇经八脉”。脉象主要论述浮脉、沉脉等28种脉象的形态及主病，多为引述脉学名家如李时珍、滑寿、高阳生等人著作。此书可称得上脉学简要的集成之作。

0157

脉诀引方论证一卷／（清）王丙（字绳林、绳孙，号朴庄）撰：［1794］．--清末抄本．--35叶／一册．--半叶十四行，白口，绿格纸，四周双边

中国国家图书馆

提要：王丙，字绳林（一作绳孙），号朴庄，清代吴县（今江苏苏州）人，系徐州府学教授王瓒曾孙，名医陆懋修之外曾祖父。精于医学，有多部著作传世，《中国中医古籍总目》著录有《时节气候决病法》《伤寒论注》《读伤寒论心法》《伤寒例新注》《伤寒论附余》《考证古方权量说》及此书。此书首有"李濒湖四言脉诀"，抄录李时珍的四言脉诀全文。正文内容将四言脉诀逐句解析，详细说明脉象特征、主症，然后对症开出药方。书中有墨笔圈点，字头间有双圈朱管戳点之标记。

0158

脉诀须知一卷／著者佚名：1910. --清宣统二年庚戌（1910）抄本. --39叶／一册. --半叶七行

成都中医药大学图书馆

提要：此书以歌诀的形式写成，易于诵记。主要由佛点头脉诀歌、观症脉诀歌、调经脉论、五脏歌、脉诀要歌、四季脉法、左右手寸关尺、心肝肾肺脾命脉论、七表脉诀歌、八里脉诀歌、春夏秋冬四季歌、伤寒脉歌、四季脉论、十二脉经全图（无图）、小儿五脏主病脉歌（有图）、伤寒六经传变歌、妊娠禁服药歌、引经报使药歌、炮制药歌、用药相反歌、药有十九畏歌及看舌总论等内容组成。全书字迹清晰，抄写精美。

4.2.2 脉学

0159

新编诊脉须知五卷／（宋）吴洪　蔡元定等撰：［1279］. --日本江户抄本. --二册

日本国立公文书馆内阁文库

提要：此书无序跋，正文前仅有目录。第一卷"吴仲广解王叔和脉赋"。第二、三卷，内容自成体系，并引有多种宋代及其以前的脉学论说。第四卷《脉经》（又分上、下）实际上是两部脉学专著。第五卷主要讨论小儿脉法和其他诊断法。脉法中又主要讨论小儿脉纹诊法以及脉来至数。该卷中有脉纹图，其主体内容多引自南宋刘昉《幼幼新书》。此书是由多种不同的脉学书籍汇编而成，故书中可见到不同的学术见解，部分内容甚至针锋相对。

0160

脉荟二卷／（明）程伊（字宗衡，号月溪）撰：1547. --明嘉靖三十一年壬子（1552）刻本. --43叶／二册

中国国家图书馆

提要：此书上卷分述29脉，即七表（浮、芤、滑、实、弦、紧、洪），八里（微、沉、缓、涩、迟、伏、濡、弱），九道（长、短、虚、促、结、代、牢、动、细），五脉（大、小、数、散、革）。每种脉分述其脉状、主病、兼脉主病、三部分别主病。释义方面，主要参考王叔和《脉经》和崔嘉彦《四言脉诀》等著作，其中不乏个人的真知灼见。下卷"脉候钞"，系采摭《内经》中相关脉学内容，介绍诊脉方法、脉诊以预后、四季平脉病脉、五脏平脉病脉、脉之有无胃气及真脏脉等内容，对临床医生颇多启发。总之，此书从临床实用角度出发，在众多的医学古籍中，遴选编辑出脉学有纲领性的必读必知的重点内容，以供医家临证和脉学研究者学习借鉴。

0161

脉记一卷附勿听子察脉神一卷/著者佚名：[1601].--日本庆长六年辛丑（1601）抄本.--14叶/一册.--半叶八行，行十六字

中国国家图书馆

提要：此书前九叶题名《脉记》，录有南宋崔嘉彦《脉诀》内容，半叶八行十六字，中文旁标注小字日文；后五叶题名《勿听子察脉神》，下题“庐山刘开复真撰，鳌峰熊宗立道轩解”。刘开，字立之，号三点，又号复真先生，南宋末南康（今江西南康）人，师事道士崔嘉彦，得脉学真传，著有《刘三点脉诀》等多部医籍。熊均，字宗立，号道轩，又号鳌峰，自号勿听子，明代福建建阳人，于医有研究，生平著述甚多。此书内容为熊宗立对刘开《脉诀》的解析，书末有宋嘉熙五年（淳祐元年）刘开序。序后有“时庆长六辛丑九月六日书”一行。书中钤印“朱师辙观”“飞青阁藏书印”，飞青阁为清末藏书家杨守敬之斋号，推知此书曾藏杨守敬处，或为其从日本购得之本。此书为日本庆长六年即明万历二十九年抄本，成书较早，有一定的版本价值。

0162

脉学三书三卷附医林续传一卷壶隐子日用方一卷/（明）刘浴德（字肖斋、子新，号壶隐子）撰：1603.--明万历刻本.--225叶/一册.--半叶八行，行二十字，框高22厘米，宽13.8厘米

中国科学院国家科学图书馆

提要：此书包括“脉赋训解”“脉诀正伪”“壶隐子应手录”，并附有脏腑图及经络图。书中除叙述一般脉法，如持脉、诊脉时间、寸关尺候外，特点在于立症状或病机为纲，下述脉形，末附小儿及妇人脉法。《医林续传》为历代医家传记著作，书中“三皇圣祖十代名医赞”记载由上古三皇、岐伯、雷公，至战国扁鹊，汉代太仓公，以及汉唐元明35位医家的史传和赞论诗歌。《壶隐子日用方》为刘浴德选编历代名方及家居简便良方，均属常见常用之方，每方有著者自编歌括。

0163

乐英堂新纂医家脉法正宗三卷/（明）刘会（字希文）撰：1609.--日本抄本.--101叶/二册.--半叶九行，行二十字

日本国立公文书馆内阁文库

提要：此书天集目次为：脉原、诊脉法、下指轻重法、察脉观人大小长短男女顺逆法、分别三关境界及脉候所主、脏腑逆顺辨、气口寸口脉口、诸脉形状指下秘法、诸脉断病法、诸脉相类、尺寸脉辨、三部脉辨、本部脉辨。地集目次为：四时生脉、三阴三阳王脉、辨脉至多少法、五脏平脉病脉死脉、五脏胃脉、五脏真脉、辨兼见脉、辨阴阳浮沉脉、辨脏腑迟数脉、辨尺寸阴阳脉、辨阴阳相乘太过不及覆溢脉、辨格阳拒阴脉、辨虚实脉、辨杂脉、辨病易治难已脉、辨热病生死脉、辨结阳结阴脉、辨暴病久病脉、推脉详审法、大衍度数、辨诸败脉、辨生死脉候刻脉、辨形脉与脉相反法。人集目次为：十二经脉病证（“本经流注脉”“见证总候”“不治死

证”）、奇经八脉、辨别奇经八脉、张长沙传脉法、辨恶寒发热脉、辨伤寒欲解脉、望闻切脉法、辨春得秋脉及绝脉、辨诸微濡弱迟脉、辨残贼脉、华佗察声色要诀、妇人脉法（其下又有多种辨病脉法）、小儿脉法。通观全书，以注解《黄帝内经》的脉法为主，兼收各家脉法，尤其是受崔嘉彦《脉诀》四脉为纲的影响比较明显，而不取《脉诀》七表八里九道脉之说，可为研究明代脉学提供一家之说。

0164

纂图方论脉诀集成四卷 / 著者佚名　高阳生编校：1612. --明万历四十年壬子（1612）朝鲜内医院刻本. --239叶/四册. --半叶十行，行十八字，双花鱼尾，四周双边，框高22.2厘米，宽16.9厘米

中国中医科学院图书馆

提要：此书以脉学内容为中心，设立诊脉入式、五脏六腑、二十四脉总论七表八里九道、诊杂病生死候及暴病候等专题，汇集张洁古、刘元宾（通真子）、张壁（云岐子）、李希范（李駉）、朱肱（无求子）等人论说为正文主体，即靡论群言而研一理，为类编丛集著作。此书没有按语及跋文。仅有编辑之力，而无著述之功。

0165

脉诀炬灯二卷 / （明）顾逢伯述：［1630］. --抄本. --一册. --半叶九行，行十六字，框高22.3厘米，宽12.5厘米

北京中医药大学图书馆

提要：此书著者“宗《灵素》参《脉经》，佐以百家之书，分脉订症，辨是驳非，亦成歌诀”“即今举世皆幽暗矣，能无炬火以烛之？故即名是书曰炬灯”。开篇力辟高阳生《脉诀》“七表八里九道”脏腑分部之谬，依据《黄帝内经》绘以左右手三部诊图，确立“左心膻中关肝膈，肾经小肠与膀胱；右肺胸中关胃脾，尺部肾经附大肠”之左右尺寸脏腑分部，继以阐述《难经》脉体诀、五脏形症死生脉诀、五脏相生克诀、四时相反脉诀等。继录以“扁鹊反逆脉及内经怪异共二十一脉诀”。此书卷上结合后世各家脉法精蕴，笔墨集中在“分别诸脉形症三部病源脉法要诀”，即对32种脉象见于左右寸关尺所主诸病详加介绍，并录有兼见脉症诀、诸脉形、诸病脉等。卷下据目录可知论述“治病寻源活法论”“中风诀论”等内科、幼科、妇科、奇经八脉等杂病脉诀，惜下卷今已佚失，具体内容无考。

0166

太初脉辨二卷 / （明）孙蘐裕（字太初）集著　谢师省（字道宾）参订　俞一葩（字栖云）校正：1636.--明崇祯九年历子（1636）序刻本. --213叶/二册

日本国立公文书馆内阁文库

提要：此书著者谓《王叔和脉诀》乃六朝高阳生之伪诀，故著此书以纠误。卷上集《素问》中有关论说，附李中梓《颐生微论》，列举《脉诀》有叛于《黄帝内经》者十事于后。次列脉学诸图及诸脉论30项、50余条。卷下为妇人脉法、奇经八脉、怪经、辨六淫外伤、辨不内外因、脉忌、方脉举要及腑脏经络图说、用药式等。

0167

脉微二卷/（明）施沛（字沛然，号元元子、一鹤道人、笠泽居士）编：1639. --明崇祯十二年己卯（1639）刻本啬斋藏板. --二册

日本国立公文书馆内阁文库

提要：此书集录了明代及其以前的脉学精论，深入浅出地归纳了脉学实用的内容，并提出了著者的若干脉学见解。著者言："是编虽本《脉经》，然引经断义，必期简明。故于经义有难测者，即伸以名家直说。间附一得之愚，俾读者展卷了然。惟于脉象主病，聊括骈语，以便初学。"可见这虽是一本比较正统的脉学理论著作，但同时采用了歌括等形式，方便初学。此书下卷，著者取当时比较流行的、经李时珍父亲李月池删补过的崔紫虚《四言脉要》，再加修润，全面地用韵语形式介绍了脉诊及相关理论的内容，其内容比较丰富。

0168

脉法颔珠二卷/（明）秦昌遇（字景明，号广埜道人）编辑：1641.--清抄本. --65叶/一册

北京大学图书馆

提要：此书上卷以歌诀和论述形式阅悉手足六经之经脉分布，腑脏生克配五行、寸关尺式、左右手图说等脉学的基本理论与取脉法、持脉法、平脉、病脉、死脉等诊脉基本方法。下卷论观形、闻声、发问、脉旨统论等，即四诊的基本内容及伤寒病、热病的辨别。其中如"大小肠脉定于两寸论""三焦有定位不宜含右尺辨"等论说较有学术水平。

0169

诊家删要一卷/著者佚名：［1644］. --明抄本. --107叶/八册

北京大学图书馆

提要：此书按乾、坎、艮、震、巽、离、坤、兑分为八册。著者有感于"求脉之明，为脉之晦……，古人之音亦夥矣。"故"溯流穷源""因此识彼诸家之全，亦无遗珠之憾也"。首引《黄帝内经》"气口诊后""三部九候脉法"以明脉理；次列"诊家删要"言诊脉大要，持脉方法，及诊脉注意事项，并引述先贤脉论"庞安常脉论""高阳生脉诀假名"。正文主要分为三部分：脉法总论，言诊脉相关理论及脉象形态；诸脉主病，共言及27脉及六绝、真脏之脉；诸病主脉论及70余病。最后附十二经循行路径，多引自《灵枢》，后诸脉歌诀多为转引《濒湖脉诀》。此书为汇编名家、删繁取要而成，原创内容较少，故名"诊家删要"。

0170

脉要纂注二卷/（清）周南（字召南）编著：1736.--清乾隆元年丙辰（1736）稿本. --136叶/二册. --半叶八行，行二十字，框高19.1厘米，宽11.5厘米

中国科学院国家科学图书馆

提要：此书卷一脉法总论，论述浮、沉、迟、数、滑、涩、虚、实、长、短10脉；卷二论述18脉。脉法总论引《黄帝内经》及前贤之言，对脉象所主表里阴阳、气血虚实等进行综述。28脉的每一个脉象先引前人语诀，后述脉象、脉体、主脉、兼脉、相类、主病等内容。著者之见解，则

以“南按”予以区别。此书编辑条理井然，论说言之有据，是研习脉学较实用的参考书。

0171

诊脉初知一卷 / (清)汪文绮(字蕴谷)撰：[1744]. --清抄本. --40叶/一册

中国国家图书馆

提要：著者汪文绮，字蕴谷，安徽海阳(今安徽休宁海阳)人，约生于清康熙年间。世医出身，承家学，研读《黄帝内经》及历代各家著作，尤其推崇张景岳之学说。尝著《杂症会心录》，治病强调扶阳抑阴。另有《脉学注释汇参证治》(又名《卫生弹求集》《秋香馆求集汇参证治》)，今皆有刻本、抄本传世。此书为汪氏取李时珍《濒湖脉学》中可为入门指南的内容，为初学者条列陈述，加以注释，间有用诗诀形式细述诊脉切脉经验。卷端题“诊脉初知”，下题“海阳汪文绮蕴谷氏撰注，从弟明紫东来氏删定，门人戴敏勉夫氏、汪国玑在衡氏同校”。次题有《内经》诊法、《难经》诊法、三部、九候、下指、上下来去至止、至数等。书中有标为“脉学注释”之题名，故推之此书与汪氏另一著作《脉学注释汇参证治》或互有摘引。

0172

医学脉灯二卷 / (清)常朝宣(字浣枫，号妙悟子)撰：1749. --清乾十四年己巳(1749)家刻本. --65叶/二册. --半叶九行，行二十一字，框高19.2厘米，宽11.8厘米

中国中医科学院图书馆

提要：此书首列“脉神”篇，次述十二经、五脏正脉、五脏平脉、五脏病脉、五脏死脉、五脏真脉，冲阳太谿太冲及部位解。后据明代李中梓《诊家正眼》所列28脉(浮、沉、迟、数、滑、涩、虚、实、长、短、洪、微、细、濡、弱、紧、弦、动、促、结、代、革、牢、散、芤、伏、疾)，分述诸多病脉之体状、析义、主病及相关脉之对比、鉴别等内容。释脉多选摘张介宾、李时珍、萧京三家脉论。后列冯楚瞻《冯氏锦囊秘录》“各病宜忌脉”，胡文焕《医学权舆》“脉要歌”(常朝宣于其中有所“改正”)、“死脉歌”，汪石山“矫世惑脉辨”，兼述妊娠脉等。其后将萧京所撰《轩岐救正论》(此书引为《轩岐究政》)“天和脉”、奇经八脉、“举《脉诀》悖经之非”予以列述，其中融入朱晦庵、柳贯、滑寿、朱丹溪等诸家脉说。综上所述，此书是一部辑编之脉学著作，间亦附有常氏的学术心得和临床见解。此书纂辑之内容，较为精要可取，有一定的学术参考价值。

0173

脉学汇编三卷 / (清)冯学震编：1767.--清乾隆三十二年丁亥(1767)调元堂刻本. --185叶/三册. --半叶八行，行二十字，白口，上黑鱼尾，左右双边

江西省图书馆

提要：此书卷一主要论述人体内景、三焦、骨度、经络经脉走行等生理基础知识；卷二为主体，列有34篇脉论，阐述了诊脉相关问题的个人见解；卷三附有濒湖脉学、奇经八脉考、气口脉分九道图。总之，此书作为脉学名著的汇编之作，对于

脉学既有传承又有发挥，可供临床和研究之用。

0174

脉证清白集二卷／（清）唐之儒士辑：1773. ——清乾隆三十八年癸巳（1773）抄本. ——144叶／二册

成都中医药大学图书馆

提要：此书“将岐黄及历代名医之著，人所共知者不载，未知未闻者辑成一书。”旨在“言病而知其所以病，言脉而知其所以得此脉。”封面书名下分上下卷。上卷首载脉理指掌歌，脉理清白歌，详述诸脉症，何脉何症。次载头痛8种，耳聋10种，眼目22种，口舌唇齿喉咙31种，心气疼12种，腹疼6种，肋疼4种，腰疼6种，泄泻10种，痢疾7种，伤寒夹杂症24种，伤寒瘥后余证14种。皆言症言脉，症应其脉，脉对其症，纲目清楚明白。后有附方，分量随证施用。下卷所载女科，凡调经、种子、经闭、崩漏、带下、胎前、产中、产后，脉症附方，无所不备。后辑虚劳、诸失血、瘫痪等20余症。采撷以张仲景、刘河间、朱丹溪、庞安时、许叔微、李时珍诸贤之论，随症附方。

0175

三指禅脉诀度针一卷／著者佚名：［1823］. ——清刻本. ——一册. ——半叶九行，行十五字，白口，单鱼尾，四周双边，框高21.4厘米，宽12厘米

北京中医药大学图书馆

提要：此书篇首有落款“陈念祖修园识”序，论述此书阐发周梦觉道人（周学霆）脉学著作《三指禅》之蕴奥，旨在将脉诀精要、脉法心悟“以津建后学，而仁寿斯民”，不负道人“金针普度一片婆心”。考陈修园医书，后世汇集有十数种乃至七十二种众多版本，但均未见录有此书，故此书非陈氏所著。又陈念祖主要生活在清乾隆、嘉庆年间，周学霆主要生活在清嘉庆、道光年间，序言落款无写作年月，推测为晚清某医家研悟《三指禅》有得，托名而作。此书正文首论“脉诀”，以“脉”为纲，主要针对《三指禅》内容，展开论述“定浮沉”“定迟数”“定虚实”“四时平脉”等，详细介绍27脉所主病症与方药治疗，并论述了内、妇、儿科30余种病症不同脉象，对应治疗共115方。次论“医按”，以“症”为纲，列有五脏内伤21种杂症，并系以随症变化治疗诸方。三论“经验方”，以“方”为纲，罗列临床效验良方数十首，系以主治服法，继以“悬拟十二经主病方”，据十二经气血主症，开列方名、药物组成剂量，最后为“附补脏腑说”。

0176

脉诀真传一卷／（清）陈念祖（字良友、修园，号慎修）编：1830. ——清刻本. ——一册

上海中医药大学图书馆

提要：此书无序跋与目录。开篇载五脏为阴，六腑为阳，分述左右脉所候，即左候心、膻中、肝、胆、肾水、小肠、膀胱，右候肺、胸中、脾、胃、相火、大肠。书引“滑氏脉论”“滑氏六字论”，并述浮、沉、迟、数、滑、涩等16正脉及散、细、

动、促、代等11脉，按相似脉形归类，阐述各脉主病、脉体、兼脉等。全书言简意赅，对中医脉学文献研究与临床脉诊实践有参考价值。

0177

脉法增注释疑一卷/（清）陆士虞撰：1846.--清抄本.--一册

上海中医药大学图书馆

提要：此书开篇载有“金鉴订正脉位图”一幅，对寸口脉所主进行阐释。左寸候膻中心，左关候肝胆，左尺候膀胱小肠肾；右寸候胸中肺，右关候胃脾，右尺候大肠肾。寸候上焦，关候中焦，尺候下焦。书中对六经平脉进行描述。左寸之心浮大而散，右寸之肺浮涩而短。肝在左关，沉而浮弦长；肾在左尺，沉石而濡。右关属脾，其性和缓；右尺属肾，与心同断。又对浮、沉、迟、数、大、小、滑、涩、洪、细、虚、实、缓、紧、弦、芤、长、短、濡、弱、微、动、伏、散、促、结、代、疾、草、牢等30种脉的体象、主病、兼脉、脉理进行扼要阐述。此书不拘旧说，以相对脉为一组论述脉象，颇多阐发，对中医脉学文献研究及临床脉诊实践有参考价值。

0178

脉决汇纂一卷/著者佚名：1850.--清道光三十年庚戌（1850）抱灵居士抄本.--46叶/一册

中国中医科学院图书馆

提要：此书集《黄帝内经》及诸前贤要论，本李中梓《新著四言举要》，间附己意而成书。第一部分浅述脉诊一般知识，述脉30种，分阴阳两大类，列16正脉。宗四脉为纲学说，并扩充为十脉为纲。后附舌诊、望诊及小儿诊法。第二部分论述脉象、奇经八脉及病症，又录李中梓《新增四言脉诀》正文及宜忌略括，脉象歌括，二十八脉，不治脉证、绝脉等。

0179

脉学类编一卷/（清）玄庵山人辑：1858.--清咸丰八年戊午（1858）抄本.--一册

上海中医药大学图书馆

提要：此书著者据《四言举要》重加编次并注释而成，汇集《崔紫虚脉学》与《李濒湖脉学》之精粹，并依据《素问》《灵枢》《扁鹊脉经》《伤寒杂病论》《图注难经》、朱丹溪《脉诀图谱》、戴同文《脉诀刊误》《圣济经》《巢氏病源》等24种医著相关内容予以注解。先述脉学理论之概要，继而详细论述常见27脉（浮、洪、虚、散、芤、濡、微、沉、伏、牢、实、弱、细、迟、革、涩、结、代、数、滑、紧、促、动、长、弦、短），载有体状诗、相类诗、主病诗，以及妇儿脉象、奇经脉、真脏脉等。脉证相合、从脉论治。书末还附难字释音，便于学者习诵。

0180

脉理宗经四卷/（清）张福田（字郁彬）编：1868.--清光绪六年庚辰（1880）武宁张绛雪堂刻本.--147叶/四册.--半叶九行，行二十三字，白口，黑鱼尾，框高19.9厘米，宽14.6厘米，四周双边

中国中医科学院图书馆

提要：此书是以注解经典的方式集论脉学精要的专书。首卷列《黄帝内经》脉要和诊候，《伤寒杂病论》脉法86条名解。卷二论《黄帝内经》寸口脉脏腑定位，经络、奇经八脉及六淫脉法，各家论脉及脉象比类。卷三为三十脉条理分疏。卷四为七绝脉、士材足脉说、脉法金才、妇女脉法、古今脉法统论和内照图说。全书语言精辟，注文皆系用小字附于原文之下，文名和段落清晰，便于阅读。

0181

三坟汇要一卷/著者佚名：1869. --清裔卿抄本. --84叶/一册. --半叶八行，行二十二字

天津中医药大学图书馆

提要：此书内容较为庞杂，以论脉为重点。包括：四言脉决、五脏所苦、诸品药性阴阳论、诸药泻诸经旨火邪式、五行五色五走五脏主禁例等；中为四时五脏邪脉、十四穴动脉歌、内经寸关尺三部候诊法、诊家枢要、反关脉等；最后是珍珠囊补遗药性赋、诊产后伤寒脉歌等。

0182

研思堂家传医宗心法二卷/（清）马应麟（字石农）撰：［1875］. --清抄本. --158叶/二册

中国国家图书馆

提要：此书为抄录编辑历代脉诊脉学著作而成，间有著者本人的脉学实践体会。上卷多为诊法内容，大部分为脉诊；下卷有部分脉诊及经络图。书中有摘录《医宗金鉴》内容。

0183

重订濒湖脉学一卷/（明）李时珍（字东璧，号濒湖）原撰（清）迈龛居士增补：1883. --清抄本. --一册

上海中医药大学图书馆

提要：此书采用李时珍《濒湖脉学》为主，集诸家脉法，删润增补，加入疾脉，共成28脉。仿笺疏之体加以旁注，其中所采辑者以滑寿《诊家枢要》居多，偶有心得则附案语以发明之。此书将脉分为阴阳两类，记载阳脉9种（浮、数、实、长、洪、紧、动、促、疾），阴脉15种（沉、迟、涩、虚、短、微、缓、革、濡、弱、散、细、伏、结、代），阳中阴脉3种（滑、芤、弦），阴中阳脉1种（牢）。扼要阐述脉象的体状、鉴别与主病。后附“内景综要”和“拟张令韶伤寒直解辨症歌”。前者主要涉及藏象、经络等内容，“言简而赅，有条不紊，可作盈尺书读”；后者内容包括辨寒热，辨渴，辨舌，辨头痛骨痛腹痛，辨大便不利小便不通，辨呕，辨汗，辨吐蛔，辨谵妄，辨面目赤，辨下利，辨厥，辨脉脱等。

0184

闻鉴录一卷/著者佚名：1884. --清光绪十年甲申（1884）抄本. --44叶/一册

中国中医科学院图书馆

提要：此书涉及望闻问切等诊法，其中脉诊主要抄录《濒湖脉学》，为此书之主要内容。基础理论涉及脏象、经络、五行等，药物涉及反畏、炮制、用药部位等，儿科主要涉及天花、痧症，妇科则以孕妇食忌、药忌及临盆注意事项为主。此外，尚有王府家传丸散膏丹目录、医书名目等内容。

0185

脉法摘要一卷/（清）杏林居士编辑：1909. --清宣统元年己酉（1909）抄本. --一册

上海中医药大学图书馆

提要：此书先将28种脉进行分类，其中按阴阳分为阳脉、阴脉、阳中之阴脉、阴中之阳脉四类，如浮、数、实、长、洪、动、促、疾为阳脉；沉、迟、虚、短、微、细、弱、缓、代、伏为阴脉；滑、弦、革、散、芤为阳中之阴脉；濡、紧、牢、结为阴中之阳脉。按脉体与脉率分为浮、沉、迟、数四类，如虚、洪、微、濡、革、散、芤皆浮类；实、细、弱、牢、伏皆沉类；涩、短、缓、结、代皆迟类；滑、长、紧、弦、动、促、疾皆数类。次论浮、沉、迟、数、虚、实、弦、滑等28脉的体象、主病、兼脉、脉义及部分脉的鉴别诊断。最后论述脉之胃气解、真辩、从舍辩、顺逆、脉要歌、宜忌歌及死脉歌。此外，还载录“难经脉义”，包括独取尺寸、脉有轻重、阴阳呼吸、阴阳虚实、脉分脏腑、根本枝叶七部分；“仲景脉义”，包括辨脉法、平脉法、金匮脉法；“滑氏脉义”，包括持脉、表里虚实、脉贵有神。此外，还有“诸病凶吉脉歌”“真脏脉见乃决死期”“阴绝阳绝”“一岁之中脉象不可再见”“老少异脉”“冲阳太溪太冲”及“奇经八脉”等内容。

0186

脉理不分卷/著者佚名：[1911]. --清抄本. --五册

上海中医药大学图书馆

提要：此书为中医脉学及临证著作，未记载著者，成书年代不详。第一册详述28种脉象的阴阳属性、体象、主病、兼脉以及脉义。后附“脉诀至数歌”“汗温下三法紧要脉象”“神农八要诀”“十二经络所属”。第二册论述妇人诸病及其证治。又述治疗方药，共计213种。第三册列举89首方剂，说明其主治，编制其方歌。第四册列举具有理气、行血、清补心、健脾、补肺等功效的药物12种。第五册论述内科、外科、儿科等病症及治疗方药。综观全书，除了辨脉以外，内、外、妇、儿各科病症以及方剂、药物皆有涉及，涵盖范围较广。论脉部分，每脉之后列出前人对此脉的错误认识，阐明晦涩之意。对于临床各科病证的论述，提纲挈领，言简意赅。方剂部分，附以方歌，便于记诵。总之，此书虽然以《脉理》冠名，但不仅仅为脉学专著，也是一部较为实用的临床医书。

0187

脉髓药鉴二卷/著者佚名：[1911]. —清抄本. --25叶/一册. --半叶九行，行二十六字。

天津中医药大学图书馆

提要：此书卷上为各脉形状，卷下为四言脉决。书中所辑录内容多来自《濒湖脉学》《脉诀》等书，少有个人心得体会。

0188

十二经脉碎金一卷/著者佚名：[1911]. --清抄本. --一册

上海中医药大学图书馆

提要：此书首录“诊宗三昧”，载录先哲名言，包括《濒湖脉学》以及《素问》《灵枢》《伤寒论》等的脉学内容；次述中风、伤寒、中寒、瘟疫、中暑等50余种病症的脉象及妇人生死脉诀、儿科撮要；末附脉学备录，包括扁鹊诸反逆死脉要诀、脉辨切要、切诊一隅、诸家脉法摘是等。再载手太阴肺经、手阳明大肠经、足阳明胃经、足太阴脾经、手太阴心经、手太阳小肠经、足太阳膀胱经、足少阴肾经、手厥阴心包经、手少阳三焦经、足少阳胆经、足厥阴肝经等十二正经的病脉药证。每一经后配有补泻温凉的代表药及引经药。最后附异脉论、脉要必观、脏腑诸病外候、新产脉、小儿脉、奇经八脉、三部九候、六经脉、伤寒脉义、脉赋、杂锦等内容。

0189

经脉直指一卷／著者佚名：［1911］. ——清抄本. ——一册

上海中医药大学图书馆

提要：此书以“经脉直指”为主体，后附“药性赋”。“经脉直指”简述脉与气血及左右寸关尺分候脏腑主病内容。“药性赋”载药240余种，分寒性、温性、平性三类，其中寒性药90余种，包括黄连、黄芩、龙胆草、胡黄连、连翘、栀子、黄柏、知母、大黄、地骨皮、地肤子、白及、青蒿、栝楼等；温性药70余种，包括宣木瓜、金樱子、禹余粮、赤石脂、花蕊石等；平性药80余种，包括乌梅、白梅、芡实、大枣、龙眼、扁豆、莲子、藕等。每药下有性味、归经、主治功效等内容。

4.3 望诊

0190

望色启微三卷／（明）蒋示吉（字仲芳，号自了汉）辑：［1672］. ——清康熙十一年壬子（1672）序刻本. ——三册

日本国立公文书馆内阁文库

提要：此书为中医最早的一部望诊专著。全书分为三部分。一是《望色启微》三卷，共82论。其中，第一、二卷60论，摘录《灵枢》《素枢》的望色部分，夹叙夹议，予以论说。卷一内容还结合了古代相书中的某些内容和形式，运用了相书中的一些术语，且把人身内外各部分在面部的对应位置一一标出。第三卷则是整段摘抄《灵枢》各论中的望色部分，简单评述，共22论，其中18论引自《灵枢》各论原文。这是第一次从望诊的角度系统梳理《黄帝内经》中的有关内容，是一部重要的望诊专书，比其后汪宏的《望诊遵经》早了200余年。二是《望色启微》后集，又名《医意商》。这部分包括了20种不同的类案，以自己在临床上的心得体会向读者展示对中风、痨瘵、小儿顿咳、疮疡初起等疾病的诊断、辨证与治疗方法。难能可贵的是书中还记录了早期在民间施行的刮痧法。三是《伤寒翼》，共13论，均以“瘟疫”为题所设，于瘟疫治疗提出了心得体会。

4.4 舌诊

0191

舌辨要略一卷／（清）葛骏（字集生）编：

1751.--清抄本.--一册

上海中医药大学图书馆

提要：此书首篇为“辨舌”，认为“舌胎之名始于长沙，以其邪气结里，若有所怀，故谓之胎”，但“使人无提纲挈领处”，故“撮其括要，分条辨论”。接着分别论述各种舌胎的主病、传变、病机、治则及用药，如“白胎者，邪伤气分”“黄胎者，阳明胃实也”“黑胎者，少阴肾色也”“灰黑胎，足三阴互病。以青黄和入黑中，则为灰黑也”“红者，心治正色”“紫胎者，酒后伤寒也”“蓝胎者，肝脏纯色”。用药注意随症加减，如“红极而纹裂者，燥热入肝也，大承气加柴胡白芍，甚者加芩连”。此书条理清晰，提纲挈领，对把握舌象理论以及临证从舌诊治，有一定参考价值。

0192

伤寒玉液辨舌色法不分卷／（清）叶氏撰：1830.--清道光稿本.--一册

上海中医药大学图书馆

提要：此书为伤寒舌诊类著作，分上、下两篇。上篇绘35幅舌图，并以七言歌诀叙述舌象的病机、治则。下篇论述135种舌象并附舌图。每幅舌图附以相应的舌象，简明形象，使人一目了然。上篇辨色，将理、法、方、药融于七言绝句之中，朗朗上口，精简明了。下篇辨舌，详述各色舌象的治法、病因、病机以及方药，有的舌象亦附有歌诀。辨舌过程中，强调细察舌之绳、根、中、尖各部，以辨凶吉之形。除八种舌色之外，同时更要注意屑、瘰、堑、烂、肿、裂、长、短、干、滑、厚等舌形舌态，以确定相应的病机。此书注重治法，随舌象而立，方药根据治法而设，条理清晰，可供临床参考。

0193

叶天士先生辨舌广验一卷／原题（清）叶桂（字天士，号香岩、上津老人、南阳先生）撰：［1855］.--清咸丰五年乙卯（1855）抄本.--86叶／一册

中国国家图书馆

提要：此书是一部广论舌诊辨证论治之书。据弁言可知，此书系得之姑苏“叶天士”（原书作“时”）36舌象，又加101舌象，共收录137种舌象的图谱、歌诀、辨苔定方。此书分三部分。书首简短，相当于“叙”的概说。其后是舌苔总论，分九节，各有小标题。最后是137种舌象，每种舌象有图，有解说文字，并有五言四句的歌诀。在第137舌象之后有三节附录。附一是镜面枯干危舌，也有舌象，有解说，有歌诀。附二是伤寒六经脉法，以六句话简明概括之。附三是“六气分合六部时日诊候之图”，把左右、寸关尺的浮中沉之脉，按五运六气对应二十四节气的表格，以介绍五运六气南北政脉法。

0194

舌鉴新书一卷／（清）詹恩整理：1866.--清抄本.--一册

上海中医药大学图书馆

提要：此书以“辨”开篇，载“伤寒舌苔辨”“瘟疫舌苔辨”，分别阐述伤寒、瘟疫的舌苔特点。“伤寒舌苔辨”还载有临证用药，将舌绛紫、舌黑、舌白、妇人温热病等舌象立专条论述。次为“观舌

法序”“白舌总论”“红舌总论”“黄舌总论”“紫舌总论”等，并附舌图68幅（白舌图7幅、红色图32幅、黄色图18幅、紫色图11幅）。“观舌法序”认为“夫白色者，非白舌也，乃伤寒邪居于表，伏留皮毛肌肤之间”“红舌者，瘟舌也。瘟舌者，瘟气内传于心，自里而达表也”“黄舌苔者，乃里症舌苔也”“紫舌者，乃酒后伤寒是也”。并对各种舌象分别论述，如“白润滑舌图，少阳症”。此书所附舌图图形单一，仅有一幅“白泡舌图”与别图有异，故所附舌图本身参考价值不大。但因此书对各种舌象描述详尽、条理清晰且内容丰富，对舌诊的文献研究与临床实践有一定的参考价值。

0195

舌苔辨讹一卷／著者佚名：［1910］．－－清抄本．－－37叶／一册

中国国家图书馆

提要：此书主要内容是通过辨析舌苔而诊病。书首有著书主旨“舌苔者，脏腑寒热莫不具于是耳。即脉有难凭者，凭诸舌苔，无不洞然。盖舌苔者，以补诊法之不逮也，是舌苔一法乌可不讲乎。然前人所著舌苔惜于表里不能分明，且多背谬，实由伤寒、感冒未分，伤寒、温病未别所致。今将三十六苔不惮劳苦，历历辨明，每三法系一法，前二法系古法，结尾一法系余僭辨，后有识者当为余量之”。其后以图文形式辨析舌苔，绘各色舌苔图约百幅，每图附文字说明舌苔的性状颜色，并结合脉象，辨析病症病因病理，开具药方。此书著者有感于脉有难凭者往往可鉴之于舌苔，其脏腑寒热虚实无不洞然，但前世所著舌诊专书表里不能分，伤寒与感冒，伤寒与温病，往往未能别，故列三十六苔象，在古人认识基础上，明辨之，定证而酌方，有一定参考价值。

4.5 杂著

0196

伤寒点点金书一卷／（明）陶华（字尚文，号节庵、节庵道人）撰：1445.－－明嘉靖抄本．－－48叶／一册．－－半叶十二行，行十八字，白口，有界栏

中国中医科学院图书馆

提要：此书主要记述四部分内容：运气病机，运气脉学；杜清碧论脉诊；杜清碧舌诊及验舌法（附舌图及舌象证治）；杂论部分，包括伤寒六经病脉证治图、伤寒用药诸论一篇（伤寒用药说，伤寒点点金用药目集：汗、下、吐、调、温五法证治表，伤寒点点金病症择方表）。总之，全书以有关伤寒的诊断、治疗内容为主。

0197

太素脉要二卷／（明）程大中撰：［1592］．－－明万历刻本．－－57叶／一册．－－半叶十行，行十八字，白口，四周双边

中国国家图书馆

提要：此书为中医脉学与术数学交叉学科著作。上卷按其内容可分为三部分。一是太素脉，如首篇“太素原统”，简述太素脉源流；再有二十四脉所属五行、脉合五行起长生诀、六阳脉、六阴脉、清浊脉、贵脉、贱脉、性情脉、荣显脉、福德脉、横财脉、益

夫脉、刑夫脉、贱夫脉、淫脉、僧道脉等篇目。二是简述相关中医基本知识，包括阴阳五行、五运六气、脏腑经络等，有五行篇、运气篇、形气生成篇、五脏六腑之位、五脏六腑之官（功能）、五脏之候、五脏之窍、脏腑配经络图、五行配脏腑图等。三是脉论，要点是“论脉有三,一曰命之本，二曰气之神，三曰形之道”，并摘选《脉诀》部分内容，如三部九候、七表、八里、九道、六极、四离等。下卷是此书的主体，包括“指南赋”“剪金赋”“通玄赋”“隐微赋”四篇赋体文章和“六部总论”等。

0198

杏圃秘传先天太素脉诀五卷／原题（唐）杨上善撰　（清）江应松（字鹤亭）编：1779. ——清乾隆四十四年己亥（1779）稿本. ——76叶／一册

解放军医学图书馆

提要：此书卷一包括太素脉论，定四部、定富贵贫贱、定性、定尊贵、定福、定贵、定贫、定贱、定先贫后富、定人能食、定僧道、定男子淫荡、定女子为娟、定寿天、定生死善恶在流年之论、定流年祸祟、定流年四季、定孕决阴阳、定女子有孕、定流年五运、定六气；卷二包括清浊论、八卦、五行、命脉相、心、脉、肝、脾、肾部；卷三包括脉位法天论、运气脉、方宜脉、脉形论、怪脉、二十四脉形象、七情脉；卷四包括金格（磁基、昆玉、婚姻、行藏、嗣息），金兼木水、火土格、正格，木兼金水，火土格、正水格，水兼金木火土格、正火格，火兼金木水土格，土格，土兼金木水土格；卷五包括通玄赋、七表脉贵贱吉凶、八金脉贵贱吉凶、论三限脉、四部论、定穷通、定尊重、定智慧、定不遂意，干天脏腑所属，地支脏腑所属，地支六气，周岁例误。观全书内容，多数为命理相术内容，而托名原著杨上善。

0199

台川先生腹诊秘诀一卷／著者佚名：［1910］. ——清抄本. ——10叶／一册. ——框高14.8厘米，宽8.5厘米，皮纸

中国国家图书馆

提要：此书为日本人所著的“腹诊”医籍。书中共列出28种病症、腹诊及形症，并以张仲景理论阐析病因、病机及治疗方药。

5 本草

5.1 本经

5.1.1 辑本

0200

本草经三卷/（清）过孟起（字绛之）辑：1687.--清康熙二十六年丁卯（1687）刻本.--26叶/一册

上海中医药大学图书馆

提要：此书系《神农本草经》辑本之一，今仅存卷上。卷上为上品药，应有120种，简述其性味、功效主治及异名等内容。

5.1.2 注释

0201

汤液本草经雅正十卷/（清）钱雅乐（字韵之）等集注：1885.--清光绪十一年乙酉（1885）稿本.--310叶/十册

上海中医药大学图书馆

提要：此书以《神农本草经》药物为主，加以注释，参考文献93种，介绍药物365种，每药下阐述功用、主治、性味、毒性等。

0202

神农本草经摘读一卷/（清）陆懋修（字九芝、勉旃，号江左下工、林屋山人）撰：[1894].--稿本.--44叶/一册

中国国家图书馆

提要：著者陆懋修，字九芝，清咸丰前后时人。早年习儒，后专治医学，名著于时。此书卷端题“神农本草经摘读/林屋洞仙九芝甫辑”，共选辑约300种本草药物，每条药物名称之上标注不同符号，凡朱笔画上下双圈者为《伤寒论》药；凡朱笔画单圈者为《金匮要略》药；无符号者为前述两部书未载之药。每种药首列药名，后述药性及功效。

0203

神农本草经徐陈注合纂一卷/著者佚名：[1911].--清抄本.--40叶/一册

中国科学院上海生命科学信息中心

生命科学图书馆

提要：此书卷端题“神农本草经徐陈注合纂”，是吴江徐大椿《百种录》、闽长乐陈念祖《本草经读》两书合抄，戊戌秋月冬友记。按两家所录经文皆据唐慎微本，而徐所据为明刻本，与陈不同，有“凤凰山人”印章。全书共收录60种中药，对每种中药均分别罗列徐大椿《百种录》和陈念祖《本草经读》两书的注释。

5.2 历代本草

5.2.1 唐及唐以前

0204

吴氏本草一卷/（魏）吴普撰 （清）焦循

辑：1793. --清乾隆五十八年癸丑（1793）稿本. --20叶/一册. --半叶十行，行二十二字，竹纸

上海图书馆

提要：此书又名《吴普本草》，约成书于公元三世纪初。全书载药441种，论述药性、产地、性味、归经、形态、采摘、加工、主治、功效等。此书至北宋已散佚，只偶散见于他书中。清代焦循辑复《吴氏本草》于1793年成书，载药168种，今存稿本。

5.2.2 宋辽金元

0205

履巉岩本草三卷/（宋）王介（字圣与，号默庵）编绘：1220. --明抄彩绘本. --215叶/三册

中国国家图书馆

提要：此书为南宋时期的一部地方性本草书。著者王介，字圣与，号默庵。宋宁宗时官居太尉，喜绘画，又通医药之学。晚年徙居临安（今浙江杭州）皇城郊外慈云岭西，将该地能辨识有名且切实有用的药用植物绘为彩图，于嘉定十三年（1220）撰成《履巉岩本草》，因“山中有堂，曰履巉岩”，故以此题名。全书三卷，收药206种，不分部类。每药一图，兼述各药性味、功治、单方、别名等。宋代王介原绘的图本今已不存，中国国家图书馆今藏明抄彩绘本《履巉岩本草》是在宋代彩绘本基础上绘制的。此书是了解南宋时期杭州一带民间用药的发展情况及本草考证的重要文献。其书开本宏朗，纸质优良，彩色绘图鲜明生动，具有珍贵的本草史料及版本价值。

0206

宝庆本草折衷二十卷/（宋）陈衍（字万卿，号丹丘隐者）撰：1242. --元刻本. --267叶. --十四行，二十五字，黑口，四周双边

中国国家图书馆

提要：著者陈衍，字万卿，自号丹丘隐者，南宋黄岩（今浙江台州）人，精于医药。他认为本草为医之源，然而著书立说者多有异同，使观览者产生疑惑。于是潜心于此，参之以诸书，续之以己说，撰《宝庆本草折衷》。书凡二十卷，中国国家图书馆藏此元刻本为残本，存十二卷（卷一至三，十至十一，十四至二十）。卷一至三为总论，叙本草发展、医德、辨药、制剂、药物名实、用药大法、名医传赞等；其他所存卷次分别有本草之草部、木部、兽部、禽部、虫鱼部、果部、米谷部、菜蔬部等。此书虽为残本，然版本早，存世少，曾被名家收藏。

5.2.3 明代

0207

神农本经会通十卷/（明）滕弘（字可斋）辑：［1500］. --明万历四十五年丁巳（1617）滕万里刻本. --817叶/二十册. --半叶九行，行二十字，白口，四周单边

中国科学院国家科学图书馆

提要：此书融汇各代医家对《神农本草经》药物的理解与认识，以及临床应用的体会。全书共分草、木、果、谷、菜、玉石、人、兽、禽、虫鱼等10部，收录药物958味。每一药味下叙述形色、君臣佐使、有毒无毒、气味、归经、功用主治、采制炮炙等内容。

对药物的功用主治分列各家诸说，其中大部分资料取自《证类本草》及金元以降各医家的著作。纵观全书，有以下特点：编写体例虽也采用草木虫鱼自然分类法，但不分上中下三品，在一类之中混而排之；对药物气味功用主治，各家不同之说，悉收录一处；虽为收录各家之说，但对所引条文进行悉心校对，对文中的错讹字一一改正，如疸误疸、瘘误瘘、唾误睡等；古之本草多无句读，此书“凡一句一字，有当连上句取用者，有当带下句取用者，有当自为一名取用者，今悉圈明，庶便考究及临期取用”。

0208

药性大全二卷/（明）叶文龄，字德征，号石峰子编：1534. --明万历三十年壬寅（1602）全苍泉重刻本. --123叶/二册

日本国立公文书馆内阁文库

提要：此书为二层楼版式。下层为全书主体，即《药性大全》，成书年代不明，据叶文龄另一著作《医学统旨》，推测此成书时间为1534年。其内容主体为《雷公药性赋》，叙寒热温平四性药品，次为“诸品药性阴阳论”，以及升降浮沉补泻，诸脏苦欲、用药比例、用药法象、用药身根梢法、诸品药性主治指掌等。此后有“新附病机赋”“新附通畅回生丹”等。其中仅“病机赋”为叶氏所撰。上层主体内容为“加减十三方”，题为“茭山吴体校”，实则为明代徐用和撰。全书实际将几种医药入门书集结而成书。

0209

药性要略大全十一卷/（明）郑宁撰：1545.--明嘉靖二十四年乙巳（1545）刘氏明德堂刻本. --四册

日本国立公文书馆内阁文库

提要：此书是一部临床药学著作，与元代王好古《汤液本草》的形式和性质均相近似。按照正文计算，此书所收载的药物多达706味（按药用部位计，非按物种计）。此书仅有明代《医学统宗》曾经记载，及日本丹波元胤《医籍考》转引的此书自序。全书共十一卷，前十卷属于药物，末一卷乃附方。卷一主要是引述金元医家的药性理论，包括药性阴阳、升降浮沉、归经引经、诸经用药凡例等，多采自《汤液本草》或《珍珠囊》，也有沿袭南宋本草乃至明代初期本草的内容。卷二至卷十是药物各论。全书药物的选取不免芜杂。因为其中有不少是同一物体的不同部位，例如牛胆、牛乳、牛髓、牛肉，或者槐花、槐实、槐胶、槐枝、槐白皮等。末卷附方主要是《证类本草》部分药物条下的附方，将其单独抽出，集为一卷，并以药物为单元罗列。此书虽然在药物分类、取材、引文等方面都有不足，并非本草佳作。但从整体来看，内容还是比较丰富，其中也记载了某些《本草纲目》所无的新内容，有著者的新见解。

0210

释药集韵二卷/（明）程伊（字宗衡，号月溪）撰：［1547］. --明嘉靖刻本. --45叶/一册. --半叶十行，行二十字，白口，四周单边

中国国家图书馆

提要：著者程伊，字宗衡，号月溪，新安

（今安徽徽州）人，明代医家，曾授淮府良医。推崇明代浙江慈溪名医王纶撰《本草集要》一书，于是“私淑其说，以便来学虑记诵之”，因而撰《释药集韵》二卷。书中每药用七言律体阐释，首释其名，以见古人立名之义，又析药性，以明用药之原。卷端题“释药集韵卷之上／良医副新安程伊宗衡甫著”。全书上、下二卷，此本今存一卷（上），草部。

0211

精选十二经络本草经纬一卷／著者佚名：1566.－－明抄本．－－50叶／一册

安徽省图书馆

提要：此书著者自称“予授石山翁之传，深得秘旨，屡以取效”。全书以十二经为纲，每经首附各经经脉穴位图，并简述各经循行路线及所对应腑脏之生理功能。其后各经下列补、泻、温、凉四目，介绍常用药物的性味、归经及功能主治，叙说简明。

0212

新刊雷公炮制便览五卷／（明）俞汝溪编：［1590］．－－明刻本．－－227叶／四册．－－半叶十行，行二十字，黑口，四周双边

中国国家图书馆

提要：此书是一部综合性本草，在部分药物之下，摘引了《雷公炮制论》等文献中的炮制内容。各卷的药物分类为：卷一金石部，卷二草部，卷三木部，卷四人部、兽部、禽部，卷五虫鱼部、果部、米谷部、菜部。共收载药物968味。此书的药物分类和正文资料，均系从宋代唐慎微《经史证类备急本草》中节选而来，而无著者新创作内容。这些节选的正文文字以性味、功效、主治为主，大多来自《神农本草经》《名医别录》等著名本草著作。

0213

药性会元三卷／（明）梅得春（字元实）撰：1595．－－明万历二十三年乙未（1595）序刻本．－－185叶／三册．－－半叶十行，行二十二字，白口，无鱼尾，四周单边

日本国立公文书馆内阁文库

提要：此书在中国久已不见流传。著者是一位精于临床用药的医家。因此，其书在精选前人药物资料的同时也增添了一些个人新的用药经验和心得。全书以记载临床用药内容为主，兼述部分药材鉴别和炮制方面的知识，是一部较实用的本草专著。此书分上中下三卷。上卷草部药194味，目录后附“药性升降浮沉补泻之法”。中卷载木部药89味，菜部22味，果部31味，米谷部21味。下卷载金部11味，玉石部61味，人部17味，禽部17味，兽部20味，虫部47味，鱼部21味，附蛇9种，共计12部，药560味。其药物分类很明显是沿袭元代王好古《汤液本草》，再略加增补。此书叙说简明，内容实用，适合于临床医家所需。

0214

新刻太乙仙制本草药性大全八卷／（明）王文洁（字冰鉴，号抚东无为子）汇校：1599．－－明万历陈孙安积善堂刻本．－－460叶／十册．－－上层半叶十五行，行十五字；下层半叶十三行，行十八字，黑口，上黑

鱼尾，四周双边

中国中医科学院图书馆

提要：此书分为成草、木、果、米谷、菜、人、金玉、石、土水、兽、禽、虫、鱼等13类。全书摘取前人本草书籍中的内容精要，分作“本草精义”和“仙制药性”两大部分（即上下层），又在“仙制药性”中分几个项目来归纳相关内容。此书上下层的大多数药物基本对应，内容各有侧重。上层内容涉及药材采产，下层内容多与临床用药相关。全书摘录的水平较高，尤其是下层的“主治”“补注”两项，非常扼要地摘录了临床用药内容。此书的特色在于其精心节选前人本草之要，分项解说，内容比较实用。节选的资料主体是宋代唐慎微的《证类本草》，还参照了宋代寇宗奭《本草衍义》、元代王好古《汤液本草》、朱震亨《本草衍义补遗》、李杲《药性赋》、明代汪机《本草会编》、郑宁《药性要略大全》、陈嘉谟《本草蒙筌》等。此外，书中“按”之下添附的一些注说和发挥，多数系结合前人药论而成，少数是著者自家的解说。

0215

新刊官板本草真诠二卷／（明）杨崇魁编：1602. ——明万历建邑余良进怡庆堂刻本. ——218叶／二册. ——半叶十行，行二十字，白口，上黑鱼尾，四周单边

北京大学图书馆

提要：此书分上下二卷，每卷又分三集，共六集。上卷一集讨论天地阴阳、五运六气及病机；二集记述十二经脉与药物四气五味之所宜；三集仿王纶《本草集要》药性分类，分别十二门归类药品。每味药名下，以寥寥数语简单扼要地介绍功效主治。各门下所列药味数，约计有1120种。下卷一集概述阴阳五行之大旨，药物气味之厚薄，并将药品分为温、热、平、凉、寒等5类。每一药下记述性味、有毒无毒、升降浮沉、归经、配伍宜忌及炮炙要求等；二集为食治门，分米谷类、菜蔬类、果品类、走兽类、飞禽类和虫鱼类等6类，分别介绍性味、功用、主治、服食宜忌等；三集为药物总论，收录前代医家有关药性理论、采收时月、药材鉴别等论述。

0216

金石昆虫草木略二十六卷首一卷／（明）文淑绘：1620. ——明万历四十八年庚申（1620）彩绘本. ——737叶／十二册

台湾“中央图书馆”

提要：此书取明弘治间彩绘本《本草品汇精要》为蓝本，转绘其图，不录文字。全书计有彩药图1315幅（药物1070种）。其图绘制精细纤巧，然毕竟属于摹绘，别无创新。

0217

本草图谱不分卷／（明）周祐（又名淑祜）周禧（又名淑禧）绘　周仲荣（字荣起）撰：1630. ——明彩绘本. ——蝴蝶装／五册

中国中国国家图书馆（三册）

中国中医科学院图书馆（二册）

提要：此书为明末清初周祜（一名淑祜）、周禧（一名淑禧）两姊妹合绘，其父周荣起撰文并书，今中国国家图书馆（存三册）和中国中医科学院图书馆（存二册）收藏其残

册。此书原为蝴蝶装，绢本。每一册的药数15种左右。据残存五册的目录，共有74药，实际只存有72图，属于金石、草、木、禽类的药物。正文一般是一药、一图、一文。图叶左下角钤有“祐禧合图”“江上女子”二印。说明是周祐、周禧合作绘制。药图为工笔彩绘，极为精细。文字解说叶有“周荣起符”“一字荣公”二印，故知此为周荣起的手笔，其内容为药性功治简述。此书乃临摹明末文俶《金石昆虫草木状》而成。文俶之书又是临摹明宫廷画师所绘的《本草品汇精要》彩图。比较诸书，《本草图谱》虽属后出，但该画册的彩图绘在绢上，其设色及绘画技巧仍有其独特之处。

0218

药性类明二卷／（明）张梓撰：［1644］．－－抄本．－－二册．－－框高30厘米，宽16厘米

中国中医科学院中国医史文献研究所

提要：此书以草、木、果、石、禽、兽等100余味常用药，依风、热、温、火、燥等病因叙述药物作用、性味、主治等项。

0219

本草便二卷／（明）张懋辰（字远文）编：［1644］．－－明刻本．－－84叶／一册

浙江省图书馆

提要：此书又名《草木便编》。编订者张懋辰，字远文，海阳（今山东烟台）人。其自序云：“本草不习，不可以为医。行世本草如《证类》，如《纲目》，老医白首未究十三，……因取东垣、节斋删纂合订之。”其例仿本草，自草部至人部凡9部，收药393种。每种药先释药性，次列功效，并注出“君、臣、佐、使”，使用禁忌及方法。此书所收皆常见常用之药，取其简便以适平常居家之用。

0220

仁寿堂药镜十卷／（明）郑二阳（号潜庵居士）撰：［1644］．－－明刻本．－－84叶／二册

日本国立公文书馆内阁文库

提要：此书是一部在中国失传已久的古本草，既不见于明清书志著录，也不见于后世医书转载。全书十卷，分为金石、木、谷、菜、果、禽、兽、虫、人、草10部，载药318种。书中无总论，每一药物一般是先记载出产地，或是佳品的特征；其次罗列诸家所载的性味、归经；主体内容是精选前人药论，突出其临床用药的特点，或附加炮制法；若干药物之后，又加按语，阐发著者的一家之见。此书的主体资料，主要来源于《证类本草》《汤液本草》《主治秘诀》《本草衍义补遗》，以及《本草纲目》，其中抄摘元代王好古《汤液本草》的内容尤多，《本草衍义补遗》的资料亦不少。《药镜》所能体现著者个人见解还是比较多的，书中郑二阳个人所加按语有96条，这一数量与同类本草相比不算少。在这些按语中，最多见的是郑氏对某药物的药性和使用禁忌的评述，对药效的理论阐释，其次是补充其他书籍的有关材料，以及介绍当时该药使用或作伪的情况。此书既引录了前人本草中许多精要之论，又能阐发自己的某些见解，虽有某些不足，

但此多属于时代局限所致。此书存世甚少，近400年不为医药人士所知。

0221

君臣药性一卷草药便览一卷/著者佚名：［1644］. --明刻本. --一册

日本国立公文书馆内阁文库

提要：此书是明代一本地方草药书，载药248种。其中的草药名称、排列方式、功效及病名等，都很有特色。此书原卷为上下二层楼版式。上层为《君臣药性》，下层为《草药便览》。《君臣药性》虽以"君臣"为名，实际上并不是讨论药物的君臣佐使，而是常用药物的性能提要。该部分共介绍药物165种，每种寥寥数字，提示其主要功效，并无特殊之处。《草药便览》中许多内容，不见于《本草纲目》所载。此书各药仅出一药名，其下简述其功用，偶尔介绍其异名。每药内容只有一行，简述其性（或寒热温凉，或苦酸辛甘涩）及功效主治。别无形态描述，亦无图形。书中所载药物均为植物，而且很多是南方局部地区民间使用的药物（从其药名推测，此书可能是广东、广西一带的地方本草）。其中的药名尚有很多不为本草专书提及。药物排列依据药名的相似性来归类。此书的浮现，为中国的本草书又增添了一类新的书种，其内容也为研究古代地方药用植物提供了新的材料。

0222

药性便览一卷/（明）戚日旻撰：［1644］. --清抄本. --88叶/二册

中国科学院国家科学图书馆

提要：此书按药物功效分类，诸如理气、补气、化痰、搜风等，共分50门，抄录药物580余种。因一药有多种功效，故药物每有重出，实际药物400余味。每一药物述药性、归经、功效、临床应用，言简意赅。"目次"后另行书"一录戚肇升先生分别症治应手品味便览"，并注先生"名日旻，括苍人，明末隐地"。可知此书药物结合临床应用为其特色。

5.2.4 清代

0223

贮香小品十卷首一卷/（清）万俊贤（字石君）辑：［1650］. --清初刻本. --121叶/二册

上海中医药大学图书馆

提要：此书共十卷，其中卷四、卷六为医药内容。卷四《尝草分笺》汇辑对人参等36种中药鉴别真伪的简捷经验共45条；卷六《勿药有喜》收集54种病症的简易药疗法及心、肝、肾、肺、脾、胆诸脏腑的导引保健法。全书缺卷五、卷九、卷十。

0224

本草纲目必读二十四卷/（清）林起龙辑：1667. --清康熙间朱杨武三奇斋刻本. --1078叶/二十四册

中国中医科学院图书馆

提要：此书著者有感于《本草纲目》篇帙过多，"凡稀有之珍，难得之物，姑置少缓，光录切用切要、求而可得者六百余种，去其诠注集解，诸例只有气味、主治、发明、附方四款，间有重出者俱归并之，借以为《纲目》捷径"。此书据《本草纲目》分成水、火、金等门部，为学习《本草纲目》之门径书。

0225

本草详节十二卷/（清）闵鉞（字冶庵、晋公或作昔公，号默堂主人）撰　卢煌校：1681.--清康熙二十年辛酉（1681）默堂主人刻本.--347叶/四册

上海中医药大学图书馆

提要：著者闵鉞，江西奉新（今江西宜春）人，清代顺治间举人。全书共载药750多种，分草、木、谷、菜、果、金石、水、火、土、兽、禽、鳞、介、虫、人、服用等部。每药首录性味阴阳、有毒无毒、产地、生药形态、归经、相使、相恶、禁忌、炮制等内容；次述功效、主治；末为按语，阐述治病机理、配伍应用及用药宜忌。附有方论。此书以《本草纲目》为主，搜集了许多前贤的用药经验与理论，对《本草纲目》的补遗，内容亦较丰富，凡内、外、妇、儿等科所用之药，均有详举。

0226

山居本草六卷/（清）程履新（字德基）撰：1696.--清康熙三十五年丙子（1696）高氏刻本.--639叶/八册.--半叶十行，行二十二字，白口，上黑鱼尾，四周双边

上海图书馆

提要：此书分身部、谷部、菜部、果部、竹木花卉部、水火土金部等六部，每部一卷，将《本草纲目》十六部中除禽兽虫鱼外，分别并入六部之中。卷一身部上，近取诸心，以灵心治蠢心，以戒治贪，以定治嗔，以慧治疾；卷一身部下为人身须发、便溺等，可供药用者20种。卷二至卷六收录常见药物593种，附品720种，共1313种，其中谷部98种，造酿类65种，菜部338种，果部357种，竹木花卉部317种，水火土金石部共148种；加上身部，共为1333种。每药记其正名、别名、鉴别、炮制、性味、功能主治、用法、宜忌、附方等，内容多选自《本草纲目》。卷六之后附有总论，总集前贤论药，订为规范。内容多节引自《药品化义》。此书之特色为养生与本草相结合的综合性本草。

0227

夕庵读本草快编六卷/（清）浦士贞（字介公，号七十一叟）撰：1697.--日本江户抄本.--四册.--半叶十行，行二十二字，无界栏，框高19.8厘米，宽13.3厘米

日本国立公文书馆内阁文库

提要：此书在《本草纲目》的基础上撮要删繁，再加阐发，颇有特色。此书约成书于清初，至康熙间始得以刊行，传至日本后，江户时期曾有人据康熙刊本重抄，而原刊本亡佚，故此江户抄本是此书存世的唯一传本。李中梓评价道："立意以濒湖发明为主，群论为佐，不独释名辨性，更可博识广闻。虽不业医者，亦当置之案头，偶拈一则，便觉开畅胸次。命之曰'快'，非虚语尔！"正文6卷，分成43类，共有药物371条。从43个类目来看，基本上保留了李时珍《本草纲目》的分类构架（包括名称和次序），但分类的总数和药物数量已经大大减少。各药的内容也有很多是从《本草纲目》中撮要节选而来的。但著者并不是单纯地将《本草纲目》削减篇幅，而是经过了一番苦读领悟之后的改写重编。此书与一般的节要本草大不相同的是，虽然篇幅有限，但并没有局限于浓缩药物的

功效主治，而是力求“博闻广记”，扩大药物相关的知识面。

0228

生草药性备要二卷/（清）罗浮山道人（号云中子）撰：1711.——清日新堂刻本.——42叶/一册

苏州市中医医院图书馆

提要：此书收载我国东南各省草药316种，其中很多药物不见于其他本草著作。每药均记载药名、别名、性味、主治等内容。其用法多为打烂、外敷、煎汤或与食物同煮。草药名称很多土名、异名或地方名称。书中所加眉批记录地方草药名及其用法等。

0229

得宜本草分类一卷/（清）修竹吾庐主人撰：1732.——清抄本.——52叶/一册.——半叶九行，框高17.2厘米，宽9.5厘米

南京图书馆

提要：此书注重记载药物相互配伍的功效，如“独活幽香，入足少阴肾经，得细辛治少阴伏风头痛”。全书语言精练，切合实用。

0230

本草约编十四卷附本草选余备考二卷/（清）王如鉴（字粉香）等辑　马千里（字若轩）校订：1750.——清稿本.——821叶/八册

台湾“中央图书馆”

提要：此书分部类与《本草纲目》同，次第分水、火、土、金石、草、谷、菜、果、木、服器、虫、鳞、介、禽、兽、人部。选药500种，主体内容均摘自《本草纲目》，然每药之后，有七言诗一首，括其功用。所附《本草选余备考》，乃将未选入《本草约编》之《本草纲目》药名，仍按原部类罗列，然不录其内容。

0231

本草搜根一卷/（清）姜礼（字天叙）撰：1800.——清抄本.——76叶/二册

中国国家图书馆

提要：此书以行为为纲，品类为目。记载药物的功效性能，言简意赅，语多出自前代本草著作，所引内容《神农本草经》居多，亦有《新修本草》《嘉祐本草》及《本草纲目》的内容。原书残缺不全，无目录，无序跋，仅封面题“天叙公”著，“龙砂姜氏珍藏”。

0232

本草纂要稿一卷/（清）王龙（字九峰）撰：[1815].——清抄本.——68叶/一册.——半叶八行，行二十三或二十四字，框高16.3厘米，宽9.2厘米

北京大学图书馆

提要：此书分为金石、卤石、草、木、谷、菜、果、禽兽、虫鱼、人等10部，载药356种，每部下列若干药品。每药详论其性味功效，言简意赅，重点突出，行文流畅，易于记诵。虽大多功效已为其他本草专著收载，但此书经名医王九峰修订而成，其中不乏个人经验，值得珍视与研究。

0233

撷芳要录四卷首一卷/（清）赵酉樵编：1818.——清抄本.——五册

上海中医药大学图书馆

提要：此书卷首为天运岁序部，载冬至及夏至谚语、《群芳谱》节录、往哲芳踪、天之四气四变、医书五运六气、占候等。卷一为谷果蔬菜部，首载“撷芳要录小引”，记述书的内容、书名由来以及著者撰书目的等。“验者迄六月望后得三百三十四种，而益知良苗嘉蔬草根树皮皆药笼中有用之物……得二百二十余叶，爰分五部，共为一函”，后有“嘉庆二十三年岁次戊寅夏六月念七日录于元阳署南之思牧斋”“青城山老人赵西樵序并题”字样。列小麦、黍、谷、稻、薏仁、黑豆、葡萄、李果等谷果蔬菜类药共122种。卷二为药性方书部，载李时珍论药、本草源流，后载药65种。卷三为花卉水草部，载海棠、紫薇、绿苔、荇菜、浮萍等94种。卷四为木桑苎葛部，载药63种。全书共载药334种。每药之下，叙述异名、性味、功效、炮制等。此书内容较为丰富，按门类论述药方，每药均详述主治病证和各证主用药物，单方小方用法论述较为详细，方便查阅参用。

0234

类经证治本草不分卷／（清）吴钢辑：1827.－－清抄本．－－274叶／四册

中国中医科学院图书馆

提要：此书著者采集药物557种，又增附400种，分脏腑经络，别温凉补泻。此外，药中不注经络者又采录615种，有增附204种，草创成稿。“凡百数十种，间附已意，补其阙略，复遵《政和》真图，绘画一册，删其繁，辨其难，脱稿分为四册”。此书收录药物皆为《本草纲目》所载，只是编类不同而已。

0235

本草随录征实不分卷／（清）武溱编：1834.－－清道光十四年甲午（1834）稿本．－－156叶／四册

中国中医科学院图书馆

提要：此书摘录诸家本草，欲其“稍减于《纲目》（李时珍《本草纲目》）之繁，稍增于《征要》（李中梓《本草征要》）之简”。全书收药300余种，分人、兽、禽、鳞、介、虫等部，每药简述性味主治，并大量引录有关典故、传说及耳闻之事，为此书之特色。

0236

药队补遗不分卷／著者佚名：1840.－－清抄本．－－一册．－－半叶十行，行字不等

上海中医药大学图书馆

提要：此书无序跋及目录，正文前述“凡一切应用之品而为十一队所未收者备采于后”。此书收录药物481味，前113味为“十一队”所收录，其余为“十一队”未载者补录于后。所载药物不分类，药名下以双行小字描述炮制方法，正文记录药物性味、归经、功效、产地、使用禁忌等。此书所选录药物多为临床常用药物，如荆芥、红花、白前等，论述精简明了，语言通俗易懂。

0237

本草分队二卷／（清）吴芹（字瘦生，号古年）撰：1840.－－清抄本．－－129叶／一册．－－半叶八行，行二十或二十一字，框高16.7厘米，宽11.5厘米

中国中医科学院图书馆

提要：著者吴芹，字瘦生，号右年，清末浙江归安县下昂村（今浙江湖州）人。初习儒，其论著有《本草分队发明》二卷，《相鹤堂医案》三卷，未见刊行。其门人，也即其外甥凌晓五为医名最著者。此书按五脏、六腑，如心、肝、脾、肺、肾、胃、胆、大肠、小肠、三焦、膀胱，将常用药物进行分类，每类又以补泻凉温与“猛将”“次将”相组合，对药物分类，俨然按排兵布阵之法将药物列队备选，每药详其性味归经，功效主治，语言简练，切合临床记用。

0238

诸药异名/著者佚名：1840. --清抄本. --一册

上海中医药大学图书馆

提要：此书首叶载“辛酉年亲选，戚保三主人”，目录叶位于书的中部。书前叶及末叶载“阴寒症腹痛不已方”“手足及周身风湿屡用得效方”“绿袍散”等方剂共7首。次收药659种，分土、石、山草、蔓草、谷、菜、乔木、灌木、果、兽、虫、禽等30部。每部药物以大字标官名，小字标异名。此书详细列出诸多药物异名，但未注明出处，而且部分药物的异名存在歧义，容易混淆。此书对中药异名进行研究，厘清药名释义，在整理中药的正名辨物、用药安全等方面都具有参考价值。

0239

本草明览十一卷/（清）刘东孟著　钮文鳌手录：1854. --清咸丰四年甲寅（1854）钮文鳌抄本. --85叶/一册. --半叶十二行，行二十四字，框高24.5厘米，宽17.6厘米

上海图书馆

提要：此书分十一卷，由草部52种、菜部119种、木部57种、谷部20种、果部25种、玉石部42部、兽部16种、禽部9种、人部9种药物组成。从序中可知，此书为刘东孟所著，钮文鳌抄录而成。书中将每味药物的性味、归经、功效逐一述之，言简而意赅。

0240

各种药材价钱簿不分卷/著者佚名：［1875］. --清光绪元年乙亥（1875）、十三年丁亥（1887）抄本. --69叶/二册

中国国家图书馆

提要：此书两册，开本大小不一。第一册开本高24.5厘米，宽21厘米。封题“光绪乙亥菊月鉴，课读，各种药材”，44叶，记录药材696种，以两计价，每两一百文至八百文不等，其中后102种只有药名，未计价钱。书末题“时在光绪元菊月十日为翰林院王清林书。”第二册开本高14.9厘米，宽24.5厘米。封题“光绪十三年九月十一日起宝澄价钱本”，25叶，记录药材500种，其中后130种只有药名，未计价钱。此书具有一定的史料价值。

0241

读本草纲目摘录一卷/（清）徐用笙（号书呆子）辑：［1883］. --清光绪九年癸未（1883）抄本. --一册

上海中医药大学图书馆

提要：此书系《本草纲目》辑录类著作，取《本草纲目》药物265种，分为88类，依照《本草纲目》所载治疗疾病，取书中价廉且易得之物，简录其性味、功用、主治及附方，或附使用方法，或附药名意义。全书分上下两栏书写，药物名称书于上栏。其产地、别名、使用注意点及来源等以小字注释于名称之下。下栏为药物名称来源、性味、功用及常用方剂名称等。凡药物应用方法及适应证，以双行小字列于功用主治之下。

0242

二经类纂服法类一卷／著者佚名：［1855］．--日本源淳氏抄本．--一册

上海中医药大学图书馆

提要：此书系本草炮制类著作，共分“二经类纂服法类”“煮法类”“药制类”“铢两类”四篇。“二经类纂服法类”论述服散法、服丸法、昼夜服、空心服、酒服、饮服等药物服用法。“煮法类”列出热汤、水、清浆水、泉水等共10种煎煮法。“药制类”论述70种药物的制法，如桂枝、猪苓、麻黄、厚朴、枳实等，涉及的制法有研、碎、烧、捣、熬、炮、炙、洗、浸、切等。每种药物后均注明出处。“铢两类”分草部、木部、金石水土部、米谷部、禽兽虫鱼部、人部、服器部，及附录8个部分。草部列黄芪、人参、白术等83种，木部列桂枝、葛根等35种，金石水土部列石膏、寒水石等23种，米谷部列粳米、白粉、小麦等14种，禽兽部19种，人部2种，服器部3种。此七部共列179种药物。“铢两类附录”论述铢、两、斤、分、片、枚等14种计量单位的计数。此书内容较为丰富，所述内容均注明出处，主要摘自《雷公炮炙论·序》、陶弘景《本草经集注·序例》《玉函经》《本草衍义·序例》《总病论》《千金方》等。

0243

药性真知益编不分卷／（清）朱晓林（字鸣春）撰：1886.--清光绪十二年丙戌（1886）抄本．--105叶／一册

成都中医药大学图书馆

提要：此书由序、凡例、正文、目录四部分组成，共收录了227味中药。著者对每味药的性味归经、功效禁忌都进行了阐述。书序后文字为“古延朱晓林题于燕京大西笠庵光绪十二年丙戌巧月望日抄录”，正文首页右下为“古延晓林氏朱鸣春著”。

0244

品芳录一卷／（清）徐寿基撰：1886.--清光绪十二年丙戌（1886）乐意吟馆刻本．--60叶／一册

上海中医药大学图书馆

提要：此书收录花卉136种，分嘉树、柔条、佳卉、成实、类荫、临波六章。每种花卉下分列各状（别名、异名、形状、品种优劣、花开时期）、栽种（时间及方法）、制用（药用、食用、佩用及祭祀等其他用途）、附录（不同品种）、禁忌等项。书末附有与种植花卉有关季节内容。另花卉目录下，每种皆有四字赞语一句，点出该品特色，如牡丹题“神存高贵”，兰花题“幽人空谷”等。

0245

本草集要按十八卷/（清）陈镇编：1898. --清光绪二十四年戊戌（1898）稿本. --650叶/八册

上海中医药大学图书馆

提要：此书载药818种，分为山草、芳草、隰草、毒草、蔓草、香木、乔木、果、菜、谷、灶、禽兽、虫、人等类。每药下先列别名、出处、修治、畏恶、禁忌；次列气味、主治；再设“集要”，汇选前人论述精要和附方；末附先人心得经验作为“按语”。

0246

药论二卷/（清）沈文彬（字杏苑）撰：［1901］. --清光绪二十七年丁未（1901）抄本. --一册

上海中医药大学图书馆

提要：著者沈文彬（1870—1956），字杏苑，浦东（今上海）人。全书载药222种，分5门22类。其中补剂门分温中、平补、滋阴、安神类，散剂门分散寒、散风、散热、香散、利湿、祛寒、平降类，泻剂门分泻火、泻实、泻水、润下、降痰类，血剂门分温血、凉血、下血类，杂剂门分收敛、杀虫、吐剂类。此书是一本药学专书，语言简明扼要，便于记诵。书中对于不同类药物的性味功用等加以比较，并注重病机及辨证用药的重要性，对中药的临床应用有参考价值。

0247

要药分剂补正十卷/（清）沈金鳌（字芊绿，号汲门、再平、尊生老人）撰　刘鹗（字铁云）补正：1905.--稿本. --420叶/一册. --半叶十二行，行二十五字，框高18.2厘米，宽12.8厘米，绿格，四周双边

中国中医科学院图书馆

提要：此书为刘鹗所作“抄录补正”，是在沈金鳌《要药分剂》的基础上，对某些内容作了适当地调整和补充。如性味与主治两项内容，合为一项，仍不列项名。性味部分，改综述为引经据典。归经改名“经络”，亦改综述为引经据典。此下增“合化”一项，其内容为引论名家之配伍或单用。《要药分剂》一书，经刘氏补正后，凡改写内容，更为合理，原综述内容，能详明出典，增加部分，使内容尤为充实。

0248

本草集十二卷/（明）千彰（字暗之）撰：［1643］. --清刻本. --330叶/二册. --半叶九行，行二十九字，白口，单黑鱼尾，四周单边

中国国家图书馆

提要：此书卷一以论述为主，篇题：素问四条、炮炙论、制用论、君臣佐使、七情、气味、采造、真伪、土地、修制、剂服、升降浮沉、顺时、偏胜等。卷二至十二记述本草，分类为草部、谷部、木部、金石部、虫部、鳞部、介部、禽部、兽部、果部、水部、土部、人部等，从性解、气味、主治、释义和修制等方面阐述。全书间或摘引王冰、雷敩、刘完素、王好古、孙思邈、陈嘉谟、寇宗奭、李杲、朱震亨、张元素、沈括、李时珍等历代名家语。此书首有何品崇撰于“癸未端阳日”序文，未题年号，查何品崇曾于明崇祯十六年刻其

祖父诗文集《何文毅公集》（此书今藏于台湾傅斯年图书馆），可知何氏为明末时人，而此序撰写时间应为明崇祯十六年（1643）。此书卷端题署："钱塘千彰暗之父辑著，三楚何品崇一公父、何台崇三公父参阅，石城于徵有生父、竟陵刘希之半千父、白门陈国球宝虞父仝较正。"著者千彰，其人详情有待进一步查考，然其生活时代应早于何氏。此书版式、行款与何品崇于明崇祯十六年刻《何文毅公集》略同，文中遇"玄"字均未避讳，综合这几点推知此书版本或为明末或清初刻本。

0249

释药一卷／（清）夏垍撰：［1910］．－－清宣统二年庚戌（1910）巴黎远东生物学研究会铅印本．－－21叶／一册．－－半叶十三行，行三十六字，白口，四周双边

中国国家图书馆

提要：著者夏垍，清末医家，仁和（今浙江杭州）人。首有清宣统二年夏氏于法国巴黎所撰序文，述及著此书缘于中国自古沿用植物草药医病，但缺少论药、用药、制药之法的书籍，故识药者极少，更颇有认为中药不良的言论出现，于是潜心于此研究多年，恰逢好友携数百种植物药品自中国赴法，于是将这些中草药分类，研究辨析，中西药互证，"既别其种类，而后试其质效。初基之立，冀为异日研究之助"。此书所载中草药400余种，先列其名，次析其种，后考其性质与功效。同时以各国化学医药学比对加以研究，有植物分类，包括大纲表、植物分科界说、中西药名列表三部分。其中西药名称以拉丁文为主，兼用法文。此书为铅印，书名页即版权页所载书名、著者版本等信息详明，背面为西文。扉页贴附勘误表。

0250

本草纂要一卷／（清）郑一先撰：［1910］．－－清谢岐庵抄本．－－59叶／一册

中国国家图书馆

提要：此书与《伤寒家秘六书》合一册，附于其后。首有论文四篇：明经法制论、用药权宜论、制药总释、用药寒温合宜。又有本草纂要目录，列本草名120味。正文题"选集便用药性"，对人参、黄芪、川芎、甘草、芍药、地黄、白术等120味本草逐一述论药性、性味、主治、服用方法等。此书题"祁邑郑一先秘传"，有关郑一先及抄录者谢岐庵生平事迹不详。此本虫蛀、残破较严重。

0251

药性一卷／著者佚名：［1910］．－－清抄本．－－28叶／一册

中国国家图书馆

提要：此书名据封面题，书中无目录，无卷端题名。全书内容按顺序分别为水禽类14种、菜类44种、瓜类11种、果类39种，杂食类包括水、茶、酒、烟、油、盐、醋、酱、花、胡椒等若干种，每一类别及品种后均记述其性味及药用成分，分类清晰，言简意明，贴近日常生活，实为一部大众饮食养生指南，如介绍烟草性味及药用成分后附戒烟语："近日尚吃烟，予每语人曰：为何以火烧五脏，请看吃烟之管，其中垢腻积满。"此本为清晚期采用朱丝栏纸

抄写，书口下印有“其德斋”三字，编撰者及抄写者不详。

0252

本草精义类编二卷/著者佚名：[1911].--清抄本.--二册

上海中医药大学图书馆

提要：此书无序跋，有目录，共收载药物526种，分为52类。上卷载辛凉轻表、辛寒重表、辛温轻表、辛温重表、芳香化浊、轻淡利水、猛烈逐水、甘寒生津、苦寒涤热、咸寒降火，及息风、理气、消导、豁痰、凉血、活血、止血、破血、补血、舒筋、解毒之品，共计20类，载药287种。下卷载辟祟、杀虫、止痛、涌吐、明目退翳、通络、补气、降气、祛风、燥湿、润肠、涩肠、敛汗、宁神、交合心肾、补肾、固精、强阳、升提、清肺、泻肺、补肺、敛肺、泻心、补火、健脾、醒脾、祛除里热、暖胃、治反胃、破石淋之品，共计32类，载药239种。每味药下简述性味、功效、主治病证、炮制应用等内容。

0253

本草须知一卷/（清）李震甲撰：[1911].--清稿本.--98叶/一册.--框高24.8厘米，宽22厘米

山东省图书馆

提要：此书卷端题“本草须知，长山李震甲（未定）草。”阴文印四方。全书分草部、虫部、鳞部、介部、禽部、兽部、人部、金石部、土部，以及难辨药、当辨药等，共计收载药物600余种，每药辨其药性、主治功用。收录叶天士、陈修园等人的相关论述及编者的研究心得。

0254

新著本草精义不分卷/（清）吴恂如撰：[1911].--清抄本.--二册

上海中医药大学图书馆

提要：此书载药300余种，分为36类，包括补阳温肾、补气、补脾补胃、补肝肾筋骨、安神、滋阴、理血、补血、行气、凉血退热、芳香开窍、通经达络、破气、降气、升气、平肝、收敛、泻肝、清胆凉肝、疏肝、清凉退热、祛湿通淋、淡渗水湿、清热燥湿、寒痰、辛凉发散、清热解毒、热痰、祛寒湿、攻气泻水、辛温发散、祛风湿、辛燥发散、消积、攻食泻火、杀虫类。此书将常用药按主要功效进行了归类，划分明确细致，便于习读记诵。

0255

类编药性脉法方论不分卷/著者佚名：1911.--清抄本.--2900叶/三十册.--半叶十一行，行四十字，框高14厘米，宽24厘米

上海图书馆

提要：此书为类辑汇编历代医书中有关药性、脉法、方剂等论述而成，但卷帙浩繁，且抄录紧密，对于保存和整理亡佚文献有一定的参考价值。

0256

本草诸种摘录不分卷/著者佚名：[1911].--清抄本.--五册

上海中医药大学图书馆

提要：此书无序跋、目录。全书分为“随息居食物本草摘要”“方剂”“诸种本草摘录”“要药摘录分类”与“药性摘

录”五部分。第一册包括前四部分。“随息居食物本草摘要”收载食物84种，如海参、鸡、羊肝、落花生、豆腐等，简述每味食物的性味功能。“方剂”收录方剂6首，有卧龙丹、行军散、八宝红灵丹、新制飞龙夺命丹、飞龙夺命丹、二母散，每首方剂记有组成及主治病证。“诸种本草摘录”载药20种，如仙半夏、化州橘红、玫瑰花等，论述性味功能。“要药摘录分类”载药385种，分为29类，包括温中、平补、补火、滋水、温肾、温涩、寒涩、收敛、镇虚、散寒、驱风、散湿、散热、吐散、温散、平散、渗湿、泻湿、泻水、降痰、泻热、泻火、下气、平泻、温血、凉血、下血、杀虫、解毒类，简述每药性味功能。第二至五册为“药性摘录”，载药990种，分为36类，论述每药性味归经、主治病证、炮制用法及配伍禁忌等内容。

0257

本草拔萃二卷药性验方合订一卷／（清）陆太纯（号贞阳子）辑　潭位坤（字淡庵）校：［1911］. -- 抄本. --243叶／三册. -- 半叶十二行，行二十六字，小字双行三十四字，白口，单鱼尾，左右双边，框高21.8厘米，宽14.8厘米

中国科学院上海生命科学信息中心生命科学图书馆

提要：此书卷端题：“本草拔萃（上下卷）东吴陆太纯贞阳子辑，湖南潭位坤淡庵氏校写。”内封：“药性验方合订（一卷）潭淡庵氏钞校本。”淡庵，常熟（今江苏苏州）人，康熙七年岁入见科名录。序例，著者列述诸名家，及采集方书。全书收录药物433种，罗列了每种药的性味、主治、参治、简治。“药性验方合订”，论述了326种中药的药性，并罗列了几百个验方。

0258

春庄肤见本草发明不分卷／（清）黄炫编撰：［1911］. -- 清抄本. -- 六册

上海中医药大学图书馆

提要：此书分为两部分。第一部分载述30种病症的首选药物，并按证治类型归类。病症依次包括诸风、外感、诸寒、四肢厥冷、诸暑、诸烦、诸湿、水肿、诸燥、大便不通、小便不通、小便多、五淋、诸热、头痛、头风、风眩、目眩、牙齿、鼻附耳、面部、咽喉、口舌、眼目、诸气、诸疟、诸汗、颈项强急、身痛等，涉及内、外、妇、儿、五官、骨伤等各科。第二部分分别简述寒药、热药、温药、平药的主要效能，后收载药物213种，不分类，每味药下记有性味、归经、功效、别名、主治适应证及炮制方法等内容。

0259

周氏医书摘髓本草正一卷／著者佚名：［1911］. -- 清抄本. -- 一册

上海中医药大学图书馆

提要：此书载药136种，依次列述黄芪、甘草、人参、沙参、丹参、玄参、白术、苍术、玉竹、石斛、远志、菖蒲、牛膝、土牛膝、菊花、五味子、天冬、麦冬、款冬、紫菀、旋覆、桔梗、马兜铃、半夏、南星、贝母、蒌仁、天花粉、夏枯草、独

活、羌活、防风、藁本、葛根、升麻、白芷、细辛、柴胡、前胡、麻黄、荆芥、连翘、紫苏、薄荷、天麻、秦艽、威灵仙、钩藤、当归、川芎、白芍、鲜地黄、干地、熟地、何首乌、丹皮、续断、益母草、泽兰、兰叶、蕲艾、延胡、红花、茜草、榆炭、郁金、芦根、大黄、黄芩、黄连、胡连、知母、胆草、葶苈、常山、木通、泽泻、车前子、灯心、瞿麦、天仙藤、茵陈、香薷、青蒿、附子、川乌、天雄、侧子、白附、补骨脂、肉苁蓉、菟丝子、潼蒺藜、使君子、益智仁、砂仁、白豆蔻、肉果、草果、香附、木香、藿香、大茴、金银花、黄花地丁、山豆根、牛蒡子、射干、白头翁、王不留行、萆薢、土茯苓、刘寄奴、谷精草、决明子、马勃、茯苓、琥珀、柏子仁、侧柏、肉桂、枸杞子、地骨皮、山茱萸、枣仁、杜仲、女贞子、桑白皮、桑寄生、栀子、猪苓、黄柏、枳壳、枳实、厚朴、槟榔。每药下记有性味、归经、功效、主治病症、炮制方法、配伍及使用禁忌等内容。

0260

本草切要分职录一卷/（清）赵仲简撰：1911.——清抄本.——57叶/一册.——框高18厘米，宽15厘米

南京图书馆

提要：此书正文为著者“详治本草，遇切要与病情者，皆记录之”的笔记汇编而成，药物性味功效叙述较简明实用。附篇有“医格”“汗吐下三法解”“寒温补议”“舌说”“脉辨”“药危言”等医论。此书内容无原创及个人见解。

0261

药引杂考二卷/（清）王德爵撰：［1911］.——清抄本.——二册

上海中医药大学图书馆

提要：此书收载药物246种，详列目录，不分门类。上卷主要论述天然动植物的药引，包括果实类、芳香类、动物类等。每味药物均注明药用机理、功效、性味、归经以及药名由来，并引用前人有关论述。下卷主要记载血肉有情之品及水。此书广泛收载前贤及医著对所载药物有关的论述，对学习中药及临床应用有参考价值。

5.3　歌括便读

0262

图经备要本草诗诀二卷/（元）周天锡（字永年）撰：1294.——日本抄本.——一册

日本杏雨书屋

提要：此书是现存最早的一部歌诀体本草。此书虽属元代之书，但与北方受金代影响的药书风格迥异，实际上是南宋本草发展的余韵。深受张茂之、王庆翔两位南宋时开创“节要本草”的重要人物之影响。与节要性质的本草相比，本草歌括最大的优点在于其便于记忆。但周天锡在选择药品的时候，受《神农本草经》的影响，“采其中切于日用药品三百六十五种”，也就是参照周天365度来选择药物。今核原书，实际药品有367种（其中紫葳有目无文，故有内容的药品只有366种）。书中用四句七言诗来予以概括各药的性味功效。此外，药名下注有产地、采收、别名等内容。目录中的药名前后注有“君、

臣、使”和寒温药性。眉批录有炮制内容。这些内容均极为简要，对于初学者十分方便。

0263

补增图经节要本草歌括八卷/（元）胡仕可撰 （明）熊宗立增补：［1295］. --明成化元年乙酉（1465）熊氏种德堂刻本. --四册

日本国立公文书馆内阁文库

提要：此书中多数药物每药一图（共有图400幅），图下用小字注明炮制加工法、出产、形态、性味功治，反恶畏忌、君臣佐使等。这些药图和文字，基本上都是节摘自《大观证类本草》，很少有新的内容。只是在熊宗立增补的部分，可以看到增加了少数《证类本草》所未收的内容。此书的特色，集中在著者与增补者所撰的423首药性歌诀。此书上承南宋本草遗风，因此其歌诀重点放在药性功效方面，但却间或介绍该药的其他内容。书中图形，虽仿画于《证类本草》，但笔画粗放，形象简略，很难发挥鉴定药物的作用。此书是旨在方便童蒙习诵的药性歌诀，国内所存均为残本。

0264

寿世保元四言药歌一卷/（明）龚廷贤（字子才，号云林山人、悟真子）编：1581.--清光绪二十年甲午（1894）湘西唐氏刻本. --17叶/一册. --半叶十一行，行三十二字，白口，上黑鱼尾，四周双边，有界栏，框高20.8厘米，宽13.4厘米

中国中医科学院图书馆

提要：此书分草部、木部、果部、谷菜部、金石部、禽兽鳞介虫鱼部、人部、拾遗部，分别记载了每味药的药性、功效、适应证等，但作为药性赋而言，押韵欠佳。十二经补泻温凉药品、药物的炮制、配伍（相反、相畏、相恶）均详列药物加以说明，对痘症、麻症、痧症、痢症、妊娠、产后用药宜忌及解百药毒亦有详细记载。此书是一种简易本草著作，“十二经补泻温凉药品”是此书的特色之一。

0265

新镌三集本草炮制药性赋十三卷/（明）龚信增补：1596.--明万历书林洪宇李良臣刻本. --十六册

中国中医科学院图书馆

提要：此书分为草、玉石、木、人、兽、禽、虫鱼、果、米谷、菜等10部，除人部仅有上品外，其余各部又分为上、中、下三品，其中草部各品又分为上、中、下之药。全书收药约990种。但此书乃杂取《本草纲目序》《大观本草》图文等拼凑而成。

0266

王宇泰药性赋一卷/（明）王肯堂（字宇泰，号损庵、念西居士）撰：1602. --清抄本. --一册

上海中医药大学图书馆

提要：此书封面题“紫芝仙馆”。书中首载药物，后附脉诀。全书共载药物265味，概述各药功用、适应证、禁忌、用法、炮制等。如“天花粉，治热痰止渴消烦独任”；“白豆蔻，炒香，木翳胸膨可觅”。脉诀部分有五运主病、归空十法、验诸死症

脉、内因脉、外因脉、不内不外因脉、诸脉宜忌类、死绝脉、动止脉、止脉、分人迎气口脉诀，共11篇。其中，诸脉宜忌类，列伤寒、咳嗽、腹胀、下痢、霍乱、狂疾、消渴等31种病证的脉象宜忌。如“伤寒热病宜洪大忌沉细”“咳嗽宜浮濡忌沉伏”。此书以歌赋体概述各药功用，内容简单明了，条理清晰，可供临床参考。

0267

药性主治品部证类歌总要不分卷／著者佚名：［1644］．——明抄本．——135叶／三册．——半叶八行，上下双边

中国国家图书馆

提要：此书将本草分部类排序，每味药物采用七言歌诀的文体形式阐述其药性、主治。首有药性主治品部证类歌总要，综述药性。其后按部品类记述药性治证，分草部、木部、谷部、菜部、果部、石部、兽部、虫鱼部、人部、禽部等；各部将药物分性寒、性热、性温、性平四类，分别题名“性寒（热、温、平）药味治证歌”；各类药性又分上、中、下三品；各品再分上、下。全书载药500余味。此书编撰者不详，然其内容丰富，部类清晰，版本较早，具有一定的参考料价值。

0268

本草大成药性赋四卷新编注解药性赋一卷／（明）徐凤石　刘全备（字克用）编：［1644］．——明建阳书林刘元初绣梓刻本．——半叶十一行，行二十二字，白口，上黑鱼尾，上下双边，框高21厘米，宽14厘米

日本国立公文书馆内阁文库

提要：此书仅见于日本丹波元简《聿修堂架藏医书目》、丹波元胤《医籍考》。此书由两种书组成。其卷一至卷四名《秘传音制本草大成药性赋》，卷首署为“常山庠生徐凤石汇编，上饶后学余泸东校阅，建阳书林刘元初绣梓”。卷五为《秘传音制十二经络脏腑大成药性赋》，署名为“柯城医士刘全备，上饶后学余泸东校阅，建阳书林刘元初绣梓”。《本草大成药性赋》无序无跋，依次分为寒门药性赋、热门药性赋、温门药性赋、平门药性赋。各赋述药时又按照石、草、木、人、兽、禽、虫、果、米、菜部为序。每赋一联，则于其下注释相关药物赋中未尽的内容。全赋涉及药味，多达993味，其中寒门364味、热门44味、温门280味、平门305味。收药之多乃因于一物多用（如鹿之鹿茸、鹿髓，羊之羊乳、羊髓之类）和“有名未用”的药物（如马颠、鸡涅等）。此书在歌赋的注解中，保存了相当多的不见于古代本草的资料，还记载了大量的药物配伍运用知识，对临床用药颇有裨益。《本草大成药性赋》注解中主要从《证类本草》中摘取资料，也引用了朱丹溪的用药经验，甚至有个别的药物是采访民间经验得来。《秘传音制十二经络脏腑大成药性赋》实际上是从国内亦有收藏的明代刘全备《新编注解药性赋》节选而来，是其原书经络脏腑用药部分，而并非全帙。

0269

本草便读不分卷／（清）缪占魁撰：1733．——清雍正十一年癸丑（1733）抄本．——102叶／一册．——半叶六行，行二十字，

框高19.5厘米，宽11厘米

南京图书馆

提要：此书共收录中药587种，分为山草56种，隰草36种，蔓草38种，香草38种，水草7种，石草4种，毒草27种，乔木23种，灌木22种，香木21种，寓木7种，竹5种，果53种，谷31种，菜21种，味8种，金石44种，土10种，禽兽17种，鳞介19种，昆虫24种，人9种，水15种。每药简述其性味功效、主治，没有理论阐发。

0270

药性赋注释一卷／（清）陆氏撰：［1798］.--清嘉庆三年戊午（1798）刻朱墨套印本.--41叶／一册.--半叶六行，行二十字，小字双行二十字，白口，单鱼尾，四周单边

中国国家图书馆

提要：此书首有清嘉庆三年浙江巡抚玉德撰药性赋注释序，称"儒医陆老封翁邃于医学，著药性赋注释一书"。陆老封翁，名字不详。玉德得其书后认真审读，经数十年试验应用有效，又基于"近来医术日荒，人不知方，药不辨性，即有嗜奇爱博之士泛滥群籍"之现象，故于嘉庆三年抚浙时付之刊刻。此书以药性功用分类，如补气、温补、大热、辛温辛热、升提发散、降气、破气、破血、利水、敛摄、固涩、苦寒、清热润燥、消导、祛风化痰等，每类记述各本草性味功效，所述药物百余味。后附七言歌诀药性十八反、十九畏。

0271

药性歌八卷／（清）蔡恭（字涵真，号简溪道士）撰：1807.--清同治八年己巳（1869）筠溪灌蕙书屋刻本.--110叶／一册.--半叶九行，行二十字，白口，单鱼尾，四周双边，框高19厘米，宽11.3厘米

上海图书馆

提要：此书分为山草、隰草、芳草、蔓草、毒草、水石草、竹木、谷、果、菜、金石、禽兽、虫鱼、人部等14部，共载药327种，用歌赋形式论述其药物性味、归经、产地、功能、主治、方药等项。

0272

本草诗补不分卷／（清）江诚（字抱一）编著：1880.--清抄本.--281叶／一册

上海中医药大学图书馆

提要：此书列宣、通、补、泻、轻、重、滑、涩、燥、湿、寒、热12门。每一味药物以七言绝句方式叙述药性、药效及煎服法等。并用双行小字或眉批注释说明有关内容。书末附"果品赋"，列34种；"蔬菜赋"，列38种；"谷类赋"，列30种；"荤肴赋"，列38种，分别叙述药物的性味、归经、功用、禁忌和畏恶等。

0273

吴氏摘要本草不分卷／（清）吴成荣（字线文）撰：1982.--清光绪十八年壬辰（1892）抄本.--一册

上海中医药大学图书馆

提要：此书又名《吴氏摘要本草实法》，分总录和附录两部分。总录首载本草论、十八反、十九畏、孕妇忌服歌、雷公炮制、药味阴阳论6篇；次收中药624种，分补气、补血、血肉、理气、理血、理

疫、消导、杀虫、发表、吐泻等19类，采用四言歌诀形式论述药性、功能及主治。“孕妇忌服歌”以歌诀的形式罗列孕妇禁忌药物。“雷公炮制论”论述不同炮制方法处理后药物的性味、归经及功效。“药味阴阳论”论述药物的正名、药性、功能主治及配伍禁忌等。附录“膏滋药酒杂用药品论”与“妊娠十月值经络走五行考”两篇。前者论膏滋药酒，后者从经络角度论述妊娠十个月胚胎的生长发育变化。此书内容从《太平御览》《证类本草》《齐民要术》《本草纲目》等中辑得，并结合个人实践全面论述，有参考价值。

0274

本草便诵十二卷／（清）张艮酉编：［1911］.——清抄本．——1000叶／十册．——半叶九行，行二十三字，框高27.2厘米，宽18厘米

上海图书馆

提要：此书分十二卷，依草、木、谷、水人、鳞虫、果等分门别类，每门下药物附释名、别名、产地等，最后出主治功效。此书集《本草纲目》等前代药物学著作的精华，择其简要者加以编选，对于学者可以便于诵读研习，故名之为“本草便诵”。

0275

药性四言赋一卷／著者佚名：［1911］．——清抄本．——35叶／一册

中国国家图书馆

提要：此书分设草、禽兽、虫、石、果菜、谷等部，共记载药物200余种。每种药物均以四言歌诀的形式概述其特点。四言歌诀为大字书写，其间有小字注释，阐释药性、主治、加工及服用要点，可做医学初学者入门之用。

6 方书

6.1 历代方书

6.1.1 宋辽金元

0276

古今录验养生必用方三卷/（宋）初虞世撰：1078. --清咸丰丁巳（1857）年抄本. --三册

南京图书馆

提要：此书记录了36篇短文，收载了唐以前和北宋时医家的一些验例、处方，也反映了初虞世本人的临床经验和学术思想。此书上、中、下三卷，不分门类，上卷论内科，中卷论内科和妇科，下卷论五官科、儿科及外科等病症，采用条目叙事式的体例，记录自验、他验、经验方剂治法，往往在每一条目下罗列若干治法和治方，每方必详其药物组成，修合炮爁，服用法度，甚至是取效时日，也记录一些病症的辨证论治思路，以及一些奇闻轶事。所载方剂大多为精简实用之属，全书编辑亦以临床实用为目标，要言不烦。清代陆以湉评价道："书中记传方之人甚多，皆详其出处行谊，知亦有心人也。"

0277

神巧万全方十二卷/（宋）刘元宾（字子仪，号通真子）撰：［1093］. --日本江户抄本. --287叶/八册. --半叶十行，行二十三字

日本武田科学振兴财团杏雨书屋

提要：此书无序跋目录，内脱卷二、卷三，实存十卷。其中卷一按"治肝虚方""治肝实方""治胆虚冷方""治胆实方""治心虚方""治心实方"等脏腑虚实列举脉证和方药。刘元宾精于脉学，其论证也是先脉后证。卷四列有四时伤寒并时气出现各种证候时的用方，如"四时伤寒并时气结胸方""四时伤寒并时气痞满方""四时伤寒并时气霍乱方""四时伤寒并时气自利方"等。其中列举了许多预防和治疗瘟疫、温病的方剂。卷五为五劳、七伤、六极、虚劳诸杂候方论等，卷六为眼病、口舌方论、唇齿方论、咽喉方论、耳病方论、鼻病方论、疣目方论、黑须发方、手足方论等，卷七为心痛方论、腰脚方论、脚气方论、反胃方论、咳癔、噎病、霍乱、五积气方论、痃癖方论、癥瘕方论，卷八为咳嗽方论、痰病方论、诸痛方论、三痟方论、水病方论，卷九为诸黄方论、疸病候、诸淋方论、诸小便方论、诸大小便不通诸候、诸痢方论，卷十为瘿瘤方论、诸痔方论，卷十一为妇人妊娠、产难、产后，卷十二为小儿诸疾方。全书论证简洁通俗，选方实用，不仅有常用经验方剂，还收录了大量的单方、针灸方法等，有些是经过刘元宾亲自使用过的。由此可知，此书虽然从《太平圣惠方》等书中摘录了许多方剂（包括若

干画符驱鬼之术），但也有部分治法是著者经验所得。丹波元坚对此书是十分看重的，因此将其从《医方类聚》中辑录出来，以广其传。

0278

琐碎录医家类三卷／（宋）温革撰：［1160］．--日本安政二年乙卯（1855）抄本．--86叶／三册

中国中医科学院图书馆

提要：原书已佚，此本系日本人从（朝）金礼蒙等编之《医方类聚》中所辑出，故其编次与《医方类聚》相似，按病症分为110类。除前“服饵”“修制”等4类为药物理论外，其余“中风”以下按类录列诸方。收方以简廉效验的单、验方为主，求其实用。

0279

叶氏录验方三卷／（宋）叶大廉撰：1186．--日本江户初期写本．--十七册

日本国立公文书馆内阁文库

提要：此书前无序言，首为目录，分上、中、下卷。后附跋文二篇。跋文一为著者叶大廉所作，一为李景和所作。此书主要收录诸风、伤寒、治气、补益、痼冷、积热、痰饮咳嗽、泄痢、妇人、小儿方、杂病、眼目、治咽喉口齿、疮肿伤折等病症。书后载香谱与备急方。全书方药囊括内外妇儿、五官诸科病症，皆为临床常见病、多发病。此书收集方药518首。其所用方剂特点主要有六：巧用羊肝黄芩治雀盲；外科病症内外并治；峻药配乌鸡祛邪扶正；借助他药炮制，帮助发挥药效；合理应用药物服法及其加减变通，助方药发挥效力；夹叙医案，以助方药之理解使用。此书成书于南宋，著者的文字记述带有很浓的南方色彩，因此它对于南宋时期民间医药状况的研究亦为一份弥足珍贵的史料。

0280

十便良方四十卷／（宋）郭坦（字履道）撰：1195.--日本江户初期写本．--八册．--半叶十二行，行二十二字

日本国立公文书馆内阁文库

提要：此书是南宋著名的医方书，而该书本是当今所存卷数最多的抄本。此书原本40卷，缺9卷（卷13~21），实际存31卷。首为庆元二年（1196）宋德之序，序后牌记“武夷□氏锓木于安乐堂”。其后为“十便良方总类”“备全古今十便良方目录”。目录后附“今具六十四药总目”“十便良方须知”（即凡例）。全书内容非常广泛，虽为医方书，但用了六卷的篇幅介绍药物。其中常用中药64种的功效占了三卷（题曰“六十四药本草节要”）。此三卷中，若干药物的类似品则附在该药之后，如丹砂之后附水银之类，故实际使用的并不限于64药。此64药之外，又有“所在皆有之药本草节要”卷。此卷主要收录日常易得之药，尤其是食物药居多。各药之下的功效介绍主要节录自《大观经史证类本草》。卷七专门介绍药物鉴别和炮制的方法。其中“辨验药材美恶之诀”用极为简略的语言，介绍各药优劣真伪的鉴别特征。从卷八至卷三十三，以病为纲，统领诸方。著者把治方分作三种：单方、简要

方、群方。从卷三十四至卷四十均为“杂方”。此书引书有的可能转引自《证类本草》，但也有不见于古今书目所载的宋代医书，如《琴心居士方》、江阳《卫生方》、胡氏《总效方》《郭氏家藏方》等。其中《郭氏家藏方》有可能是著者自家的藏方。此书对考察宋代医药文献也具有一定价值。

0281

方氏家藏集要方二卷／（宋）方导编：1197.——影宋抄本．——二册

日本宫内厅书陵部图书馆

提要：此书全称《方氏编类家藏集要方》。全书两卷，今仅存一半。卷上以病为门，下列诸方。这些方剂多为大方、名方，成药多，补方多。其成药剂型有圆（丸）、散、膏、丹，著名的鸡苏散、斑龙圆等都被引用。这些成药的使用，可能与当时社会风尚好用《太平惠民和剂局方》的成药有关。除成药之外，此书也引录了一些汤、饮、药酒等方，甚至载多个灸法方（如灸中风法等）、淋泄药方等。这些方剂多不注明出处，只有少数方下说明了来源。其中比较引人注目的是“深都正方”，多个药方引用其名。各成药方中，诸药炮制之法详明，甚至有些药下还记载本草中的主要功用，这些内容对了解当时的炮制法也是很有益处的。

0282

活人事证方四十卷／（宋）刘明之（字信甫，号桃溪居士）撰：1216.——日本抄本．——十三册

日本国立公文书馆内阁文库

提要：此书分前、后集，均为二十卷。前集各卷分门为：卷一诸风门，卷二诸气门，卷三伤寒门，卷四虚劳门，卷五补益门，卷六妇人门，卷七脾胃门，卷八水肿门，卷九泻痢门，卷十喘嗽门，卷十一小肠气门，卷十二脚气门，卷十三头风门，卷十四痔漏门，卷十五痈疽门，卷十六疮疡门，卷十七补损门，卷十八小儿门，卷十九消渴门，卷二十通类门。后集各卷分门为：卷一中风门，卷二心气门，卷三虚损门，卷四白浊门，卷五盗汗门，卷六中暑门，卷七瘴疟门，卷八霍乱门，卷九痰饮门，卷十呕吐门，卷十一肿满门，卷十二疝气门，卷十三胎产门，卷十四淋闭门、发背门，卷十五血疾门、中毒门，卷十六咽喉门、头目门，卷十七口齿门、耳鼻门，卷十八疹豆门、汤火门，卷十九杂方门，卷二十修养门。此书虽名为方书，但其中也有很多其他的医药内容。如前集转载了李子建的《伤寒十劝》，以及引录了许多南宋嘉定以前的医药或非医药文献中的资料。其医方之中，也包含了一些药物的记载。如在元明以后始兴盛起来的用胎盘滋补的风气，其实在此书中已经开始运用。后集中的“混元胎丹”即是使用胎盘。又如后集引用的柿楂子散治疮疹不透，其中的柿楂子即后世多用的山楂。这些药物的使用经验不曾被李时珍《本草纲目》引用。

0283

选奇方后集十卷／（宋）余纲（字尧举）撰：1237.——日本江户抄本．——二册．——半叶十行，行十九字，左右双边，框高

18.5厘米，宽12厘米

日本国立公文书馆内阁文库

提要：此书残存的四卷中，卷二为妇人方、治脾胃诸方、治痢神效方，卷三治喘嗽诸方、《伤寒十劝》及伤寒方，卷四治眼目、治痈疽方，卷五治脚气、治心气、治大小便秘涩诸方。此书特别注意在方剂中引用一些相关的事例，来说明该方的效果、来源、理论依据等，这些材料对了解外科治法的发展都非常有益。宋代及其以前的方书比较侧重经验用方，所以经验效方较多，素为后人重视。此外，其中不仅有大量的治病经验效方，还有导引、服食等养生方面的数据。可惜的是此书原帙已经散佚，故虽吉光片羽，亦弥足珍贵。

0284

黎居士简易方论十一卷/（宋）黎民寿（字景仁）撰：1260. ——据元刻本江户抄本. ——七册. ——半叶十二行，行二十三字，黑口，双鱼尾，左右双边，框高18.1厘米，宽11.6厘米

日本国立公文书馆内阁文库

提要：此书是黎居士所蓄之经验方编集而成，据包氏等序文，约成于1260年以前。此书正文八卷，卷一医论23篇；卷二济阴门17类83方；卷三全婴门8方论21方；卷四辅阳门2方论25方；卷五保卫门1方论21方；卷六安荣门3方论33方；卷七一清门21方；卷八集中门15正方，27附方；卷九羡补门6方论36方；卷十六气门诸气等6类18方论，108正方47附方；卷十一通治门8类，120正方20附方。此书所录方皆晋末医方，除少数现存外，多数已亡佚，此书提供了若干治疗经验，此其价值之一。书中还载述了若干唐宋医家的验案，更是难得的疾病史料，此其价值之二。最富学术价值的内容，是卷一的23篇医论。如“辨男女形生神毓论”相当于中医的胎生学，“男女动静说”相当于体质论，“四大奥论”“五常大论”相当于形生论，“五藏像位”“六腑像位”相当于解体论，“五藏平脉”等相当于诊候论，“五藏主配”相当于形神论，“五藏相涉”相当于脏腑相关论等。此书在追溯中医的理论建构，特别是与佛道形神学说结合的过程方面，有着重大意义。

0285

澹寮集验方十五卷/（元）释继洪编：1283. ——日本文化九年壬申（1812）蓝川慎抄本日本蓝川家藏抄本. ——434叶/十四册. ——半叶十一行，行十九字

中国中医科学院图书馆

提要：此书分类汇集历代医籍及各种笔记杂说中诸科秘验方。按病症分为48门，分述病因、病机、证候、治则等。方多注明出处。此书所引诸书，有些已失传，或甚为稀见，具有重要的资料价值。

0286

风科集验名方二十八卷/（金）赵大中编修　赵子中传习　（元）赵素补阙　左斗元编订：1306.——元大德十年丙午（1306）静嘉堂藏刘世荣杭州刻本. ——926叶/二十八册. ——半叶十行，行二十一字，白口，上

黑鱼尾，下倒黑鱼尾，四周双边，框高23厘米，宽15.6厘米

日本国立公文书馆内阁文库

提要：此书从诸序可知，原为稿本，未曾刊行，至元大德十年丙午（1306），才第一次镂版。此本即大德十年原刊本。然据左斗元序所言，此书在正文之前，还应该附有一些药物性能及炮制方面的内容。此本未见这些内容，但另有《新刊风科本草治风药品》一书正好是所缺的这部分内容。据增订者左斗元序言所说，此书应该分成两部分。第一部分是正文之前的某些有关药学的内容。第二部分内容即二十八卷正文。共分242门类，录方1979首。前二卷集录前人有关治风的议论，相当于总论。其后为风之变化、中风统论、治理法度、风证总治等属于概论性的内容，以理论与医案为多。此后则以相关病症为类目。各类之前，常引录名贤有关论说，讨论病证源流。然后罗列方剂、针法、灸法等治疗方法。此书书名虽云“风科”，但其中涉及的内容则非常广泛，举凡中暑、疮疥、干湿脚气等，能与“风”相关的，尽数收载，引证广博。此书为专科疾病的专门著作，对了解我国古代对风科疾病的认识和治疗经验具有重要的意义。由于书中引用众多元以前医书资料，因此对研究宋金元医学发展，乃至辑佚古医书，具有较高的文献价值。另此书为元刻本，大字大板，为刻版中佳品，具有很高的版本价值。

0287

医方大成十卷／（元）孙允贤撰：1321.－－元刻本．－－四册

日本国立公文书馆内阁文库

提要：此书原名《医方集成》，是元代著名的临证医方书，特色在于有论有方。元、明间此书多次刊行，或以此为本增补新方。此元刻本今存前八卷，脱后二卷，书前之序言、目录亦均残缺，故其书开首即为第一卷。从内容来看，引用的书中有熊彦明后补的《济生拔粹》《瑞竹堂经验方》《宣明论方》、张子和、徐同知、贾同知等方，可见此本乃经熊彦明增补而成。

0288

如宜方二卷／（元）艾元英撰：1323.－－明初刻本．－－99叶／三册．－－半叶八行，行二十字，黑口，四周双边

中国国家图书馆

提要：此书卷一所列病症分咽喉、诸气、腰痛、心恙、补益、消渴、痈疽、肿痛、脚气、失血、大便、小便、疮疥、妇人病、小儿病、杂病等16类，每类简述证候及其应用的方剂名称；卷二附列卷一所用方剂的具体药物、剂量、服用方法等。方剂统一编号，自“小续命汤一”至“暖肾圆二百九十九”，其后又蜜煎导方、金珠化痰圆、黄芪圆等方剂未标序号。此书卷一首叶缺，卷二端题“如宜方卷二，东平艾元英编辑，三山张士宁校正”。艾元英，生平事迹不详。《四库全书总目提要》云：“元英，东平人，始末无考。此本为三山张士宁所刊。前有二序，一为至正乙未林兴祖作，一为至治癸亥吴德昭作。其书首列药石炮制总论，不过数十味，未免简略。第一卷述症，自中风至杂病凡三十类。第二

卷载方，凡三百有余。”据此推知，此本卷一存16类，所缺近半。《中国中医古籍总目》另著录有明代陈家猷在艾元英原著基础上的增补本《如宜妙济回生捷录》二卷，为明万历三十八年黄廉斋刻本。此本虽残，然版本早，珍稀可贵。

0289

瑞竹堂经验方十五卷/（元）沙图穆苏撰：1326.--明高濂校刻本．--三册．--半叶十一行，行二十三字，白口，上白鱼尾，四周单边

日本国立公文书馆内阁文库

提要：此书序云：“一十五卷，锓梓郡庠。”据此知全书十五卷，成书之后即予以刻印。然至今日，其初期刻印本不见传世，书志亦未留下查寻线索。已知其收入《永乐大典》，杨士奇《文渊阁书目》载其名，存一部一册。可见明代编修《永乐大典》之际，此书尚流传于世。至清臣纂修《四库全书》，从其中辑复《瑞竹堂经验方》时，已残缺十之五六。依方诠次，分立24门，厘为五卷。就此五卷，《四库全书提要》评价曰：“如调补一门，不轻用金石之药，其处方最为醇正。又女科之八珍散，即四君子汤、四物汤之并方，其用尤广。明薛己医案，已详著之。至疮科所载返魂丹，与今世疡医所用梅花点舌丹、夺命丹相类，内托千金散以治痈毒，亦见殊功。是皆可资利济之用。”此高濂校刻本《瑞竹堂经验方》卷帙全备，首叶为闽中王都中序。序言与卷首书名为《瑞竹堂经验方》，然此校本之确切年代目前尚无实据作出判断，姑存待考。

0290

本草集方十卷/著者佚名：［1367］．--元刻本．--54叶/二册．--半叶十行，行十六字，双黑鱼尾，四周黑边

北京大学图书馆

提要：此书仅存卷四、卷七。卷四收录小儿科方药；卷七收录内科方药，但因原书残缺较多，仅见部分水蛊、水肿、腹内诸虫等门方药。

0291

丹溪秘传方诀十卷/（元）朱震亨（字彦修，号丹溪）撰：1475.--日本江户初期抄本．--一册

日本宫内厅书陵部图书馆

提要：此书是现存明代流传较早的朱丹溪医书之一种，曾刊行于明成化十一年（1475），目前国内未见此版流传，独有日本江户抄本存世。此书10卷，共有121论。篇幅还不及《丹溪心法》的五分之一，但在疾病的种类上相近。其篇幅精练的主要原因是各病的内容极为简练。其编撰体例与前述同类丹溪医书一样，都是以病为纲。在每一类病症之下，一般是首先介绍其主要病因或者疾病的主要分类，或者开门见山介绍主要治疗方法。从源流看来，《丹溪秘传方诀》的影响力虽远不如《丹溪心法》和《丹溪治法心要》，但其出现的年代较早。因此，尽管此书也有早期传本的遗漏简约的弊病，但却不是简单节选《丹溪心法》《丹溪治法心要》之要而形成的平庸之作。因此，它对考订朱丹溪相关医书具有一定的意义。

0292

五藏方一卷／（元）滑寿（字伯仁，号撄宁生）撰：［1644］. -- 日本宝历七年丁丑（1757）皇都书铺刻本. --90叶／一册. -- 半叶八行，行二十二字，白口，四周单边，框高15.3厘米，宽9.7厘米

日本国立公文书馆内阁文库

提要：此书无扉页、目录。首为“刻五脏方序”，次即正文。此书以脏腑为纲，以虚实补泻法为目，以五脏的虚实及与他脏之间的生克关系来罗列主治方剂等。因为其书重在脏腑虚实补泻，故其又名《撄宁生五脏补泻心要》。此书有助于深入研究滑寿的医学思想，并为中医临证提供参考。

0293

拯急遗方二卷附一卷／（元）徐文中（字用和）撰 （明）叶尹贤合刊：［1644］. -- 日本江户抄本. --37叶／一册. -- 半叶十二行，行十九字，无界栏，框高26.2厘米，宽17.3厘米

日本国立公文书馆内阁文库

提要：此书由《医家秘传随身备用加减十三方》和《经验急救方》组成。其中《医家秘传随身备用加减十三方》即流行于元代中叶及明初的徐文中《加减十三方》。从其书卷后有明永乐十一年蒋夔识语，可知叶尹贤摘取的《医家秘传随身备用加减十三方》依据的正是永乐十一年蒋夔进呈本。至于《经验急救方》，原著者不明。首卷为《医家秘传随身备用加减十三方》，依次为不换金正气散、十神汤、生料五积散、二陈汤、参苏散、香苏散、对金饮子、玄武汤、五苓散、四君子汤、小柴胡汤、乌药顺气散、四物汤。卷上之后有“附录：神枕法并序……出云笈七（签）四十八卷内”，为养生方法之一。卷下《经验急救方》，共39个急症治法。内容涉及治霍乱吐泻、治缠喉风喉闭等急症的急救方药。

0294

仁存孙氏治病活法秘方十卷／（元）孙仁存撰：1805. -- 日本文化二年乙丑（1805）抄本. -- 三册

日本国立公文书馆内阁文库

提要：此书从卷二以下，都是以病症为目，罗列诸方。据原书“纲目”（总目）所列，共有93类病名。卷二以下，各卷都有一卷名，次第为：中风、伤寒、中气、下痢、虚损、诸血、眼目、妇人、小儿。但卷名往往无法表现其卷中的内容。例如“眼目”，实际包括了咽喉、口舌、牙齿、耳、鼻以及各种外科疾病。此书和宋元方书相比，其最突出的一点，是各类疾病之前，设有“总说”，或“集善说”。“总说”就是关于这一疾病的简要理论概说。“集善说”就是引用前人的有关论说。这两部分的内容虽然多抄录前人之书，但也有著者自己的观点。在各类疾病的论说之后，著者则是罗列各种治疗用方。其方多采自南宋诸家方书。虽然其中也有一些药方注明了出处，但并不很普遍。

6.1.2 明代

0295

诸证总录奇方二十六卷／（明）胡任（字孤

峰、延风）撰：1384. ——明洪武十七年甲子（1384）刻本. ——312叶/六册. ——半叶十一行，行二十三字，上黑鱼尾，四周双边，框高18.8厘米，宽13.6厘米

上海中医药大学图书馆

提要： 此书共26卷，现仅存卷一至十一。书中涉及内、妇、外、儿及各种杂症，以搜采辑录明以前诸家医方为主，如朱丹溪、王节斋、王隐君等医论及方治。每种病症先列总论后设方药。全书虽为汇编性医书，博采前人方治经验，但其中有保留了部分明以前亡佚医书，值得进一步研究。

0296

槐荫精选单方四卷 /（明）王廷璲撰：1419. ——日本江户抄本. ——二册

日本国立公文书馆内阁文库

提要： 此书按病症分类，所收方剂药味不过一二，皆为简便之方。卷一分诸风、诸寒、暑、湿、诸疟、痢、吐泻、秘结、痰喘咳嗽、诸气、诸疝、脾胃、翻胃，计13门。卷二分虚劳、诸汗、痨瘵、骨髓虚实、胆虚、头面、心痛、脾肾脏、腰脚、诸痹、五疸、诸虫毒、诸淋、消渴、遗精白浊、水肿、胀满，计17门。卷三分诸积、健忘、怔忡惊怖、脉极、癫痫、阴癞癔冷、积热、诸血、痔漏、脱肛、骨鲠（附杂治）、诸虫、咽喉、眼疾、耳、鼻、口舌、牙齿、诸疮，计20门。卷四分折伤、妇人、重舌、口疮，计4门。此书所治均为常见多发病症，方药也很简单，功效专一，但切于实用，许多方药都是经临床验证之效方，且书中尤为注重食疗方。此书属于民间医方书。

0297

湖海奇方八卷 /（明）许宏（字宗道）编：1422. ——明宣德四年己酉（1429）刻本. ——一册

日本宫内厅书陵部图书馆

提要： 此书全名为《全生类要湖海奇方》。此书所载药方多为平民日常所需，简要易得。著者许宏，《医籍考》转引《建安县志》："许宏，字宗道。幼业儒，而隐于医。奇证异疾，医之辄效。又工诗文。写山水花卉，皆臻其妙。卒年八十一。所著有《通元录》行世。"此书内容次第为序文、目次、正文、后序。序文有宣德三年戊申（1428）建安杨寿夫序，永乐二十年（1422）许宏自序。书后有宣德四年（1429）黄炫后序，另一后序残末叶。此书八卷，每卷皆有卷名，依次为：养生、卫生、摄生、救生、宝生、济生、全生、悟生。从这些卷名，几乎令人怀疑这是一本养生书。但实际上并非如此。全书完全没有食疗药养、导引静坐、怡情养性等内容。卷一"养生"，谈的是"食忌"，涉及解诸虫鱼、诸禽兽、诸果、诸菜蔬、诸谷豆之毒以及诸药相反禁忌，也就是说如何避免各种食物、药物由于不适当地食用或使用造成的毒害。卷二"卫生"，谈的是"解毒"，完全是针对日常生活中经常可以遇到的毒害出示的解毒法，其中包括解蛇虺、恶虫、犬兽、百药之毒以及挑生毒、中诸蛊等项。卷三"摄生"，实际是"救急"，适用于解除卒魇、尸厥、客忤、五尸等原因引起的突然晕厥。卷四"救生"，属"伤损"急救，包括解救金疮、杖疮、烫火疮、折伤、签刺、梗（鲠）伤类的外

伤疾病简易治法。卷五“宝生”，提供了解除身体各部分（头面、眼目、咽喉、口齿、耳鼻、身体、四肢手足、下部疮）常出现的一些伤病。卷六“济生”，处理的是日常最容易发生的一些外科疮疖，包括风热疮、热毒疮、小疖疮、恶毒疮、奇名疮、足胫臁疮、疔疮、疖子。卷七“全生”，治疗“痈疽”类疾病，特别是多见的乳痈、瘰疬、痔漏，以及属于皮肤病的癣癞。卷八“悟生”，实际上无关医药，而涉及一些处世、道德等问题，共有修习、行善、权势、平粜、赈济、恤孤、救生、济宜、方便、诚言十方面的内容。书中一些救治痈疽、疮疡、伤损的方剂，多数是从《证类本草》《金匮要略》《肘后备急方》等医药书，乃至《道藏》等书中集取出来的简便单方，也有少数属于罕见之书，如《仙集方》《岭南蛊毒方》《辟恶方》《泉僧方》等。为便于穷乡僻壤所用，这些方剂中很多是单方、小方，药仅一二味，易取易购。总之，此书着眼于日常生活的自我保护，避免意外伤害；自我救治，用简捷有效的方法处理一些常见的疾病，这在医方书中别具一格。

0298

新刊京本活人心法二卷／（明）朱权（号臞仙、丹邱真人、丹丘先生、涵虚子、大明奇士、玄洲道人）撰：［1424］. ——明嘉靖二十年辛丑（1541）朝鲜罗州金益寿刻本. ——二册

北京大学图书馆

提要：此书又名《臞仙活人心方》，书中将“治未病”与“治已病”两者结合起来编为一书，因此上下卷的内容十分明确，上卷谈养生，下卷谈药饵。上卷之中，大致可分八个部分。第一部分为臞仙长篇论述，阐述疗心机理。第二、第三部分为“中和汤”“和气丸”两节。第四部分“养生之法”，内容零碎，杂引前人日常生活之养生方法。第五部分为“治心”，也是臞仙专论。反复讲究“心静可以通乎神明”，否则“百病相攻，皆因心而生”的道理。第六部分为“导引法”，先诀后图。第七部分为“去病延寿六字诀”。第八部分为“补养饮食”，汇集了柏汤、薯蓣酒等13种补养饮食。上卷的内容涉及养心、处世、导引、吐纳、饮食等多方面，叙说简单实用。下卷的内容比较单一，全为药方。其中“玉笈26方”既有成药方，也有汤、散等方。治疗范围涉及百病、安神、解毒、风气、补养、遗精、泻痢、疮毒、咽喉、牙疼、心疼、癫痫、肿胀、产妇、眼疾等。另外，下卷收录“加减灵秘18方”。著者慕道，故其书道教色彩较浓。

0299

新编山居简要医方便宜十六卷／（明）熊均（字宗立、道宗，号道轩、勿听子）撰：1441.——日本江户写本. ——四册

日本国立公文书馆内阁文库

提要：此书又名《山居便宜方》，顾名思义，一为山居，二为便宜，囊括内外妇儿科常见病症方药。每一病症前简短论述该病的病因病机、诊辨要点、治疗原则。方药次序于后，单方验方为多，其特点有二。首先因地制宜，方药为山居而设。此书反复强调山居寻医不便，故收录方药考虑就

地取材，贵重稀少药物基本不予录用，功效峻猛而攻逐泻下、易伤元气之品也慎而少之。其次重辨证，治法活。此书方药颇为简单，但同样以辨证施治原则为依据。内、妇、儿科方药以内服汤剂、丸散为多，皮肤、外科折伤等病症局部外治占主导，急症针刺灸法与方药并用。

0300

救急易方一卷附录一卷 /（明）赵季敷（字叔文）:［1449］. ——明成化十四年戊戌（1478）刻本. ——96叶 / 二册

上海图书馆

提要：此书成书于明正统间，其特点是以介绍各科急症施治方剂为主，不附带病症论述的验方合集，这在古代方书中是较少见的。全书共收载230种急症，前半部未注明临床科别，收载了内科杂病急症、各类伤毒病证以及人体各部位的疮痈、肿毒、破伤风等外科病症，及耳、眼、口、鼻、咽喉、口腔等多种病症共148种；第二部分为妇科门，第三部分为儿科门，共收录妇儿急症84种；最后是附录，收载“锁喉风”“缠喉风”等8种病症。每种病症收方不等，大多出自明以前方书著作，也有一部分多属于当时世传经验方。

0301

校增救急易方二卷 /（明）赵季敷（字叔文）原撰　张约斋（字一之）增辑:［1474］. ——明万历二十四年丙申（1596）沅陵张氏广西府江兵巡道刻本. ——147叶 / 二册. ——半叶九行，行二十字，白口，四周双边

中国国家图书馆

提要：此书分上、下二卷。首有“校增救急易方引”，文末缺残，故撰者不详。后又有“重刊校增救急易方序”。首卷卷端题“校增救急易方卷上，广西府江兵巡道重刊”。全书按急症症状列252条，皆为各种救治急症方法及药方。其后为新增察脉神诀、新增四脉总歌、新增三部浮脉歌、新增三部沉脉歌、新增三部迟脉歌、新增三部数脉歌、诊难病生死候歌、诊暴病歌等。

0302

延寿神方四卷 /（明）朱权（号臞仙、丹丘真人、丹丘先生、涵虚子、大明奇士、玄洲道人）撰:［1500］. ——明崇祯元年戊辰（1628）青阳阁重刻本. ——248叶 / 二册. ——半叶十行，行二十字，白口，上黑鱼尾，四周双边，框高24.4厘米，宽16.1厘米

日本国立公文书馆内阁文库

提要：此书以收录各种病症的治疗方法为主，分为112部，1667条治疗方法。与一般医方书有较大不同的是，此书从诊断到治疗均有着浓厚的道教乃至巫医的色彩。卷一前半部为“首章”，后半部为诸风部、中风部、破伤风部等24部。首章中次第为：论寿夭大略、论谴疾、观人心善恶、论神不足、论病相、观色大略、察于未病、察于已病、察色验病人死生法、辨五中、辨五晕、辨伤风伤寒、医避传染法、审脉大略、女脉大略、小儿脉形、天医神位、神光验证法。以上各节主要是诊察疾病，而以望诊为主。卷二至卷四，主要是各种病症的治疗方法，以药物为主，多为单方验方。有时也记载灸法和手法治疗（如手法治疗难产、骨折或脱臼的复位等）。这些

内容比较实用，是为全书的主体。但除此以外，书中也有不少用符箓禁咒术治疗的方法。总之，此书其中虽也有许多经验有效的方药，但更多地反映了明初社会上一批更贴近巫医的行医者所用的方法。

0303
不自秘方一卷/原题梅山逸叟传：1503. --明弘治十六年癸亥（1503）赵论刻本. --20叶/一册. --黑口，双黑鱼尾，四周双边

中国国家图书馆

提要：此书收录方剂包含内、外、妇、五官科以及外伤蛇咬类等，以成药制剂为主，共收13首方剂，为著者治道之余，所搜集之奇方。书中还收录有“圣散子方”。有徐乃昌跋。

0304
因应便方二卷/（明）潘之泮辑：［1522］. --明刻本. --111叶/二册

中国中医科学院图书馆

提要：此书不分门类，广收内、外、妇、儿诸科验方。首述用药应顺时宜、采菊花法、看人气象歌诀、卫生却病、灵剑子坐功等，以下录老君长命丹、不老丹、延命固本丹、天工生小丸等500余方。方多不见于诸方书，而为此书独见者。又所录“神授叙诀歌”，用歌诀体介绍治疗伏暑等证验方60余首。

0305
保生余录二卷/（明）张介庵辑：1524. --明嘉靖十五年丙申（1536）跋刻本. --171叶/四册

日本国立公文书馆内阁文库

提要：此书著者将辑得之药方刊为是书，其方录自《太平惠民和剂局方》《御药院方》《医方集成》《医方大成》等宋、元、明初39家医方。全书两卷。上卷为“大人科”病，列18症179方。下卷眼科、啮咽喉、外科、妇人科、小方脉科，共16症243方。各症并无论说，仅列其方。

0306
良方类编一卷/（明）杨瑞编：1531. --明嘉靖十年辛卯（1531）古燕平政堂刻本. --53叶/一册. --半叶十行，行二十二字，黑口，黑鱼尾，四周单边

中国中医科学院图书馆

提要：此书包括四种方书：《新刊经验秘方》《方外奇方》《经验药方》《极效数方》。四部方书所载方剂均为刊者精心收集汇编而成，方剂一方面来源于民间验方，一方面来自古代方书，且有部分方剂为多部方书所援引者。方名下列方剂功效主治、药物组成、修合之法。

0307
万氏积善堂集验方三卷/（明）万表辑：1536. --明嘉靖十五年丙申（1536）书林余氏正慎堂刻本. --85叶/二册

中国中医科学院图书馆

提要：此书三卷，分别为卷上“广嗣要语”，收男女服药论、调元、调经、安胎等医论，并附全锁思仙丹、五子衍宗丸等嗣育方近50首；卷中录滋补方50首，附录元代王珪《泰定养生主论》中“论童壮”“论衰老”两篇医论；卷下杂录各科经验方60余首。原书略有残阙，无扉页、牌记、序

文，卷首亦有缺叶，经与《万氏家抄方》核查，内容并无雷同之处。

0308

千金简易方十卷／（明）程軏辑刻：1559. ——明嘉靖三十八年己未（1559）刻本. ——194叶／四册

日本国立公文书馆内阁文库

提要：此书为程氏从唐代孙思邈《千金方》（《道藏》本）中摘取简易药方，厘为十卷，分作妇人、小儿、虚劳、金疮、消渴、霍乱、伤损、疮、口舌唇、齿喉耳、风、中毒、伤寒、疟、目鼻、蛇虫等毒、呕吐噎嗝、杂治、备急、养性等19门，末附华佗十件危病方、神仙太乙紫金丹、洛阴返魂丹等少量验方。

0309

简易普济良方六卷／（明）彭用光编：1561.——明嘉靖四十年辛酉（1561）胡𣓉刻本. ——286叶／十册

中国中医科学院图书馆

提要：此书分中风、诸风、伤寒、辟瘟疫、风湿、痰等门，分门汇辑历代医籍及民间单验方。卷五录"痈疽神妙灸经"，附图16幅，各具痈疽之状、灸治穴位。

0310

传信尤易方八卷／（明）曹金撰：1570. ——明隆庆四年庚午（1570）序刻本. ——八册. ——半叶十行，行二十字，白口，无鱼尾，四周双边，框高21.4厘米，宽14.5厘米

日本宫内厅书陵部图书馆

提要：此书是明代一部中型的医方书，在中国失传已久。全书八卷，共录医方4000余首，按疾病、病位或医学分科等分成74门。其中卷一主要是外感六淫引起的疾病，如风、暑、湿、伤寒等；卷二、三主要是杂症，如眩晕、消渴、积聚、虚损等；卷四按身体部位分门，列头面、眼目、耳、须鬓等门；卷五主要是身体下部的疾患，如诸淋、疝气、阴痿、秘结等；卷六属于外科、皮科、骨伤科的疾病；卷七为妇科；卷八主要为小儿科的疾病（末附"救诸危绝症"门）。从所注出处来看，唐、宋大型医方书、本草书中的医方，是此书的重要来源，主要有《千金要方》《千金翼方》《外台秘要》《证类本草》等。其次是元明时期的众多医方和少量的本草著作，如《奇效良方》《卫生易简方》《医林集要》《医方选要》《丹溪心法》《救急易方》《本草集要》《万氏家抄》《医经大指》《安老怀幼方》等。其中有一些医书很少见诸引用，如《惠庵集》《古愚自效方》《松篁冈方》《济生便宜方》等，在现存医书的书志中均未能找到，属于今散佚的医书。这些散佚医方书的资料是此书很有价值的一部分内容。此书所收药方的特点为简便易得，食治方众多。总之，此书精选的实用（"传信"）、简便（"尤易"）方，对中医临床有所裨益。

0311

惠民正方二卷／（明）杨四知撰：[1584]. ——明万历二十六年戊戌（1584）福建官刻本. ——75叶／二册. ——半叶十行，行二十字，白口，上黑鱼尾，四周双边，框高22.2厘米，宽14.7厘米

日本国立公文书馆内阁文库

提要：此书虽主要为防治蛊毒而撰，但其内容也涉及救治各种原因引起的中毒。全书两卷，由明代杨四知编辑。杨氏为福建巡按时，见当地蛊毒盛行，民多恐怖，乃集此书，刊发属县。此书专为防蛊治蛊而作，有文八篇，首为“蛊毒邪术考”，以明蛊毒历史；继列“治蛊正方”“治诸毒正方”等，从多种医书中集取解毒药、毒菌、金石、动物（蛇虫犬兽伤及虫积）毒之方剂。全书内容丰富，简单易行。今有明刊本和日本写本存世。

0312

武林陈氏家传仙方佛法灵寿丹一卷／（明）陈楚良（号益元道人）编：1588．——明万历十六年戊子（1588）刻本．——一册

北京大学图书馆

提要：此书主要由一个故事、一个药方、注释36种药物组成。此方全名“群仙灵寿丹”。著者根据本草著作所载，以及他的祖父、父亲平日所谈的有关该方药物的知识，为灵寿丹36种药分别加注。其中对药物来源的考证、制药方法等，都有新颖的见解，值得进一步研究其方药组成与临证应用。

0313

商便奇方三卷／（明）程守信（字星谭）撰：1590．——明魏岐凤仁实堂刻本．——二册．——白口，上黑鱼尾，四周单边，框高18.8厘米，宽12厘米

日本国立公文书馆内阁文库

提要：此书卷一按病类方，包括治风症方、治伤寒方、治暑症方、治湿症方、治阴症方、治水泻方、治痢疾方、治疟疾方、治霍乱方、治呕吐方、治痰火方、治咳嗽方、治伤酒方、治梦遗方、治遗精白浊方、治淋症方、治痔漏方、治大小便不通方、治肚痛方、治食积方、治腰痛方、治牙痛方、治心痛方、治疥疮方、治杨梅疮方、治疝气偏坠方、治猪牛发瘟方等。卷二、三收载用药活套，计有伤寒、伤暑、治疟、治痢、治湿活套，以及内、妇、儿科疾病之方。卷二中的四季用药活套、治痰活套、治风活套，有目无文，内容残缺。此两卷内容主要摘取前人医著，系常见病证的方药。其用药活套尚收入许多方药的随证加减法，于今之临床也具有实用性。综观全书，无论版式、内容，抑或撰写风格，差异颇大，故疑其非一人一时之作。

0314

济世碎金方四卷／（明）王文谟（字继周）撰：1593．——明万历二十二年甲午（1594）积善堂刻本．——237叶／四册．——半叶十二行，行二十五字，黑口，四周单边，框高19.1厘米，宽12.1厘米

日本国立公文书馆内阁文库

提要：此书记录了较多的家传经验方，同时它还保留了相当多走方医的经验医方。其发表时间比赵学敏《串雅》还要早166年。因此，此书不仅为中医临床治疗提供了过去所未能见到的许多经验医方，也为考察历史上的走方医发展史提供了重要的史料。此书正文分为四卷，每卷前各列目录。据其目录所载方剂名，可以计得方剂千余首。其中卷一362首，卷二393首，卷三173首，卷四244首，但这些不同卷次的方剂也有重复。

0315

吴氏家抄济世良方七卷/（明）吴惟贞（号棘隐居士）撰：1597.--明万历二十五年丁酉（1597）序刻本.--220叶/四册.--半叶九行，行十八字，白口，上黑鱼尾，四周单边，框高20.3厘米，宽13.2厘米

日本国立公文书馆内阁文库

提要：此书所收内容无一定的排列规律，正是著者自序中所说“随效随录”，漫无分类。总体说来，全书以收集、罗列方剂为主，尤其是许多实用有效的成药，记载详备。

0316

师古斋汇聚简便单方七卷/（明）吴勉学（字肖愚）编：1601.--明刻本.--531叶/六册.--半叶九行，行二十字，白口，上单黑鱼尾，四周单边，框高26.2厘米，宽17.2厘米

日本国立公文书馆内阁文库

提要：此书以汇聚大量的民间单方验方为特色。无序跋。此书大致以外感病、内伤病、外科、妇科、儿科为序，按病症为门，共有111门，录1460余方。各病症门前多有短论，述其病因、病机及主症。论后附方，多为诸病简便单方，故一般不出方名，亦不注诸方出处。卷一分13门，其中外感病为主，有风、寒、暑、湿、燥热、瘟疫等，但同时又将有某种联系的癫痫、痛风、痰火等内科病也收入本卷。卷二分15门，主要以身形为单元类列相关疾病，如头痛、头风、腹痛、心痛及眼、耳、鼻、口舌、齿等方面的疾病。同时又把“误吞物”列在本卷。卷三分23门，有内科病中的虚损病（诸虚、健忘、劳瘵、盗汗等）、二阴相关的病（脱肛、痔漏、诸淋、赤白浊、疝气等），但又把乌须发、点瘢痣等也放入本卷之末。卷四分17门，主要以脾胃病为主，如呕吐、反胃噎嗝、饮食积、霍乱、痢疾等。但卷后又有虫兽伤、中蛊毒、中诸毒等内容。卷五分21门，基本上都是大外科的疾病，既有痈疡疮毒，也包括皮肤病、骨伤、外伤之类的疾病。卷六为妇科，分10门，大致按调经、胎前、临产、产后为顺序，列举相关疾病。卷七为小儿科，分11门，除“初生”门外，其余都是儿科常见的疾病。该卷之末，附有“六畜诸症并中毒”，实际上是以兽病为主。总之，此书收集了大量的民间单验方，这些药方有益于治疗广大农村及偏远地区的常见病多发病。国内仅有天津医学高等专科学校图书馆藏清顺治十七年（1660）残本。

0317

救急疗贫易简奇方一卷/（明）欧阳植（字叔坚）撰：1603.--明万历三十一年癸卯（1603）序刻本书林京兆堂刘禧叔梓行.--一册

日本国立公文书馆内阁文库

提要：此书无目录，前有序文二则。全书分三部分。第一部分著者十分注重养生，也精通此道，故以此为首，介绍“平居摄养要法”“四时调理并所宜忌诸法”“取易简可知可行者先之”。第二部分是此书主体，收录常见急病证治。主要包括诸痛、瘟疫、中风、伤寒、大小便闭、痢疾、疟、咳血、淋、赤白浊、梦遗、翻胃、痰饮、

痞、癫痫、咳嗽、喘急、水肿、痛风、痹、脚气、腹痛、腰痛、胁痛疝气、头痛、牙痛、喉、口舌、耳鼻、目、妇人、未嗣、积块、瘰疬、肿腮、癜风、疮疥、发背、痔漏、折伤、蛊毒、骨鲠、食毒、虫兽伤等。第三部分是“摘要通用施济妙方”，系治疗诸多病症的通用方药，其中以治痰证为多，如四制陈皮丸、滚痰丸、法制竹沥等。书以救急与疗贫为名，这是著者编集此书之大要宗旨。

0318

新刻经验积玉奇方二卷/（明）艾应期撰：1603. --明万历三十一年癸卯（1603）大业堂周文炜刻本. --103叶/二册. --半叶九行，行二十字，白口，上黑鱼尾，四周单边

天津中医药大学图书馆

提要：此书又名《积玉单方》，分上下二卷。上卷分列149个子目，包括临床常见病或疑难病症，其中又以内科杂病占较大比重，上卷除各病症选列方治外，著者并介绍“春方”（指增强性功能或治疗阳痿的方药）、染须方、擦牙乌须方等，以及儿茶、血竭、牛黄等药的制造法。下卷选方，其依次排列为女科、小儿科、痰火门、各奇方（包括疫病、劳疾、肚腹饮胀方等）、疟疾门、气痛门、咳嗽门、咽喉门（附口、鼻、面）、齿门、下部各方（指小肠气、二便不通、痔漏、杨梅疮等病证方）、肿毒门、膏药门、各疮门、诸风门、眼科门、肿胀门及痞积泄泻门（附：痢），还有外科、各杂方（列述费力吐血、腰闪岔气、膈气、体气、男科方等）。

0319

墨宝斋集验方不分卷/（明）郑泽（字于荣，号梦圃居士）集：［1609］. --明刻本. --168叶/四册. --半叶十行，行二十二字，白口，上白鱼尾，四周单边，框高22.9厘米，宽15.4厘米

中国科学院上海生命科学信息中心
生命科学图书馆

提要：此书集方近千条，按固精、种子、妇人、小儿及内外科常见疾病，分为30门。每门之下，直接罗列诸方。此书所收诸方，多数方前缺少主治的记载，即使有该方主治，也极为简略。但在方剂的组成药物、各药炮制法、剂量、全方剂型、制法等方面却不厌其详。总之，此书收罗秘验方数量众多，其中对方剂组成及炮制、剂型制作法等记载尤详，具有一定的研究价值。

0320

鼎雕陈氏家传如宜妙济回生捷录二卷/（元）艾元英撰 （明）陈嘉猷增补：1610. --明万历三十八年庚戌（1610）黄廉斋刻本. --二册. --半叶十行，行十九字，白口，上黑鱼尾，四周单边，框高18.8厘米，宽12厘米

日本国立公文书馆内阁文库

提要：此书主体内容是元代艾元英所撰《如宜方》，后经明代陈嘉猷增补，改名《回生捷录》。艾氏的《如宜方》今国内仅存明代孤本，经陈嘉猷增补的此明刊本则从未见于国内书志著录。全书两卷，上卷述证30类，下卷载方，均与《如宜方》大体相同。上卷所述诸证为：

中风（附历节）、伤寒、中寒、中暑、中湿、疟、痢、呕吐、泄泻、霍乱、痰饮、积聚、咳嗽、头痛、咽喉、诸气、腰痛、心恙（附胃脘痛）、补益、三消、肿病、脚气、失血、大便、小便、疮疥、妇人、小儿、诸毒、杂附。下卷附方299首，其下均编有序号。

0321

玉笥龙瑞方不分卷/（明）黄建中（字斧玉，号维玄道人）编：1619. --明稿本. --二册. --半叶十五行，行二十四字，无界栏，框高27.4厘米，宽18.3厘米

日本国立公文书馆内阁文库

提要：此书是明代黄建中汇录的药方稿本。该稿本首为黄氏两个序言，卷首为“用药法则”，包括药性赋、用药捷径赋、用药须知赋、引经药报使、用药凡例5部分内容。此书的正文约汇集了450余方，不分门类，统而录之。

0322

新锲家传诸症虚实辩疑示儿仙方总论十卷/著者佚名：1620. --明万历乔山书舍刻本. --106叶/一册. --半叶十行，行二十三字，白口，四周单边

中国国家图书馆

提要：此书十卷，针对各种病症，如伤寒、风湿、齿痛、疝气、痨症、心痛、腹痛、中风、足膝痛、腰痛、呕吐、便血、急喉风、消渴症、霍乱、喘急、痢疾、四肢不仁、项强、气短等，共列出116条，逐一辨证论述，解析病理病因，辨疑虚实，其中多引仲景等名家言，并参之病例，列有药方。版本据卷末刻书牌记“万历仲春吉月乔山书舍梓行”题。

0323

秘传立效神方一卷/（明）吴正懋书　（清）吴熙重录：1620. --清乾隆三十八年癸巳（1773）云间芳圃吴熙抄本. --109叶/一册

中国国家图书馆

提要：此书抄录古代秘传药方约500种，每方首列药名，后述其药主治、药物成分、配制方法及服用注意事项，间有例举医案。药方涉及内科、外科、妇产科、儿科、五官科及各类杂症。此书卷端下题“云间芳圃吴熙抄”，书末题“万历四十八年岁次庚申仲春日新安吴正懋书，乾隆三十八年岁次癸巳如月既望云间吴熙重录”。由此可知，此书于明代万历四十八年即已成书，清乾隆三十八年吴熙重抄。而原明万历本今未见，此本值得珍视。

0324

全补医方便懦二卷/（明）吴望皋校正：[1620]. --明万历间福建书林乔山堂刻本. --138叶/三册. --半叶十行，行二十五字，白口，上单黑鱼尾，四周单边，框高18.9厘米，宽12.1厘米

上海中医药大学图书馆

提要：此书扉页题“乔山书舍，精镌全补医方便懦，太医院校刊”，无序跋目录。原题“东垣李杲撰辑”，但实为明代吴望皋校正，万历间福建书林乔山堂刊行。书名为“医方”，但实为医学入门书。卷一为脉法常识、伤寒证治及用方，常见外感及内伤、

妇、儿疾病症治用方。卷二首为药性歌赋、日常用药法、古方诗括，然后次第为十二经脉歌，每歌后列举该经脉对应脏腑的补泻温凉药及报使引经药等。

0325

仁文书院集验七卷／（明）邹元标（号南皋先生）编　冯嘉会校正：1622. ——明天启二年壬戌（1622）序刻本. ——七册. ——半叶十行，行二十四字，白口，上黑鱼尾，四周单边，框高21.5厘米，宽13厘米

日本国立公文书馆内阁文库

提要：此书又名《经验集方》或《经验良方》，其内容与刻工均属于上乘。此书以病症为纲，归类诸方。卷一为中风、伤寒、感冒、诸寒、瘟疫等外感病为主，共13类；卷二为咳嗽、失音、脾胃、疟疾、痢疾、泄泻、霍乱、呕吐等杂病15类；卷三为身形诸疾，如头痛、眼疾、耳疾、鼻疾等18类；卷四的内容最为复杂，既有补益、安神、诸气、诸血、虚劳、汗症、骨蒸等，关乎全身的方剂，又有身体下部疾患（如诸淋、遗精、遗尿失禁、小便闭、大便闭等），还有饮食忌、衣服、杂事、六畜类。卷五为妇人疾病12类，卷六为小儿疾病31类，卷七为外科、皮科、骨伤科疾病21类。由于此书是将5家医方汇集而成，又经过重新编定，因此，此书实际上反映了多种类型的方书特点。

0326

新刊明医秘传济世奇方万病必愈十一卷／（明）沈应旸编集　何炉仁源参订　周汝寿订正：1623. ——明詹氏文树堂（亦作唾玉山房）刻本. ——479叶／八册. ——半叶十行，行二十六字，白口，无鱼尾，四周单边，框高21厘米，宽12厘米

日本国立公文书馆内阁文库

提要：此书按十天干分成十集。卷一为病机、运气及若干外感病；卷二至卷六为内科各种病症；卷七按身体部位分门，大抵相当于今五官科的病症，另还有中毒及外科病症；卷八为妇人疾病：卷九为药学内容；卷十为脉学常识，后附修身养性之论；卷十一为小儿门。全书论病杂取诸家之长，比较实用。

0327

医说佛乘一卷／（明）卢万钟（号觉迟子）编：1626.——明天启本年丙寅（1626）刻本. ——26叶／一册

日本国立公文书馆内阁文库

提要：此书名“佛乘”，实与佛教无关。其书为外科痈疽、梅毒、咽喉、产难、小儿等急症治疗用方，附效验杂方。

0328

备急良方一卷／（明）钱国宾（字君颖）撰　王应乾（字励恒）订：1627.——明天启七年丁卯（1627）序刻本. ——33叶／一册. ——半叶九行，行二十字，白口，上白鱼尾，四周单边，框高24厘米，宽15厘米

日本国立公文书馆内阁文库

提要：此书以病为纲，每病仅介绍一二简要治方。所载诸病有疟、痢、禁口、霍乱吐泄、暑、水土不服、水泄、吐血、衄血、舌出血、便血、产后恶露、止经、崩漏、白带、催生、偏头风、头风十二种、肾虚

头痛、心胃痛、牙痛、腰痛、盗汗、阴症、痰厥、中风、脑漏鼻坠、疝气、脚气、小便闭、大小便闭、诸虫、杨梅疮（点方）、喉闭单蛾双蛾急喉风、煎药、乳痈乳岩乳癖、臁疮、金疮、跌打损伤、诸毒围药、棒疮、脓窠疥疮、小儿痄疮、急救、解毒及服药反忌等。

0329

行笈验方八卷／（明）王化贞（字肖乾）王梦吉（字龄长）授梓　吴嗣昌（字懋先）裁定：1628.－－清康熙八年己酉（1669）王梦吉生仪堂刻本.－－302叶／四册

日本国立公文书馆内阁文库

提要：此书又名《王肖乾先生行笈验方》，明代王肖乾（化贞）原辑，由其弟子王梦吉节选刊行。王肖乾曾刊行《医门普品》四十八卷，后从中节选其要而成此书，授之于王梦吉，王氏再予节选刊行。其资料来源大部分取自《本草纲目》，旁参诸名家之方。入选药方务求简便廉验。此治病症，只列证候，不载诊法及辨证。眉批“准治药品”，即该方加减用药。全书以病为纲，罗列诸方。虽方便使用，然新意不多。

0330

悬袖便方四卷／（明）张延登编：1629.－－明崇祯二年己巳（1629）刻本.－－387叶／四册.－－半叶七行，行十四字，白口，左右双边，框高19.7厘米，宽14厘米

中国医学科学院图书馆

提要：此书的方治分为风、寒、湿、诸气、诸血、诸虚、脾胃、疟、痢、滞下、痰饮、咳嗽、积热、眼目耳鼻、口齿、诸痛、五疸、疝气、颐养、妇人、小儿、外科、杂治等23门。此书从家藏单方的基础上博采众方，在友医的协同配合下，予以精选编辑成书。选方力求精要、切于诊疗实用，特别是选方限用六味药以下的方治，这也体现了方便于医生与患者的因病求方，方便实用的特色。

0331

经验良方寿世仙丹十卷／（明）龚居中（字应圆，号如虚子、寿世主人）纂辑　郑之侨（字惠雨）订：［1630］.－－明刻本.－－394叶／六册.－－半叶六行，行十六字，白口，四周单边，框高10.5厘米，宽6.4厘米

日本国立公文书馆内阁文库

提要：此书又名《寿世良方》《新刻经验良方寿世仙丹》。此书子目分别为《内科经验良方寿世仙丹》五卷、《外科经验良方寿世仙丹》二卷、《女科经验良方寿世仙丹》一卷、《幼科经验良方寿世仙丹》二卷。全书分内科、外科、女科、幼科，各科均按病分门，各门少有论说，罗列应用方剂。其中内科61门，女科8门，外科30门，幼科32门。所收医方多为常用方或单验方，亦有少数灸方、房中采战之术及“春方”。书中序言与《女科良方》为补写本。

0332

续刻简易验方十卷／（明）樊如柏（字贞卿）辑：1634.－－明刻本.－－426叶／四册

日本国立公文书馆内阁文库

提要：此书含子目6种。其中《续刻删补简便验方》二卷，按病分29门，类集验

方。《续刻简易验方保产要诀》一卷，内容为产前保产催生、产后保生诸论方。《续刻简易验方痘疹要诀》一卷，内容为痘疹证治及新用方、药论。《续刻简易验方保婴要诀》一卷，述小儿保护及诊断法、常见疾病诊治41论。《删订痘疹神应书全集》一卷，为痘疹诊治。《新刻简易验方》四卷，即明代王象晋《增补简便验方》，乃验方分门别类汇辑。今有明刊清印本存世。

0333

新刊三丰张真人神速万应方四卷／（明）孙天仁编：1644. --抄本. --219叶／四册

日本东京国立博物馆

提要：此书是不同时代、著者与内容的多种医书集合，但各卷或卷内的子书又各有名称，类似一部小丛书。此书卷一为《张三丰真人秘传仙方》。卷二收录了《医科世系节要》《伤寒十劝》《伤寒冰鉴杀车槌法》。卷三、四系《孙氏集效方》，按不同的分科或类别来归纳方剂，计分内科、外科、中风门、大麻风、妇人科、小儿科、证科、祝由科、收禁科。这二卷除祝由科全为符咒外，其他门类都列有药方，共计320余首。此书道教色彩非常浓厚，所载医药内容也很实用。

0334

杂病经验方一卷／著者佚名：［1644］. --明抄本. --58叶／一册. --白口，四周单边，朱丝栏，框高18.5厘米，宽11.2厘米

中国中医科学院图书馆

提要：此书由验方杂抄而成，似为抄录者学习笔记，平时积累而成。书中仅载方剂主治、功能、组成与方义，内容涉及内、外、妇、儿、五官各科，亦有方剂下记载传方之人名或经验之人名，可见确为经验之方，但内容较为杂乱。

0335

论方合璧不分卷／（明）闾丘煜（字芝林，号参微子）辑：［1644］. --清闾丘氏树德堂抄本. --196叶／二册

中国国家图书馆

提要：辑者闾丘煜，字芝林，明万历前后时江苏南汇县（今上海）人。自幼受举子业，不售，遂读父书，功习医业。辑有《汤散征奇》《脉法的要》《论方合璧》等，今皆传世；据《南汇县志》等载，还著有《脉法合璧》《诊方合璧》《方记俚言》等书，今未见。此书首有明万历四十七年计文治序，称闾丘煜“理明于儒，而业世于父”，时为儒医。全书针对各种病症有论有方，设病症如中风、暴死、中诸毒、中寒、中气、中恶、痢症、痉症、暑症、湿症、燥症、火症、伤风、瘟疫、斑疹、疟疾、痢疾、泄泻、霍乱、口病、面病、鼻病、舌病、齿牙病、咽喉病、诸虫、痔漏、脱肛、疮疡、痈疽、疔疮、脚气、痛风、破伤风、饮食伤、格食格气、头痛头风、痰疾、哮喘、耳病及妇产科诸症等，参引《黄帝内经》及朱震亨、薛己等名家论述，对每一病症先论病原、病理、病因，再述治例、治验及类方。据卷端所题，参与此书编纂工作的还有闾丘煜之“弟瑶林闾丘炳、友津梁计文澜、海阳门人长庚汪永龄”。书中间有朱笔圈点。

0336

小说经验方一卷 /（明）来斯行（字道之，号马湖、槎庵）撰：［1644］. -- 明崇祯十七年甲申（1644）抄本. -- 一册

上海中医药大学图书馆

提要：此书载录验方验案85则，均出自明初以前笔记小说，多以叙事方式载录，验方以单方、简方为主，病症多为内、外、妇、儿、五官、皮肤等科的危急险症或疑难杂症，内容丰富，但未作详细分类。如引录宋代《东坡志林》"癣疥方"一则：惠州指挥史姚欢六十岁时患癣疥，遍布全身，后服黄连而愈，并言"久服须发不白"，并录其制法。又北宋王辟之《渑水燕谈录》"风疾方"：齐州人晋明得麻风病，眉发俱堕，百骸腐溃，后服食长松，发复生，颜色如故。此则轶事最早见于唐代释惠祥《古清凉传》。此外，亦记录《癸辛杂志》"帐带散"治疗喉闭之验案，《避暑录》载杜任用独活治疗产妇痉风之医案，《青箱杂记枢密》载艾炷灸脐下治疗初生小儿脐风之案，《宦游纪闻录》用叶珠（即薏苡仁）及壁土制膏治疗辛弃疾疝疾之案等。书后载有巢念修跋，记述此书之来历："先君藏旧抄本《檗井园札记》全帙，萧山来斯行撰。辛亥家难后，痛遗散佚，仅存第十一册一本、卷二十至二十三共四卷……卷二十二为验方类。"又说："因另装成册，置我耘杏轩中。"来斯行之作世所罕见，此书为其丛书《檗井园札记》中的一册，虽经历兵燹战火，但有幸保存下来，具有较高的医学价值和文献价值。

0337

医方闻见录不分卷 / 著者佚名：［1644］. -- 明稿本. -- 六册

上海中医药大学图书馆

提要：此书体例分礼、乐、射、御、书、数六部分。其中礼部包括养老分、六淫分，乐部包括七情分，射部包括皮肤分、肺分、脾胃分，御部包括肝胆、头面、五官、齿舌、咽喉、音声及身体各部位，书部包括妇人分、幼分，数部包括不内外因、杂方。从此书内容上看类似道医方书，方名尤具道教特色，如"葛仙翁九子益寿丸方""青精先生檞米饭方""金凤衔珠""太和丸方"等，又"青精先生檞米饭方"下载"若人服之后，使六丁天兵侍卫"。"六丁天兵"为道教传说中的护法神将。诸如此类之处甚多。

0338

脉证方要十卷 / 著者佚名：1644. -- 明抄本. --379叶 / 六册. -- 半叶九行，行十六字，框高28.6厘米，宽16.2厘米，绵纸

上海图书馆

提要：此书原十卷，现残存四至九卷。卷四至卷七列述内科杂症证治方药476方；卷八至卷九载外伤、妇、儿、五官诸科疾病论治方药，284方。各科之下先列总论，论述其病因、病机、脉诊、辨证论治，次评治病法则及方药，阐述药物主治、组成服法及宜忌事项。

0339

万氏积善堂秘验滋补诸方二卷 / 著者佚名：［1644］. -- 日本江户抄本. --34叶 / 一册

日本国立公文书馆内阁文库

提要：此书封面作"万氏积善堂秘验滋补

诸方”，但无论中国书志以及书籍，都不见载。而卷首又有“程锐校”，故有可能是程锐从《万氏积善堂经验方》中摘取滋补诸方，编成此书。此书为明代滋补类方剂专书，多数为成药。如其中记载有大造丸、延年益寿不老丹、二至丸、鹿角霜丸、何首乌丸、何首乌散、长春真人保命服食、松梅丸、延寿丹、坎离二八丸、坎离丸、斑龙二至丸、还元丹、四圣不老丹、乌须固本丸、青娥丸、丹溪加味虎潜丸、滋阴大补丸、神仙既济丹、枸杞子丸、六味地黄丸、人参固本丸、七珍至宝丹、柏子养心丸、天王补心丹、三味补阴丸、琼玉膏、水芝丸、少阳丹、金髓煎、龙液膏、女贞丹、胆槐丹、吴真君服椒方、菖蒲酒、养元散、固本酒、参归腰子、仙人饭、补脾助元散、参苓造化糕、八仙添寿丹、金樱煎、乌须固齿补肾丸、苍术丸、却老乌须健阳丹、夜光丸。以上诸方，绝大多数为滋补名方。各方下详细介绍制备方法。另此书有眉批，为日本医家校正此书的内容。

0340

李氏家藏奇验秘方四卷/（明）匏庵延道人撰：［1644］. —— 明刻本. —— 五册

日本国立公文书馆内阁文库

提要：此书分黑、白、青、赤、黄五册。方药分为内、外、妇、儿四科。内科门类有延年种子、脾胃、头面、鼻病、咽喉、口齿、须发、耳疾、目疾、风湿、中风、膈噎、积滞、虫胀、痰火、伤寒、痨瘵、霍乱、心痛、疟疾、泻痢、二便、淋浊等。外科门类有疮疡、广疮、疝气、痔疮、瘰疬、臁疮、乳岩、诸疮杂治、膏药、折伤等。妇人科门类有调经种子、血崩、带下、怀妊、难产、产后、乳病等。幼科门类仅列至宝丹、牛珀抱龙丸、三色丸、紫金锭数方。此书每一门类之下，直接列属方药。所设立的门类有的是病症名，有的则不是，而以脏腑器官名代之，所指病症范围更宽，如脾胃、头面、鼻、咽喉、口齿、须发、耳、目等，包括了该脏腑、器官的一系列病症。

0341

小青囊十卷/（明）王良璨（字玉卿，号求如）著：［1644］. —— 日本延宝三年乙卯（1675）刻本. —— 三册. —— 半叶十二行，行十二字，白口，无界栏，框高11厘米，宽17.5厘米

日本国立公文书馆内阁文库

提要：此书是一部在中国失传已久的、非常有特色的实用方剂书。全书十卷，各卷前有卷名。前八卷为“附方”，卷九为“用药”，卷十为“诸贤论”。卷一至八“附方”的特色在于：不是以病统方，而是以主方统其他化裁演变之方。前八卷共录主方39首，分别是：四君子汤、四物汤、二陈汤、越鞠丸、小续命汤、愈风汤、九味羌活汤、参苏饮、香苏散、十神汤，五积散、桂枝汤、麻黄汤、藿香正气汤、升麻葛根汤、补中益气汤、小柴胡汤、凉膈散、五苓散、理中汤、防风通圣散、黄连解毒汤、大承气汤、平胃散、枳术丸、天王补心丹、六味地黄丸、固本丸、补阴丸、滋阴大补丸、虎潜丸、大造丸、打老儿丸、益

母丸、苏合香丸、牛黄清心丸、抱龙丸、活络丹、仙传史国公浸酒良方。从这39方，又演化出化裁方339方。其中四物汤化裁出来的方剂竟达53首。此书的可贵之处就是先分析主方，再旁及化裁方，以方统方，触类旁通，给临床医生以启迪。卷九“用药”，主要是依据临床用药需要，按临床常见病症，以及治气、治喘、治血、治诸积、治痰、治火、治郁，还有饮食伤、脏腑泻火、妊娠伤寒等方面，归纳最常用的药物。卷十是理论论说，其内容有的采自《黄帝内经》，有的汇集后世医家的论说，受当时医学风气的影响，该卷特别注重气、血、痰、火，以及脾胃的论说。在论说中，也经常顾及临床用药。总之，此书是一部切合临床实用的专门方剂书，它选取主方、扩展至衍生方的编排方式，别具一格，是研究明代后期方剂发展的重要参考著作之一。

0342

医方治验不分卷/著者佚名：［1644］. --日本江户抄本. --147叶/一册. --半叶十三行，行二十三字，有界栏，框高20.4厘米，宽15.6厘米

日本国立公文书馆内阁文库

提要：此书列有病案，可知著者为有行医经验的医者。书中引有“云林润身丸”，云林即指明医家龚廷贤，故其书不会早于明代末期。此书无序跋题识。首列目录，共有病症等54条。在中风、伤寒、中寒、瘟疫、中暑、中湿、火证之后，又列内伤、饮食、郁症、痰饮等病症名。另有补遗秘方一条。各病症先论症状，辨别病因，确立治法，罗列处方，偶或附以病案。议病处方，简明实用，非一般单验方书可比。其中儿科内容比较多，且附有小儿诊法的内容。然书中也有用符咒之例，如治疟疾用祝由科的方法，其法在清代走方医中仍在沿用。

0343

试效神圣保命方十卷/（明）董宿撰：［1644］. --清抄本. --304叶/十册. --半叶八行，行十五字，无界栏

日本国立公文书馆内阁文库

提要：此书前九卷为中风、伤寒、中寒等外感、内伤诸症，卷十为妇人、产前胎动、小儿、痘疹。在正文之前，有“试效神圣保命方杂录总要”。杂录的内容为：医家总诀、十二经本一经、五运主病、六气为病、药本五味、司天在泉运气图、运气治法、望闻审切例、论用煎药丸散制法（为药物炮制等内容）。其特点有三：理论源于金元医学流派；间以方论、医案阐述方药功用；不泥成方，重视随证加减用药。此书列举方药多冠以“试效方”“奇效神方”“附效方”“经验方”之名，以“试效方”为多，故以此为书名。其中很多方药都经著者使用，故有不少经验之谈，值得借鉴。

6.1.3 清代

0344

神方拾锦一卷/（清）白云山人撰：1657. --清稿本. --一册

上海中医药大学图书馆

提要：此书扉页有“白云山人偶辑”字样，生平不详。书首有目录，无序跋。一方一证，收录方剂310余首，涉及内、外、妇、儿、五官、四季伤寒、四时调理等内容，范围较广。每证由“或问”二字开头，叙述证候的临床表现，提出问题。次为“答曰”，回答所用方药及煎服法等。如：“或问：伤寒六七日，唇青，面黑，四肢厥冷，下利……各阴毒伤寒，何以治之？答曰：宜用附子理中汤。”后附药物组成、剂量和煎服方法。剂型有汤剂、丸剂、散剂、膏剂、丹剂等。汤剂如化痰汤、定喘汤、九味羌活汤、聪明汤等；丸剂如明目地黄丸、归脾丸、香连丸、厚朴丸等；散剂如柴胡散、参苓白术散、乌陈散、解毒散、祛风散等；膏剂如保命膏、贴脐膏等；丹剂如通经破血金丹、至宝丹、小儿痞积胜金丹等，大多为临床常用方。

0345

良方二五丛残二卷／（清）白云山人编：［1657］.——清抄本.——二册

上海中医药大学图书馆

提要：此书共收方200余首，以外科疾病方为主。如“肿毒一贴散”“疮疡方”“痔疮膏”“手足红丝疔方”“疥疮胡麻散”等。除外科方剂外，也涉及内科杂症。如“固精种子汤”“鼓胀仙方”“补宜丸”“中风不语方”等。此书以方列病。如全书的第一个方剂是“太乙紫金锭”，然后列出方剂：“毛茨菇（洗净去皮毛，净焙）二两，川文蛤（一名五棓子，搥皮净焙）二两，麝香（检净毛，干者，研净）三钱，千金子（一名续随子，仁白者，去油）一两，朱砂（有神气者研极细）三钱，雄黄（鲜红大块者，研极细）三钱”，并说明制作方法。

0346

汪氏秘传神效方二卷／著者佚名：1661.——清初抄本.——68叶／二册.——半叶十行，行二十八字，框高12.4厘米，宽22.8厘米

苏州图书馆

提要：此书分上、下二卷，不分门类，随手录方，方亦无奇，乃平常经见之名方验方，如四物汤、加味柴胡汤、黄芩芍药汤等，也有一些经验方，如治疗小儿脱肛之龙骨散等。

0347

客邸调养救急方一卷／（清）程济之编：1667.——清康熙六年丁未（1667）刻本.——54叶／一册.——半叶八行，行二十字，框高20.3厘米，宽12.5厘米

上海图书馆

提要：此书乃著者积行医四十余年之经验，汇集而成。全书共分4个部分：随便简易救急诸方，四时起居祛病良法，饮食禁忌解散诸毒，胎产孩幼疾病调养。惜其书已残缺不全。

0348

医方便查十卷续集一卷／（清）吴大珍编：1667.——清抄本.——305叶／四册.——半叶七行，行二十六字，框高26.2厘米，宽14.5厘米

上海图书馆

提要：此书以草木、天地、人物分类，将《东垣试效方》《普济本事方》《伤寒论》《三因方》《太平惠民和剂局方》等方书中的单方汇集成帧，分类有草部（根）、草部（茎叶花子）、木部、数目部、天地部（神仙附）、人部（品格肢体，脏腑阴阳）、人部（疾病、胎产）、飞走杀杨部、金石部、空名部。

0349

溥仁堂校正神验单方全集二卷/（清）陈谟（字兰硕）撰：1671.--日本文化十一年甲戌（1814）春木焕光抄本.--70叶/一册.--半叶十行，行二十字，四周双边，有界栏，框高23.3厘米，宽15.5厘米

日本国立公文书馆内阁文库

提要：此书序前书名为《单方》《订正神验单方》，卷首题书名为《溥仁堂校正神验单方全集》。此书中国不存，书目亦未见记载。卷首署为"苕上陈谟兰硕手辑"。又"例言"中署有"康熙辛亥清和月，溥仁堂主人肃白"。据此，陈谟，字兰硕，苕上（今浙江吴兴）人。此书所有序言，都未提及陈氏为医家，故可能是儒士，而平素有收集单方之癖好。此书为单验方集。正文或以病名为纲，或出方名，下录应用药物。其目有怯弱回生膏、虚痨活命饮、翻胃、绞肠痧、伤寒结胸停食、伤寒后盗汗如雨、气口噤、噤口痢、三日疟、痢疾、伤寒后痢疾、久疟似劳等数百种。

0350

方便书十卷附急救须知一卷/（清）朱仁（字若瑛、鸿雪）撰：1675.--清康熙十四年乙卯（1675）梅花书屋刻本.--102叶/一册

南京中医药大学图书馆

提要：此书著者汇集古籍中"极平常药料，极方便良方"编成此书，按药物部类分为蔬菜、谷、花草、果实、竹木、土石、水、服器、人等部。每卷按症列方，凡1000余首。收方皆为单方，"但能益人，不能损人"。每方均著出处，而以《肘后方》《千金方》《外台秘要》《食医心镜》《圣济总录》《普济方》及《本草纲目》方为多。后附"急救须知"，列述多种急救方法。

0351

大全方五十卷/（清）飞熊氏撰：[1677].--清康熙十六年丁巳（1677）刻本.--八册.--半叶八行，行十九字，框高28厘米，宽18厘米

中国中医科学院中国医史文献研究所

提要：此书内容分别为：卷一伤寒、传变、伤寒杂病、太阳病，卷二阳明病、少阳病，卷三诸伤门、太阴病、少阴病、厥阴病，卷四诸伤门、合并病，卷五霍乱，卷六、卷七诸血门，卷八至十诸痛门，卷十一、卷十二诸痹门，卷十三诸风门，卷十四、卷十五神志门，卷十六、卷十七杂门，卷十八大小府门，卷十九滞下，卷二十大小府门，卷二十一闭癃，无二十二卷，卷二十三阴纵，卷二十四交肠，卷二十五七窍门，卷二十六七窍门，卷二十七鼻塞，卷二十八齿病，卷二十九身体门，卷三十肝主筋，卷三十一诸毒门（邪祟怪病附），卷三十二

女科，卷三十三赤白带下，卷三十四胎前，卷三十五心腹胀满，卷三十六产后将调，卷三十七虚羸，卷三十八肝部，卷三十九脾部，卷四十肺部，卷四十一心部，卷四十二至四十七外科，卷四十八痈疮，卷四十九外伤，卷五十外伤。叙述体例以论、方、方解为序，但对各病症简繁有别。现仅存七卷。

0352

方以类聚五十卷／（清）张勇（字飞熊）撰：［1677］. --日本享和三年癸亥（1803）抄本. --3071叶／五十四册. --半叶八行，行二十一字

日本国立公文书馆内阁文库

提要：此书系在摘录《本草纲目》《证治准绳》所载医方的基础上，重加分类而成。其各卷次类别为：卷一诸中门，卷二至四诸中门，卷五、六寒热门，卷七至十诸气门，卷十一、十二诸呕逆门，卷十三、十四诸血门，诸十五至十七诸痛门，卷十八痿痹门，卷十九诸风门，卷二十、二十一神志门，卷二十二、二十三杂门，卷二十四至二十六大小府门，卷二十七、二十八七窍门，卷二十九身体门，卷三十诸毒门（邪祟怪病附），卷三十一女科，卷三十二胎前，卷三十三产后（闺阁事宜附），卷三十四初生，卷三十五肝部，卷三十六心部，卷三十七脾部，卷三十八肺部肾部，卷三十九属脾部，卷四十属心部，卷四十一至四十八外科，卷四十九、五十外伤。各门之下列诸多病症，各病症之下有论有方。总目录的病名之下，注有简单解说，便于临用检索。

0353

易简单方五卷／（清）梁宽辑：1682. --清康熙二十一年壬戌（1682）书林玉兰堂刻本. --158叶／一册. --半叶十行，行二十四字，白口，单鱼尾，四周单边，竹纸，框高19厘米，宽11.5厘米

上海中医药大学图书馆

提要：此书共载方980首，多为单方、验方，记载中风、伤寒、腰痛等病证44类。每类下先列病因、病机、治则、病名定义等内容，然后按证施治，下列若干首方，并附煎服、炮炙法。其中对痈疮肿毒、耳病的外用药记载较详。

0354

万全备急方一卷万全备急续方一卷／（清）王翊（字翰臣）撰：1682. --清康熙二十二年癸亥（1683）序刻本. --二册. --白口，上黑鱼尾，四周单边

日本国立公文书馆内阁文库

提要：此书分乾坤两册。此两书虽独立成书，但合刊一处。全书总括32部，其分类依照前人方书体例，以病证名统归方药居多。计伤寒部、诸中部、时行部、疟部、痢部、泄泻部、咳嗽部、霍乱部、诸痛部、消渴部、咽喉部、黄疸部、肿胀部、翻胃部、二便部、淋浊部、诸血部、诸窍部、男女阴部、饮食部、癥瘕部、妇人月经部、妇人临产部、妇人产后部、乳部、小儿部、疮疡部、诸药毒部、卒死部、金疮部、折伤部、人畜虫蛇伤部。《万全备急续方》在前书基础上增加方药，体例与分部照旧。此书叙述方药之际，添加双行小注，包括病因病机、诊法辨证、治则治法、方药加减、本草诠

释、病名考注、经治验案诸多方面。

0355

景冬阳杂方辑抄一卷／（清）景日昣（字冬阳）撰：1696.--抄本.--一册

成都中医药大学图书馆

提要：此书前部分抄录了补养之剂、攻里之剂、和解之剂、理气之剂、理血之剂、祛风之剂、祛寒之剂、清暑之剂、利湿之剂、润燥之剂、泻火之剂、消痰之剂、收涩之剂等方剂；中部分抄录了张子和先生汗吐下三法、脾胃、中风分类、伤寒伤风论、瘟疫病论等医论；后部分抄录了脏腑图说。此书抄录凌乱，在“伤寒伤风论”叶面右下方写有“宗山先生高景日昣”字样，书的外封面（后加）书名为“景冬阳杂方辑抄”，抄本书名为“东阳景日昣先生秘本”。

0356

本草补一卷／（清）石铎琭（字振铎）撰：1697.--清康熙三十六年丁丑（1697）刻本.--18叶／一册.--半叶十行，行二十四字，四周单边

法国国家图书馆

提要：此书是由一名外国传教士传述，但其书写的语言及述药形式又与中国本草很相似。全书共记载药物13种，书后附录3类疾病的单方。这13种药物的排列，是根据其出产来源归类的。原书目录首先介绍的是两种“非中邦所产，今携种来，可以遍植”的药物（香草、臭草），也就是非中国原产，但已在中国引种的药物。第二类是6种“非中邦所有”的药物（吕宋果、避惊风石、锻树皮、保心石、吸毒石、日精油）。其中“前三种生成者，保心石或生、或制，吸毒石与日精油，则皆制成者也”。说明这类药物中国不产。有3种是自然生成的，另外3种多为人工制造。最后一类5种药物（薄荷、蒌叶、芥蓝、马齿苋、金丝草）是“中邦所广有”，但认为这5种药是“大药”，故补充了功效。3类疾病单方则分别是漏痔、痘疹、生产单方。此书虽很快被转载于主流本草，但它的药物对中国此后的医药发展并没有产生更大影响。

0357

寿世良方八卷／（清）李士麟（字孝则，号静山）撰写：1703.--清康熙四十二年癸未（1703）敬恕堂刻本.--273叶／四册.--半叶九行，二十字，白口，上黑鱼尾，左右双边，框高22厘米，宽14.8厘米

上海图书馆

提要：此书著者“以自寿其身者寿天下，更推而寿百世”，即寿人可以寿世之宏愿，故命其书为《寿世良方》。此书积作者五十余年的所闻所验，精解本草262味，载方955首，主药175款。此书具有三个特点：一是系统而精备，以载方为主，兼及药和理法；二是实用而效验，所载之方，全系普、简、廉而易用者，一般方中七八味左右或一两味有奇效者；三是明达而晓畅，著者以其自明而明人，每门下用方之前，先简介该门病的概况，之后推名示。药投其对，还详述炮制及煎煮法。

0358

集验新方一卷／（清）孟斋居士撰：1715.--清乾隆四十三年戊戌（1778）凤头济美

堂陈元礼刻本. --92叶/二册. --半叶八行，行二十字，黑口，单鱼尾，四周双边，框高19厘米，宽12.3厘米，竹纸

苏州市中医医院图书馆

提要：此书卷首列小引，言"天下事可公而不可私者，非一端也，而方药济人尤亟亟焉"。第一册为达生编，论述原生、临产、宜忌、试痛、验案、保胎、饮食、小产、产后、胎死腹中、胞衣不下、乳少、格言、方药等；第二册载内、妇、儿科诸杂症，论述病因病机、用药法则等项。

0359

单方选要七卷/(清)赵凤翔(字羽伯，号丹崖子)撰：[1722]. --清初抄本. --185叶/五册. --半叶八行，行十八字，红格，四周单边

中国国家图书馆

提要：著者赵凤翔，字羽伯，别号丹崖子，河北雄县(今河北保定)人，邑名医赵律曾孙。凤翔通《易经》，善绘画，兼精医术。此本今存三卷(四、五、七)。卷端下题"古雄丹崖赵凤翔羽伯父辑"。其中卷四凡霍乱、心痛、腰痛、痫风、头痛头风、面、须发等7门；卷五凡妇人、怪异诡邪、杂治等3门；卷七凡妇人、小儿、疟疾、风痹、疮疡、折伤打扑金疮、蛊毒、补养、杂治、怪病等10门。书末有"单方备"，题"療畜门，附杀禽兽"。此书为残本，然著者史上有名，其书鲜见。

0360

思济堂方书五卷/(清)贾邦秀撰：1732. --清雍正文盛斋刻本珍泰斋藏板. --309叶/五册. --半叶九行，行二十字，白口，上黑鱼尾，四周双边

中国国家图书馆

提要：此书共载200余方，大多选自古今临床名著，选方体现精要、实效的原则。著者在一些病证前所写的"辨治方药大略"，能要言不繁地阐述所论病证的证治概貌，甚则抒发辨证要语，对于临证选方具有一定的指导意义。

0361

是乃仁术医方集不分卷/(清)縻世俊编：1733. --清雍正十一年癸丑(1733)稿本. --四册

山东省图书馆

提要：此书按病症、病位分85门。内科有五疸、痼冷、虚劳、吐血、自汗盗汗、眩晕、麻木、癫狂、痫症、健忘诸门，居全书大半。妇科有妊娠、难产、乳病、经闭、血崩、赤白带诸门。儿科有痘疹、咳嗽、伤食、诸热、疳疾、赤游丹毒诸门。外科、伤科、五官科亦分多门。著者重视养生，将其列为诸门之首。书中还收录了较多美容方，如乌须、生发、乌发方等。同时还介绍有服用黄精、蜂蜜、槐花茶、枸杞、白术等以保健强身的方法。

0362

济人立效不分卷/(清)徐栐辑：1735. --清雍正十三年乙卯(1735)木活字本. --300叶/三册

中国国家图书馆

提要：此书为著者历年经验及搜采之方汇集而成，以并症或科属为纲条陈方药，每

病之下，即列方药数首，辨证之法，令读者自加择选，方剂简单而易于备采，便于穷乡家居之用。

0363

应验秘方四卷/（清）李宏文撰　冯云瞻编：1748. -- 清抄本. -- 四册

上海中医药大学图书馆

提要：著者李宏文，浙江平湖（今浙江嘉兴）人，生活于清雍正、乾隆年间。此书首载凡例九条，为药物炮制注意事项。次分元、亨、利、贞四集。元集载外感内伤之疾，亨集载妇科、儿科之患，利集载外科、伤科之病，贞集载奇疾、杂症。四集之下又分出71门，如元集录诸疯、臌胀、翻胃隔食等12门，利集录癣症、杖疮症、汤火伤秘方、痔瘘症等18门。每门下载具体病证的病因病机、治则方药等。

0364

仁山秘传历验急救海上奇方三卷/（清）郭懋祚撰：1772. -- 清乾隆三十七年壬辰（1772）文华堂刻本. --77叶/二册

上海中医药大学图书馆

提要：此书卷一、卷二按"头面""心胸""出血""金疮""麻风"等分部，凡28部，内容涉及内、外、伤科病症；卷三专论妇、儿病证，记录较详细。此书于每一病症下设若干方，共载方460余首。

0365

急救方一卷/（清）陆耀（字良肤）编：1775. -- 清乾隆四十一年丙申（1776）重镌按察司署刘万传刻本. --26叶/一册. -- 半叶九行，行二十字，白口，单黑鱼尾，四周单边，无界栏，框高26.5厘米，宽19.3厘米

山东中医药大学图书馆

提要：此书为清代陆耀编著，刻工刘万传，成书于清乾隆乙未（1775），此为清乾隆四十一年（1776）重镌本，版藏按察司署。《中医人名辞典》载："陆耀，字良肤，清代江苏吴县人，乾隆壬申举人，著有《急救方》《洗冤录节要》等书，未见刊行。"书首为序，次为目录，次为正文。此书所选之方为洗冤录、急救诸方，采人所易犯者数十条，并采经验良方、集验良方汇为一帙，刊布民间乡人。正文载有目录所述28种病症的治法、方药。全书分救缢死、救溺死、治刃伤、救汤火伤等28类，载方多简便，如救溺死类下有"人背担走吐出水既活"等20余条。

0366

历验单方一卷/（清）余廷勋辑：1775.-- 清道光二十八年戊申（1848）海山仙馆重刻本. --46叶/一册. -- 半叶十行，行二十四字，白口，单黑鱼尾，左右双边，框高16.6厘米，宽10.4厘米

山东中医药大学图书馆

提要：此书著者采集历代简易可得而"皆属经验著有成效"之单方编辑成书。其中疗效虽佳，但重价难求之方则不在所选，目的是以备家居随手可得，病急仓促之用。全书共分五部分：一急救，二内科，三外科，四妇科，五幼科。所选之方简切有效，颇为实用，可供"肘后备急"之用。书前

存两序：原序（叙）末题“乾隆岁载乙未冬腊月望前三日四明余廷勋瓒黄氏书于最乐堂”；道光十八年序末题“道光十八年戊戌孟冬上浣之吉，铁巅淤秀实夫识于湖北宜昌新滩分署”。

0367

普济方七卷/（清）孙氏撰　题（清）叶桂（字天士，号香岩、上津老人、南阳先生）鉴定：1777.--清嘉庆十四年己巳（1809）刻本.--113叶

日本国立公文书馆内阁文库

提要：此书又名《普济良方》，为验方集录，分隶于4门。卷一胎产门，卷二危急门，卷三疮毒门，卷四至六拾遗门。卷七仅录治疟疾、痢疾之方，疑为附刻之卷。各门之下可按疾病类方，各方详细列出药物组成及加减，用法周备。

0368

医方简易四卷/（清）虞仲伦（字韶南）述　周启明订：1781.--清乾隆四十六年辛丑（1781）毓英书林刻本.--128叶/一册.--半叶九行，行二十二字，上单黑鱼尾，四周单边，框高19.5厘米，宽12厘米

中国中医科学院图书馆

提要：此书分为儿科、女科、内科、外科四卷，为著者博采群书，参以己见，撷览经验单方、效方、民间秘方，汇聚而成。大多为极为精简之方，每方一二味药，且试验生效者。每科皆附有论略，俾学者诊症用方，理法皆有向导。全书以病证为篇，下设验方，罗列于次，精专效宏。

0369

救急良方一卷/著者佚名：1788.--清乾隆五十三年戊申（1788）刻本.--15叶/一册.--半叶八行，行二十字，白口，单黑鱼尾，四周双边

中国国家图书馆

提要：此书针对生活中出现的各种突发急症给出应急救治方法，如暴死、霍乱绞肠痧、呕吐不止、缢死、溺死、惊吓死、中毒（砒霜、盐卤、铅粉、巴豆、煤气等）、蛇咬、疯狗咬、蝎蜇、破伤风等。此书四边缺损，书品略差。

0370

青囊方选二卷/（清）戴必诚　俞福勋撰：1792.--清乾隆五十七年壬子（1792）刻本.--121叶/二册

上海中医药大学图书馆

提要：此书按病症分为55门，内容涉及中风、伤寒、瘟疫、杂病，以及外科、妇科、儿科、五官科等，每门之下按症列方，以验方、单方为主，方后均注明出处，对某些证候摘引各家医论，治法附入。共载医方660余首，多为和平有效之剂。

0371

救急奇方一卷/著者佚名：1793.--清乾隆五十八年癸丑（1793）德春堂刻本.--28叶/一册.--半叶八行，行二十字，白口，单黑鱼尾，四周双边

中国国家图书馆

提要：此书首有“救急良方叙略”，称：“人之生死虽曰有命，然死于非命者亦复不少，如轻生暴厥、症犯危急等，往往束手

待毙。因拣选简便救急良方刊刻行世，供人便览。”同时强调：“人果能戒杀放生，自可却病延年，消灾益寿，较之烧香许愿，灵感更速，即较之救急良方亦愈速也。”后有目录，列各种急症名称或药方名61条，如产妇血晕、小儿急慢惊风、锁喉风、癫狗伤、缢死、溺死、万灵丹、紫金丹、梅花点舌丹等。正文内容则针对各种急症，阐述救治方法；针对各种药方，说明其配制、服用方法及功效。

0372

积善堂汇选良方一卷/著者佚名：[1795].--清积善堂刻本.--68叶/一册

中国中医科学院图书馆

提要：此书不分门类，汇集270余症，包括内、外、妇、儿、五官各科验方，多为单验方。一病录有多方。卷末附“华佗十件疮病经验方”及“神仙太乙紫金丹”。此书于紫金锭（玉枢丹）制法、主治及治验等所述甚详。书无序跋，亦不著刊刻年代撰人等项。

0373

急救方一卷附便用杂方一卷续增方一卷/（清）余成（字集斋）编：[1796].--清道光十八年戊戌（1838）刻本.--40叶/一册

中国中医科学院图书馆

提要：此书初编于清嘉庆元年（1796），续刻于嘉庆十年（1805），道光十八年（1838）又经托钵道人附益11方。全书包括《前刻急救方》《续刻急救方》，收录急救方，如自缢、溺水、金刃伤、打伤、破伤风、砒霜中毒等用方；后附《便用杂方》，收录治冻疮、唇燥裂、尘物入目、漆疮、水银入耳等用方。又附《续增方》，收录治抓破面皮、瘿袋等病症8方。

0374

济急便览一卷/著者佚名：1797.--清抄本.--一册

上海中医药大学图书馆

提要：此书是一部论述疾病方治的综合性著作，所论以内科病为主，如真中风、类中风、伤寒、中暑、咳嗽等，书后有妇人、外科等病，计收病症70种。论述疾病，多引用前贤的见解；所用之方，也多为常见方剂。如“五苓散”的病症“中暑烦热渴，大便泻泄溏，小便赤涩少，宜分利阴阳”，方药的歌诀“五苓散内用猪苓，白术茯苓泽泻停，肉桂用之多与少，白水煎来止渴行”。

0375

方便集一卷/著者佚名：1798.--清嘉庆二十年乙亥（1815）刻本.--85叶/一册

上海中医药大学图书馆

提要：此书分内、外、儿、妇等25门，共计300余方。后有杂记内外科、勿药元诠等内容。每门下病症详论病因、病机及辨证。

0376

龙宫遗秘不分卷/（清）王道亨撰：1802.--清嘉庆七年壬戌（1802）因本堂刻本.--151叶/一册.--半叶八行，行二十四字，白口，单黑鱼尾，四周双边，框高18.1厘米，宽10.4厘米

山东中医药大学图书馆

提要：此书首为“平江叟王道亨”序，次为凡例，次为目录，次为正文，次为补遗（回生丹），次为龙宫遗秘续编序，次为续编目录（9叶），次为续编正文。全书包括内科杂症、急救、外科诸疮、妇科、儿科内容，先述病名（或方名），后附方药及其用法、服法，包括内外治法，有的有服药禁忌。共记载头风、绞肠痧等约180种病症用方，多为单方验方。

0377

天德堂卫生方书不分卷／（清）石掌衡编：1802. --清嘉庆七年壬戌（1802）济宁天德堂刻本. --157叶／一册. --半叶十行，行二十字，白口，单黑鱼尾，左右双边

山东中医药大学图书馆

提要：此为山东济宁州南关天德堂所发售的成方药目，卷前有清嘉庆七年石掌衡撰序、天德堂药业广告等。全书分补益门、饮食门、诸火门、痰饮门、妇女门、小儿门、痘疹门、风寒门、瘟疫门、中暑门、眼目门、牙齿门、咽喉门、肠火门、痢疾门、痔漏门、淋症门、疮疡门、跌打门、整容门，共248方。每方下有主治病症、服法，并有价格，但无方药组成，亦为药店配述通例。全书无人为破损，原书无扉页，书皮有破损。书上前有序，后有清嘉庆七年李东琪后序、吴允灼跋，为天德堂的成药配本。

0378

益世简便良方一卷／（清）盛景云编：1803. --清嘉庆八年癸亥（1803）延庆堂刻本. --59叶／一册

中国中医科学院图书馆

提要：此书为验方集，分为内科（分上中下三焦）、女科、小儿、杂症四门，再按症汇集简便验方。方或采自《本草纲目》，或采自诸书“屡验其方”，皆为用一二味药物之便方。

0379

净缘一助十六卷／（清）乐云主人辑：1804. --清嘉庆九年甲子（1804）抄本. --293叶／十六册

中国国家图书馆

提要：此书共十六卷，分53类，收载成方、偏方千余首，每方详其组成，计量及制法，无理论阐释，仅录方。

0380

壶中医相论一卷壶中药方便一卷／（清）朱颜驻（字熙安）撰：1809. --清道光九年己丑（1829）刻本. --一册

中国医学科学院图书馆

提要：此书中《壶中医相论》谈的是药业道德行规，《壶中药方便》则介绍其行之有效的一些珍秘药方，是古代少见的药家所撰之书。《壶中医相论》实为一篇简短的文章。《壶中药方便》是一册医方书，此书仅有方46首，后附方及法6则。这46方没有分类，仅每方之下注明秘方（12首）、珍方（21首）、成方（5首）、古方（8首）。

0381

神效集二卷／著者佚名：1817. --清嘉庆二十二年丁丑（1817）青村草堂刻本. --65叶／一册

国家图书馆

提要：此书是一部小型临床治疗手册，扉页未署著者。全书选方大多辑录于多种临床医著，唯以临床实效为收方原则。其中包括部分著名的经方和时方，但全书方治仍以专病通治方和单秘验方作为其基本内涵。此书编者辑选之效方，约有以下数类。列主治病症而无方名，如治胃气痛方、治冒风寒方、治偏头风方、治疟疾方、治膨胀方、治疗毒肿病方、治发背方、治跌打损伤方。突出主治作用的无名方，如止疟方、调经方、安胎方、保产方、消肿止痛方（洗药方）、退翳明目方等。具有明确方名之专病通治方，如除瘟救苦丹治瘟疫时症，调经种子丸治妇人血虚不孕，慢惊散治疗小儿慢惊风，神难疔毒丸治多种疔毒，捆仙绳方治无名肿毒等。兼收少数名医之专病通治方，如倪涵初治疟疾奇效三方、王耀庭治痢疾方、王耀庭治血崩二方等。全书之方治，主要针对常见多发病。选方大多来自方书著作，或属于医家个人之经验效方。

0382

山居济世方二卷／（清）戴辉撰：1817.－－清嘉庆二十二年丁丑（1817）稿本.－－139叶／二册

辽宁中医药大学图书馆

提要：此书为分上下两栏的两节写本。下栏为主体，写医论、医方。上栏相当于书眉，提示下栏的内容，或是概论，或是著者独特见识的“秘论”，或是传自某者的秘方，或是经某某人验证过。上卷列18种病症，下卷列16种病症。所选诸方。从其方中不用稀贵之品，无诡异驳杂之物，可知著者注重实用。其外科方剂中，很多是家传秘方，如生肌散、治发背秘方、治膝风散、治下疳药方、治杨梅疮秘方、治白癜风秘方等。最后还列有各种急救方及杂病方。

0383

经验杂方二卷／（清）刘一明（号悟元山人、悟元子）撰：1820.－－清嘉庆二十五年庚辰（1820）甘肃榆中毕尔往滕浩直刻本楼云山藏板.－－67叶／一册

甘肃省图书馆

提要：此书名叶题“悟元山人集”，悟元山人系刘一明（1734–1821）别号，道号悟元子。全书分上下二卷，介绍了168种中草药丸、散、膏、汤的适应证、治法和辅助疗法。

0384

罗军门简易方四卷／（清）怀庭（字继丰）辑　莫树蕃校订：1823.－－清道光三年辛癸（1823）刻本溢堂藏板.－－100叶／二册.－－半叶十行，行二十五字，框高13.7厘米，宽9.5厘米

浙江省中医药研究院图书馆

提要：此书为著者继丰抄录罗天鹏军门所授奇秘医方而梓行。罗天鹏为清朝名将，曾参与镇压白莲教起义，屡获军功，而素好以医方活人，奇且验。继丰心慕之，故转录以梓行世。全书分为四卷，列有暑症、眼目、疮毒、金创、疯症等15门，及一些民间流传验方，如“金不换膏”“愰床图”“打老儿丸方”，内、外、妇、儿各科兼有涉及。每门下直接举方，有组成及煎

服法，简便易用。

0385

增补洗冤录急救方一卷/（清）姚德丰（字稔斋）编：1827.--清道光十五年乙未（1835）学院前聚文堂喻耀廷刻字店刻本.--47叶/一册

安徽省图书馆

提要：此书又名《增补急救方》，为急救专书。著者为官期间，凡有重创者，从不假手官医，必亲为施治。其所用方，多参《洗冤录》之急救方。罢归之后，日以医药济人。此书以《洗冤录》所附急救方为基础，按病分门，类列急救方法。原书有验者存之，不验者删之，他书有验者增之。所治多为创伤、意外死亡、中毒等急症，一般食物微毒、竹木轻伤则不记载。书有总论，详言童养媳、婢女等自缢之原由，深切民情。

0386

修合成方三卷/著者佚名：1828.--清道光稿本.--140叶/三册

中国中医科学院图书馆

提要：此书为药房成药配本，分上中下三部，不分门类，收录胜金丹、七制香附丸、太平丸等，共145方。每方详列药物组成、剂量、制法（及药物炮制方法）、主治、用法等。此书介绍十分详尽，不同于一般药房制药目录，详于功用而隐去处方者，似为内部秘方配本。

0387

选择急验方一卷/著者佚名：1830.--清道光十五年甲午（1835）报恩书斋刻本.--90叶/一册.--半叶十行，行二十二字，四周双边，框高22.5厘米，宽15厘米

陕西省中医药研究院图书馆

提要：此书前无序，首叶首行有“道光十年桂花吉旦将善男信女捐资刊刻于后”字样，后列捐资者及所捐银两数。第2叶开始为正文，载方760余首，不分科属，多为民间验方、单方，部分为当时当地名医效方。大多数方剂为无名方，仅有所治之病的病名、症状的描述。有方名者，约30首，如内消丸、千金肥儿饼、万应膏。部分方剂注明传人，有刘信道、李世茂、朱有才、张维权等20余人。内容涉及内、外、妇、儿、眼耳鼻喉、皮肤、肛肠等临床各科，间有少数延年益寿的药方。后附摄生养性之箴言。

0388

经验良方一卷/（清）沈翊亭撰：1831.--清道光十一年辛卯（1831）刻本.--9叶/一册

中国中医科学院图书馆

提要：此书汇辑治疗胃气作痛、翻胃噎食、膨胀、疟疾、痢疾、便血、遗精、白浊、热淋、肾囊风、绣球风、暑热、无名肿毒、痔疮痔漏、火烧火泡、水火烫伤、走马牙疳、臁疮、恶疮、收口拔毒、牙痛、鼻衄、眼疾红痛、风火时眼、眼科卷毛、难产、乳吹乳痈、脚跟裂痛、头眩头痛、毒虫蜇咬，与四汁汤、石丸饭丸、夺命金丹、七厘散、种子方、安胎丸、戒鸦片方等单验方34首，述其组成、制法、用法等，多为著者屡用而效验者。

0389

百毒解一卷/（清）赖光德　赖福邦撰：1832. --清道光十二年壬辰（1832）先慎堂刻本. --一册

陕西省中医药研究院图书馆

提要：此书又名《赖氏新纂百毒解》。全书列各类中毒解毒法119条，其中食物中毒32条；虫兽咬伤和蜇伤30条；服用药物中毒22条；毒品毒气致毒12条；受伤、误伤、短见、害命、濒死者19条；另有调味解羶2条，解中鸦片烟毒1条，解中时行瘟疫毒1条。著者认为瘟疫系时令不正之气所致，当属邪气中毒，选用人参败毒散、达原饮和太乙紫金锭3个疗效确实的名方治疗。因太乙紫金锭除用于瘟疫外，尚有解食毒、药毒和伤毒的通治作用，故单列而附于条后。

0390

经验良方一卷/著者佚名：1833. --清道光十三年癸巳（1833）孚道堂藏板刻本. --40叶/一册

上海中医药大学图书馆

提要：此书不著撰者，前有清代甘山主人序，编辑历经名医酌定之诸病应用验方288首，用药精而经验富，屡试取效。

0391

南山简便方不分卷/著者佚名：1833. --清道光十三年癸巳（1833）康告堂刻本. --92叶/二册. --半叶十行，行二十九字，白口，四周双边，框高20厘米，宽11厘米

山东省图书馆

提要：此书介绍8项收方原则及凡例，内容涉及内、外、妇、儿，以内、外科证治方药较多。其疾病分60种，包括禁忌、救危、救急、伤寒、瘟疫、暑症、火症、霍乱、瘴气、阴证、汗症、风症、风痹、疟疾、痢疾、泄泻、伤风、咳嗽、雪落、血症、臌胀、噎嗝、肿胀、痞满、积聚、呕吐、吐蚘、恶心、吐酸、嘈杂、喘促、哮症、呃逆、郁证等。此书收录病证较全，多为内科杂症，治疗眼目喉等多种外治之法，所选之药为临证常用药，鲜见罕见、名贵之药。

0392

经验急救良方一卷/（清）杨逢辰（字云台）编：1834. --清道光十四年甲午（1834）刻本. --47叶/一册. --半叶九行，行二十一字，白口，四周双边，框高15.5厘米，宽9.8厘米

苏州图书馆

提要：此书又名《普济应验良方》。如书前编者杨逢辰序言所述："余性嗜医学而拙于不善医，每见前人秘方必手录之，以为活人之一术，辛卯应秋闱试，道过思陵，偶于培丰阁书林得《经验急救良方》一书，携回翻阅，各方皆治人之所不及治，救人之所不能救者，真无异于解颅理脑，穿脑换心之神术。即劝诸同人筹资镂板，广布流传。俾已死可以复生，痛楚得能立止，诚解倒悬救危急之良法也。"全书收录验方以济世，皆为简便易用之方。

0393

经验救急良方一卷附乌金丸方一卷/（清）

白明远辑：1837.--清道光十七年丁酉（1837）宝坻白明远刻本．--10叶/一册．--半叶十行，行二十二字，白口，左右双边

中国国家图书馆

提要：此书列急症30条，如心腹绞痛不吐泻、暑天猝倒、小儿气绝不啼、中水银毒、被蛇咬伤等，对如何进行救治加以阐释并开列药方。卷端题“续附经验救急良方”，此部分附于“乌金丸方”之后，与之合一册。

0394

集成篇一卷/（清）孙文选编：1839.--清道光十九年己亥（1839）刻本．--99叶/一册．--半叶十行，行二十一，框高18厘米，宽13厘米

上海图书馆

提要：此书以人体部位或疾病病名为门，类聚各验方，每门下不设论，仅罗列方药及药物具体剂量，共分61门。所有病症以内科杂病为主，有外科及耳鼻口病症，不涉及妇儿病症。

0395

救济良方一卷/著者佚名：[1840]．--清光绪十六年庚寅（1890）文昌官刻本．--11叶/一册

中国中医科学院图书馆

提要：此书篇幅无多，收有治疗难产、小儿惊风、癫狗咬、误吞洋烟（鸦片）、被殴伤风、牛皮癣、汗斑等症10余方，间杂有咒方。

0396

仙方秘录六卷/（清）魏宝霖辑：[1840]．--清道光二十年庚子（1840）抄本．--六册．--框高24厘米，宽16厘米

中国中医科学院中国医史文献研究所

提要：此书序中言明撰写目的，在撷取历代医家精髓的基础上，尊师教诲历40余年治验集而成方。卷一包括诊法、脉有六绝、五行生克、脉象主病等基础理论10余论。卷二为三世扁鹊、学医要知经络、伤寒四经是证等50论，其中40论为伤寒诸病。卷三是部分伤寒论及方。卷四为名医类案，以明、清医家为主，包括10余种病症。卷五收录外科20种、内科10种病症及论方。卷六则为外科、伤科、五官科及论方50例。

0397

新选医方密要六卷/（清）刘秉锦撰：1842.--清道光二十二年壬寅（1842）王柳堂刻本．--261叶/四册

上海中医药大学图书馆

提要：此书卷一为诸中统治，如中寒、中暑等；卷二为杂疫杂病；卷三为四肢百骸疾病；卷四总论妇、儿科病用方；卷五列诸毒之方；卷六载五绝外伤用方。其方论分门别类，每症必先明其特点，然后论其方药，有主方、附方，颇为实用。共录方600余首。

0398

经验良方一卷/（清）程沅辑：1845.--清道光二十五年己巳（1845）刻本．--29叶/一册

上海中医药大学图书馆

提要：此书载治伤方、接骨方、喉必方、怀孕方等89首，均系著者平时课余所录，依方配之，皆可取效至捷。

0399

观心书屋经验良方不分卷／（清）钱峻（字青棆树）辑　俞晓园增补　陈彦吾续增：1845.——清道光三十五年乙巳（1845）湘阴李仲云重刻本观心书屋藏板．——200叶／四册

中国中医科学院图书馆

提要：此书简称《经验良方》，按病症分为中风、风气痛等58门，分类汇辑医方。此书系在钱峻原辑之《经验丹方汇编》基础上略加增损而成。录方详述功用、用法等项，多为古方、名方。

0400

救急便用杂方合刻／（清）余成（字集斋）撰　童元鹏增：1846.——清道光二十六年丙午（1846）刻本．——70叶／一册．——半叶九行，行十八字，白口，上黑鱼尾，四周单边，框高14.4厘米，宽10.9厘米

中国中医科学院图书馆

提要：此书乃《救急方》《续刻救急方》与《便用杂方》之合刻本。原书著于嘉庆元年，所载救急方均为著者曾经使用，实有效验之方，稍涉疑似，概不录入；药物稀有，备制困难者亦不录入。每症后均列数方，以备临时随便取用。《救急方》《续刻救急方》记载了自缢、金刃伤等各种急症的辨治，并于本条之下详载使用宜忌。后附救饥丸等杂治方若干，及疏、掐、送、揭、攀、温、运、揉、开、闭等明目十法。此书在中医急症治疗方面具有一定的参考价值。

0401

青囊辑便不分卷／（清）安怀堂主人辑：1846.——清道光二十六年丙午（1846）刻本．——182叶／四册

甘肃省图书馆

提要：此书共分为内、外、女、儿四科，依每科常见病症辑录简便实用方剂。每一病症下简要阐述病源病机，次列方剂。所选方剂大多具有简便廉验特点，便于临证和居家实用。版刻精良，仅存孤帙。

0402

勤懒书生按病汇方不分卷／（清）勤懒书生编：1847.——清光绪二十三年丁酉（1847）稿本．——250叶／二册

中国中医科学院图书馆

提要：此书为一部未完成之稿本，分上下两册。上册分42门，按病汇方，兼及采收时令避忌等内容，部分有门无方，尚待填补，方皆为简约验方。下册分70门，按人体部位、组织结构，如气、血、头、面、耳、目、鼻、口舌、心胸、腰、腹，及病证分类汇集验方，收罗颇广，似为随证查录之笔记。

0403

协镇都督府赵良方不分卷／著者佚名：1847.——清道光二十七年丁未（1847）稿本．——301叶／二册

中国中医科学院图书馆

提要：此书辑录清道光年间广西梧州协镇

都督赵凌垣府中所藏各科验方525首，其中收有较多戒洋烟（鸦片）、治杨梅疮方，还有部分兽医用方。

0404

续增经验急救良方一卷附经验百方一卷/原题（清）一真子编：1848. --清道光二十八年戊申（1848）艺芳斋刻本. --106叶/一册. --半叶九行，行二十一字，白口，单黑鱼尾，左右双边

中国国家图书馆

提要：此书为毘陵一真子刻《玉历抄传》一书后所附药方内容，含两部分。《续增经验急救良方》，按编号第1方至第230方排序，记述各类药方，以便查阅。验方后附《附录石天基先生事亲歌》70首及铭心居士《友于歌》30首，共计孝悌歌诀100首。《经验百方》，系一真子从同郡丛桂堂汪氏所集良方中择选出便、贱、验者100方，排序列出，每方介绍主治、配方、服用方法。此书乃艺芳斋局刊印，书后叙云："此《经验百方》盖取乎便、贱、验三者，无论贫富，均可应治。向系毘陵一真子附刻于《玉历抄传》之后，广印济世，功非浅浮，若能玩索，遇有无力就医之人，适患对症，即依方治之，无不效验。予故专印是编敬送同好，可冀广布。"书末列赠送同好之姓名、部数。此书开本较小，末叶残破，文字残损。

0405

急救方一卷附续增备要方一卷/著者佚名（清）李嗣卿　汤湘南校订：1848. --清道光二十八年戊申（1848）刻本. --111叶/一册. --半叶八行，行二十字，白口，单鱼尾，四周单边，框高26厘米，宽9厘米

山东中医药大学图书馆

提要：此书为木刻本，前后板式不同，似为多种书合订而成，首为《急救方》，无撰人姓名，载有自缢、溺水、自刎等病症；次载《序刻急救方》，有跌伤、压伤等病症；再次载入《咽喉论》，有看法、因证立名方十四段等；最后载《续增备要方》，续增疟疾、洗眼偈等19类，多为简便验方。

0406

博采经验良方便览一卷/（清）济阳氏辑：1849. --清道光二十九年己酉（1849）简城南信有斋刻本. --30叶/一册. --白口，左右双边

成都中医药大学图书馆

提要：此书辑海屋老人《便验良方》，并以所采奇效良方为一卷，列治中风不语、半身不遂等175方。上以大字列方，下以小字注方药、调制服法等。全编正文仅27叶，其中缺第5叶及第20~23叶。书口刻"便验良方"，前有济阳氏自序，及安邑魏玉重序。

0407

外台方染指一卷/（清）潘道根编：1850. --清道光抄本. --49叶/一册. --框高19.5厘米，宽14厘米

南京图书馆

提要：此书为著者阅习《外台秘要》时，随手摘录的方剂有关内容。书中无理论叙

述，只摘其方，大致按内、外、妇、儿顺序，天头上个别处有评语数行，内容略显一般。

0408

医方集类三卷／（清）俞锡熙（字友竹、敬明）辑：［1850］.--清抄本.--254叶／三册.--半叶十四行，四周双边

中国国家图书馆

提要：此书分上、中、下三卷，三册。每册首目录，后正文。卷端题“医方集类，吴郡俞友竹集”。全书以类分目，共分各科各类病症110条目，医方总计2472方，每方述及药方名、主治及配方。此书卷前有清光绪八年陆懋修题跋，对此书有其评介：“俞友竹，名锡熙，字敬明，吴门嘉道间医家，小有时名者也。所辑一方只主一病，而于他病之重此方者不再见，固无此理。然一病自有主病，则一病自有主方。但取各病主方以备检阅，却亦能自成一格。且可见其浏览之极博，非默守数方以应百病者之可比也。”又卷上、中均有俞氏钤印“俞印锡熙”“友竹”“敬明”等，推知此书当为俞氏原本。书中文字隽秀整洁，蓝印格纸抄写，书口下印“涵春堂”三字，其版本或为誊清稿本。

0409

救世良方类编三卷／（清）詹作周编：1853.--清咸丰三年癸丑（1853）荣林斋刻字铺刻本.--248叶／三册.--黑单鱼尾，竹纸

山东中医药大学图书馆

提要：此书著者采集医书中简易之方，编以门类，汇辑成此书，以供穷乡僻壤危急之用。全书共三卷，分为头面类、伤科类、眼目类、疮毒类、耳鼻类、喉口类、时症类、胸腹类、杂症类、四肢类、下部类、妇女类、急救类、小二类、解读类16大类。末附“瘖疹要诀总论”。方多简切易用，医论较少，有一定的临床实用价值。

0410

经验良方三卷／（清）陆画村辑　邵绶名增补校订：1853.--清咸丰三年癸丑（1853）恭寿堂刻本.--340叶三册.--半叶九行，行二十二字，黑口，单鱼尾，四周双边，框高16.5厘米，宽11厘米

苏州图书馆

提要：著者陆画村，清乾、嘉时萧山（今浙江萧山）人。陆氏积二三十年之心力，收藏民间灵验之方，汇集成编，清嘉庆、咸丰年间均有刊刻。清大兴人邵绶名于嘉庆二十一年得陆画村所赠此书刻本，于是细加披阅“取斯编重加校订，于各门中间有增益”（邵绶名序），咸丰三年付诸刊刻，以广其传。全书主要涉及保养、补益、急治、伤寒感冒、瘟疫、瘴气、中风、中寒、跌打损伤，咳嗽、吐血、痰证、心气痛、疝气、泄泻、痢疾、男妇痧证、赤白带下；小儿诸疾、外科诸疾等。每方详列方名、药物组成、主治、剂量、加工炮制方法、服用方法。卷首载陆氏原序、咸丰三年邵绶名序。

0411

经验良方一卷／（清）黄众祜（字怀谷，号波余老人）传：1854.--清洪都一经堂刻

本．－－一册．－－半叶九行，行二十字，白口，单鱼尾，四周双边，框高21.4厘米，宽13.4厘米

北京中医药大学图书馆

提要：此书为清代波余老人（怀谷氏）于咸丰年间刻印。波余老人感慨“坊行医书所载应症良方，不可数纪，然往往有古方不能疗之症，投以世人口传之方，病遂霍然”，而自己“于药之性味稍能辨识。凡所试验之方，随时录记，以便检用；而戚友谈次，亦或以试验之方相告。积久成帙……爰付剞劂，藉行方便”，遂编此书行世。此书以“观音大士救苦神膏”为第一方，共收录内、妇、儿、外、伤科以及解毒、补养等民间效验方近60首。每方首标方名，继列药物组成、剂量，续以炮制方法、对应证候、内服或外用方法、使用忌宜、随证加减或随证外用方法。方后多有方剂来源、效验实录，以为征信。所录良方少则一二味药，多则数十味药，膏贴、汤液、药酒、丸散、丹药、饵饼、浸渗液等剂型不一。有危急症一次给药立效者，有迁延缠手之症三方连服，巩固除根者。

0412

经验易治续方一卷／（清）秦髯（字如周，号自樵）撰：1857.－－清咸丰七年丁巳（1857）刻本．－－44叶／一册．－－半叶八行，行十七字，白口，上黑鱼尾，左右双边，13.7厘米，宽10.4厘米

中国中医科学院图书馆

提要：此书为民间便用方书。全书分急救方、小儿方、外症方、杂症方、诸伤方、不药法等部分，有以方为纲，有以病为纲，稍显零乱，对各科急症的症状、治疗、方药制备、服用方法、治疗禁忌等均有详细说明。不药法部分多为引用，专录以寻常可见之物、治病之方，虽简便价廉，但如以旧草鞋浸泡治疗行路足肿等则缺乏科学依据，稍显荒谬。此书对中医急症治疗有一定的临床参考价值，但须去粗取精，辨别真伪。

0413

新增屡效方一卷／著者佚名：1857.－－清咸丰七年丁巳（1857）刻本．－－33叶／一册．－－二节版，上栏半叶七行，行四字，下栏半叶七行，小字双行二十八字，白口，左右双边

山东省图书馆

提要：此书属行善施方类的方书，内容以简便实用为主，多属民间土方。扉页题“咸丰七年重刊，新增屡效方”。卷前冠“太上感应篇，赵中丞申乔夫子格言两篇”。

0414

杞菊居集古验方一卷／（清）陆毓元编：1857.－－清咸丰七年丁巳（1857）苏州开益斋刻本．－－52叶／一册．－－半叶十行，行二十一字，白口，单鱼尾，四周双边，框高17厘米，宽11.8厘米

苏州市中医医院图书馆

提要：此书著者积三十余年时间，将收集之古验方分门别类，辑成一书。计有头面门、咽喉门、心肝门、脾胃门、肺肾门、肚腹门、大小便门、疟痢门、血证门、劳损门、补益门、风痰门、寒暑

湿门、疮疡门、诸伤门、妇人门、小儿门、解毒门。

0415

万金至宝三卷/（清）尚宗康（字霁堂）编：1858. --清同治三年癸亥（1863）泌阳宝荫堂刻本. --150叶/三册

中国中医科学院图书馆

提要：此书共分咽喉、口舌等24门，合补遗12门，凡36门，分别录方500余，170余首，合计670余方。选方既有古方名方，又有经验方，务求效验。据著者等序文可知，著者原于咸丰丁巳年（1857），因其女患喉风，分方备录，而首为喉科。据李云乾（易卿）序云，著者于丁巳后，“加意钞辑，经岁得数百良方”，推定原书当初编于戊午年（1858）。但初刻“以书肆罢业”，书版无从复索。（自序）云“无何而版烬于火”，（李应乾序）乃“重加采择，增益数百条”，于癸亥年（1863）重刻，故现存本当为增补本，撰年为1863年。

0416

急救良方一卷/（清）谢衡斋　罗廷照合编：1860. --清咸丰十年庚申（1860）广州谢宝善堂刻本. --96叶/一册

广东省立中山图书馆

提要：此书收载大多为急症验方，内容涉及内、外、妇、儿、五官等科，首编181症，续编107症，方药多从各方书中集录，且多为急症而刊，每症皆列数方，药方简便。

0417

天然砚斋药方一卷/（清）王滋云撰：1861. --清抄本. --96叶/一册

北京大学图书馆

提要：此书虽名为方书，但实为包括中医药方以及生活常识的笔记杂抄，封面题“天然砚斋药方”“男王藻跪订”“滋云公手抄药方并各样杂抄”。此书所录多为伤科跌打内服方药，及外科痈肿疮毒药方。此书为随验、随见、随录之书，较为随意。书后还附有一些日常生活小窍门，如“藏橘子法”“省油法”“做腊肉法”，及一些“江湖防御法”和“符箓咒禁法”等。

0418

精选良方一卷/著者佚名：1862. --清同治刻本. --94叶/一册. --半叶九行，行二十字，白口，上黑鱼尾，四周双边，框高20厘米，宽10.4厘米

中国中医科学院图书馆

提要：此书先将药物常用炮制方法、妊娠用药禁忌、服药的饮食禁忌统一列出，方便查阅。全书分救危、救急、伤寒、瘟疫、暑证、火证、霍乱、瘴气、阴证、汗证、风证、风痹、疟疾、痢疾、泄泻、咳嗽、虚劳、血证、噎膈、肿胀、痞满、恶心、吞酸、反胃、呃逆、郁证、遗精、湿证、诸虫、癫狂、心腹痛、眼目、鼻病、口舌、耳症、牙齿、咽喉、声瘖、腰疼、胁疼、疝气、小便、腿足、妇人、生产、小儿、外科等47条分述之。书中对急症以及一些常见疾病的治疗、方药加减均有详细论述，先以病为纲，后以科为纲，记载了妇科、儿科及外科的常见疾病的辨治。此书对临证遣方用药有一定的参考借鉴作用，当然书中亦不乏“马粪绞汁”“猪骨烧灰”等浸

染封建迷信色彩的方药等，临证需斟酌。

0419

柞溪沈氏应验良方一卷／著者佚名：1865.——清同治四年乙丑（1865）青镇王春林刻字屋刻本．——25叶／一册．——半叶九行，行二十五字，白口，单鱼尾，四周双边，框高18.8厘米，宽11.2厘米

上海图书馆

提要：此书主要是选录民间常用之单秘验方及疗效较好的应验良方，故名。书中首载观音大士救苦神膏、治喑方、止血补伤方、专治跌打损伤秘方、神龙抱珠灵膏等20余种方药，每方均述其主治、组成、制法及用法等；次列小儿诸病的证治方药，如清里、引痰、纳气、通脉、定痛等方法。

0420

御纂医宗金鉴删补名医方论二卷／著者佚名：［1866］．——清抄本．——73叶／二册．——半叶十一行，行二十二字

中国国家图书馆

提要：此书分上、下二卷。卷端题“御纂医宗金鉴删补名医方论”，撰辑者不详。卷一首论云：“博集金匮、千金、外台诸书及王好古、李杲、刘完素、朱震亨、张从正、薛己诸方之佳者，采录成编。然方论始于成无己，近代则有吴崑、李中梓、柯琴、汪昂诸家，于医方虽各有发明，但其间或有择焉未精，语焉未详者，复推其立方之意，综其简要，删繁补阙，归于明显，名之曰《删补名医方论》。”全书总录药方95个，每方内容包括主治、药物成分、服用方法及论述药理，引名医诊治用药法。此书有陆懋修跋文以悼念亡女，云：此书乃其家女白眉于同治三年（1864）在病中为其手录。此书抄写行字工整清晰，有陆懋修跋文，并批注圈点，及陆氏藏印。全书内容完整，封面略残。

0421

二十四品再易稿二卷／（清）陆懋修（字九芝、勉旃，号江左下工、林屋山人）撰：1866.——林屋丹房稿本．——127叶／二册

中国国家图书馆

提要：此书分为上、下二卷，书名据原书封面所题。著者将药物按照不同功效分为二十四品：消散风寒第一、辟除温暑第二、分经解表第三、存阴复阳第四、撤热清中第五、逐寒和里第六、理气导滞第七、活血消瘀第八、导痰行水第九、化食杀虫第十、润燥泄秘第十一、逐湿通淋第十二、敛汗涩精第十三、截疟止痢第十四、软坚开痞第十五、涤热退蒸第十六、透疹化斑第十七、安神定志第十八、熄风蠲痛第十九、消痈敛痔第二十、聪耳明目第二十一、健骨强筋第二十二、气血并补第二十三、阴阳两调第二十四。每品首列主要药物成分，其后针对各种病症列药方。

0422

经验自方一卷／著者佚名：1869.——清同治八年己巳（1869）姑苏得见斋刻本．——95叶／一册．——半叶九行，行二十字，框高12.4厘米，宽9.8厘米

上海图书馆

提要：此书为著者选辑历代名著名家之书中方刻汇辑而成，共录100方，内、外、妇、儿、五官等科俱有，每方只列方名组成、功效，没有论述，简便实用。

0423

经验随录／著者佚名：1869.－－清同治八年己巳（1869）京都赵龙甫刻本致安堂藏板.－－54叶／一册.－－半叶九行，行二十字，白口，上黑鱼尾，四周双边，框高20厘米，宽12厘米

中国中医科学院图书馆

提要：此书又名《验方随录》，无序，无跋，无著者姓名。书中收录治疗内、外、妇、儿科疾病的药方，以及益寿延年的保健方药和预防疫疠的经验方等，大多以“治某某疾病”作为方名，简便明了，实用性较好。此书对药物的剂量、炮制方法（以小字记录）、制药方法、服药方法、兼证的加减用药也有详细记载。书中亦不乏“转女为男”“太上老君急急如律令敕”等宗教色彩的方药、咒语等，临证参考时需斟酌鉴别。

0424

不药良方一卷／（清）赵月亭编：1869.－－清同治八年己巳（1869）赵培桂刻本明往堂藏板.－－72叶／一册

镇江图书馆

提要：此书按病症编目，并列有详细书目，便于后证仓促之时查考。列有急救、内科、外科、妇科、幼科、兽科及避瘟方、避瘟吉祥如意香等，集方360余首。书中认为不药者非无药，乃是随时随地可以觅取不甚贵重之物，谓为良方。选方多为经验实效方，取材便宜，简而实用。

0425

经验良方三卷／（清）唐陆宣撰：1871.－－清同治十年辛未（1871）刻本.－－315叶／四册.－－半叶十行，行二十字，黑口，单黑鱼尾，四周双边，框高17.1厘米，宽11.7厘米

中国科学院上海生命科学信息中心
生命科学图书馆

提要：此书首卷卷端题“养生篇”，卷中至卷下卷端题“经验良方”。书中列重刊经验良方序，道光甲午戴天良撰，其中论及著者为唐陆宣；仿刻经验良方序，道光四年胡光瓒谨识；经验良方跋，同治十年王树桐跋；陆成本跋。唐陆宣为官于蜀宜、宾、巴州诸郡县，常于公余之暇，留意民间疾苦。凡见闻所及经验良方，无不采辑，积久成帙，付梓印行。全书共收录养生、伤寒、感冒、瘟疫瘴气等80余种病症的经验良方。

0426

经验百方一卷／著者佚名：1873.－－清同治十二年癸酉（1873）慕善子刻本.－－22叶／一册.－－半叶九行，行二十一字，小字行二十一字，白口，上黑鱼尾，左右双边，框高12.9厘米，宽9.5厘米

中国中医科学院图书馆

提要：此书序文中提及所收录之方乃便、贱、验三者兼备者，并感谢本郡业桂堂汪君一片婆心，可见此书为汪氏医者的临床经验。此书多以方为纲，少部分以所治症

状为纲，并于目录注明第几方，方便查询使用。正文部分大字记录方名及药名，小字记录该方的适应证、药物剂量、炮制方法、煎服方法。百方后又附解吞鸦片生烟毒神方两则，字体与前迥异。另此书起始叶码为八十六，从内容看似无缺损，或原为合订本。

0427

经验良方一卷／（清）王沛亭等编：1873. --清同治十二年癸酉（1873）刻本. --64叶／一册. --半叶九行，行二十字，白口，上黑鱼尾，左右双边，框高13.9厘米，宽10厘米

中国中医科学院图书馆

提要：此书以疾病或症状为纲，在疾病下标有一方或二方、三方，显示该疾病下录有的方剂数量，一目了然，并在疾病下有对应叶码，便于查找。全书记有190种疾病治疗用方，以外科疾患和急症为多。其中“洋烟断瘾”在书中出现两处，用方迥异，可见此书是抄录多个方书所成，并未进行精细校对。另此书开本，便于携带，是中医临床处方可以参考的方药简册。

0428

经验救急良方一卷／（清）寄湘渔父编：1876.--清光绪二年丙子（1876）陕西蓝田县署刻本. --33叶／一册

河南省图书馆

提要：此书分“急救”“解毒”“痧症”“跌打损伤”“疔疮”“虫畜伤”等病证，每种病证下均有多种方剂，每个方剂下均有方名、药物组成、用量、炮制、服药方法等。

0429

林文忠公戒烟断瘾经验良方一卷附禁种罂粟示一卷／（清）林则徐撰：［1877］. --清光绪二十二年丙申（1896）年刻本. --12叶／一册. --半叶九行，行二十二字，白口，单黑鱼尾，四周双边

中国国家图书馆

提要：此书内封页题“林文忠公戒烟方，光绪丙申年十月刊，板存天津济生社”，书名据卷端题。首有“戒烟断瘾前后两方总论”，从生理、病理方面论述，细数吸食大烟之害。又列有忌酸丸方、补正丸方、忌酸丸加减法、附录简便二方、四物饮等戒烟断瘾药方。后附“禁种罂粟示”，卷端题“头品顶戴兵部侍郎都察院右副都御史巡抚陕西等处地方赞理军务兼理粮饷边为”，此为清代官员边为巡抚陕西时告全陕戒烟禁种罂粟的一篇公文，文中条陈当地现状，历述吸食大烟及种植罂粟于己、于家、于国之害，奉劝不要因图眼前小利而贻害长远，并对不听劝阻仍一意孤行者提出按律惩处。

0430

济人良方一卷／著者佚名：1879. --清光绪五年己卯（1879）佛山天禄阁刻本. --39叶／一册. --半叶八行，行二十字，白口，上黑鱼尾，左右双边，框高16.1厘米，宽11.3厘米

中国中医科学院图书馆

提要：此书先载济人之金玉全书，劝人孝顺父母，和合兄弟，戒贪戒怒等，后载56首治疗内、外、妇、儿各科杂症的良方，多以所治疾病为方名，简易明了。有一方

名下记载数方，如“被犬咬伤方”下用“又方”区分之。书中有救食洋烟方乃治疗服食鸦片中毒之方药，具有鲜明的时代特色。书中对药物剂量、随症加减、煎服方法、服食禁忌等均有详细描述。

0431

杂方偶抄一卷／（清）沈培本（字海谷）编集：1879. --清稿本. --一册

上海中医药大学图书馆

提要：此书共载方剂200余首，以外科方剂为主，用于治疗疮疡、疝气、痈疽、瘰疬、痔漏等外科病证；也有内、妇科方剂，以及眼科的退云眼药方等。剂型有丸散膏丹。每方下列功效、药物组成、剂量及使用方法。末叶载录清代山阴名医倪宗贤（字涵初）“治痢奇方妙论”及方剂一首。

0432

秘授良方不分卷／著者佚名：1880. --清光绪六年庚辰（1880）栖溪有裕堂抄本. --156叶／一册

中国国家图书馆

提要：此书名据书口所题。首有“目录便览”，列586药方名。正文依次为各药方序号、药方名称、来源、主治、药物成分、服用方法等。药方涉及外科、妇幼科、五官科等。外科方，如疮疡方、刀枪伤方、杖伤方、跌打损伤方、疯狗咬伤方、无名肿毒方、去痣方等；妇幼科药方，如小囡遗尿方、难产方等；五官科药方，如耳聋方、烂耳单方、鼻中息肉、眼内起星方、眼药方、牙痛方、固齿方、喉闭真效方等。另外也有一些内科及日常杂症方，如痢疾方、湿气入骨方、腰痛方、胃气肝气痛方、霍乱方、偏正头痛方、瘟疫方、解吃砒霜方、驱蚊方等。书末有墨笔题“此书仙方之妙，光绪六年季春月书于栖溪有裕堂之南窗”。又题“此书乃友人处借抄，据云，用过一次，上有红圈一个，二次者即二个，均为应验”。

0433

经验良方一卷／（清）秉迂道人辑：1880. --清光绪六年庚辰（1880）刻本. --28叶／一册. --半叶六行，行二十字，白口，单鱼尾，四周双边

中国国家图书馆

提要：此书附于《兰桂集》之后。卷端题“胎产经验良方”，书名取自版心题“经验良方”。内容包括：调经种玉方、千金保孕丸、安胎神应汤、附保胎法、附产科心法安胎饮、催生万应汤、佛手散、加味芎归散、下胎衣方、生化汤、失达散、附鸡肝散、太乙救苦丹、万应灵丹。此书于清光绪六年秉迂道人据菰城最乐轩善书坊本重刻印行，书末跋文详述成书过程。此书刊印后“板存浙湖武康县学”，版刻清晰，书品尚好。

0434

内外科良方摘要一卷／（清）平原辛生氏编著：1881.-- 清抄本 -- 一册

上海中医药大学图书馆

提要：此书载录内科、外科、伤科、妇产科、儿科等经验方。内科方剂有肝胃气痛应验良方、治偏头痛方、消痞食积方、吐血方、治淋漓白浊方、治羊痫风方、治

九种心胃疼痛方、治咳嗽方、治寸白虫方，以及专治劳损第一要方的延生长寿丹等；外科方剂有吹喉方、头疮生蛆方、流火神方、治达年逅日臁疮方、杨梅及下疳方、烂腿疮方、裙带疮方、对口疮方、囊痈方、走马牙疳方、诸癣方、痔漏去管生肌方、治疔疮神方、治乳痈方、治单双乳蛾奇方、治痈疽发背方等；伤科方剂载有跌打伤手足并可接骨方、接指方、打伤将死方、刀斧破伤方、常送刀口药方、生肌散、紫金膏、犬咬方、蛇咬方等；妇产科方剂有新产少乳方、乳肿方、妇人滑胎方、催生丸、妇人血崩方、傅青主女科带下证方、治疗产后败血不尽的花蕊石散等；儿科方剂有小儿腹膨食积方、小儿夜啼方、小儿头疮方、小儿脱肛方、小儿出痘良方等。此外，还有解蕈毒方、误食铅粉方、解砒霜毒方、解河豚毒方等解毒方，以及驱狐方、祝由方。此书收集方剂颇丰，对所载方剂的药物组成、剂量、主治，尤其是制备方法与服用方法的阐述较详，对临床有参考价值。

0435

青囊经验良方一卷/（清）鲍承良辑：1883. -- 清光绪九年癸未（1883）稿本. --100叶/一册. -- 框高23.2厘米，宽14.7厘米

上海图书馆

提要：此书所载是以治疗外科疾病为主的丸散汤方，其中多为临床累试累效之经验良方，如内消散、外敷药、提脓拔毒、化腐去胬、生肌提毒、疔疮疳疮、应验丹散等；并兼录咽喉口齿、眼耳口鼻诸科之方药证治及各种膏药，共11门。

0436

杂症秘验良方不分卷/著者佚名：1883. -- 清抄本. -- 二册

上海中医药大学图书馆

提要：此书无序及目录，每册后均有跋，第一册正文前附诗数首，尾题“小云稿”等字样。共载方近800首，以验方时方为多，但经方亦不少。所载验方多冠以“治某某病方”为名，便于检阅，亦是当时流行于民间的实用性方书所共有特点。所载方剂除经方外，多以保健为主，如乌发乌须、强腰健齿、壮阳益生、明目美容等。甚至有一些超出于医学的内容，如头油方、制鸦片法等。所载方剂在所主治疾病上，以咳嗽、哮喘、泻、痢、疟等常见疾病为主；治法简便，期以廉效。

0437

学医真诠一卷/（清）龙之章（字绘堂）撰：［1883］. -- 民国抄本. -- 一册

上海中医药大学图书馆

提要：此书著者以平日治愈之症，选得验之方，编成诗歌37则，体现了文理与医理的连贯统一。书中多处将方药拟人化，使所言医理药性更加形象生动。所载医案涉及内外妇儿等科，用药灵活，效果颇佳。时人赞其“奇而能中，险而实夷；简要以摄烦，警透以化障；用毒而反剂其平，师古而妙用其创”。

0438

便易良方十四卷/（清）彭元照编：1886. -- 清光绪十二年丙戌（1886）安徽桐城

刻本. --324叶/五册. --单黑鱼尾，无界栏，袖珍本

山东中医药大学图书馆

提要：此书按乾、元、亨、利、贞分排五册。第一册为卷一至卷二，第二册为卷三至卷五，第三册为卷六至卷八，第四册为卷九至卷十一，第五册为卷十二至卷十四。著者采集其父之方及各种医书中效验单方，历时30余年编辑成书，共十四卷，分为16门类，“因即人之全身，分病证之门类，又列妇科、儿科、痘疹科，后附麻疹论……以先大夫之方列前，自录者继之，后或附祝由科，今人便求易得也，故名之《便易良方》”。具体有头面门、咽喉门、噎嗝门、霍乱门、伤食门、风症门、血症门、大小便杂证门、跌打损伤门等。方多简单易行，基本是单方。

0439

易成及易成方二卷/（清）恩年（字子青）撰：1887.--清光绪十三年丁亥（1887）刻本积善堂藏板. --98叶/一册. --半叶八行，行二十字，白口，上黑鱼尾，四周双边，框高18.4厘米，宽11.6厘米

中国中医科学院图书馆

提要：此书相传出自箕仙之笔，卜法极为简便，但爻辞古奥，自居不无讹漏，经兄子恩年增补编写遂为家秘，后经古泉傅俪笙明径抄录校成，余龙甫出资刊行，使之广为流传。此书主要记载一些占卜的方法及卦辞。易成方分为上经方、下经方，记载了与卦象相应的中药方，部分包含剂量及煎服方法。

0440

善行录一卷/（清）萧云（字雨航）撰：1888. --清光绪十四年戊子（1888）德安宝善堂刻本. --60叶/一册. --半叶十行，行二十一字，白口，上黑鱼尾，左右双边，框高19.5厘米，宽14.1厘米

中国中医科学院图书馆

提要：此书中多为劝解世人行善避恶之文，如育婴惜字启及劝戒溺女文，告诫世人要爱护养育婴儿，不要随意丢弃之，更不要随意丢弃女婴，并附有惜字十二则，告诉世人何字当惜。宝善堂摘录格言则劝慰世人当耐贫贱、耐患难、耐是非、耐烦恼等，旨在提高自己的个人修为。除此之外，还记载一些验方，其中有内消散、仙方活命饮、阳和汤等临床常用方剂，也有观音就哭感应灵膏等颇具佛学色彩。书中所载适应证广泛的方药，药物、剂量、煎服方法详细。

0441

梁公圣佛验方续刻二卷/（清）高凉氏编：1890. --清光绪十六年庚寅（1890）佛山六吉轩刻本. --二册

广东省立中山图书馆

提要：此书共收录616首方，上卷190首，下卷426首。书中方药皆多灵验，方药炮制之法极多，或一味而数种制法，或合数味而同一种制法。所用方药未分类，各方之后有著者的说明。

0442

经验良方一卷/（清）陈玉麟编：1890. --清光绪十六年庚寅（1890）刻本. --12叶/

一册. --半叶八行，行二十一字，小字双行，白口，单黑鱼尾，四周双边

中国国家图书馆

提要： 此书列有蔡松汀难产神效方、治癫狗咬伤急救神效方、治癫狗咬点眼角神方、治半身不遂风气等症、治刀伤药、治疟疾四日方、清凉散方、治砒毒神方、治小儿头面黄水疮、治毒蛇咬伤神方、治咳痰气喘方、治干血痨症方、神医七液丹等，每一方均说明服用方法、用量，分析病源病理，并例举医案。此书12叶，卷末有清光绪十六年吴元之序，可知此书乃其同学陈玉麟辑刻清人金缨撰《格言联璧》一书之后所附内容。其版心上镌“格言联璧”，中镌“经验良方”。

0443

济世袖珍方四卷 / 著者佚名：［1890］. --清养元山房稿本. --270叶 / 四册

中国中医科学院图书馆

提要： 此书按病症分类汇编治方，既有常用名方，如首乌顺气散、人参养荣汤之类，又有不见经书之验方，并收录有少量其他内容，如药性赋、十问篇、十九畏、十八反、六陈、妊娠禁忌、卓溪小儿科传家秘诀等，大体以内、妇科用方为主。

0444

医方宝诀一卷 /（清）戴尔第撰：［1891］. --清光绪十七年辛卯（1891）圣心堂藏版刻本. --一册. --框高18厘米，宽8厘米

中国中医科学院中国医史文献研究所

提要： 此书自序言明编著缘由：“凡医方之屡试验而恒有效者，辄手录以备缓急，迄今得一百六十余则，汇为一卷，付诸枣梨。”书中所收录方大多短小精悍，如轻泻方、消热必宜方、芥子取吐方、柏子水、蒲公英水等，亦有服泻规则等论说。按头、口、腹部等病证部位顺序排列，分类论述。

0445

施药录一卷 / 河间天主堂辑：1891. --清光绪十七年辛卯（1891）河间天主堂铅印本. --11叶 / 一册. --半叶十二行

中国国家图书馆

提要： 此书药方为清代河间天主堂所集录。河间天主堂，为清咸丰年间由法籍神父郎怀仁主教创建，书中有清光绪十七年天主堂撰序，申明其以救人为念，广储药品，选派医人分行各方，代行施治，分文无求于人。并告白民众：此书所录方药按法服用则有实效，不要不依此法，或买市肆之药，方名虽同，药质或异。同时说明：所施药包字色分红、黑、绿三种。红者，过五岁不可用；黑者，未过五岁不可用；绿者，系外治之药，不可口入等。后列药方30个，每方说明专治、治法、服法、禁忌等。

0446

陈氏秘书不分卷 /（清）陈莘田撰：1892. --清王大霖抄本. --134叶 / 一册. --半叶九行，行二十一字，框高19厘米，宽10.9厘米

苏州图书馆

提要： 此书以外科以及口齿、耳鼻喉外

治医方为主，大多是散丸剂，收集历代秘方、验方及家传之方，有方无论，只列组成及主治修合之法。全书分：丸药类方，如梅花兰香丹、犀黄丸等；敷药类128方，如如意黄金散、翠云散等；吹药类91方，如玉钥匙、珠黄散等；去腐类30方，如白金丹、立马回疔丹等；生肌类32方，如乌轻散、姜矾散等；锭子类11方，如青金锭、紫金锭等；洗药类31方，如海艾汤、小蓟汤等；外治奇方类44方。

0447

养性山房验方一卷／（清）陈钜堃（字又笙）编：1892. ——清光绪十八年壬辰（1892）昆山孙义（企元）藏抄本. ——一册

上海中医药大学图书馆

提要：此书首自序称所载验方来自其父及著者屡试不爽之方。全书收方14首。其中13首为外用方，分别为：治一切痈疽初起，能散已成痈疽之金锁比天膏；治乳痈、乳疽、乳疖等一切乳痛的紫阳救苦膏；治跌打损伤，兼治风湿痹痛的跌打损伤膏；治一切痈疽溃败的红升丹；治痈疽大毒的白降丹；治溃烂红热肿痛有腐的生肌定痛散；功能止痛止血，兼能收口生肌的玉红丹；治黄水疮的胜金丹；治齿缝出血不止的齿血方；治乳珠开花，疼痛非常的乳头脱珠方；功能除脓收口的收口撒药方；治疗风火喉证的金不换方；治疗征毒的征疮熏药。另有一首内服方，为治疗急慢惊风的砂血丹。收录之方，多为外科、疡科常用之膏、丹、散剂。每首方后录其主治、功效、组成、剂量、制备方法及用法，尤详于制备方法与用法的阐述。

0448

紫荆山馆存方一卷／（清）何嵩生撰：［1896］. ——清光绪抄本. ——52叶／一册

中国国家图书馆

提要：此书红格印纸抄写，书口下印“紫荆馆制”，上印“择其优雅”。封题“紫荆山馆存方，何嵩生大令拟，光绪二十二年订”。全书杂拟各种药方，首列宪大人调理方、宪太太调理方、三太太调理方、大小姐吉方、少太太吉方等，由此推知何嵩生或为紫荆山馆私家医生。书中还列有清肺平肝、润肺养肝、清热利湿，及戒烟煎药方、戒烟丸药方、治跌打损伤方等一年四季日常养生保健药用之方。

0449

保寿方四卷／（清）王璋编著：1897. ——清光绪三十年甲辰（1904）抄本. ——二册

上海中医药大学图书馆

提要：此书共分61门，载1099方。卷一共9门，计175方。头门分论诸般头痛、头风、大头瘟、发际疮等证，面门分论面风游走、两腮肿痛、痄腮等证，眉门分论风热痰致眉棱骨痛、肝气眉烂毛脱等证，眼门分论红烂眼、风火眼、迎风下泪等证，耳门分论耳鸣、耳聋、耳生臭脓等证，鼻门分论鼻渊、鼻衄、酒渣鼻、鼻痔等证，口门分论口糜、骨槽风、口疮等证，舌门分论重舌、舌长、舌生疙瘩等证，齿门分论一切齿痛、蛀齿、走马牙疳等证。卷二共19门，计244方。项门论述瘰疬初起、未溃、已溃等治法，喉门分论梅核气、烂喉痧、急喉等证，乳门分论乳核、乳岩、乳痈等证，心疼胃气门分论热厥心痛、暴疾心痛、胃气等证，喘嗽门分论伤寒咳嗽、冷嗽、劳嗽等证，喘哮门分论多年哮喘、喘病已久、吼病等证，吐血门分论咳嗽吐血、劳病吐血等证，痰门分论痰绝、痰癖等证，噎嗝门分论膈证、反胃噎嗝、老痰噎嗝等证，腹门分论腹中绞痛、肚脐溃烂、诸寒腹痛等证，虫积门分论虫积虚证、虫积心痛、虫厥心痛等证，肿胀门分论臌胀、水胀、单腹胀等证，发背门论述发背已溃未溃、未溃痛甚等证，腰膝门论述腰痛、疝气、缠腰丹毒等证，小便门分论禁溺、小便不禁、小便尿血等证，淋证门分论血淋、淋浊、遗精等证，后阴门论述脱肛、肛门湿烂等证。卷三共13门，计344方。分别为大便、痢、痔疮、脚足、妇女、小儿、痘疹、内外备用诸方、解救诸毒、误吞诸物、诸骨卡喉、毒蛇虫咬伤及烫火伤门。卷四共22门，计344方。分论跌打损伤、风症、筋骨疼痛、中寒、中暑、疟、黄病、中热、中湿、霍乱、时疫、怪证、痈疠、阴疽、疔疮、杨梅结毒、疯气、臁疮、脓巢痒疮及难治证门。此书所集诸方多为祖传，每方证必先标明大概，后详药物，其数不逾多味，且易购取。

0450

群方便览二卷／（清）松下居士辑：1899. ——清光绪二十五年己亥（1899）年刻本. ——一册

上海中医药大学图书馆

提要：此书二卷，系据前人方书，取“一切简便之方，足以救危急之症者”，乃“搜罗抄录成帙”。卷一为外科，卷二为内科、妇科、儿科，及中诸毒、刺针伤、救五绝、怪症、食忌等。卷后附“严真人应验灵方”。

0451

验方辑要一卷／（清）赵城（字守一）辑：1900. ——清光绪二十六年庚子（1900）刻本. ——15叶／一册. ——半叶九行，行二十字，四周单边，上单黑鱼尾，框高11厘米，宽15厘米

山东省图书馆

提要：此书著者认为“医之道难也，古今医书好弱源海”“见方有奇效必手录，择其屡试屡效者数十方，题曰验方辑要”。共载方66首，分为：小儿肚大青筋、小儿痞病、小儿泻肚、牙痛、梦遗腰疼、阴户湿热、发疟子、韩式腿痛、痢疾、偏头风、诸般疥疮、外感咳嗽、乳痈、跌打损伤、接骨丹等。

0452

百一应验方一卷／（清）鲍竺生撰：1900. ——清光绪二十六年庚子（1900）听鹂药室刻本. ——94叶／一册. ——半叶六行，行十三字，白口，四周双边，框高18厘米，宽11.5厘米

中国中医科学院图书馆

提要：此书著者鲍君对《素问》《灵枢》以及张仲景、孙思邈、喻嘉言、徐灵胎等诸家之书博观而精，能够取其长而去其偏，在吴中一代享有盛誉，并参古法，运己意，

自制丸散数十种。除此之外，鲍君有较高的文学修养，全书为草书及部分行楷写就，字体潇洒俊逸，是一本具有一定艺术收藏价值的验方小册。书中对自制的几十种丸散的制方之意、病因病机、药物功效、服用方法等均简明扼要地概括于其中，寥寥数语，却见精妙。

0453

经验良方不分卷／著者佚名：1900. -- 清刻本. --186叶／四册. -- 半叶十行，行二十一字，白口，上黑鱼尾，左右双边，框高18.1厘米，宽13.6厘米

中国中医科学院图书馆

提要：此书载方305首，多以病为纲，记载治疗内、外、妇、儿各科疾病的方药，用药多简便易行，也有产家要诀、服药禁忌、病后调理诸则等与疾病辨治相关的知识，部分在目录中标记叶码，方便查找。附有膏药贴敷穴位图正背面各一张。后附治小儿痘疹集验诸方，所治疾病46种，详载方药、剂量及煎服方法，用药亦遵循简便之原则。

0454

神方选青一卷／（清）白云山人辑：［1900］. -- 清抄本. -- 一册

上海中医药大学图书馆

提要：此书封面题“神方选青”“白云山人偶辑”。共载方近百首，内容涉及内、外、妇、儿、五官科等，以养生、外伤科方剂为多。如“海参丸”一方，药物有海参、枸杞、牛膝、巴戟天、杜仲、当归、沙苑、补骨脂、核桃肉、羊腰子、猪脊筋、鹿角胶、龟板胶，共13味，此方出自内府录“康基田传”“此丸中年服之，润肌益寿，功效甚佳”。此书内容夹杂治鱼鸡骨梗喉符、镇疟符、治鱼骨卡喉符等少量道教符法，及制作胆星法、皮蛋法、桂花香油等日常生活记录，内容较为杂乱，似为著者平日杂抄而成。

0455

验过奇方／著者佚名：［1902］. -- 清光绪二十八年壬寅（1902）曹盘甫抄本. -- 一册

上海中医药大学图书馆

提要：此书将所抄内容分为143号（种）。第1至6号“照《内经》五脏部位分列六脉于后”“四总括诊脉要诀”“诊脉传心诀”“察色至要诀”“十二时人神所在”“逐日论脉不宜针灸”，论述诊脉、望诊、针灸等内容。第7至9号“五运六气”“天干五合”“地支六合”，论述运气学说。第10、11号“十八反”“十九畏”，论述药物配伍禁忌。第12号“妊娠禁忌歌”，论述妊娠禁用药物。第13号至143号记载或病证，或方剂，涉及内科、外科、妇科、儿科、男科、产科、牙科等病证的治疗。方剂如延寿固精丸、六味地黄丸、秘传种子方、药酒方、治血崩方、疟疾塞鼻丸方等，大多为验方，并注明药物组成、剂量及使用方法。并有8首戒烟方，按照烟龄长短、烟瘾大小、性别等不同，分别治疗，反映了当时中医戒烟的治疗经验。

0456

上杭罗氏经验方一卷／（清）甘眠羊辑：

1903. --清光绪二十九年癸卯（1903）上海绛雪斋石印本. --1叶/一册

中国国家图书馆

提要：此书为清末绛雪斋发行的刊物《癸卯官商快览三百六十种》之一种。《癸卯官商快览三百六十种》全92叶，首叶印有“明治三十六年二月一日印刷，明治三十六年二月十日发行，编辑人甘眠羊，发行人林瑞腾，发行所绛雪斋……上海英租界东棋盘街朝南第六号，印刷人黄延耀，印刷所顺成石印局……上海美租界铁马路北钱业会馆后”。后有癸卯年年历表（注明宜忌吉凶）及政、经、文、工、商、医药并广告等各种信息，内容庞杂，行字细密，用于官员及商旅携带查阅。其中《上杭罗氏经验方》含药方及图，仅占半叶纸，与《癸卯新选各种经验良方》（见0457）《精选毒疮经验方》（见0979）一并刊载。

0457

癸卯新选各种经验良方一卷/（清）甘眠羊辑：1903. --清光绪二十九年癸卯（1903）上海绛雪斋石印本. --4叶/一册

中国国家图书馆

提要：此书为清末绛雪斋发行的刊物《癸卯官商快览三百六十种》之一种。《癸卯新选各种经验良方》为当年新辑药方，凡时症、救急诸方、白喉忌表抉微、各种喉症良方、各种蛊毒、各种经验灵符咒、刺少商穴灸法等部分，仅占三叶半纸。与《精选毒疮经验方》（见0979）《上杭罗氏经验方》（见0456）一并作为中医药内容刊载。

0458

传灵方一卷/（清）徐授之撰：1903. --清末抄本. --一册. --框高22厘米，宽14厘米

中国中医科学院中国医史文献研究所

提要：此书一函一册，无序，为方书抄本，所录医方抄写随意，有的是证下述方，有的是有方无证。

0459

简便良方一卷/著者佚名：1903. --清光绪二十九年癸卯（1903）五知堂刻本. --11叶/一册. --半叶十行，行二十二字，白口，上黑鱼尾，四周双边，框高16.1厘米，宽11.4厘米

中国中医科学院图书馆

提要：此书记载了治疗喉症、霍乱、胃症、产科诸证、疔疮断骨、恶虫咬伤等数首方剂，对其适应证、药物的炮制方法、加减用药、使用宜忌等有详细的介绍。尤其是制炼玄明粉法，颇为复杂精细。总之，此书所选药物大多简便易得，而且书的体积较小，便于携带，是中医临床处方可以参考的方药简册。

0460

救吞生烟良方一卷/（清）张香圃　计凯臣编：1906.--清光绪三十二年丙午（1906）温郡济善官医局刻本. --30叶/一册. --半叶九行，行二十一字，白口，上黑鱼尾，左右双边，框高18厘米，宽12.8厘米

中国中医科学院图书馆

提要：此书乃清代张香圃、计凯臣二君悉心研究将平日所用实在简便之法记录合编，共成一册。书中救吞生烟应用各药

中包含阿莫泥药水、止痛药水、泻盐药粉等，并说以上药水、药粉在各处中英药房、中西药房有售，可见当时为戒断鸦片已经开始尝试使用中西结合的方法。又附吞食生烟杂治诸法、戒洋烟应验药方等。此书后附有胎产经验良方十则，汤鼎熺书。二书字体有别，详载方名、主治、病因病机、症状、药物组成、剂量、加减用药等。

0461

秘方一卷/（清）吴静崑编：1907.--清光绪三十三年丁未（1907）抄本．--33叶/一册

中国国家图书馆

提要：此书封面题“秘方，江阴吴静崑手录，大清光绪三十三年菊九月吉日立”。全书不分科，直录各药方，如斜狗咬方、催生方、咳呛吐血方、十六味戒烟方、胃气痛方、商陆膏、牙痛方、治霍乱方等名称，及该方药物配伍、剂量及服用方法。

0462

急救仙方一卷/著者佚名：1908．--清光绪三十四年戊申（1908）嘉兴冯圣昌刻字店刻本．--12叶/一册．--半叶八行，行四字，小字行二十字，白口，上黑鱼尾，四周单边，框高16.5厘米，宽10.8厘米

中国中医科学院图书馆

提要：此书为记录治疗内、外、妇、儿诸科的常见病症的验方，多为日常之品入药，如生姜、黑豆、红鸡冠等，偶见常用中药，如益智仁、玄胡、蒲黄等入药，剂量及炮制煎服方法可见。此书所载之验方简便易行，有一定的临床使用价值。

0463

古今良方汇编不分卷/著者佚名：1908．--清光绪刻本．--132叶/一册．--半叶九行，行二十字，白口，上黑鱼尾，左右双边，框高12.7厘米，宽9.7厘米

中国中医科学院图书馆

提要：此书乃汇编古今良方而成，取自《千金宝要》《村居急救方》《敬信录》三书，一病若前后各见，则有数方可以参择。书中所载多为单方，但亦有一方合数药者，对热服、温服、凉服等各种服用方法亦有详述。书中涉及内、外、妇、儿各科病证，所选方药简便易行，在临床有一定的实用价值，但某些奇异用药，如狗屎、白公鸡涎等，应注意鉴别。

0464

孙御千陆赞元经验方一卷/原题（清）元夫公编：［1908］．--抄本．--50叶/一册

中国国家图书馆

提要：此书封内贴签题“孙御千陆赞元经验方，元夫公手录，后元夫公手集方”。孙御千，清代江苏江阴人，以医知名乡里。著有《医案》若干卷，清代姜成之选入《龙砂八家医案》中。此书首题“内外科方”，未题著者，录内、外、妇、儿各科药方计177个。书中有题“以下诸方系陆赞元传来”，列药方血海散、治鼻息肉、治妇人白带单方等计23个。书后有“附录”，题上注“下数方从神效方录出”，计100余方。此书抄录字迹、行款参差不整，眉上

行间多有加录文字内容，其间未见孙御千名号。故依题签内容推知，首题“内外科方”部分，或为孙御千经验方；中题为陆赞元传来方；后题“附录”之内容者，或为元夫公手集方。

0465

灵验良方汇编一卷附绝妙神方一卷/著者佚名：1910. --清花萼堂俞炯等刻本. --51叶/一册. --半叶九行，行二十六字，白口，左右双边，框高19.7厘米，宽11.5厘米

中国中医科学院图书馆

提要：此书分女科目、救急门，后附绝妙神方九首，及催生符、安胎符。女科、救急目下大多以方名为纲，详细记录每首方剂的功效、药物组成、剂量、炮制方法、煎服方法、加减用药等。少部分以治疗某某疾病为纲，记录相应的药物及使用方法。附录部分字体与前有别。

0466

身世金丹一卷/著者佚名：1910. --清刻本. --75叶/一册. --半叶九行，行二十二字，小字行二十字，白口，上黑鱼尾，四周单边，框高17.3厘米，宽10.7厘米

中国中医科学院图书馆

提要：此书疑缺部分章节，起始叶码是六十四，开篇即为经验良方，记载了一些方名，多有神效良方、神方、灵丹等字样。无论是单味药的炮制、成药的制作方法，还是适应证、服用宜忌等，记述均十分详尽。此外还介绍了一些救治溺死、缢死等急症的方法，及保胎、临产、保婴、戒鸦片的方药。书中有大段篇幅（11叶）记载疗饥良方及赈荒福报。书后附有身世金丹补遗一篇，载方33首，以内、外、儿科病证为主，方药的药物组成、剂量、煎服方法、服药宜忌记载详尽，并附有痧胀穴图，涉及针刺疗法。

0467

万应经验良方一卷/（清）吕献堂编：1911.--清宣统三年辛亥（1911）铅印本. --26叶/一册. --半叶十一行，行二十一字，小字双行三十二字，白口，单黑鱼尾，四周双边

中国国家图书馆

提要：此书含内、外、妇、儿、耳鼻喉、眼、牙及中毒常见症、急重症等各科各类方剂112方，每方记录药名、配方及服用方法。据书中序文可知，此书乃光绪十二年（1886）梁玉珊聘请吕献堂医生评选而成，其后南邑王忠恕堂“得此妙方，不敢秘藏”，于宣统三年刊布。据书口下方所题，此本为“粤东公报承印”。

0468

秘方集要一卷/著者佚名：[1911]. --清抄本. --22叶/一册

中国国家图书馆

提要：此书未见题总书名，此题《秘方集要》或为编目者自拟。全书内容多为专治小儿痘疹方，如小儿出痘治疗方、稀痘良方等。其他还有疳积方、导虫方、治狗咬方、脚烂疮、洗眼良方、治冻疮方、治妖人剪发方等。末附“轩辕黄帝简生后嗣篇

中宜生男”之内容，又男科、妇科各症药方。此书抄写字迹较工整，然内容杂陈，资料来源及相关情况无考。

0469

急救良方一卷／著者佚名：1911.——清刻本．——27叶／一册．——半叶十六行，行十六字，白口，上黑鱼尾，左右双边，框高19.7厘米，宽14.2厘米

中国中医科学院图书馆

提要：此书收录了一些治疗相对较急迫病症的方剂，体例有的以病为纲，有的以方为纲，有具体的药物剂量、煎服方法记载，病种涉及内、外、妇、儿各科，不乏吕祖治发背灵膏等具有一定神话色彩的方剂名。此书有一定的临床参考价值，部分膏药的制作方法记载详尽，于中药制剂应有所裨益。

0470

群方简要四卷／著者佚名：［1911］．——清抄本．——八册

上海中医药大学图书馆

提要：此书内容涉及众多，卷一、卷二载内科及五官科疾病，分“伤寒科”“杂病科”以及“面病”。“杂病科”又分诸风、非风、厥逆、伤风、瘅风、汗、痉、瘟疫等40余种病症。“面病”分为口舌、眼目、耳、鼻四种病症。卷三载妇科、幼科及外科疾病。妇科（部分内容失佚）存胎孕、产育、产后、带浊遗淋、乳病、子嗣、癥瘕、前阴等类病症。幼科分撮口脐风、惊风、大惊卒恐、夜啼、外感发热治法、内热等16种病症。外科有发背、脑疽、耳疮、鬓疽、痄腮、疔疮、乳痈乳岩、胃脘痈等36种病症。卷四载咽喉、齿牙、遗精、淋浊、遗溺、痰饮、湿证、黄疸等19种病症。每种病症均依汗、吐、下、和、温、清、消、补八法分列方剂。

0471

神效良方一卷／著者佚名：1911.——清刻本．——33叶／一册．——半叶十行，行二十四字，白口，上黑鱼尾，左右双边，框高18.6厘米，宽13.1厘米

中国中医科学院图书馆

提要：此书记载了观音大士救苦神膏方、观音普济丹、灵通万应救急仙方等有显著佛教色彩的方剂，对其制法和适应证有详细的描述，并附有简单的膏药穴位贴敷正反面图二章。适应证相对广泛、强调切忌污秽不洁、病患要诚心拜求等是此类方剂的特点。另附有咒语数则。

0472

奇方秘集一卷／著者佚名：［1911］．——清抄本．——65叶／一册．——半叶十行，行二十八字

南京中医药大学图书馆

提要：此书为验方合集，无序跋。大致分为喘门、疟门、脚气、瘾疹门、泻痢门、血门、癃闭门，秘结门。每门前总说该门因症病机，再列治方，具有一定实用性。

0473

滋善堂瞭然集四卷／（清）刘礼敬（字若思）辑：［1911］．——清抄本．——257叶／四册

中国国家图书馆

提要：此书辑者刘礼敬，字若思，辽宁辽阳人（据卷端题）。全书四卷，卷一为滋善堂瞭然集女科医方，凡女科浅言、论月经、论胎前调理法、孕妇樽节禁忌、产宝论、难产八因、产后、妇女杂症、妇人乳病等44部分，对女科各种身体状况及病症论述分析，对症施方；卷二为滋善堂瞭然集幼科医方，凡总论、初生搜口法、断脐法、洗浴法、乳哺护理、急惊风、慢惊风、小儿虫积等43部分，对儿科各症分析论证，对症开方；卷三为滋善堂瞭然集杂症医方，凡头痛头风、小儿摇头、眼论、拳手倒睫、耳病、鼻病、舌论、口唇、牙齿、擦牙乌发汤等部分，有论有方；卷四为滋善堂瞭然集杂方，凡大补真元丹方说、接骨单方、杖疮、跌扑伤损、刀枪药、竹木刺入肉、汤泡火烧、破伤风、疯狗咬、蛇咬、蜈蚣咬方、蝎蜂螫方、救自刎法、救冻死法等53部分，皆为日常生活中可能遇到的各种伤损的救治及药方。后附食疗及日常生活常识，如煮冻肉、制药鸡、八宝粥、制陈皮、做印色、搽头油方、染缸药、香油沾衣、烟油沾坏白衣、洗去墨迹等。

0474

敦善录一卷／著者佚名：1911.——清刻本.——89叶／一册.——半叶十行，行二十四字，白口，上黑鱼尾，四周双边，框高17.6厘米，宽11.3厘米

中国中医科学院图书馆

提要：此书开篇即为多篇小文，劝人孝顺、戒淫乱、勿贪污、戒杀戮等。全书目录分为289条，有的以病为纲，有的以方为纲，方名多为治某某疾病方，方剂的药物剂量、炮制方法及煎服方法均有记载。若以病为纲则对病因病机有详述。若以方为纲，则有详尽的适应证记载。所治疾病涉及内、外、妇、儿各科。值得注意的是，关于噎嗝翻胃的治疗方药在书中两处摘录出现，由此可见，此书应是由不同的方书而来，编排亦欠精细。书中不乏人粪、牵牛鼻绳入药的记载，使用时当辨析取舍。

0475

医家玉屑一卷／（清）林燮堂口授　刘文炳笔记：［1911］.——清末民初抄本.——45叶／一册

中国国家图书馆

提要：此书封面题“景恕堂函稿，辛未五月初四日”。卷端题“医家玉屑”，后小字书“雷波县林燮堂老先生口授，宕渠刘文炳笔记，错讹待证，乙丑八月初六日晚”。此为刘文炳记录林燮堂老先生口授行医医案及验方，内容有少林寺打药、牙痛简便治法、新产及初胎妇人乳病治法等。之后有刘光藜老夫子验方，如治痨咳、感冒咳嗽、牛皮癣、疯犬咬伤、牙疼、眼药方、痔疮、跌打伤等。后附体仁堂草药铺的草药方，题“发表君臣汤”。总括此书内容系三部分：林燮堂医验录，刘光藜验方，体仁堂中药方。

0476

仁寿斋勿药方一卷／（清）仁寿斋编：［1911］.——清仁寿斋刻本.——44叶／一册

镇江图书馆

提要：此书为仁寿斋集《韩氏医通勿药方》《折肱漫录勿药方》《葛仙翁肘后备急勿药方》《苏沈良方》及《杏三老人饮食辨》等

书中内容编辑而成，包括食疗药物460余种，食疗方350余方。每方详论主治、药性、适应证及治疗宜忌，药味简单，方便易得。

0477

静俭山房秘传验方集录／著者佚名：［1911］．－－清抄本．－－一册

上海中医药大学图书馆

提要：此书共载验方约170首，集方2首，内容涉及内、外、妇、儿科常见病证。以内科病证为主，或给出方剂名后列组方，或直接列出药物、剂量、煎制方法及注意事项等。外科病证多用外敷方配合内服汤剂或丸剂。此书所涉病证广泛，且多为常见病，方剂均为验方或单味药方，用法详细，有一定临床价值，可供参考。但此书内容未系统编排，所载病证、方药较凌乱，查阅不便。

0478

增广验方新编一卷／（清）铬璋辑：［1911］．－－稿本．－－99叶／一册．－－半叶十行，行二十八字，框高21.1厘米，宽14.4厘米

上海图书馆

提要：此书以病症为门，汇集民间验方、秘方而成，不分科别，随手录之，有的方剂注明传方人，其中不乏精简而实效之方，对于丰富中医验方有一定价值。

0479

采经奇方一卷／著者佚名：［1911］．－－清抄本．－－32叶／一册

中国中医科学院图书馆

提要：此书视其内容似家庭自备，随手漫录为之。内容包括：膏药方，录万应紫金膏、疯气膏、神仙太一膏等膏方24首；窨药酒方，收窨酒、仙灵药酒、养生主（杞菊归圆酒）、百药长、圃甕头春等5方；经验奇方，多为外科疮疡方；制酱、醋、腐乳、香豆豉、变蛋（皮蛋）方。

0480

济世珍宝一卷／（清）王泳（号太仆山人）汇集：［1911］．－－抄本．－－43叶／一册

南京中医药大学图书馆

提要：此书为养生延命、求嗣种子之验方汇编之作。书中有论有方，示人以养生、摄精、种子之法，并汇集多首补益延龄种子秘方，十分实用。但书中内容无分类，显杂乱。

0481

章太炎先生手写古医方一卷／（清）章炳麟（初名学乘，字枚叔，后改名绛，号太炎）编：［1911］．－－稿本．－－57叶／一册

上海中医药大学图书馆

提要：编者章炳麟（1869—1936），浙江余杭（今浙江杭州）人，近代民主革命家、学者、书法家、语言文字学家、思想家，散文家。此书摘抄历代古医方360余首。方剂来源于《伤寒论》《千金要方》等，以及华佗、范汪等医家。病种涉及临床各科，内容详略不一。

0482

万方类聚不分卷／著者佚名：［1911］．－－清抄本．－－二册

上海中医药大学图书馆

提要：此书载录内科、外科及五官科等常见病证的辨证论治，主要有大肠秘塞、脱肛、肠风下血、二便不通、肾脏阴囊、淋证、漏疾、疝气、脚气、腿足、虫部、咽喉、声音、脑漏流脓、宜吐诸症、咳嗽、臂痛、心腹、心痛、心悸、腰胁、脾胃等20余种病症，后列瓜蒂散方、煎煮方法及注意事项。此书所载选方多使用非主流药物，如人爪甲、人牙灰、白马屎、干牛屎、草鞋、本人头发等。此书所载方剂药味简单，煎服方便，大多为自制土方。

0483

嘉禾吴辛味先生秘方一卷／（清）吴辛味撰：［1911］. －－清抄本. －－一册

上海中医药大学图书馆

提要：此书开篇为一总论，主要论述外科及眼科所用丸、散、膏、丹，如何选方用方，依方修制。正文分列丹、散、丸、膏剂之主治、组成及用法，详述不同见证的不同服用方法，分析该方之功效及得效之原理，另有服食注意事项。正文之后，有“男子病证药引”及“妇人病证药引”，将男妇大小病证、对证必用之药引名称列于证名之下，以供后学者参阅应用。书中大部分有红笔圈点及批订，方剂名和药名俱用红线标出，方剂名用双线，药名用单线，以示区分。数叶叶眉上有小字批注，或详述熬膏之法，或为某字作音义注释，另有一治汤火伤神验方写于“治汤火伤方”叶眉处。此书所选多为外科、五官科外用方药，为吴氏临床应用效验之方，且治疗用法叙述详细，给后学者临证应用提供参考。

0484

秘方随录一卷／（清）顾珩（字依仁）抄录：［1911］. －－清抄本. －－一册

上海中医药大学图书馆

提要：此书正文首叶题“秘方随录，外科诸疡应验必备之神方，顾依仁抄”。顾珩（1882—1953），字依仁，同里（今江苏苏州）人，晚清秀才，私塾先生，家中多藏书。全书所载方药以治疗外科疾病为多，如烂脚方、生肌散、黄连膏、黑虎膏等。其中也不乏内服方药，如真人活命饮、人参败毒散、槐花散等。其所用方药如：“跌打损伤方敷药方，白芥子、川乌、草乌各二两，大茴香钱半，干面一钱，净没药钱半，去油。共为末，用火酒打敷患处，三炷线香为上，然后去药。又方，姜黄二钱，官桂、栀子、乳香去油、没药各贰钱，去油，小丁香钱半，酒药三钱，射香三分，共末，用酒板糟研调、火酒调敷俱可。”

0485

素庵公神授奇方一卷／著者佚名：［1911］. －－清抄本. －－85叶／一册. －－半叶九行，行二十八字，框高24厘米，宽12.2厘米

上海图书馆

提要：此书无门类，只列方名及组成功效，方名下注明所传之人，大多署为“天师”，其录方精简，有一定的参考价值。

0486

秘授良方一卷／（清）谭伯憩记：［1911］. －－清抄本. －－一册

上海中医药大学图书馆

提要：此书载方280余首，每方列方名、主治、药物组成、剂量、膏丸方的制法或煎服法。剂型有膏、丹、丸、散、汤、锭子等，涉及内、外、妇、儿、五官、皮肤、急诊等科，而以外科方为主，外用、内服方均有所载。此书所载多为使用有效验的良方、秘方，另收录部分经典名方，还载有一些急重症、疑难杂症的救治方法。书中详述膏、丸等方的制作方法，也可为后世成药制备提供参考。

0487

五略集方一卷／著者佚名：［1911］．－－清抄本．－－36叶／一册

中国国家图书馆

提要：此书题名《五略集方》，即“选仲景宜今各方及前贤汤剂，分为五略：发略，用以治太阳；解略，用以治阳明；和略，用以治少阳；清略，用以治正腑及三阳传经；救略，用以治直中三阴真脏危症。”（摘自此书之“五略总说”）全书所集药方皆根据这五略划分，每略先说明此类药性、药味，后列药方，其中发略20方、解略17方、和略20方、清略20方、救略18方，合计95方。此书著者及抄录者不详。装订所用衬纸为清刻本《方氏崇祀乡贤录》印纸。

0488

秘授奇方／著者佚名：［1911］．－－清抄本．－－一册

上海中医药大学图书馆

提要：此书自首叶开始载方，共载方200首，方药涉及内、外、妇、儿诸科，不分先后主次，多以所治病名为方名，如汗斑方、腰痛方、治心痛方、黄疸方等，亦抄录少许经典方剂，如消风散、地黄饮子等。

0489

集效方二卷／著者佚名：［1911］．－－清抄本．－－二册

上海中医药大学图书馆

提要：此书共载方398首，分三部分。第一部分载方约90首，从《养生经验合集》录出。第二部分载方100余首，自《曹氏秘本经验良方》摘出。第三部分载方约200首，名为《医方集效》。此书以外科丸、散、膏为主，多用以治疗外科皮肤病，及跌打损伤诸证，也可用作所抄录三书的校勘、旁校资料。

0490

医方秘要不分卷／著者佚名：［1911］．－－抄本．－－105叶／一册

黑龙江中医药大学图书馆

提要：此书包括问寒热、问汗、问头身、问便、问饮食等，有汤头歌诀，如二陈汤加减歌等，共89首，以及方药、墨色舌图等内容。

0491

平安书验方集不分卷／（清）处常子录：［1911］．－－抄本．－－324叶／六册

中国国家图书馆

提要：此书首有“痈疽总论”一篇，篇末书“处常子谨录”。全书列验方300余条，其方多来自历代外科名著，每方标有序号，述药性、主治、配方及服用方法。药物以治疗痈疽类为主，兼及内、外、妇、儿、

五官等科，内服外用皆备。书中无总书名，序号上多钤有椭圆形朱印，印文“平安书”三字。编目者或据此拟题书名。

0492

医籍杂抄一卷 / 著者佚名：[1911]. -- 清末抄本. --83叶 / 一册

中国国家图书馆

提要：此书为单方验方、本草、脉学等内容杂抄之作。全书无总书名，此题名或为编目时拟题。其内容首有“药性总论”，又有“十八反药歌”“十九畏药歌”“又捷健歌”“本草纲目论”诸篇。后有“本草崇原目录”，分本经上品、中品、下品目录。最后部分为“望色论”“音声言语论”“识脉论”“诊脉大法”“平脉准绳”“脉有对看法、正看法、平看法、侧看法、彻底看法”“七怪脉四言诗”等诸篇脉学文章。此书书品尚好，书写工整，墨迹清晰。

0493

经验良方一卷 / 著者佚名：[1911]. -- 刻本. --48叶 / 一册. -- 半叶九行，行二十一字

成都中医药大学图书馆

提要：此书收录了治疗疟疾奇效三方、治痢疾奇效三方、治鼓胀十八仙方、治牙疼神效方、治齿出血方、治痔疮第一良方、治痔疮粪漏方、治刀口木器等伤出血方、治鼻内出血方等，方后均有每一味药的性味、用药法、制药法、剂量及服药方法等。此书首叶叙为“唐老人书”，书尾末叶记录了刊刻此书的缘由及目的。

0494

秘方集异一卷 / 著者佚名：[1911]. -- 清抄本. -- 一册

上海中医药大学图书馆

提要：此书分目录和正文两部分。全书收集内、外、妇、儿、五官、皮肤、急救等各科秘方、验方，部分方剂方名后写有“验过”二字，有丸、丹、膏、散、汤以及外搽、熏洗、染发等各种剂型，各科、各型方剂随机排列，无一定规律。每方均列方名、药物组成及用法，部分方剂列出功效主治。此书所收方剂，多为秘方、验方，临床疗效可靠，且大多具有用药简单、取材方便、使用便捷、针对性强的特点。

0495

济世良方二卷首一卷 / 著者佚名：1911.-- 清刻本. --130叶 / 二册. -- 半叶九行，行二十五字，白口，单黑鱼尾，四周双边

中国国家图书馆

提要：此书撰辑者不详，卷首有四位天尊圣号、感应篇、梓潼帝君阴骘文、开经偈、观音大悲咒等内容。正文两卷，每卷首目录，后正文。卷一首有诸症歌诀、中风论，后设中风、风气、痿症、脱须、虚劳血症、肿胀、膈症、噎食、痰饮咳嗽、梦遗白浊、戒烟神方等症并药方100余个。后附补遗，分别霍乱痧症、对症施药方15个。卷二设伤寒瘟疫、解温辟疫时症、痢疾、斑毒斑痧及头、目、耳、鼻、发等疾患并药方200余个。

0496

舌鉴十三方一卷 / 著者佚名：[1911]. --

清抄本. --61叶/一册

中国国家图书馆

提要：此书是在《伤寒舌鉴》的基础上，又补充了10种舌象，共64舌，合64卦之数。同时在“舌鉴论”之后，出列13方，皆是著者用之效验之方，以此命书名为《舌鉴十三方》。此书运用阴阳、表里、寒热、虚实等程钟龄的八字总要，以伤寒六经为框架容纳温病、瘟疫，在制方中较多使用药引。

0497

经验简便良方一卷/著者佚名：1911.--铅印本. --30叶/一册

河南省图书馆

提要：此书涉及喉症、五官科病证，每种病证下均有多种方剂，每个方剂下均有方名、药物组成、用量、服药方法等。

0498

本草诸方集要四卷/著者佚名：[1911]. --抄本. --107叶/四册

中国国家图书馆

提要：此书四册，封面各题元、亨、利、贞。首有以各种病症所分类条目，共640条。后为顺序条列治病药方，涉及内、外、妇、儿、五官等各科及杂症，每一病症申明其适用本草品种、性味功效、加工及服用方法等。此书装订所用衬纸为清末刻本《旷视山房制艺》一书。书册周边略有残损。

0499

景岳八阵古方择要不分卷/著者佚名：[1911]. --乐英氏抄本. --174叶/一册

黑龙江中医药大学图书馆

提要：此书包括补阵、和阵、攻阵、散阵、寒阵、因阵、固阵、热阵，目录中每方均注明出处，如“小建中汤《金匮》”“玄桂丸《丹溪》”。

0500

儒医心镜一卷/著者佚名：[1911]. --清抄本. --一册

上海中医药大学图书馆

提要：此书分为两部分。第一部分以歌诀形式介绍二陈汤、四物汤及小柴胡汤的临床加减运用，对3首汤证的常见兼证及用药变化进行归纳。第二部分载各证病原与用药治法要诀，列述中风、类中风、中气、痰厥、血晕、伤寒、中寒、瘟疫、中暑、中湿、火热、疰夏、内伤、伤食、脾胃、痰饮、六郁、咳嗽、喘症、疟疾、痢疾、泄泻、霍乱、呕吐、膈噎、翻胃，共26门内科常见病症。此书在病症辨证和预后方面特别重视脉法，用药加减变化细致，实用性很强。

0501

医方抄一卷/著者佚名：[1911]. --抄本. --76叶/一册. --半叶十行，行字不等，竹节栏

中国国家图书馆

提要：此书名据书衣题。首有目录，凡13门：补益、阳痿、遗精、怔忡、消渴、自汗、盗汗、水肿臌胀、痞积、虫积、黄疸、疝气、大小便，录药方名202个。书中正文内容缺大小便门15方，实存12门、187方。每方介绍其药物配方、加工制作及服用方法。此书虫蛀严重，书品差。

0502

医方絜度三卷/（清）钱敏捷（字勤民）编:［1911］.--抄本.--110叶/三册

上海中医药大学图书馆

提要: 此书共收方163首。每方下有主治、组成、剂量、煎服法及各家方解，并载服药法则、丸药法则、煎药用水歌等。

0503

经验神效方二卷/（清）孙维桢（字石香）编著:［1911］.--清宣统三年辛亥（1911）稿本.--一册

上海中医药大学图书馆

提要: 著者孙维桢，字石香，清浙善西塘（今浙江嘉善）人。首叶题“宣统三年辛亥清和月订”“浙善西塘镇孙维桢石香集注”，无序跋、目录。此书所列方剂有一证一方，也有一证数方。或有方剂名，或无方剂名。上卷载32类，主要为妇产科、儿科、内科，分别是：胎产、小儿、痘、惊、神方、痧、瘟疫、虚劳、肾病、诸淋、遗精、便浊、大便、戒烟方、疝气、便血、泻痢、泄泻、痢疾、疟疾、肚痛、痞块、伤寒、霍乱、感冒、疸、痰火、咳嗽、吐血、癫痫、解毒、五绝等；下卷录18类，大多为外科和五官科，分别为：诸疮、肿毒、疔疮、乳疮、痔疮、腐烂、瘿瘤、癣疮、肠痈、肺痈、肾痈、膏药、耳病、目病、口舌、鼻痛、牙痛、足疾等。每证先列病证名，次列方剂名，次列适应证、药物组成及煎服法。

0504

古方选存一卷/著者佚名:［1911］.--清活字本.--24叶/一册.--半叶十行，行二十二字，白口，单黑鱼尾，四周双边

中国国家图书馆

提要: 此书辑录古代药方，辑者不详。首有目录列93个药方名，其方含养生、健体、治病、疗伤等各类，每方介绍主治、配方、加工及服用方法。书名据卷端题。书中略有水渍，书品一般。

0505

医方便览二卷/著者佚名:［1911］.--清抄本.--二册

上海中医药大学图书馆

提要: 此书共列方剂40门，多用以治疗内科病症。上卷载中风、类中风、伤风、痉病、痹病、痿病、脚气、癫痫、遗精、浊带、痰症、咳嗽、喘吼、肿胀、疟疾、霍乱、噎膈翻胃、吐呕哕、泄泻、痢疾、五瘅，共21门；下卷载疝气、头痛、眼目、牙齿、口舌、咽喉、肩背、心腹、胸胁、腰痛、小便闭癃、遗尿不禁、大便闭结、汗症、血症、消渴、痨瘵、虚损、内伤，共19门。所载方剂每有方名，或有药物组成，药物均无剂量，或标明出处，以《医宗金鉴》方居多，可供临诊参考。

0506

百病奇方一卷/著者佚名:［1911］.--清抄本.--70叶/一册

中国中医科学院图书馆

提要: 此书无序无跋，无目录，不分科别门类，杂录各类病证验方，皆为经验效方及古方名方，如六味地黄丸、天王补心丹，

但以验方居多。

0507

良方集成四卷/著者佚名:［1911］. --清抄本. --234叶/四册. --半叶九行，行二十字

中国国家图书馆

提要：此书封面签题依次为元、亨、利、贞四部，每部首有该部目录（药方名），正文详述各方药物成分、服用方法、主治病症。第一册元部，抄录药酒方及胜金丹、七制香附丸、太平丸、资生丸等64方；第二册亨部，抄录药方如煮槟榔药、藿香正气丸、知柏地黄丸等95方；第三册利部，抄录药方如益母丸、回生丹、珍珠散、胎产金丹、梨膏方等62方；第四册贞部，抄录药方如上清丸、百消丹、止血散等凡100方。全书共计抄录321方，所录各方多为辑者广泛搜求摘引，如第一册首录“百岁酒方”，即选自清代名家梁章钜的《归田琐记》一书，此方传有养颜保健益寿延年之功效，多为后世仿效制作。全书用墨印框格纸抄写，行字整齐。

0508

救急良方一卷/（清）言应千辑:［1911］. --清言氏刻本. --25叶/一册. --半叶九行，行二十五字，白口，上黑鱼尾，四周双边，有界栏，框高18.3厘米，宽12.5厘米

中国中医科学院图书馆

提要：此书为清代常熟言应千捐资刊板，记载了治疗内外科急症的方剂数十首。全书分治瘟疫、治痧症、治刀伤、治疯狗咬、治汤火毒、救缢死、救溺死、救自刎、救冻死、解鸦片毒、解砒霜毒、解断肠草毒、救痰气厥、辟刀兵鬼怪蛇虎、救饥、止火法、断鸦片瘾等，所载药物多为简便易得，与救急之意相合，但部分方剂无剂量。后附“临产六字真言”“立效良方”。“临产六字真言”即“睡、忍痛、慢临盆”。后有产科、儿科常用方剂及催生安胎灵符一张。“立效良方”乃梁溪徐徵小山氏集录，收录一些治疗急症的方剂，其中“秘授万灵一粒九转运丹”，治疗一切危急症，有52种服用方法，如“泄泻米汤下”“胞衣不下”“童便和酒服”“血崩阿胶续断汤下”等。

0509

御医大内奇验秘方一卷/著者佚名:［1911］. --抄本. --68叶/一册. --半叶十行，框高19.8厘米，宽14.3厘米

中国科学院国家科学图书馆

提要：此书为方书杂抄而成，无篇目分类，记录临证验方，多为简便而实用者，为偏方、验方之集汇。

0510

良常集不分卷/（清）处常子录:［1911］. --清抄本. --392叶/八册

中国国家图书馆

提要：此书不分卷次，按册分类，大致以内、外、儿、妇等次序编排。每类病症下若干方剂，详其主治功效、剂量用法，无理论阐发。此书载方多为验方、偏方。

0511

奇效丹方八卷附治气虫经验方一卷/（清）陆太纯（号贞阳子）辑：［1911］．——刻本．——182叶/四册．——半叶九行，行二十字，白口，单黑鱼尾，四周单边，框高18.1厘米，宽13.5厘米

中国科学院上海生命科学信息中心生命科学图书馆

提要：此书卷端题“奇效丹方内科”（第一至四卷），“奇效丹方女科”（第五卷），“奇效丹方儿科”（第六卷），“奇效丹方外科”（第七卷），“奇效丹方救急”（第八卷），附治气虫经验方。卷一至卷四录内科诸病证丹方共194首，卷五收女科诸病证丹方共44首，卷六载儿科诸病证丹方共11首，卷七集外科诸病证丹方共88首，卷八为救急丹方共23首。共计360首，方后均附配伍、炮制、主治等。总之，此书为丹方专著，所载诸方，论述详尽，炮制得当，可为后人师法。

6.2 成方药目

0512

太和堂寿世方书不分卷/（清）马东旭编　马鹏飞等增补：1724．——清嘉庆十七年壬申（1812）山东济宁马家药材店刻本．——121叶/四册

中国中医科学院图书馆

提要：此书为药铺成方药目，著者序署“东旭”为其名，所开店称“马家药材店”，故应姓马，此书著者姓名应为“马东旭”。马家药材店自马东旭以下经历子马德刚、孙马荣恩、曾孙马鹏飞，书末最后一跋即曾孙马鹏飞撰，中有“增加药目，补辑方书”等语，时在清嘉庆十七年壬申（1812）是为此书刊年。全书分补益、脾胃、饮食、痢疾、诸火，风寒等19门，各方分列诸门，共收丸、散、膏、丹，酒方212首。每方叙其功效主治、服法用法及用量、注意事项等，或首先叙其相关主治病症之病因、症状等。方末均附药价，是其特点。此书列有成药组成及修合之法，故而相当于中成药使用说明书汇编。

0513

鹤年堂丸散汇集不分卷/（清）鹤年堂药店编：［1758］．——清稿本．——221叶/八册

中国中医科学院图书馆

提要：此书系清代北京鹤年堂药店自治丸散成药目录。全书分风寒、补益、饮食、诸火、痰饮、眼目、妇女、小儿，疮疡等9门，计收成药346种，每门前有小序，简述该门病证之病机及主要治疗方剂。每药则详述其主治、服法、禁忌、方药组成，或亦述其主治病证之病机及成药之制法等。

0514

体仁堂颐世方书一卷/（清）体仁堂主人编：1766．——清乾隆三十一年丙戌（1766）北京体仁堂清刻本．——一册．——半叶十行，行二十五字，白口，单鱼尾，左右双边，框高22.5厘米，宽14.2厘米

北京中医药大学图书馆

提要：此书为清乾隆三十一年丙戌（1766）北京体仁堂药铺成药药目。篇首有刘统勋、曹文植序文。全书收录清代乾隆年间北京体仁堂药铺出售丸散膏丹成药384种，分风寒门8种、补益门59种、妇女门49种、小儿

门46种、眼目门21种、脾胃门33种、饮食门34种、诸火门32种、痰饮门24种、疮疡门48种，共10大门类。每一门类首叙此门类诸药证治概要，次列诸药名目细则。证治概要仅一叶纸，论述主症、生理、病机、情志起居、饮食调摄、治疗原则、治法次第、主要方药等。名目细则首列成药药名，继以症状、病机、病因、功效、主治、服法剂量、外用方法，末标每两、每丸纹银售价。

0515

金液堂药目一卷／（清）金液堂编：［1795］．--清乾隆金液堂刻本．--61叶／一册．--半叶六或七行，行十六字，白口，单黑鱼尾，四周双边

中国国家图书馆

提要：此书卷前有金液堂主人及于敏中各撰序文，述及药铺所售药物来源于“南粤、滇、蜀之材，俱采取精良者而售之，与夫炮制丸散，悉遵古人之成法，而用之不爽毫发。”其意在彰显药铺特色，故广而告之。书中首有“金液堂虔修诸门应病丸散总目”，含风痰伤寒门、补益虚损门、脾胃泄泻门、饮食气滞门、诸火暑湿门、痰饮咳嗽门、眼目口齿门、妇女诸症门、小儿百病门、外科损伤门等10门，共427方。每门总述病症、病理、病因及辨证调治方法。每方记录药方名、主治、用法及价格。

0516

天宁堂虔修诸门应症丸散总目一卷／（清）天宁堂药店编：1795.--清天宁堂药店刻本．--41叶／一册

河南省图书馆

提要：此书涉及内、外、妇、儿、杂病科病证，分“风痰门”“伤寒门”“暑湿门”“燥火门”“补益门”“脾胃门”“痰嗽门”“气滞门”“泻痢门”“眼目门”“疮科门”“癣药门”“汤火药门”“妇科门”“小儿门”“咽喉门”“杂治门”等病种，每病下均有多种方剂，每个方剂下均有方名、药物组成、主治、用量等。书中有部分缺损。

0517

天福堂丸散目录一卷／著者佚名：1807.--清嘉庆十二年丁卯（1807）刻本．--68叶／一册．--半叶六行，行七字，小字行二十二字，白口，上黑鱼尾，四周双边，框高19.8厘米，宽13.5厘米

中国中医科学院图书馆

提要：此书分风门、寒门、暑湿、燥火、痰门、咳嗽劳嗽、补益、虚损、脾胃、健忘怔忡、诸气积聚、郁证、大小便疝气、痛风脚气、痢疾泄泻、眼疾、口齿、妇女科、小儿科、外科、杂治21门，载中成药方401首，无药物组成，每方均记价钱几何，有以丸计，有以两计。小儿科附有观形察色图一张，详述面部望诊，并有面上形证歌辅助记忆。经验救急良方十条，则与此书其他中成药有别，多为常见之物入药，贵在迅速便捷。此书是清嘉庆年间药店的中成药丸散剂的目录，因其注重适应证的描述，对药物组成、剂量以及制药方法、煎服方法等均未记载，所以临床实用性较差，但可一窥当时中成药市场繁盛的景象。

0518

永安堂虔修诸门应病丸散膏丹总目一卷/(清)永安堂辑：1837.--清道光十七年丁酉(1837)刻本.--119叶/一册.--半叶十四行，行二十八字，白口，单鱼尾，四周单边

中国国家图书馆

提要：此书系清道光年间永安堂药铺所售丸散膏丹总目。全书分风痰伤寒门、补益虚损门、脾胃泄泻门、饮食气滞门、诸火暑湿门、痰饮咳嗽门、眼目口齿门、妇女诸症门、小儿百病门、外科损伤门、遗补门等共计11门，每门首有总论，其后介绍各种剂型中药的主治病症、服用方法、禁忌及价格，总录中药409种。其中乾隆年序文旨在给所售药品列目；嘉庆、道光年序文则均为“公议新增丸散价值”，强调因物产有丰歉之殊及药材价格上涨等因素而重新定价出售。此书上下封皮残损，书口等处略残，然内容尚完整，具有一定的中医药史料价值。

0519

乌金丸方一卷/(清)白明远辑：1837.--清道光十七年丁酉(1837)宝坻白明远刻本.--18叶/一册.--半叶十行，行二十二字，白口，左右双边

中国国家图书馆

提要：此书自序云：“初得此方，按法修合，每年施送，凡有患病者服之，无不神效，治好多人，实为妇科之圣药也。”乌金丸方为妇科药方，书中首先介绍该方的基本成分、用量及制作方法。其后分别有乌金丸产后36论、乌金丸胎前18论两部分，对妇女怀孕期和生产后出现的一些症状分析病因，并分述根据不同病症而服用乌金丸的不同方法。《乌金丸方》共18叶。其后为《续附经验救急良方》，列30种日常生活中发生的急症，逐一分析病因并开具药方。又附食物诸毒须知、跌打损伤方等。

0520

元无堂药说一卷/(清)李冀北撰：1847.--清道光二十七年丁未(1847)广州天无堂刻本.--41叶/一册

中国中医科学院图书馆

提要：此书名据书脊处题“天元堂药说”，目录首行题“广中和应验蜡丸膏丹目录”，系为广州天无堂药铺制售之丸散膏丹药目，计收方73首，多为历代名方。目录中每方载其价格、主治，正文则详述各方主治功用、服法禁忌等。此书缺损严重，仅存“夷人万病应灵散”至“八宝坤顺丸”方28首，余45方仅存目。

0521

苏州劳松寿堂丸散膏丹胶露目录不分卷/(清)劳松寿堂主人编：1850.--清道光刻本.--117叶/一册.--半叶八行，行十八字，白口，上黑鱼尾，左右双边，框高15.3厘米，宽10.9厘米

中国中医科学院图书馆

提要：此书为清道光年间苏州劳氏松寿堂自制丸散膏丹胶露目录。计分补益心肾、伤寒诸风、脾胃泄泻、饮食气滞、痰饮咳嗽、诸火暑湿、眼科、妇科、幼科、外科等10门，另有胶膏露油酒一节，共收方329种。此书编制之初衷是为了方便对

症施治，故每方均述主治、煎服方法，但不具药物组成。尤其值得一提的是服用方法十分丰富，如京都如意丹有48种不同的服用方法及相应的适应证，如口眼歪斜用姜黄桂枝汤服下，自痢用茱萸汤服下等，对中成药适应证的扩大及临床应用提供了新的思路和方法。胶膏露油酒一节还附有多幅素描图，颇为精美。另书中字样前后有别，有正楷，有行书，或非一时成书。

0522

丸药成方配本一卷 / 著者佚名：1852. ——清咸丰二年壬子（1852）抄本. ——31叶 / 一册

中国国家图书馆

提要：此书专为丸药成方配本，题名及版本据原书衣所题，记录丸药有藿香三气丸、六味地黄丸、清瘟解毒丸、人参健脾丸、清咽利膈丸、明目蒺藜丸、明目上清丸、肥儿丸、拨云退翳丸等67方，每方列出所配各味药材的名称、重量。最后重点记述神效吹喉散、至圣保元丹2方，在药性、主治病症、服用方法等方面阐释较详。

0523

万龄堂虔修诸门应症丸散总目一卷 / （清）万龄堂药店编：1860. ——清咸丰十年庚申（1860）万龄堂药店刻本. ——43叶 / 一册

河南省图书馆

提要：此书涉及内、外、妇、儿、杂病科病证，分风痰门、伤寒门、暑湿门、燥火门、补益门、脾胃门、痰嗽门、气滞门、泻痢门、眼目门、疮科门、癣药门、汤火药门、妇科门、小儿门、咽喉门、杂治门等病种，每病下均有多种方剂，每个方剂下均有方名、药物组成、用量、加减等。

0524

长春堂丸散膏丹配本一卷 / （清）长春堂药店编：1864. ——清同治三年甲子（1864）抄本. ——一册. ——半叶十行或十一行，单鱼尾，框高24厘米，宽29厘米，白棉纸

北京中医药大学图书馆

提要：此书为长春堂药铺丸散膏丹配本柜台药目簿。“一是方名下注曰某氏某书者，皆考古方书以原方录之”“一是方名下注曰本堂自制、数效屡验者，皆系自制取验之方”“一是方名下注曰无考无证或无注，此皆不知出自某氏某方书，姑俟高名（当作“明”）博学者审查而注之”。全书分：风痰门16方、伤寒门22方、暑湿燥火门35方、补益虚损门58方、脾胃泄泻门36方、饮食气滞门43方、痰饮咳嗽眼目口齿门59方、妇科门28方、小儿门43方、外科门41方、遗补门10方，共11门，391个成药处方。每个处方先列方名（少数注明方药出处），次列诸药名及使用剂量，最后标明配制方法。

0525

半积堂丸散撮要三卷 / （清）高赤城编：1864. ——清同治三年甲子（1864）半积堂药室刻本. ——233叶 / 四册. ——半叶九行，行二十字，白口，上黑鱼尾，四周双边，有界栏，框高17.8厘米，宽12.7厘米

中国中医科学院图书馆

提要：此书选择简便救急的方剂及原方治则录之。归为卒中暴厥、风痰、风寒、暑湿、燥火、调气、理血、滋补、脾胃、消导、涌吐、攻下、祛痰、喘嗽、疟疾、泻痢、积聚、肿胀、杀虫、耳目、咽喉口齿、女科、幼科、痘疮、外科、膏药、跌仆、杂治等28门，总计365方。若有屡验良方不载于365方内者均归于补遗门。卷一、卷二将各门名录列卷首及书口处以方便检阅，各方方名之下仍载出处、主治及服用宜忌等，皆照原书详列，毫无增删，药物组成及剂量阙如。药性峻烈的丸散剂俱加以标识，提醒谨慎使用。卷三为半积堂施送膏丹丸散撮要，亦各详其主治，并附救急良方、保产撮要于后。救急良方记录常见急症的简便易行之方剂。保产撮要不但对孕妇生产过程中的常见疾病及治疗方法、用药等有详细的记载，而且对生产过程的注意事项有所涉略。

0526

竹石草堂成方汇要三卷/（清）陈舜封编：1872. --清同治十一年壬申（1872）竹石草堂稿本. --583叶/十册

上海中医药大学图书馆

提要：此书卷一、二为经方门，卷三为杂症门。其内容由五部分构成，其一经方门类，记载《素问》《灵枢》《伤寒论》《金匮要略》四书之方，并引医家之论释；其二妇科门类十门；其三诸证门，按病症分类凡42类；其四为家传秘方，医案；其五，温暑集录，采集喻嘉言、叶天士、薛生白、吴鞠通诸家关于温暑病的医论。全书共载方1680余首。

0527

许广和号丸丹集录不分卷/著者佚名：［1874］. --清同治刻本. --110叶/一册. --半叶九行，行十六字，白口，单鱼尾，四周单边

中国国家图书馆

提要：广和号乃清代武林（今浙江杭州）城中的中药铺名号，主人许德孚，其生平履历不详。许氏药铺自创业至同治十一年已有百余年经营历史，后因太平天国运动，该药铺一度中断经营。战乱后一年，广和号在原旧址重兴开业，并刊印此药目。书中“附例”申明：本号只此一铺，认明浙江省城内新宫桥河下，有许德孚家横匾；择日优惠打折；因世乱导致药材涨价，故个别药剂价格略增几许；特标内、外、妇、幼等科分门别类。全书凡补益心肾、脾胃泄泻、饮食气滞、痰饮咳嗽、诸风伤寒、诸火暑湿、妇科门、幼科门、眼科门、外科门、杜煎胶囊、各种花露药酒香油等12个门类，记录以丸、丹为主，兼括膏、胶、露、酒、油等自家修合的各色药品309种，分别介绍药方主治、服用方法。

0528

沪北海国奇方生生堂西洋药局书一卷/（清）刘农编：1874. --清同治刻本. --16叶/一册. --半叶八行，行二十二字，白口，上下黑鱼尾，四周双边，框高13.4厘米9.5厘米。

中国中医科学院图书馆

提要：此书记载著者于西洋觅得仙草制成戒断烟瘾之成药，所谓仙草名曰极贞。此药不但能戒断烟瘾，而且能治疗吸烟人阳

痿、梦遗、淋浊、泻痢、口燥、神昏、怔忡、健忘等症。成药的制作方法、服用剂量及价格均有明示。后附有戒烟成功之案例、忌烟说及各种西洋药的主治价目。此书是记录戒烟成药的方书小册，但因其成药来源是西洋药草，可见中西交流的印迹，值得关注。

0529

同春堂药丸汇集一卷/（清）赵宗济识　同春堂药铺编：1887.-- 清光绪十三年丁亥（1887）刻本．-- 一册．-- 框高28厘米，宽16厘米

中国中医科学院中国医史文献研究所

提要：此书为清代药店同春堂的丸药成方集，列有方名、主证，共记录了130余种中成药名。

0530

神效济坤英神普救丸一卷/著者佚名：1903. -- 清刻本．-- 一册．-- 框高26厘米，宽14厘米

中国中医科学院中国医史文献研究所

提要：此书1500余字，书首有"普将人病犹已病，救得他生似我生"一联，书前半部记述了约50种常病速效救法，后半部介绍神效救坤丸，专治肝风、经风、血亏、血瘀、崩漏、淋涩、痞块诸症。

0531

上海汪恒春堂丸散膏丹汇编一卷/（清）王道编：1908. -- 清光绪刻本．--57叶/一册．-- 半叶十六行，行二十二字，白口，上黑鱼尾，四周双边，框高17.1厘米，宽13厘米

中国中医科学院图书馆

提要：此书系以功效分类，记录上海汪恒春堂的丸、散、膏、丹各类成药的功效、服药及使用方法、价格。书口处有"补养延年""胎前产后"等字样，方便查找。一味成药能治疗数症者，只编入一门。书中不记药物组成，不载制作方法。

0532

益寿堂医方总目一卷/（清）益寿堂编：［1911］. -- 清刻本．--76叶/一册．-- 半叶十行，行二十五字，白口，单黑鱼尾，四周双边

中国国家图书馆

提要：此书首有署名益寿堂主人撰序，称"本堂精选名方，耑用地道药品虔诚制造。又复讲明病症，令按方服药者有随手奏效之妙"。全书分补益门、脾胃门、风寒门、痰饮门、眼目门、诸火门、饮食门、妇女门、小儿门、疮疡门等10门类，记录药方157条。每条内容为药方名称、主治病症、服用方法、价格（以丸、觔、贴、两、锭、钱等定量单位计价）。

0533

丸散膏丹方剂总录不分卷/著者佚名：［1911］. -- 抄本．-- 二册

成都中医药大学图书馆

提要：此书上册收录了风痰伤寒门36种，补益虚损门53种，脾胃泻痢门35种；下册收录了饮食气滞门37种，诸火暑湿门35种，痰饮咳嗽门27种；每剂的配方、剂量及制法都明确记载。此书封面有"马震山"名，

疑为抄录者，还有“马震山章”及“孝良”两枚钤印。用白棉质抄写，字迹工整清晰。

0534

二十一种膏药熬法一卷附录一卷/著者佚名：[1911].--清刻本.--47叶/一册.--六行，二十二字，白口，单黑鱼尾，左右双边

中国国家图书馆

提要：此书卷端题“二十一种膏药方药熬法”，21种膏药为：清阳膏、散阴膏、金仙膏、行水膏、清肺膏、温肺膏、养心安神膏、清心化痰膏、健脾膏、清胃膏、温胃膏、清肝膏、滋阴壮水膏、扶阳益火膏、大补延龄膏、通经膏、固经膏、安胎膏、催生膏、卫产膏、云台膏。每种膏药先介绍所配草药及辅料的名称及剂量，后述配制方法及要领。其后补录五种散剂：收湿散、上清散、辟瘟散、风火眼薄荷散、老眼龙胆散。每剂记述主治及服用方法。书后又题“附录应验诸方”，共6种：金疮铁扇散、大西洋十宝散、脑漏方、误吞金银铜铁铅粉方、服生鸦片烟方、辰砂散。此书记述膏药熬制甚详。

7 临证各科

7.1 通论

0535

医学引彀一卷/（元）滑寿（字伯仁，号撄宁生）撰：1367.--明正统十一年丙寅（1446）吴昫庵刻本.--五册

浙江图书馆

提要：此书包括《医学引彀》一卷，传记及题词一卷，附方两卷，集各科常见病证45则，各证首重审脉、论证、求因，辨析甚详。后出治法方剂，兼述单方。书后又将各病治验之方汇为附卷，以便临床实用。正文按病分条。首为内科杂症，包括中风、中寒、中暑、中湿、感冒、疟、痢、呕吐、泄泻、秘结、咳嗽（附痰证）、喘急（诸气附）、癫疝、噎膈（附翻胃）、虚劳劳瘵、首风等38症；中间夹有眼目、咽喉诸症；末为妇人杂证、小儿杂证。为了便于临证查找方剂，又将各病治验之方单独集为两卷，附在书后。

0536

新刊医学集成十二卷/（明）傅滋（字时泽，号浚川）撰：1516.--明正德十一年丙子（1516）刻本.--十二册

上海图书馆

提要：此书卷一为医论，重点阐述诊病内涵，突出临床各科的理论基础。其后各卷论述病证，先谈脉法；次针对所述病证，选取朱丹溪及诸贤精论，另以小字按注、发挥，使之易于理解；又次为医案，征引朱丹溪及诸贤经治案例；后为附方，精选历代名方，标示出处，若干选方另增加减用法。对于某些病证，如中风、咳嗽等病，复于方治后，增列"针灸法"，多系摘自明以前针灸典籍，并在穴位名称下，注以所在部位、针刺深浅及刺法，灸法则注明其施治之壮数。又如对各型伤寒，除介绍张仲景及后世有关名方外，另附葱熨、火攻、水攻等法，详述其宜忌情况。

0537

医学集要五卷/（明）闵道扬（字守泉）撰：［1522］.--抄本.--五册

日本国立公文书馆内阁文库

提要：此书五卷，各卷以病分门，各门首为"论"（理论论述），并出示治法，包括针灸和汤方，后继以所用汤药。其中卷一为中风门、疠风门等16门，以外感热病居多；卷二共17门，主要是内科诸门的疾病；卷三共23门，主要是内科内伤及五官诸门的疾病；卷四共11门，内、外科疾病都有；卷五共7门，为妇人、小儿科的相关病症。各门议病之因，后附主治方剂。其中多引金元医家如东垣、丹溪之说，也有"守泉曰"或守泉经验方，为自家见解。

0538

新刊东溪节略医林正宗八卷/(明)饶鹏(字九万,号东溪)辑:1528. --明嘉靖七年戊子(1528)序刻本. --三册. --半叶十行,行二十字,白口,上下双黑鱼尾,四周双边,框高17厘米,宽12厘米

日本国立公文书馆内阁文库

提要:此书首卷撮取医学入门基础知识,其余诸卷尊张仲景、朱丹溪、李东垣、刘河间四子为正宗,辑录伤寒、气血痰郁、内损、痈疽疮疖等相关治方。全书八卷,卷一为脉、药方面的若干入门歌赋。卷二以后,各有附题。其中卷二至卷四题“长沙张仲景先生伤寒方法(或治方)”,卷五题“丹溪朱先生气血痰郁四证方”,卷六题“东垣李先生治内损方”,卷七题“河涧(间)刘先生治痈疽疮疖方法”,卷八题“河涧刘先生外科秘要”(包括骨伤科、皮科、外科疮疡等)。此书各卷虽分别冠以“四子”(张仲景、朱丹溪、李东垣、刘完素)之名,作为医学正宗,但其实际内容是介绍伤寒、气血痰郁等内伤和外科的一些实用有效方剂。其中一些基本方下,介绍了大量的随症加减法,甚便于临床运用。

0539

世医通变要法二卷/(明)叶廷器撰:1539. --明嘉靖十八年己亥(1539)刻本. --八册

上海图书馆

提要:此书卷上自中风、中寒至瘾疹、蛊毒共列100个病证。所选多属内科杂病,也包括伤寒六经病及一些皮肤病(白癜风等),末附解诸毒方。卷下论病较多,自水肿至异病,共113种病证。包括少数内科杂病,及外科病、五官及口齿病、妇人杂证、儿科病等。著者阐论诸病,“各源病本,次及诸方”,着重述其病因、病机、证候,或介绍历代施治概貌。对于有些病证(如中风等),则从证脉予以明辨,作出鉴别诊断。

0540

医家必用不分卷/(明)孙应奎(字文宿,号东谷)撰:1541.--日本江户抄本佐伯侯毛利氏旧藏. --106叶/一册. --半叶九行,行十七字,白口,上下双鱼尾,四周双边,框高23厘米,宽16.5厘米

日本国立公文书馆内阁文库

提要:此书由序、目次、正文、跋文组成。正文是由131个处方组成的处方集,排列按分类顺序,收方多数出自《太平惠民和剂局方》及金元各派时方,而不以《伤寒论》经验方为主,其中还有相当部分的经验方。

0541

医方集略七卷/(明)郭鉴(字丹泉)编:1545.--朝鲜古活字本. --七册. --半叶九行,行十七字,上下双黑鱼尾,四周双边

日本国立公文书馆内阁文库

提要:此书虽以“医方”为名,但实际是一简易临证综合医书。首尾完具。卷一前半部为“学医之法”“谨医学守禁忌论”“服药法”“论病因治法”等一般学医须知。从卷一后半部分开始,分门罗列疾病,共设48门。每门之前有短论,介绍该门病症的病因、病机、诊断、治法等,其

后罗列经过遴选的方剂。在若干门下，又再引录俞桥、王东阳等医家论说，并经常在某些方剂之下附有治疗验案。卷一至五主要是内科和五官科的一些疾病，卷六为妇人门专卷，卷七为小儿门和疮疡门。此书所收疾病虽然不是很多，但却是临床常见多发病，所收方剂并不是太多（725方），但遴选比较严格。

0542

医学经略十卷/（明）赵金（字淮献，号心山）编著：1566.--明天启三年癸亥（1623）序刻本. --657叶/十册. --半叶十行，行二十二字，白口，无鱼尾，四周单边，框高18.3厘米，宽11.9厘米

中国科学院上海生命科学信息中心生命科学图书馆

提要：此书内容广泛，取材纯正，理法俱备。书中诸病之末，常在“证治”下介绍个人治验，或在“愚谓”后阐发己见，对临床诊治颇有裨益。此书是赵金唯一存世的医学著作。全书共十集，第一集内容为脉法、药性，为医学入门的基础知识。第二至第六集，为内科病证，载病证68种。第七集为眼、耳、鼻、齿、喉舌及外科病11种。最后次第为妇科与儿科，分别记载相关的病证及诊治法。

0543

明医二著五卷/（明）王纶（字汝言，号节斋）:1567.--明隆庆元年丁卯（1567）宋豫卿刻蓝印本. --42叶/一册. --半叶十行，行十九字，白口，四周单边

中国国家图书馆

提要：著者王纶，字汝言，号节斋，浙江慈溪人。成化二十年（1484）进士，正德中，以副都御史巡抚湖广。尝因父病而研究医学，学术上赞赏朱丹溪、李东垣二人。著作有《本草集要》八卷、《明医杂著》六卷、《明医杂著》二卷以及《小儿医书》《医论问答》等。此书为残本，存三至五卷，据版心题名。卷三“医论”，主要针对儿科病症论述；卷四“医论问答”，以问答形式阐述各科病症理论，末附“拟治诸方”；卷五“附录经验方”，含各科药方。据书首有明嘉靖十三年（1534）江敖英撰“序王节斋小儿医书”，推知王氏著《小儿医书》或为此本所缺卷一、卷二内容，书题“二著”者，乃《小儿医书》《医论问答》二书，唯惜《小儿医书》只存序文。

0544

新集医家蕴奥四卷/（明）何天恩（号古朴子）编：1570. --明万历三年乙亥（1575）浙江余杭古朴堂刻本. --128叶/三册. --半叶十二行，行二十二字，白口，单栏，框高17厘米，宽11.4厘米

日本国立公文书馆内阁文库

提要：此书四卷，卷二残，分仁、义、礼、智四卷（义卷缺）。卷一首为药性、经络知识，次为伤寒诸证。卷三亦为内科杂病，及身形诸症。卷四为妇科诸症，求嗣及小儿诸症，并附“续增痘疹新鉴奇秘”。书末有“教子十善”“戒子十恶”等幼儿教育内容。诸症议病列方，间附己见。

0545

医圣阶梯十卷/（明）周礼（字半山）辑：

1573. --明万历元年癸酉（1573）红叶山文库藏本. --四册. --半叶十行，行二十字，白口，上黑鱼尾，四周单边，框高17.3厘米，宽13厘米

日本国立公文书馆内阁文库

提要：此书内容依次为“医圣阶梯自序”“刻医圣阶梯序”“刻医圣阶梯后序”、目录、凡例、正文。卷一“医论门”，录医论31则。卷二至六均为杂症，录杂症62则。卷七妇人症40则。卷八、卷九为伤寒，分51症，末附“药性”（多为入门歌括）。卷十为“重方”，凡105首。又附诸方歌括（凡95方）。此书为初学入门而设，故内容浅近而周全。

0546

医门秘旨十五卷首一卷/（明）张四维（字国本，号筠亭）撰：1576.--明万历四年丙子（1576）同安张氏恒德堂刻本. --391叶/六册. --半叶十行，行二十一字，白口，上黑鱼尾，四周双边，框高18.6厘米，宽12.5厘米

日本宫内厅书陵部图书馆

提要：此书反映了张氏父子两代人的医疗经验。正文十五卷。卷首一卷，集录各种序文题记、匾额像赞，还录有古代名医姓氏及题词。卷一在凡例之后，为“却疾养生论”“六失六不治说”，此后则列有关于运气图说37条，系统介绍运气的一些基本概念。卷二为中医基本理论，其中有“医论”“亢则害承乃制”“诊脉法”，以及六气、经脉气血等相关内容。卷三为药学内容。首载明代盛行的《药性赋》（四性），其次则集录前人本草（尤其是金元时期的本草）的一般论说，涉及药物的阴阳、气味、升降、浮沉、十八反、十九畏、引经报使等内容。此书自卷四至卷九（共六卷），以病为纲，“辨其因，正其名，审其虚实，察其形状。若有相类则分别之”，并出示诸病所用治方。其中卷四为六淫之病，分风、寒、暑、湿、燥、火六门；卷五为疟、痢、泄泻；卷六为血、咳逆、痰、喘、齁、惊悸、怔忡、癫狂、痉；卷七为虚、自汗、盗汗、霍乱、关格、淋闭、闭结、气、膈噎、翻胃、嘈杂、积块；卷八为诸头疼、眼科、耳症、鼻症；卷九为口疮、牙疼、咽喉、肩背痛、心病、诸疼痛、胁痛、腰痛、脚气、疝气。此外，卷十为妇人科，卷十一为小儿科，卷十二为外科，卷十三为杂方，卷十四为“危病十等方”，最后一卷为“烧炼制造法”“药性拾遗”。此书从结构上来看是一部综合性医书。书中有基础理论，临床各科病症，以及方剂、药物制造等多方面的知识。

0547

医林统要通玄方论四卷/（明）黄惟亮（字西丘）编：［1573］. --明万历三十七年己酉（1609）杨丽泉四知馆刻本. --171叶/四册

日本国立公文书馆内阁文库

提要：此书又名《太医院增补捷法一例统要外科方论大全》。全书共四卷，卷一首论脉、五行、五行妙论、五积、五泻、标本病形、药性赋、诸品药性诗括、类集杂方等，卷二是观形察色听声辨阴阳寒热虚实三阴三阳伤寒杂病内外奇方、医之生死悬阳倒阴之机捷等，卷三小儿杂证、秘传小儿痘疹经验良

方，卷四外科，附录痈疽疔疮图并方。其中尤以外科方有许多潜方用药的独特之处。

0548

医家赤帜益辨全书十二卷／（明）吴文炳（字绍轩，号光甫、沛泉）撰：［1579］.——明万历熊氏种德堂刻本.——十二册

中国中医科学院图书馆

提要：此书首卷主要是脉诊与运气学说的内容。第二卷属于针灸内容，主要辑录自明代徐凤《针灸大全》、高武的《针灸聚英》（引作《针灸萃英》），以及元代窦太师针书。第三卷为本草内容，但没有罗列具体药物的性味功能，而是重在药学的基础理论知识。其资料主要来源于当时坊间颇为流行、亦有闽书林刻印的《太医院增补医方捷径》，以及徐春甫的《医学指南捷径六书》。第四卷开始，则为临床各科病症内容。卷六为中暑、中湿、火、痰饮等门，虽然凡例介绍该部分内容主要取材于刘完素《原病式》，但正文实际上采录朱丹溪的论说较多。从卷六开始到卷十一前半部，主要是杂病的内容，其中引用《丹溪心法》的地方较多，也包括杨士瀛《仁斋直指方》等诸家书的方药等内容。卷十一后半部主要是外科内容，凡例介绍主要取材于明代薛己的《外科枢要》。卷十二则为妇人门、小儿门。此书凡例介绍妇人门主要取材于宋代陈自明的《妇人良方大全》，小儿门主要取材于陈文中《陈氏小儿病源方论》、钱乙《小儿药证直诀》，痘疹主要参考《丹溪心法》，以及明代陆道元增补、翁仲仁原撰的《痘疹金镜录》。此书如正文一般不标文献出处，凡例所说与正文略有出入，病症部分多方、少论，重在罗列各病症所用之方等。

0549

太医院纂集医教立命元龟七卷／（明）朱儒撰：1590.——明万历十八年庚寅（1590）闽建潭城书林余成章刻本.——506叶／七册.——半叶十二行，行二十四字，下黑口，单黑鱼尾，四周双边

甘肃省图书馆

提要：此书共七卷。卷一除诸部脉歌、药性歌、诸病主药等医药学基础知识外，主要列述了内科14门病症，卷二内科31门，卷三妇科33门，卷四儿科39门，卷五痘疹门，卷六外科61论卷七外科分列痈疮等形症与奇方。每病证门下先述病源病机，再列治方，方药选取多源自经典古方。书中较有特色的是外科，在外科卷中不但论述了治疗宜忌、方法、诊疗技术等，还在每种病症的综论后附上了著者的治验。

0550

回生达宝秘传明论医方八卷／（明）谢毓秀编　余象斗增补：1596.——明万历二十四年丙申（1596）双峰堂余氏三台馆刻本.——470叶／八册

中国中医科学院图书馆

提要：此书共八卷，二层楼版式。上层主要述及不便列入正文的一些与医学、医药、病症相关的常识或理论方药，虽然略显庞杂，但内容精练实用。下层为正文，第一卷述脉法及脏腑经脉生理、诸药补泻等基础理论，后七卷主要论述内、外、妇、儿及杂病的脉、论、治、方，内容翔实，资料搜集颇为全面，有一定参考价值。

0551

医学汇纂济世丹砂二卷／（明）黄河（字星阳）纂：1598. ——明仁寿堂刻本. ——二册

日本国立公文书馆内阁文库

提要：此书又名《济世丹砂》，搜罗了各方面的一些歌括，以作为医学入门的阶梯书。"正卷"（相当于上卷）主要收录了药物、运气、经穴三方面的歌赋。"全卷"（相当于下卷）分成三个部分：首为"汤散歌括"，以病证分门，列举方歌；次为"妇人科"，述妇科治疗要点及主要方剂；末为"小儿科"，介绍小儿诊断及常见病治法。

0552

士林余业医学全书六卷／（明）叶云龙撰：1598. ——明万历刻本. ——十二册

北京大学图书馆

提要：此书卷一首为"自箴篇""箴时篇""阴骘篇""保养篇"，中心内容集中在介绍运气、形气、经络、脉诊、本草等医学基础知识。其中的运气、形气、经络都是以《素问》《灵枢》为宗，结合后世的一些解说。卷二主要是伤寒诊要与辨证、瘟疫病治。卷三首为"总方关要"，介绍四君子汤、四物汤等9个常用方的作用与加减使用法，然后讲述外感、内伤的基本辨证方法，继而简略地介绍临床诊断、立法、用药的一些基本原则，要言不烦，重点突出。卷四为"六淫治法"，分风、寒、暑、湿、燥、火来归类各种疾病，讲述辨证治疗方法。卷五为"内因症治"，以内科诸病为主，列举近30种疾病的辨证论治方法。此书最末一卷是妇科，内容是以《妇人大全良方》为主，兼参各家论说。

0553

新锲王府内科医国大方中和活旨六卷／（明）黄京甫（字少溪） 黄申（字心恒）辑：1598. ——明万历二十六年戊戌（1598）克勤斋余成富（明台）潭阳刻本. ——328叶／四册

日本国立公文书馆内阁文库

提要：此书又名《中和活旨》，明代黄京甫、黄申父子同辑，二层楼板式。下层卷一、卷二为腑脏、脉学内容。各脏列述功能病证之外，亦附所有药物。脉学则图文相间，介绍脉诊基本知识。卷三、卷四为伤寒及舌诊、运气。伤寒内容甚多，均为六经病证及所用方药。卷五、卷六为小儿科诊断及疾病治法，且多痘疹内容。上层全为药物内容，介绍451味药之药性主治、采产、畏恶、炮炙等。另有草药206味。全书内容较广，编排杂乱。

0554

鼎锲太医院颁行内外诸科方论百代医宗十卷／（明）涂绅撰：1607.——明万历三十五年丁未（1607）李潮刻本. ——十册

中华医学会上海分会图书馆

提要：此书以天干相配属，共224篇论。内容以各科病证之证治为主，并有若干总论阐述分列于诸卷之中。其中卷一总论内容较多，而论病着重分析真中风、类中风等以及一些妇人病证，颇能体现出圆机与灵变相结合的诊疗观，并注意因人、因地制宜的不同，分析相当透辟。卷二至卷六自"诊脉切要"至"痼冷论"，共百余篇论，包括诊法、十二经脉见证、六经用药法等，论病以内科杂病为主，几乎概括了常见多发病及若干疑难重症。从方治情况分析，著者博采前贤名著及诸家之长，尤为重视朱丹溪诊治杂病灵活的治疗法则及治法。卷七自“耳论”至“点眼药诀”，共15篇论，主要列述五官、口腔类疾病，兼述针灸、眼药、合药、煎药等。卷八自“妇人总论”至“赤白游风论”，以妇产科疾病为多。卷九、卷十自“小儿脉法总歌”至“漏睛疮论”共52篇论，以儿科、外科常见病证为主，证治内容相当丰富。

0555

杏苑生春八卷／（明）芮经撰　纪梦德编次　龚廷贤（字子才，号云林山人、悟真子）校正：1610. ——明万历三十八年庚戌（1610）蒋氏石渠阁刻本金陵. ——623叶／八册

南京中医药大学图书馆

提要：全书共八卷，卷一、卷二均为医论，共205篇。其医论短文“医学习业”“用药制方”“问病求因”“药剂准则”“煎熬服法”等，对有关中医基本知识，进行简要叙述，为从事医学专科之人设立的总论。卷三至卷八为临证各科。卷三主要论述风、寒、暑、湿、疫病、温热等六气病证，以及外感、内伤等病的脉证病治和方药。卷四与卷五均为内科病证，如疟、痢、霍乱、泄泻等常见病证。卷六上为五官科病证；卷六下为小儿科病证，如惊、疥、疹、痘等常见病以及小儿杂证。卷七为内科杂病。卷八上为外科病，如痈、疽、疖肿等常见病证。卷八下为妇女科病，如经、带、胎、产等常见病证。以上六气、内科、五官科、妇科、儿科共论列117个病证，其中以内科病证为主。此书是明代的一部内容宏富的医学全书，经诸多医学家参与编写、修订。

0556

诸症辨疑六卷／（明）吴球（字茭山）撰：［1615］. ——明潭邑书林秀峰余氏刻本. ——二册. ——半叶十二行，行十九字，四周单边，上黑鱼尾

日本国立公文书馆内阁文库

提要：此书两层，主体内容在下层，前两卷主要是论病，包括阴阳寒热论、脾胃论、风论、伤寒治法快捷方式、伤寒要略、辨火论、温症、气论、痰论、疟论、痢论等内容。各病的病源论说之后，多附有方剂。附方中又先列“主方”，后附“注释”（即主方的详细加减法）。从第三卷开始，此书疾病辨疑的内容逐渐增多。其中有辨遗精、血浊、淋沥；失声、声哑治法不同；高粱藜藿治法不同、内伤作外感误人、内伤不辨误人、疮疡痈毒与喉痹用药不同、辨心痛脾疼治不同等许多内容。这些疾病分辨法是此书的精华所在，充分体现了著者丰富的临床经验。此书上层的内容，一般很简略，且多以歌诀为主。这部分的内容次第介绍了诊脉法则、伤寒诸证、内科诸证要点及治疗方药。其内容与下层并不相应。

0557

丹溪衣钵一卷／著者佚名：［1615］. ——明万卷楼抄本. ——14叶／一册

中国中医科学院图书馆

提要：此书系范行准藏书。仅存64证，文末残缺不全。经与《丹溪心法》比勘，此

书显为节录摘抄而成。类似读书笔记，择其要者汇为一编。所以此书非原创性著作，仅传“丹溪之衣钵”而未加以评释发挥。

0558

新刻增补医术方旨七卷首一卷/（明）聂尚恒（字惟贞，号久吾）增补　余应灏（字元素）参订：1616.--明万四十四年丙辰（1616）福建余氏三台馆刻本.--596叶/八册

日本宫内厅书陵部图书馆

提要：此书又名《活人奇方》，以明代龚廷贤《万病回春》为基础，增补若干前人经验方，附以著者“医而效，效而奇者”于后（含医案及药方）。其书以病分门，删去《万病回春》中皮肤科内容，又增补许多个人治疗经验，颇利于临床运用。

0559

医林正印十卷/（明）马兆圣撰：1616.--明万历四十四年丙辰（1616）著者自刻本.--319叶/四册.--半叶十行，行二十五字，白口，四周单边

中国国家图书馆

提要：此书取材上自《黄帝内经》，下迄汉、晋、宋、元诸名家，“究观得失，综检同异，汇而辑之”。卷一为序文、凡例、目录。卷二至卷五，为此书重点，系著者“博采群书，附以己见”而成，是其着力所在。内容以内科杂病为主，按病证如中风、伤风、中寒、诸暑、诸湿、伤燥、诸火、诸气等分列，论述其证候、治法及预防等项。所论必引经据典，如论中风，引《内经》以及张仲景、孙思邈、李东垣、刘完素、朱丹溪诸家之说，从源溯流，理清脉络，阐述病因病机。论述条分缕析，要言不烦，如论“中寒”治例，径言“此证温补自解，切忌吐下”，治法则分寒中太阴、少阴、厥阴施治，提纲挈领，简明扼要，“一览洞然”。此书做到每一病，必“穷极病变，无有遁情”。

0560

外科集要三卷/（明）张国泰选辑：1619.--明万历四十七年己未（1619）闽西园堂余云坡绣梓刻本.--71叶/一册

日本国立公文书馆内阁文库

提要：此书书名“外科”，为书商剜改，实非外科书。卷上杂症集要，收头痛、须发等内科病症23门；卷中妇科集要，收妇人论、虚劳等12门；下卷幼科集要，收小儿论、惊风不治论等17门，独无外科内容，而于妇、儿科内容尤详。

0561

新锓太医院秘传妙诀百发百中百病回春要紧直方七卷/（明）王大德　王绍南著：1620.--明万历间福建进贤堂刻本.--147叶/一册

日本国立公文书馆内阁文库

提要：此书为“三层楼”版式。中栏的版面比较大，是全书内容的主体。卷一依次为“医家总诀”“药性赋”“新增用药快捷方式赋”和“调脏腑药性”诸标题。卷二以后各卷的内容主要为各类疾病诊治。中栏有编纂者的“评曰”，表述治疗经验或见解，简明扼要。上栏卷一首列“病根捷览”，其内容涉及脏腑生

理、经络和脉学知识。卷二首为“病原所属”，除列举病机十九条之外，还叙述了各种病原及病名。随后是“伤寒脉诀”“伤寒审症诀”“伤寒治法”“绍南祖传伤寒验方”等内容，实际上是伤寒病的诊断和治疗。卷三则依次为“中暑脉诀”“瘟疫类”“中温脉诀”“火证类”等内容，罗列这几种病证的常见诊断要点及治疗方药。卷四为“痰饮类”“喘急类”“痢疾类”“泄泻类”。卷五为“翻胃类”“虚伤类”“眩晕类”“小便闭”“大便闭”“痔漏类”诸类。卷六为“咽喉类”“心痛类”“腹痛”“腰痛”等病证诊治。卷七载有“妇人杂治”“血崩类”“带下类”“虚劳类”“求嗣类”等涉及妇女的一些疾病诊治。下栏比较狭小，主要是有关药物的内容。卷一为“药性歌”，载55味药物功效主治，每药仅寥寥数句。卷二、三及卷四前半部为“诸药性类”，共述药179味，每药也只有十数字。从卷四下半部开始，为“诸病主药”。其内容是以病证为纲，简介其首选药物。卷五虽改题“病原主方”，但实际上和“诸病主药”的内容完全一致，主要是介绍各种病症的首选常用药物。在列举完诸病用药之后，则为“妇人类”，主要是有关妇科用药的内容。其后为“十宣所属”，涉及一些药物的“十剂”问题。卷六有“昼夜属分”一节，出示各种治法。此后是“妇人脉诀”，这部分内容与上栏的妇科内容可以互相对照。该卷最末是“望闻问切”的简单内容。卷七是小儿科，主要有“小儿审候诀”“面部五色”“手指三关诀”“三关脉纹主病歌诀”“小儿脉法总歌”“小儿死候歌诀”等内容。

0562

医学新知十一卷／（明）朱朝櫆（字元夫，号师韦）撰：1627.--明崇祯元年戊辰（1628）雨钱馆刻本. --435叶／五册. --半叶十一行，行二十五字，白口，黑鱼尾，四周单边，框高20厘米，宽12厘米

日本国立公文书馆内阁文库

提要：此书引用明代及其以前的各种医药书籍达96种，集取诸家之长，以备临床诊治之需。卷一以脉学的内容为主，略述五运六气。其脉学内容除引录《黄帝内经》有关论述之外，重点是取“八脉统贯八要”说。此卷还全文摘录《东垣十书》中的“秘要脉诀”（题为紫虚崔真人撰，据考即元代张道中《西原脉诀》）。卷二为药学内容，其主要内容取自元代王好古的《汤液本草》。另引录了“不读本草歌”“本草引”方面的内容。卷三以后为各种病症的内容。卷三为中风、类中风、预防中风、伤风、中寒，计5门；卷四为伤寒门；卷五为中暑、中湿、燥、火、痰，计5门；卷六为嗽、哮喘、呃逆、脾胃、内伤，计5门；卷七为酒食所伤、呕吐；卷八为积聚、疟、痢、痛风、惊悸；卷九为赤白浊、头痛、眼科、喉痹、虚损；卷十为水肿、诸疮；卷十一为女科、幼科。各门病症之前，一般先有总论，论病之成因及治法，后附有关方剂。有些病症中还夹叙医案。

0563

杂病赋注解一卷／（明）龚廷贤（字子才，

号云林山人、悟真子）著　（清）胡受和注：[1628].--民国抄本.--40叶/一册.--半叶十行

成都中医药大学图书馆

提要：此书主要内容由杂病赋和药性赋两部分组成。在杂病赋的每一句歌赋后，均有详细注解，个别地方还引用名家之说加以论证。如"原夫，中风瘫痪者，非谓肝木之风湿甚而卒中之，亦非外中风邪……""李东垣曰：中风非外来风邪，乃本气自病也……""朱丹溪曰：有气虚，有血虚，有痰甚……"等的引证。此书卷端书名"杂病赋注解""明金溪龚信子才云林先生著""清和川后学胡受和鸣盛六峰注"，下有"民国单级师范姜鼎臣较书"字样。

0564

太素心法便览四卷/（明）宋培（字太素）编著　王永光删正：1630.--明崇祯刻本.--四册

中国中医科学院图书馆

提要：此书按病证分为128门，列述内、外、儿、妇科疾病证治。著者在分述病证、确立治法方面亦致意于精细、切病，如卷一介绍咳嗽，著者首撰总论，次列述风寒、痰饮、火郁、劳瘵、肺胀、午前、午后、黄昏、五鼓诸嗽，内容丰富而有新意，论治亦有心得。在方药运用方面，亦颇有见地，如对于二陈汤临床应用及其禁忌方面的阐析等。其个人诊疗诸病，尤擅长于运用清法，或根据治则予以拟订新方。其立方治病，喜用柴胡、葛根、槐花三药。综观全书，证治论述精当简要，确有著者本人的临证独到见解。

0565

辨症入药镜六卷/（明）唐昌胤（字云泉）校辑：1630.--明崇祯三年庚午（1630）序刻本.--141叶/一册.--半叶十行，行二十字，白口，无鱼尾，四周单边，框高21.6厘米，宽14.6厘米

中国科学院上海生命科学信息中心生命科学图书馆

提要：此书各卷为内、妇、儿等临症各科病症。每一病症又分"辨症""入药"两项。"辨症"项下引述前人有关该病的论述，"入药"则为辨证用药大法与原则，如"脾气虚则补之以甘草、大枣，脾气实则泻之以黄连"之类，内容简洁实用。

0566

医经会解八卷/（明）江梅（字寒谷）撰：1633.--明崇祯六年癸酉（1633）序轶墟庐藏刻本.--309叶/六册.--半叶八行，行二十字，白口，上白鱼尾，上下双边，无界栏，框高19.3厘米，宽13厘米

日本国立公文书馆内阁文库

提要：此书共计八卷。卷一为"统论脉理""统论病原""统论方药"，其后为"或问十条"。卷二为"脉理阴阳要语""病证阴阳要语""治法阴阳要语""药性阴阳要语"。在"药性阴阳要语"之后列有治风、热、燥、湿、寒5门的常用药名。从卷三至卷八，依次为风、寒、暑、湿、燥、火六淫的证治。各卷虽以六淫为名，但并不限于外邪，也包括后世所谓内六淫。卷三为中风，其中就有风痱、风痉、偏枯、风眩、风痹、五脏中风、热风、中气、痫风、偏风、瘫风、软风、痪风等数十种；卷四

为伤寒，则主要以外感伤寒为主；卷五为暑论，仅列有注夏、暑风、霍乱、呕吐唠、痢、泄泻等少数病证名；卷六为湿论及浮肿、发黄三目；卷七为燥论，包括三消在内；卷八为火论，有寒热、癫狂、痰、干咳、肺痈、肺痿及吐衄。各病症首先论说病机及治法，继而不厌其烦地列举随证调治的药物，以备临证者参用。

0567

医学集要经验良方八卷 / （明）傅懋光（字玉梁）集　吴可明（字虚中）订：1637.——明崇祯十一年丁丑（1637）刻本．——404叶 / 四册

日本国立公文书馆内阁文库

提要：此书多汇集他人之书而成。卷一为医学理论，列诊脉、阴阳、逆顺、虚实、血气、经络、分治、病机、伤寒、运气、活人；卷二为外邪诸症病原治法；卷三为内伤杂症；卷四为妇科；卷五为儿科；卷六为药物，录“药性赋”“右庵诗集”等；卷七为养生、导引、针灸；卷八为男妇小儿总方，古方诗括，急救诸方等。

0568

刻海上秘授尊生要览十一卷 / 著者佚名　（明）太医院校刊：1644．——明刻本．——423叶 / 十二册

日本国立公文书馆内阁文库

提要：此书为明代书商改编，题作太医院校刻，是节录改编明代龚廷贤《万病回春》而成。前六卷内科杂病，多录自《万病回春》；卷八至九妇人、小儿卷亦从龚氏书节选部分内容。此书还设卷七外科，卷十至十一列述丸药、接骨、膏药、药酒，此部分内容乃新编入。刊刻者又伪作茅坤序，剜改书名，欲借助龚廷贤之名以销其书。

0569

秘传脉药玄微一卷 / （明）盛寅编：［1644］．——清抄本．——74叶 / 一册

上海中医药大学图书馆

提要：此书记述诊脉、治病要点，列述30余种脉象，据脉象列出不同方药，以四言韵语加以总述发明。

0570

五方宜范一卷 / （明）芮养仁（字六吉）撰：［1644］．——清抄本．——一册

上海中医药大学图书馆

提要：此书首列“脉分三部论”，论寸、关、尺三部一体，息息相关；次为“诊脉要论”，论述各种脉象的主病；次为“肺大肠命门脉”“心小肠脉”“脾胃脉”“肝胆脉”“肾膀胱脉”，分述五脏脉的生理、病理脉象；次为“阴阳五行药提纲论”，论述何为阴病、阳病，及如何根据阴阳五行生克理论处方用药；次为“西方手太阴经病治法大略”“东方足厥阴经病治法大略”“北方足少阴经病治法大略”“南方手少阴经病治法大略”“中央足太阴经病治法大略”，分别论述五方经病的病理表现和治法及加减用药。附“用药提纲”“火候”，乃芮氏口授，门人整理，其主治不越“五方治法范围”。此书强调脉诊，对临证用药有一定参考价值。

0571

医学便览四卷 / （明）解桢（字应坚，号芦

河）撰　胡文焕（字德甫、德文，号全庵、抱琴居士）校：[1644]. -- 日本江户抄本. -- 二册

日本国立公文书馆内阁文库

提要：此书以图解或图表的方式解说脏腑经络，并及诸疾方脉，故其书以“便览”为名。卷一载有22幅解剖图。经比较，除右侧肺图外，其他均与《华佗内照图》（收于《格致丛书》）相同。其后为气血、五行关系、五脏关系以及有关东垣理论的论述，用图解的方式解析人体气血生成、升降过程，五脏合四时四方五味五色图，以及各种病因、药性。卷二为病症，主要为伤寒六经、伤寒各种病症的辨证施治、处方用药的表解。伤寒之后，亦有少量内伤病症的鉴别诊断、病因分析、辨证用药等方面的图示。卷三用图示方法列举了痰病、五饮、咳嗽、头痛、疟、痢等数十种病的辨证施治要点。卷四图示的疾病有煎厥、痫、心疾、胃病、腰病、胁病以及妇人各种疾病。其中还夹述了脉诊方面的内容。

0572

医略便视四卷 / 著者佚名：[1644]. -- 日本江户抄本. --72叶 / 一册. -- 半叶九行，行二十三字，无界栏，框高22厘米，宽11.7厘米

日本国立公文书馆内阁文库

提要：此书四卷，共记述病症91种。先列外感病，如中风、中寒、伤寒、温病等，次述内伤杂症。每一病症之下，先引某家论述，以辨别证候病因。次以“入方”为标题，罗列应用诸方。在伤寒一证之下，又出“验证舌法”，引《金镜录》36舌，并出各舌图，敷以彩色，下述其舌苔所主疾病、应治方药等。

0573

活人心统四卷 /（明）吴球（字茭山）撰：[1644]. -- 日江户初期抄本. -- 二册

日本国立公文书馆内阁文库

提要：此书共四卷。卷一总论，述及“治症纲纪”58条，全面反映了著者的人品、医德、学术思想，包括养生、用药、心理、治疗经验，甚至也能折射出那个时代的庸医流弊，颇具现实意义。卷二至四为各论，以病分门别类，门下设论，论下立治法活套、附方。书中设有风、痹、寒、暑、湿、痰、火、伤寒等100余门，附录近300方剂，涉及内、外、妇、儿、五官，并救急、中毒诸类疾病。论述中重视治疗之圆机活法，各病证后均有“活套”专论，可谓是别于他书的突出特色。

0574

心医集六卷 /（清）祝登元（字茹穹）撰：1650. -- 清刻本. -- 六册

日本国立公文书馆内阁文库

提要：此书包括方、脉、临床病证、医案及养生静功，国内稀见完本。各卷依次为：纪验、症方、三科、脉论、秘方、静功妙药。卷一“纪验”，即医案集，记录著者治疗中效果最好的39例验案。卷二为“症方”，或以病症为名，或以身体部位为名，下列相关病症。卷三“三科”，即妇人科、小儿科、眼科。卷四“脉论”，主要论脉，分脉窍、脉印、平脉、生脉、死脉、怪脉、寿脉、夭脉、富贵贫贱脉、妇人脉、小儿

脉、脏腑图药属。卷五为“秘方”，记载多为成药大方。卷六“静功妙药”，内有“静功妙药醒语”“静功妙药八懿”“静功妙药前珍”“静功妙药九种”。

0575

伤寒述五卷／（清）张璐（字路玉，号石顽老人）撰：1667.——清雍正二年（1724）抄本．——五册．——半叶八行，行二十四字，框高25.5厘米，宽16.4厘米

北京中医药大学图书馆

提要：此书总题名《伤寒述》，但内容不仅限于《伤寒论》相关著述，全书分仁、义、礼、智、信五卷，每卷卷端题“张璐玉著，石顽道人抄”。其内容为卷一书口作“脉诀存是”，论述“脉之名义”“寸关尺之义”“内经分配脏腑定位”以及“望诊”“二十八部脉”等内容；卷二书口作“难经摘要”，为摘录《难经》为之注释；卷三书口作“科用编”，实为《医宗必读》卷一内容；卷四、卷五载伤寒经方、温病之外时方70余首，述其主治、功用、组成、煎服用法、病机、方解、加减等。卷一末叶题“雍正二年甲辰夏四月集于敬思斋”。

0576

张卿子先生杂症纂要一卷／（明）张遂辰（字卿子，号相期、西农老人）撰　郑日新订：［1668］．——清抄本．——一册

上海中医药大学图书馆

提要：此书实有中风、中暑、中寒、中湿、中食等16篇。每篇均介绍病机、治法、方药，部分病证有辨证、预防、脉证等详细内容。载方150余首，多为历代名方，如苏合香丸，补中益气汤，桂枝汤等，反复使用于不同病证。此书对疾病分析系统，表述清晰，用方经典，可供临床参考。

0577

资蒙医径三卷／（清）张中和（字介石，号曹洞俗汉）撰：1669.——清康熙八年己酉（1669）序刻本．——一册．——半叶九行，行二十四字，白口，上黑鱼尾，四周单边，框高20.5厘米，宽13厘米

日本国立公文书馆内阁文库

提要：此书分上中下三卷。上卷在引意、脉赋、观形赋、脉符病症生死歌之后，分伤寒、中风、中寒、中暑、中湿、消渴、痰火、疟疾、痢疾、咳嗽、霍乱、五肿、鼓胀、无眠等门类，每一门先以诗词歌诀概括病证，后列治法方药。中卷为膈噎、中满、泄泻、头痛、便闭、下淋、癫狂、妇人、小儿、哮喘、虚弱、疝气、眼科、刮骨、外科等，体例与上卷各门相同。下卷为本草和方剂学知识，主要有辟谬、融意、药性、相反药性歌、畏恶药性歌、妊娠所忌歌、引经药例歌、汤饮歌、丸散歌等，仍以歌赋形式多见。此书名为《资蒙医径》，是以医学入门教育为目的，故立论多以诗词歌赋的形式出现，便于记忆，所选药方也大多简廉便验，适于临床运用。

0578

医药手册二卷／（清）袁坦（字尚礼）撰：1680.——清康熙十九年庚申（1680）抄本．——二册

上海中医药大学图书馆

提要：此书上卷先论咳嗽、霍乱、痢疾、心痛、脚气、痹证、惊悸等诸病之脉。下卷先论调气、调血及止血的原则及其用药。次列秘验方，如九老松、珊瑚丹、黄石丹、全真散、千癸散等，共114首。每首方剂载主治、药物组成及煎服法。次为“小儿科快捷方式”，论述看三关、看色诀、看（指）纹诀、无病诀、死病歌、夭吊等诊法，及儿科常见疾病的诊疗法。次为《古庵鉴》，列风、热、湿、燥、寒5门药物，并附外科专剂。其后分论胎前、临产及产后保生，例如胎前十忌、恶阻、子悬、子瘖、临产十则、坐产、倒产、盘肠、横产、产后腰痛、产后泄泻、肠出等，共91论。最后分论胎教秋言、小儿痧症秘传、药食宜忌。全书集脉学、方剂、药物、妇产科、儿科等于一集，所论较为简明，诊治方法也比较实用。

0579

医宗指要不分卷/（清）汪昂（字讱庵）撰：［1682］.--清程照抄本.--112叶/二册.--半叶七行，行十九字，竹纸

中国中医科学院图书馆

提要：此书摘抄名家医学论文汇编而成，首即摘录了汪昂《本草备要》的“原自叙”，序末书“休阳讱庵汪夫子题于延喜堂，后学海阳晓庄程照录于桐溪怀远堂”。后一篇“药性总义”亦是从《本草备要》摘出，其后有从《明医指掌》中摘录的“病机赋”，以及张元素的“药性赋”，还有“十二经脉歌”“奇经八脉歌”“本草十八反、十九畏”。第二册主要摘录了一些有关脏腑生理及脉学的内容。

0580

医法指南十卷/（清）李梦龙（字君宾）编辑　徐可先（字声服）校参　徐人凤（字伴梅）汇集：1686.--清康熙二十六年丁卯（1687）序刻本.--582叶/十册

日本国立公文书馆内阁文库

提要：此书为徐人凤在李梦龙所授歌诀基础上，予以修订补编而成。主要内容为临证各科疾病诊治法。首卷前半部分是药性、脉理、病机内容。徐人凤称之为“医家三要”。“药性”包括东垣药性、诸病主药、东垣用药心法、用药凡例、修制药味法、药性裁成、药鉴等，多为金元医家的通俗药性知识。“脉理”只收了《脉诀》。“病机”收了“病机赋”“原病论”两篇。此后则为内科的内伤、伤食、伤酒、消渴等14症。卷二至卷五，介绍内科各种疾病诊治法，共计53症。卷六为妇人科，收载虚劳、经闭、崩漏等10症。卷七为小儿科，与前数卷不一样的是该卷收录了许多小儿诊断方面的内容，如：入门审候、面部形色、虎口三关、指纹、死候、看脏腑所属手指穴等。该卷还收载了小儿推拿、二扇门手、掐法、按摩等治疗方法，以及痞积、慢惊、急惊、吐泻、断痢等33症的治法。卷八为外科，在“总归”理论内容之后，介绍了神灯照熏药法，以及连翘败毒散、真人活命饮等外科必用13方。次为外科大头瘟、脑疽、眼昏胬肉等44症及36风疮的证治。最后是外科通治服药、通治敷药、诸膏方、治下疳等。卷九急救方，含解诸毒、救暴死、治误吞等六大类急救诸法。卷十收载一些明万历年间多见的补养方，如彭祖接命种子丹、暖子宫丸等，其

中一粒金丹治104种病法、羽泽散治73症法，属于当时兴盛的通治方。此外还有20余首较好的补益方。卷十后半部附有生活方面的一些方法，属于该书的闲笔。如治虫豸十法，及熏衣香、造香炭、香饼子、耐点蜡烛、冬月养花、藏皮袄法、刻图书、制印油法、辟蛇法、防蠹虫蛀法，造药酒、神仙醋、酱油、淹肉、红豆腐、琥珀蛋、千里肉、法制陈皮、桂花汤等日常用品、食品的制作法。

0581

辨证玉函四卷／（清）陈士铎（字敬之，号远公、朱华子、莲公、大雅堂主人）撰　王之策订：［1687］. --清康熙三十二年癸酉（1693）刻本. --181叶／三册. --半叶九行，行二十字，黑鱼尾，四周单边，框高19.4厘米，宽14厘米

上海中医药大学图书馆

提要：此书卷一阴症阳症辨，列伤风、中风、吐症等31门。卷二虚症实症辨，列咳嗽、喘症、双蛾等21门。卷三上症下症辨，列怔忡、痿症、气病等8门。卷四真症假症辨，列痈疽、火症、厥症等15门。此书内容以内、外、妇科杂病为主，每门病证以介绍著者自己临证经验和验方方治为主。此书历代史志书目少有记载。即如书名“辨证玉函”，全书首重辨证，书中以脏腑辨证为主，灵活将八纲辨证、气血津液辨证、病因辨证等各种辨证方法贯穿其中，在辨证求因、审因论治上多有卓见。

0582

医学原始九卷／（清）王宏翰（字惠源，号浩然子）撰：1688. --日本江户写本. --八册

日本国立公文书馆内阁文库

提要：此书是我国最早的较多反映西洋医学知识的中医书。国内只有中华医学会上海分会图书馆收藏其康熙三十一年（1692）原刊残本4卷，全帙9卷现存日本。此书前两卷内容相当于人体生理学的各方面内容。卷三开始，论经脉、骨度、脏腑、经络。卷三之末述“手少阳经脉络图说考”，到卷四之末，已述及肺、心、脾、肝、肾五脏图说，以及手太阴、手少阴、手厥阴、足太阴、足厥阴、足少阴经脉络图说考。卷五为咽隘通六腑，以及诸阳经经脉络穴图说考。卷六主要是奇经诸脉。卷七是经穴铜人全图及经络色脉主症。卷八以后为各经俞穴主症。这后五卷的主要内容都是围绕针灸经络、经穴展开。

0583

却病延年全书八卷／（清）崔澹庵汇辑　刘学博补校：1689. --清乾隆五十七年壬子（1792）抄本. --五册

上海中医药大学图书馆

提要：此书仅存卷一、二、四、六、八。卷一“丹经宝筏”，主旨以“屏去丹经一切脱胎神化幻语，独取惜精、养气、存神实地工夫，汇为一帙”，如法修炼，使精盈气盛，神全体健，达到却病延年的目的。卷二“运气纪要”，认为“人身一小天地，天地之运气不齐，人身之藏府应之，而疾病作矣”，故是编以“《内经》之五运六气，分注于六十年之下，汇为一帙”，论天地气运对人体的影响、相应疾病及治法等。卷

四“经络图解”，在前人经络理论的基础上，详述十二经络之病源、主病、药味等，使学者遵循而无误，能神而明之。卷六“百病了然”，在“经络图解”的基础上，又进一步深入。卷八“分病药性”，收录澹庵主人常用药物122种，以汗津药、精分药、气分药、血分药等分为10余类。此书先论养生却病之法，再议运气、脉理、经络、百病、方药，由此可知著者非常注重“未病先防”的治未病思想。同时，论病必先从源头论起，强调天时、地理、物候等对人体的影响，分经而治，用药明确，一投中的，对后学颇有帮助。

0584

医林口谱六活秘书四卷／（清）周笙古编：1698. -- 清康熙三十七年戊寅（1698）抄本. --355叶／八册. -- 半叶十行，行十八字，框高38厘米，宽16厘米

浙江省中医药研究院图书馆

提要：此书内外妇儿诸科疾病兼有，著者积数十年临证经验，并师传、家传及良朋传授之经验，共成此书。全书分为四卷，每卷以病症为门，每门下设论，举历代名医及家传、师传之经验医论，论下附方，有经验方、名方、秘方等。

0585

修德堂经验堂藏书一卷／（清）孙伟辑　丁靖增补：1701. -- 清康熙四十年辛巳（1701）刻本. --54叶／一册

上海中医药大学图书馆

提要：此书论及心病、咳喘、黄疸等内伤杂病的论治外，主要阐述各种外科疾患，诸如疔疮发背、疥疮、无名肿毒等的治疗，及生肌长肉之方药。此书还涉及妇、儿、五官疾病，诸病处方用药以单方及丸散膏丹成药为主。

0586

医学要览一卷／（清）法征麟（字仁源）撰：［1736］. -- 清乾隆桥南老人抄本. --50叶／一册. -- 半叶十行，行二十五字

南京中医药大学图书馆

提要：此书正文分“用药须知”“用药凡例”“用药相得”“五脏若欲吐泻”“医指”“发热外感内伤辨”“吐血三要法”“二陈汤、四物汤、小柴胡汤、五苓散”“补肾补脾辨”“24剂歌诀”“药性”“六陈、十八反、十九畏、十忌、妊娠忌”，可作为医学基础读物。

0587

医学纂要心法灵机不分卷医学纂要汤方活法不分卷／（清）刘渊（字圣泉）编：1739. -- 清乾隆太和堂刻本. --203叶／四册. -- 半叶九行，行二十五字，白口，上单黑鱼尾，左右双边，框高17.8厘米，宽11.8厘米

中国中医科学院图书馆

提要：此书分为两部分。前两册为“医学纂要心法灵机”，其中前半部分是中医基础理论论文汇编，包括《黄帝内经》中有关阴阳、命门，人体重要生理的阐述，望、闻、问、切四诊，及病机、伤寒要雇等；后半部分为妇科、幼科、疮科，分列主要课题予以阐说，行文或四言，或五言、七言，对仗工整，易于记诵。妇科中有关经、

胎、孕、产，幼科中有关病机、切脉、痘疹及儿科死候，疮科中有关痈疽阴阳顺逆、五善七恶及病机等。后两册为“医学纂要汤方活法”，是临床常用方剂的汇编，分为补、散、寒、热、和、攻6阵，眼科、妇科、幼科、痘疹、外科等11门编次诸方，每方以方名为目，下列主治功能，后附组成或修合之法，较为约略，且所选方剂以常见名方为主，亦兼有著者所订新方。

0588

医林摘要活法二卷/著者佚名：［1740］.--日本江户初期据元文五年（1740）刻本抄本.--129叶/二册.--框高23.5厘米，宽16.8厘米

日本国立公文书馆内阁文库

提要：此书上栏为议病、论治、出方，下栏为方名及方组。书后为“妇人要方并杂方”，出若干妇科常用方剂。“摘要活法目录”共出病症名34题，其中有中风、伤寒、瘟疫、中暑、中湿、火、内伤、气、诸血、痰、郁、积痰等。各病之下先分析脉、证，次论治法，并列应用方剂名。下栏为各病所用方剂，详介方剂组成及制备、服用法。

0589

卫生纂要四卷/（清）刘奂编：1744.--清乾隆九年甲子（1744）稿本.--98叶/四册

上海中医药大学图书馆

提要：此书四卷，包括《诊家枢要》《经络歌诀》《汤头歌诀》《经验集方》四种。其中《诊家枢要》专论脉法，依据滑伯仁所著《诊家枢要》，参考前贤诸说，臻归精简，详细参订而成。主要内容为：脉应脏腑、五脏平脉、四时平脉、三部所立、脉贵有神、脉阴阳类成诸篇。《经络歌诀》以李东垣“经络歌诀”十二章，复增汪讱庵“奇经歌诀”四章，以补缺略，并对经脉运行，所主病证加以注解发挥。《汤头歌诀》研考各家汤头歌诀，重为删辑，条分类别，列补益、发表、攻里、涌吐、和解表里、消补、理气、理血、祛风、祛寒、利湿、润燥、泻火、除痰、收涩、杀虫、痈疡、经产类，共计202方，附方120首，另附“便于集方”11首。《经验集方》尚为草稿，另收集幼科、妇科、外科等病症良方。

0590

蒋氏脉诀真传二卷/（清）蒋氏撰：1755.--抄本.--二册

中国中医科学院图书馆

提要：此书是一部以伤寒、温热病和内科杂病为重点的综合性医书。卷上“脉要”“审病”与“见证识病法”，体现了蒋氏父子的学术经验。其中“脉要”，则以分析伤寒诸病证为主，蒋氏十分重视脉诊中的三部九候，强调“明脉辨证”的重要性。其下分述8种病症，即正伤寒、内伤外感、类伤寒、温病、暑病、湿病、时气与瘟疫。其中阐论尤为精详的是伤寒、类伤寒，提示读者应如何正确辨析论治。卷下共阐论77种病症，蒋氏对于某些病症，分类辨析颇细，如常见的汗证。蒋氏在阐介病症前，专写了一篇“见证思治活法”，这是医者学术诊疗之要素，内蕴诊疗丰富的经验。

0591

一见能医十卷 /（清）朱时进（字南珍）撰：1769. -- 清抄本. -- 十册

上海中医药大学图书馆

提要：著者朱时进，字南珍，南汇（今上海浦东）人。书首有著者自序与叶凤毛序，均称朱氏读书30余年，汇集古今名家之辩论，广稽博考而成此书。初学之士可依赖而求，按书而治，故曰“一见能医”。此书卷一载“运气司天”，分“主运”“客运”“主气”“客气”“司天”5部分论述，后附11首歌诀；次为“经论总抄”；次为“望闻问切”，分“望色”“形体”“闻声”“问诊”“血脉”“毛发”“诊病新久”“诈病”“绝证”“切脉”阐述；次为“入门看病诀”，分“察色”“鼻”“唇口”“耳”“目”“舌”“身”“胸”“腹”“小腹”叙述。卷二载“医门八法”，分论汗、和、下、消、吐、清、温、补8法。卷三及卷四载“辨症”，共106篇，另附“补遗”一篇，对容易混淆治疗的病证进行鉴别论述。有“直中传经辨”“痞满结胸辨”“合病并病辨”“真中类中辨”“虚火有五辨”“腹痛分辨”“上病治下辨”等专论。卷五至卷七载“病因赋”，共124篇，论述各外感内伤杂病的病因病机。如“百病皆生于六气”“内伤脾胃者辨有余与不足”等。卷八载“用药须知”与“四言脉诀”，以歌赋形式提示用药原则。卷九、卷十载“病因赋类方”，分“四因”“伤寒”“瘟疫”“内伤”“外感”“中风”等24门，载录方剂174首。此书介绍中医对疾病的认识，从基础理论到临床方药均较翔实，且分类清晰，由浅入深，理法方药分析全面，所附歌诀方便记忆，可供初习中医者阅读。

0592

不药全家乐一卷 /（清）郭兰（字春芳）编：[1788]. -- 清乾隆五十三年戊申（1788）刻本. --32叶 / 一册

河南省图书馆

提要：此书又名《不医全家乐》，分“十八反歌”“十九畏歌”“妊娠歌”“妇女门”“妊娠门”“生产门”“产后门”“小儿门”“痘疹门”“眼科门”“外科门”“伤寒门”“补益门”“杂症门”“解毒门”等病证，每种病证下均有多种方剂，每个方剂下均有方名、药物组成、用量、炮制、服药方法等。此书有部分残缺。

0593

医著全集一百卷 /（清）朱之荆（字树田）撰：[1795]. -- 清乾隆抄本. -- 十六册

上海中医药大学图书馆

提要：此书卷一为引例。卷二为医中误，列医家误、病家误、旁人误、药中误、煎药误。卷三论保生四要，列节饮食、慎风寒、惜精神、戒嗔怒。卷四论治阴虚无上妙方。卷五论医有彻始彻终之理，认为在辨证论治中，病因方面应该分清内伤、外感、不内外伤，病性方面应该掌握阴、阳、表、里、寒、热、虚、实八纲，方药方面应该掌握大、小、缓、急、奇、偶、复七方，药物功用方面应该掌握宣、通、补、泻、轻、重、滑、涩、燥、湿十剂，此外还要掌握八要，即虚、实、冷、热、邪、正、内、外。卷六论内伤、外感致病。卷七火字解，具体论述外火、内火及治火法。卷八论寒热虚实表里阴阳辨。卷九论脉法。如论五脏脉、平脉、病脉、有根脉、无根脉、四频率、男子妇人脉、本脉、辨脉生死、不治脉、五运六气脉、十二经络阴阳、十二经络主病等，兼附《黄帝内经》配脏腑诊候图集四脉歌。卷十论医门八法，即汗、和、下、消、吐、清、温、补。卷十一论伤寒纲领。卷十二论伤寒主治。卷十三为经腑论，详辨经腑以指导治疗选方用药。卷十四论阴证说。卷十五论疫，强调疫之来路有二，为天和人；疫之去路有三，为经络、口鼻、大便；疫之治法有四，为发散、解秽、清中、攻下。又针对疫常致虚，指出治法中应该参以补法。卷十六论六气相杂论。卷十七论中风。卷十八论中风寒热辨。卷十九论中风不语辨。卷二十论中风类中风辨证法。卷二十一论杂病主治论。卷二十二论入门者症诀。如辨声、闻声、察色、察鼻、察唇、察口、察耳、察目、察舌、察身、察胸、察腹、察小腹等。卷二十三论伤寒类伤寒辨。卷二十四论杂说。如论五行生克制化、君臣佐使、五脏补泻例、五脏虚实、五脏所恶、五脏所藏、五液、五气所病、五志相胜、五运爱恶、五用、五法、古今分两不同、圆丸名义各异、诸经泻火主治、药性十八反、药性十九畏、脏腑绝候、方中行阴阳表里图。卷二十五为伤寒六经见证法论。卷二十六至卷三十七分论伤寒太阳经症、伤寒阳明经症、伤寒少阳经症、伤寒太阴经症、伤寒少阴经症、伤寒厥阴经症、伤寒太阳腑病、伤寒阳明腑病、伤寒合病并病、伤寒直中三阴诸证、伤寒两感证、伤寒兼证。卷三十八至卷九十七分论中风、类中风、伤暑、疫疠、虚劳、咳嗽、喘、吐血、头痛、心痛、胸痛、胁痛、胃脘痛、腹痛、小腹痛、身痛、肩背臂膊痛、腰痛、痹、痿、脚气、疠风、噎嗝、痢疾、泄泻、疟疾、水肿臌胀、积聚、疝气、痰饮、呕吐哕、三消、热淋、小便不通、大便不通、小便不禁、便血、尿血、遗精、赤白浊、黄疸、不能食、不得卧、自汗盗汗、癫狂痫、惊悸恐、眩晕、健忘、嘈杂、咽喉。卷九十八至卷一百论妇人疾。此书以《医学心悟》一书为基础，参以《灵枢》《素问》及仲景、刘完素、李东垣、朱丹溪等医家医著，会通其意，并结合著者临床体验成书。

0594

卫生要诀四卷/（清）范在文（字于兹，号美中）撰:1802.--清嘉庆八年癸亥（1803）安怀堂刻本.--162叶/四册.--白口，单鱼尾，左右双边

中国中医科学院图书馆

提要：此书扉页题“韩城王相国鉴定，绵上范美中著”，有嘉庆七年壬戌（1802）范在文序，嘉庆八年癸亥（1803）王杰叙。全书四卷。卷一首列药物相恶，后列各病门类，包括中风、伤寒等内科10症；卷二列内科55症，妇人科10症；卷三列小儿科51症，另附药性赋；卷四列治病要诀、医案及辨误。

0595

家学渊源四卷/（清）作德主人撰：1803.--稿本.--三册

中国中医科学院图书馆

提要：此书分四卷。第一卷为外感温热病，

第二卷为杂病，第三卷为妇科、儿科病，第四卷为外科病。著者尊崇张仲景与张景岳。卷一中著者坚持张景岳的伤寒可统概温病的学术观点，力辟时医把吴又可达原饮用于瘟疫在表之谬，以用达原饮的纂要和警戒，支持景岳先生瘟疫与伤寒合参则可简而有要的论点。卷二之杂病卷列40余种杂病，每病先以简要文字钩稽诊断要点之后，以一两个著者验用后的有效方出治。卷三中把幽隐而难医的妇女诸病，用"现症虽多而不过血之一字"的一个"血"字概括。又认为"不过以经脉为主"，经脉常调，则百病全无。卷三中对小儿之诸病候观察和体验最为细腻，小方小药也最为精到。卷四之外科，设有按病分条而列，是依据"内外一理而相形会意，举一可以例余"的原则，阐述外科病证辨证论治的思路。全书体现了著者不只把医理方义和药论洞悉于胸中，还附有读后能增强理解的医案和其应如响的偏方。

0596

内美含章十二卷/（清）高拙修（号自在老人）编：1805.--清嘉庆十年乙丑（1805）稿本.--十二册

上海中医药大学图书馆

提要：此书首卷论述"运气脉药"。运气部分将《黄帝内经》运气要语编成歌诀，并列图于前，后有按语详加说明，主要论述太虚（即太极）、天地阴阳、五行生克制化、五运六气、南北二政等相关内容；脉学部分以歌诀的形式，阐述浮、沉、迟、数、滑、涩、虚、实、长、短、洪、微、紧、缓、芤、弦、革、牢、濡、弱、散、细、伏、动、促、结、代，共27种脉的体状、相类脉、主病，其中兼附按语。后附诊脉方法，并论述脏腑、血气、脾胃、十二经络、奇经八脉的纲旨精义。药部主要根据药物类别、性味进行分类，兼述药物炮制、十八反、十九畏、服药禁忌、服药法等。此卷最后附有各种证候的病机赋。卷二为外感科，主要论述中风及伤寒的各种证候，如蓄血、恶寒、结胸等，其中兼有杜清碧验证舌法。卷三为妇科，论述经、带、胎、产及杂病的各种病证。卷四为小儿科，论述儿科疾病的审证方法，如观形色、面部、额前、脉指等，以及儿科护理各种外感内伤杂病证候的治疗。卷五、卷六为内科，列述痰饮、积聚、健忘、惊悸等70余种病证。卷七为头面眼目诸疾，论述头面、五官的疾病，其中详述眼目的各种内伤、外伤病证。卷八为外科，论述如痈疽、瘰疬、瘿瘤、乳痈等百余种病证。卷九为针灸，论述脏腑十二经的起止、奇经八脉的循行、各经穴位、骨度以及各种针法、灸法。以上各科的各种病证，著者皆详述其病因病机、临床表现以及治疗大法，并针对其具体病因、临床表现施以相应的方药，方药的组成、煎服法、加减变化、服药禁忌以及方歌亦兼而备之。卷十至卷十二为方剂部分，涵盖临床内、外、妇、儿各科各种病证的治法方药、药物组成、剂量及煎服法。此外还论及居处、饮食、调摄、按摩等赡养法以及某些事物，如清酱、腐干、糟鱼、风鸡等制法。全书内容丰富，资料翔实，融歌诀于其中，便于记诵，深入浅出、简明实用，可为临床提供借鉴。

0597

卫生要诀一卷达生篇一卷保婴篇一卷稀痘篇一卷／（清）高士钥撰：1812．——清嘉庆十七年壬申（1812）汉皋三隽堂刻本．——26叶／一册．——半叶九行，行二十一字，框高18厘米，宽13厘米

浙江省中医药研究院图书馆

提要：此书为《卫生要诀》《达生篇》《保婴篇》《稀痘篇》的合刊。《卫生要诀》主要为四时调摄养生要诀及种子之法，《达生篇》述及胎产之法，《保婴编》为富贵延龄种子妙诀，《稀痘篇》为痘科方略。

0598

方脉摘要四卷／（清）汪受安编：［1815］．——稿本．——440叶／四册．——半叶八行，行二十一字，框高24.4厘米，宽15.3厘米

广州中医药大学图书馆

提要：此书正文前有清嘉庆乙亥（1815）吴炯作序。卷一为中暑、中风、中脏、中经、类中风、中气、痰火、湿痰、中害、中暑、湿症、燥症、火证、诸气、诸血；卷二为恶寒、咳嗽、内伤、疟疾、痢疾、泄泻、黄疸、水肿、鼓胀、脾胃；卷三为伤食、翻胃、噎膈、痞满、恶心、吞酸、咳逆、嗳气、头痛；卷四为脚气、痛风、脱肛、气热、血热、痰惊、狂妄、蛔厥、尸厥、痰厥、虚痿、食积、虚损劳瘵、惊悸、怔忡、三消症、汗症、赤白浊、梦遗等。

0599

俞氏医学经纶六卷／（清）俞新撰：1817.——清嘉庆二十二年丁丑（1817）刻本．——195叶／四册．——半叶十行，行二十字，无界栏，框高24.4厘米，宽24.6厘米，竹纸

上海图书馆

提要：此书卷一为基础理论，论述无极太极、阴阳五行、河图洛书、运气论、气血论、阴阳表里、寒热、虚实等；卷二为四时论总篇论术、脏腑、经络、情志等；卷三、四为风寒燥火、温暑、湿证等；卷五、六论述脉学四诊、本草汤方等。全书内容广泛，立论精辟，分析中肯，解疑辨惑，对后学者颇有裨益。

0600

医法青篇八卷／（清）陈璞（字琢之） 陈玠（字健庵）撰：1817.——清嘉庆二十二年丁丑（1817）稿本．——十六册

中国中医科学院图书馆

提要：此书共八卷。卷一为脉诀汤头；卷二至卷五以伤寒、时气、内科、杂病为主，兼及《内经》疮疡、牙齿、口舌、咽喉病证；卷六为妇儿病证；卷七外科；卷八药性。其方治内容，除选辑张仲景、刘完素、李东垣、朱丹溪四大家及历代诸名家临证部分精粹内涵外，著者对于叶天士医案中之症、因、脉、治，尤为重视，纂辑较为精要。至于各科所选方治，则不拘于经方、时方，并适当收选非名著中的效方，以及陈氏兄弟个人临证心得用方。

0601

董氏家藏／原题（清）董氏撰：［1820］．——清道光年间稿本．——六册．——半叶九行，行二十五字，竹纸，框高21.2厘米，

宽14.1厘米

中国中医科学院图书馆

提要： 此书分为入（三才备览）、贯（医学穷源）、虚（形神备旨）、明（四诊明辨）、若（证治要诀）、孔（经验良方）、马（济阴秘录）、为（活幼心传）、离（疡医宝鉴）、应（外科锦书）、平（本草合编）、章（奇方妙法）12集。现存前4集，分为三部分：一为天文地理律，二为脏腑生理病理治疗用药，三为董氏家藏切脉论。每部分各两册，内容基本完好。此书为董氏学医心得，究天人之际，穷阴阳之理，学贯古今，融多学科知识而成。原书序文对著者从医经历、学术见解叙述详细，可资参考。

0602

方脉权衡一卷／（清）江维一编：1821.－－抄本．－－一册

中国中医科学院图书馆

提要： 此书本《黄帝内经》、仲景之论，旁贯《脉经》、东垣之说，系通俗易明的普及读物，适宜于初学中医者阅读。

0603

明医要诀二卷／（清）张桢订：1821.－－清道光元年辛巳（1821）稿本．－－157叶／二册．－－半叶九行，行二十字，框高15.9厘米，宽10.5厘米

中国中医科学院图书馆

提要： 此书上卷阐论中风、中寒、瘟疫、伤寒、内伤等17种病症；下卷为鼓胀、水肿、疸证、消渴、人体各部的痛证及五官疾患等35种病症。每一病症的脉因证治俱全，立方遣药既有历代名医名著选方，又有编撰者个人常用的经验方药。

0604

重校杂证要旨总赋一卷／（清）郭诚勋（字云台） 钱敏捷（字勤民）辑：1823.－－清稿本．－－一册

上海中医药大学图书馆

提要： 此书列外感、内伤、五官、女科及幼科诸证。外感部分，分论风温、温热、暑证、湿证、燥证、中风、伤寒、潮热、恶风寒、体痛、唇口、自汗、虚狂、战栗、面赤、瘟疫、咳嗽、吐血、衄、喘、斑疹、头痛、伤风、痹、痿、失音、肺痿、肺痹、胸痹、脾胃不食、痞、瘴、疟疾、痢疾、泄泻等30余证；内伤部分，分论郁证、肝风合木乘土、眩晕、虚劳、汗、不寐、便血、遗精、淋浊、痰饮、三消、嘈杂、肿胀、积聚、噎膈、反胃、呕吐、呃噫嗳、便秘、肠痹、痉厥、癫狂痫、心痛、胃痛、胁痛、腹痛、心腹痛、肩臂手腕痛、腰腿足痛脚气、诸痛、疝、面赤、阳痿、脱、惊、脱肛、怔忡心悸、动气息积奔豚、关格、交肠、虫等40余证；五官科，主要论述耳、鼻、牙、咽喉、唇、口、舌诸证；女科，主要论述调经、淋带、崩漏、胎前、产后、癥瘕诸证；幼科，除论述幼科病证外，附有节录心诚赋。后附三部九候诀、周身经络诀连珠、大头瘟、抱头火丹毒、鼻渊、鼻衄、牙宣、鸬鹚瘟、发颐、肺痿肺痈、脘痛、经带、肝气、瘟疫、斑、察幼三关诀、男女反脉诀等。所论各证，先总述病因，再针对不同病

因及兼证提出相应治法、治方。此书所论病证颇丰，多为摘录先贤精粹汇集而成。书中兼附歌诀，便于诵记。

0605

普济内外全书八卷附治痧全编二卷／（清）杨洩峰（号桂林主人）编：1831.-- 清曲躬斋抄本．--414叶／五册

上海中医药大学图书馆

提要：此书卷一至卷七主要论及外感、内伤、五官头面诸症及舌苔形图，卷八载胎产、乳痈、种子、臁疮等女科、儿科疾患。其论病皆先述病证，再造录历代神验之方，而以后者为详。又附《治痧全编》两卷，系道光元年，高杲据郭右陶《痧症要略》增补而成，现存抄本。

0606

家藏心典十六卷／（清）陈念祖（字良友、修园，号慎修）撰：1831.-- 清道光十一年辛卯（1831）文焕堂刻本．--1036叶／十三册

上海中医药大学图书馆

提要：此书共十六卷。卷一为脉学及腑脏十剂，亢害承制论、服药法等中医基础，后为补益门，述各种虚损病证的诊治用方。卷二为伤寒，述及伤寒病证的脉证治法，并附订正仲景伤寒六经论注。卷三至十四收载内科、五官科、妇科、儿科、外科等各病证，后附针灸法。每证皆取前贤精粹，并参以己解，论述病因病机、脉证治则，未列选方加减。卷十五、十六为本草门，对药物性味、功用、主治等逐一加以阐发。

0607

汇生集要三十四卷／（清）陈廷瑞撰：1834. -- 清道光十四年甲午（1834）山邑湖塘星聚书屋刻本．--275叶／四册．-- 半叶九行，行二十二字，白口，单鱼尾，四周单边，框高22厘米，宽14.3厘米，竹纸

上海图书馆

提要：此书又名《至宝良方》，史志书目鲜见记载。全书凡三十四卷。卷一讲述脉学基本知识，卷二讲述用药法，卷三至卷十二为内科杂病，卷十三为眼科，卷十四为女科，卷十五为种子方，卷十六为小儿科，卷十七至卷三十二为外科，卷三十三为跌打损伤，卷三十四为针灸。全书罕见引用名著名方，多系采自民间经验方，言简意赅，见解独到，切合临床实用。

0608

家藏蒙筌十六卷／（清）王世钟（字小溪）编：1836.-- 清道光二十四年甲辰（1844）刻本文盛堂藏板．-- 十四册

中国中医科学院图书馆

提要：此书共十六卷，包括中医理论、脉法、脏腑经络、伤寒、内科、妇科、幼科、外科、针灸、本草等各方面内容。其中脉法部分包括“脉诀真传”“滑氏论脉”“正脉十六部”“取独脉”“从舍辨”“编辑切要四言脉诀”等内容。此外，“脉诀真传”和本草、幼科等还独立成书。

0609

何氏杂症三卷／（清）何其伟（一名庆曾，字韦人，号书田、竹簳山人）著：1837.--

抄本．--146叶/三册．--半叶八行，行十五字，框高22.5厘米，宽12.6厘米

苏州市中医医院图书馆

提要：此书分上中下三册，有中风、伤风、中寒、暑病、水肿、腰痛、三消等57症，以内科杂症为主。卷端署“簳山何其伟书田甫著”，当为王卓若氏从何书田氏手录稿本中辑录而成。每篇病症下首述病症概说，病因病机，理法方药，以总括形式概加略述，其后以著者经验加以辨证分型，后附经验方剂，如中风下设有“肝肾虚风内动”“阳虚卫疏”“气虚”“风湿中脾络”“痰火阻络”“液虚风动”“肾阴虚肝风动”“包络热邪阻窍”等。杂症辨析较为清晰，用药选方源自临证经验，故此书对于中医临床有一定借鉴价值。

0610

云间包继泉杂症论三卷/（清）包继泉撰：1840．--清抄本．--41叶/二册．--半叶九行，行二十六字，框高24.1厘米，宽14.7厘米，竹纸

中国中医科学院图书馆

提要：此书两册，自订目录为三卷。第一册卷一列脉论、五脏与运气病机十九条、阴阳相反病证、中风。其中以脉学最为突出，“脉论”中有很多包氏个人临证见解，值得深入研究。“五脏与运气病机”为摘录《黄帝内经》中相关条文，略加编订而成。“阴阳相反病证”是总说“气血”“阴阳”“腑脏”“昼夜”发病等部分临床表现对仗举隅，加以概略辨鉴，有一定参考价值。“中风”从病源、形症、治疗方面加以阐发，亦较为翔实。“中风”中间部分至卷二末，内容全部残失。其中所失内容，据目录中记载，有痹痛、白虎历节筋骨痛治例、手足经络所属部分、破伤风、麻痹、鹅掌风、紫白癞风。卷三列伤寒阴阳辨证论解、伤风外感。据此书篇幅推测，目录亦有部分残失。第二册残存部分“衄血”“咳血嗽血”内容，因症脉治并有附方。

0611

汇聚增补庭训八卷/（清）妙香主人编：1847.--清道光二十七年丁未（1847）抄本．--八册

辽宁中医药大学图书馆

提要：此书于道光壬寅年（1842）将祖氏六卷庭训抄写，又续两卷，共成百门。至道光甲辰年（1844）年朱笔加注完成一部。道光丙午年（1846）将《活人指掌书》《崔紫虚玄子白子严三点三校脉决》《同竹园伯历年集方》三书中有关煎膏丸酒四门汇入此书，于道光丁未（1847）年抄录誊清完成。

0612

医范不分卷/著者佚名：［1850］．--清稿本．--96叶/二册．--半叶八行，行十六字，框高16厘米，宽11.4厘米，竹纸

中国中医科学院图书馆

提要：此书乃因其幼时多病，险些殒命，故留心于医药以保健养生，历四十余年稍有心得，遂将各家名著名论摘录编辑而成。此书以“形、体、头、面、眉目、耳、鼻、口唇舌、齿牙、咽喉、颈项、肩背四肢（腋）、长生诠”等篇目为主题，以“集经”

（汇辑经典著作论说）、“集论”“集方”为大纲，统摄全篇，篇幅简略，内容实用。

0613

医学集存不分卷／（清）俞世球（字得琈）辑：1855.－－清咸丰五年乙卯（1876）稿本．－－51叶／一册．－－半叶十二行，行二十四字，框高13.3厘米，宽8.8厘米

中国中医科学院图书馆

提要：此书是著者弱冠时初习医学所集。上篇以病为纲，择录《内经纂要》，中篇是辑录《万病回春》的药性歌及脉诀，后附名家要诀。《内经纂要》选辑《黄帝内经素问》中“上古天真论”“四气调神大论”“生气通天论”等篇内容29节。《万病回春》药性歌篇末注明，虽然药性歌详寒热温平，在临证使用时尤当参本草以博其所治，观方书以参其所用；脉诀，非宋代崔嘉彦撰，记载各类疾病据所见脉象判断吉凶，及何时从脉，何时从证，颇有意义。名家要诀，主要是卓溪家传秘诀，即对一些常见疾病的判断、治疗要诀。书中有图5幅，侧身人图、左手经脉总图、右足经脉图、夏禹铸面图、夏禹铸定惊脐风火图，很是形象。

0614

医学枢要六卷／（清）李临安（号玉峰闲士、真一子）编：1860.－－清咸丰十年庚申（1860）抄本．－－182叶／三册．－－半叶十二行，行二十字

中国科学院国家科学图书馆

提要：此书为学医之人入门读物，按序言所说“汇集前人之精义编为歌吟，使初学之辈得以遵循”。卷一为运气、藏象、病机、脉论，卷二为脉论，卷三为劝医说及脉论，卷四为本草，卷五为病机，卷六为内伤杂病证治。全书引述汇编前代名医著作，内容少有原创。

0615

医宗铁纲二卷／（清）彭尚志述：［1860］．－－清咸丰十一年辛酉（1861）刻本．－－二册．－－半叶七行或八行，行二十或二十二字，白口，单鱼尾，四周双边，框高24.2厘米，宽14厘米

北京中医药大学图书馆

提要：此书为清代彭尚志将其师“李夫子”所传“铁网”一篇，“沿其旧意，间参以李夫子精要之辞”，述而不作，刊刻行世者。“例言”曰：“为此书者，必大高明，多见省城之病，多活人，留心数十年，撮成要诀者。今又为之发凡起例。”全书主论“感冒、咳嗽、疹疟、湿热、湿、热、气、血、精、气血两亏、妇、儿”12门类粤东常见疾病，贯穿60余方。上卷细目为：十二方歌、主方十二、十二脉略、十二方总歌（内括方）、二十九味常用药归经功效、各药归经功效。下卷细目为：十二类病提要、十二类病详解、主方十二提要、铁纲一贯、类伤寒十二。

0616

益生堂医学心镜录七卷／著者佚名：1861.－－抄本．－－75叶／一册．－－半叶十行，行二十四字

中国科学院国家科学图书馆

提要：此书仅存第七卷，末页有“医学

心镜录卷之七终”。全卷为妇科卷，述妇人经带胎产杂病诸症辨治方法，书中除引述妇科名著外，有著者经验、验方及医案，大多为病症下列验方，详其主治及剂量，修合方法，方剂简约实用，足堪师法。

0617

医学集要九卷/（清）郑兆芬撰：1866.--清同治五年丙寅（1866）抄本. --九册

上海中医药大学图书馆

提要：此书只存十之二三，并多残缺。首卷为目录，卷一载“枢机玄言”“诸脉象论”“辨舌色”“经论总抄”“五运六气”“五脏六腑”“诸绝症”“病机赋”，主要为脉诊及舌诊等诊断内容，及运气学说、脏腑学说、六淫学说及病因病机的阐明。卷二至卷八载内科疾病论述72篇，为真中风、类中风、中寒、中暑、湿症、躁症、火症、诸气症、诸血证、痰症、郁症、发热、恶寒、伤风、咳嗽、喘症、内伤、疟疾、痢疾、泄泻、黄疸、水肿、鼓胀、积聚、痞块、脾胃、伤食、霍乱、呕吐、翻胃、噎膈、痞满、恶心、吞酸、吐酸、嘈杂、嗳气、咳逆、汗症、痉症、厥症、颠狂痫、健忘怔忡惊悸、三消症、赤白浊、梦遗、精滑、淋闭、便闭、虚劳、眩运、头痛、胃脘心痛、腹痛、腰痛、胁痛、背痛、疝气、脚气、痛风、痿症、麻木、目痛、耳病、鼻症、喉痹、口症、舌症、齿症、关格、伤寒、痧症。其中“伤寒”及“痧症”记载详细。如“痧症”中将其根据不同部位及轻重缓急，共分为34种，并各自列出治疗方法，多针药并用。此书内容丰富，记载详细，尤其对痧症的分类及治法，对临床有参考价值。

0618

活命慈舟八卷/（清）修真子等撰：1869.--清同治八年己巳（1869）夏思义刻本.--八册

成都中医药大学图书馆

提要：此书以法为目，依法列方，凡古方验方、单方草药搜罗广泛。附录篇除论述儿科治法、治吐血内伤虚劳妙方、救急万应丸方等外，还抄刻有《陆地仙经》一书，其内容包括养生延年益寿的“百字导引法”和“十二段锦”两部分。全书剖析病源详明，立方施治精道，功效应验，足以起沉疴而疗痼疾，药味蜀产，俯拾即得，至简至便。

0619

兰台要旨三卷/（清）雪樵撰：1870.--清同治九年庚午（1870）益寿堂刻本.--一册

上海中医药大学图书馆

提要：此书卷上、卷中载“原病论”，叙及脏腑生理及病后辨证；卷下为“用病论”，论述用药治疗方法。

0620

杂病捷要奇方一卷/著者佚名：1875.--清光绪珍惜年乙亥（1875）郾邑悦来堂刻本.--58叶/一册

河南省图书馆

提要：此书涉及内、外、妇、儿、杂病科病证，分“伤寒热症”“气虚头疼”“血虚头疼”“头疼欲破”“水泻”“霍乱病”“气滞泻肚”“伤暑痢疾”等100余种病，每病下均有方名、药物组成、用量、加减等，后附脉诀及诗歌。

0621

医学引路二卷/（清）萧培仁（字德安）编：［1875］. --清刻本衡州文林堂藏板. --128叶/二册

中国中医科学院图书馆

提要：此书上册“李辉与先生案”云病者于“乾隆廿三年丑辰之季各月”发病，可推知成书当在此后。著者意在为初学者求一捷诀，以为习医之泮梁，乃辑刘宾贤（鹿平）所撰四要八要总诀、心传类，皆由博返约、简明扼要者，并辑入沈镜薇《脉诀规正》“内景之真传说”，熊廷良知《全针三度》“说病”“说方”“说脉”。卷首“医学引路”评介应读医书，有利初学，堪称“引路”之说。

0622

医学入门八卷/（清）王世钟（字小溪）撰：1876.--清光绪二年丙子（1876）岳邑植槐堂王氏家刻本. --519叶/八册. --半叶八行，行二十二字，框高17.5厘米，宽10.2厘米

上海图书馆

提要：此书是著者将历代医书中医方、脉学、病症治疗等内容汇采类辑而成，对于整理和引用的医学理论、治法治方、脉学等进行了选择和提炼，但评述及发挥较少，因此为入门之书。

0623

医林集要寻源不分卷/（清）詹善言辑：1878. --清光绪九年癸未（1883）紫阳书院刻本. --110叶/一册. --半叶九行，行二十二字，单黑鱼尾，四周单边

成都中医药大学图书馆

提要：此书以先贤本草、方药、运气、医论、脉法等自以为重要者，删辑注论为编。首载本草188种，分别隶属于“表剂、肺、心、肝、肾、利、消、凉、温、涩、坚、脱。”诸症之下，简述性味、功效、禁忌等，条分缕析；其次汤头歌解，以七言为歌，列补益、发表、涌吐等20目；再次为五运六气要略及其合脏腑图格，深入浅出；再次为脉学论、三部九候、人迎气口、四时脉象等，且一问一答论“发解和攻救”的伤寒五法，言简意赅；“四言举要”详释紫虚先生原歌，明白晓畅。内封刻板本年代、书名、著者及板藏地。

0624

医家秘诀一卷/著者佚名：1890. --清光绪十六年庚寅（1890）稿本. --64叶/一册. --半叶八行，行二十字，框高16.8厘米，宽9.7厘米

中国中医科学院图书馆

提要：此书以内经脉法为依据，以数言正疵误。上篇“脉诀心裁”，主要记载一些常见脉象的伴随症状、四时脉象的辨析、各种绝症脉象、孕期脉象等，并附有诊脉歌诀，颇为实用。下篇为温病、泄泻、痢疾、疟疾等数种疾病的辨治要点、常用方药，并有专篇论述伤寒之病因、病机、辨证、

用药。后附有表里、寒热、阴阳、内外之辨证。

0625
医学心鉴十三卷/著者佚名：1890.——清光绪十九年癸巳（1893）抄本.——十册

上海中医药大学图书馆

提要：此书卷一论人身、经络、脏腑。“人身”部分列：上古之人皆度百岁论、人身天癸之期论、人身血气精神经脉卫气志意脏腑论、人身应天地阴阳、人身耐寒论、妇人宦者无须论等；“经络”部分列：十二经之筋起结及主病、十二经之根结及病、十五络行度及主病、奇经八脉、内景图说、内脏记等。卷二论四诊。卷三分论五运六气、治法。卷四至卷十一论述各种内科病症，包括四时病、阴阳病、秋燥病、六经病、痿病、痉病、厥病、哮喘、疟病、三消等。卷十二论述眼、耳、鼻、口舌、齿唇、咽喉病症以及妇人杂病。卷十三论述小儿杂病，并在古今药录部分讨论415味中药的药性、功用、炮制恶畏等。

0626
训女医学二卷/（清）谢元福汇编：1892.——清光绪十八年壬辰（1892）毓兰书屋藏板.——124叶/二册

中国中医科学院图书馆

提要：此书为医学启蒙书。著者手写陈修园《医学三字经》、崔嘉彦《脉诀》及气血流注、气血多少、十二经、望色、辨舌、闻声、问症、奇经八脉、经络流注、十五络穴等歌诀，为好学医之初阶，内容与原书无异。

0627
脉症治三要六卷/（清）孔胤（字八桂）撰：1892.——清光绪十八年壬辰（1892）长白山人隆竹轩抄本.——608叶/六册

中国中医科学院图书馆

提要：此书六卷。卷一为理论，以70个专论述及医家特点、人体生理、病因病机、脉法认证、治法治则、组方原理、用药要点及五运六气等诸方面的内容，有些图表很有概括性和清晰性。卷二为内科，述及从中风到伤食等19种病症。卷三内科，述及呕吐至痰饮等25种病症。卷四内科及急症，述及从消渴至暴死等39种病症。卷五含内科、外科、眼病、喉病等，包括头痛、瘿瘤、马刀疮等32种病症。卷六为妇科，述及妇人伤寒、调经、产育、妇人杂病等69种病症。全书总集184种病症。著者对于脉象尤为重视，在各种病症的脉、症、治中，都置脉象于前，其叙述也精要准确。全书以“症”字概括症状和体征，“治”的内容最为丰实详赡，叙及治则治法，附列诸方，各方示以适应证候和要点。

0628
医存二十八卷/（清）谢炳耀（字彬如，号心佛）撰：1894.——清抄本.——二十八册

上海中医药大学图书馆

提要：此书内容涵盖广泛，每卷前均列详细目录。卷一至卷五主载伤寒及温病。详尽说明各病症间的不同症状、病因、病机等，并列“伤寒温病古方目录”及“温病古方汇录”百余首方剂。卷六至卷十六载各类内外科疾病，有咳嗽、咯血、鼻衄、痰饮、痨瘵、失音等31种病症。卷十七至

卷二十为五官科疾病，载有目疾、耳病、鼻病、牙齿痛、口舌病、唇病、咽喉病等。卷二十一至二十五复载内科杂病，有小便闭癃、淋症、赤白浊、遗精、喘哮、怔忡等21种病症。卷二十六为《续集》，载“伤寒摘要浅说”“伤寒古方摘录（副伤寒附）”“痢疾摘要浅说”“痢疾古方摘录”，以及部分“儿科摘要”。卷二十七、二十八载“儿科摘要”，有急慢脾、痫痉厥、五积、夜啼、吐泻以及各种痫症等。此书在分述病症时，一般分轻重之辨别、脉象、治法以及病情说明，每证后均有该病证的古方汇录，未载剂量。所载病证，还结合西医的诊断治疗，如卷二十“咽喉病古方汇录”中有“节录西医白喉病之浅说”指出：“白喉是急性传染病之一种，由于白喉杆菌之侵入使咽喉发炎。”并列出8种预防白喉的方法。可见其“古方汇录”不仅收录以中药为主之验方，且结合西医的各种治疗手段。

0629

续医存六卷／（清）谢炳耀（字彬如，号心佛）撰：1894. --清抄本. --六册

上海中医药大学图书馆

提要：此书六卷。卷一载“伤寒概论附方”“伤寒传染预防说”“舌色辨别各病附方说明”“伤寒病之舌色”“伤寒温病之谵语说明”“红疹白瘖说明”“危险性皆为细菌毒素所致”“各种脉象之说明”等篇。卷二谓“副伤寒”亦是温病，俱可名为时邪，与正伤寒类似。伤寒、温病、痢疾、水泻、疟疾各病俱有虫害，治病须兼杀虫。详细论述伤寒、副伤寒病之起因、症状、治疗、病退后食物宜忌等。卷三论述五脏六腑各病症，如“手少阴心脏之说明”“足厥阴肝脏之说明”“足手阴肾脏之说明”“胃、膀胱、胆、大肠、小肠部之说明”，以及目、耳、鼻、口等相关疾病。卷四以杂病为主，主要有水肿、臌胀、痞气、痞块等，同时还引用了吴鞠通、江笔花、庄在田等人有关痉、惊等的理论。卷五主述儿、妇科疾病。卷六为杀虫诸药草稿。此书实为一部中西贯通之书。

0630

湛庐医筏二卷／（清）郑淦（字森泉）选录：1900. --清光绪二十六年庚子（1900）刻本. --35叶／一册. --半叶十行，行二十四字，四周单边，框高18.3厘米，宽11.3厘米

上海中医药大学图书馆

提要：此书分类体系不统一，如头面、耳鼻、伤寒、风痹等，病名下径述其方，罗列于次，甚为简单。所收方剂大多为民间验方，单方药简力专者，以外科痈疮、金疮跌打、虫兽所伤之方为主，兼及少量如中风、风湿痹症等内科杂病。

0631

蒙学卫生教科书一卷／（清）丁福保撰：1902. --清光绪二十八年壬寅（1902）铅印本. --18叶／一册. --半叶九行，行二十字，框高22厘米，宽16厘米

中国中医科学院中国医史文献研究所

提要：此书由清末文明书局出版，丁福保编著，为初学医学，或说是一本生理卫生的普及教科书。全书数千字，分为36课。

其中分别学科1课、总纲1课、饮食9课、空气5课、日光3课、运动12课、休息3课、结论2课。叙述中西医结合，内容简单、新颖。

0632

学医门径一卷附丹斑痧疹说一卷／（清）李沐德（字新甫）撰：1903. --清光绪刻本. --16叶／一册. --半叶七行，行二十字，框高28厘米，宽14厘米

中国中医科学院中国医史文献研究所

提要：此书是一篇千余字的文章，述及学医宗旨当由何书入门；医者应“审其虚实寒热，寻经按治，以六经观症。夫医之为术，小术也。然为人之性命所关，亦非细事，若当病至死危亡之倾，全赖医者用药当与不当，用药得当，其病立瘳，用药不当，危亡立见。”后附丹斑痧疹说，有论有方。

0633

医林集览不分卷／（清）来雍撰：1904. --清光绪三十年甲辰（1904）稿本. --1100叶／三十二册. --框高10.5厘米，宽9.8厘米

上海中医药大学图书馆

提要：此书为著者搜集各家言论，附以个人经验删润而成。全书内容丰富，中医基础、四诊、内外妇儿各科症状主病、验方、中药、针灸等均有涉及。因内容收集较多，故显庞杂，虽为稿本，但并非同一时期一次完成，书中有许多增加的书叶，显是著者后增添，原创内容较少。文中有相当部分引用早期传入西医内容，如论汗“由微丝血管中滤取而来”。第一册有“血管循环图”“红血轮（血球）图”，据早期传入西洋原书描绘。

0634

医纲切要不分卷／（清）蒋金镛撰：［1908］. --清光绪抄本. --108叶／一册

中国国家图书馆

提要：著者蒋金镛，清代浙江镇海县（今浙江宁坡）人，并著有《临病考证》一卷传世。首有清光绪八年蒋金镛撰序，“灵素、难经、仲景之文为千秋之定法，奈其文义古奥，注家多异同，辞旨隐见，探究若望洋。读喻昌之书，辟谬显元，陡然启发其愚蒙，疑团尽释。”于是反复推求仲圣之文，得其简明精要者，以百病探六经，得以明证。后有凡例，强调是书为临病考证而设，病家可按证查其大纲。正文内容分别题：医学源流论、君臣佐使论、阴阳辨、寒热虚实辨、风寒暑湿燥火辨、气血辨、寒热虚实疑似辨、望色法、验舌胎法、五邪查病法、五脏所主、六气主时、经络部位、忌汗诸条、忌下诸条、当下诸条、头痛、身发热、身痛等50余项，内容多列举病症，辨析病理病因，望色切脉，辨证施治列方。书末附温热论。

0635

医学迩言一卷／（清）细柳山房主人善之氏抄：1909. --清宣统元年己酉（1909）抄本. --一册. --半叶八行，框高19.7厘米，宽11.8厘米

北京中医药大学图书馆

提要：此书序言仅一“序”字，无内容。后列增补内容为：“六气司天在泉”“五行十干从化”“年干药品当令”“司天在泉药令从化合装式”“药品十八相反”“秘制戒鸦片烟神效奇验方”。正文先抄录“灵兰秘典”经文注文、“铜人图命门说”“杂说”以及“用药之法”“症治条例”等生理、论治要则；继以“脾胃”“火热详论”“论真火动者病不可治”“火论”；接下来“痨瘵”“痨症五脏见证”以及“虚损”“恶寒”等数十种内科杂病；卷末为“医林口语妇科”“医林口语外科”，论述相关诸症。以上内、妇、外诸症论述均先标症名，上引《黄帝内经》，下征元明，百代医家，旁征博考，详论病因病机、治则治法、对证处方。

0636

医学精华十四卷／（清）汪允伯撰：1909. ——清抄本. ——十册

上海中医药大学图书馆

提要：此书卷首存陈秉钧（字莲舫）序及著者自序，书中始辨证，次引经，终叙证，而后独抒卓见，凡计百篇。其所录之方，先以金元四大家，继以八大家，并及近代诸贤之绪论精语而成。卷一论中风、伤风、寒热、温病，卷二论暑、湿、燥、火、疫、虚损、劳瘵，卷三论咳嗽、肺痿、肺痈、痞、哮、喘、痰饮，卷四论血、汗、脱、脾胃、呕吐哕、噎嗝、关格，卷五论郁、肝火、肝气、肝风、呃逆、诸气、嘈杂、嗳气、痞满、肿胀，卷六论饮食、积聚、癫狂、痫、怔忡惊恐、烦躁、健忘，卷七论三消、黄疸、疟、霍乱、泄泻，卷八论不寐、头风、痢、疠风、痹，卷九论胸痹、痿、阳痿、痛风、鹤膝风、脚气、拘挛颤振、麻木、痉、厥、诸虫、蛊毒、疳积，卷十论跌仆、破伤风、眩晕、谵妄、诸痛、斑疹丹毒，卷十一论七窍、疝、淋浊、遗精、癃闭、二便、转胞、交肠、前阴诸疾、脱肛、痔漏、内痈，卷十二论调经、子嗣、胎前、临产、产后、乳、热入血室、崩滞、痃癖癥瘕、百合、狐惑、情志、奇异。此书采择先哲论说汇集于各证之后，以诸家之言、诸经之语阐释病证的病因病机、脉证、治则治法。卷十三、十四为外科卷，论述各类疽、疮、瘤、疡、疳，每证皆详述其病因病机、临床表现、预后及治疗方药。

0637

杂症条辨不分卷／著者佚名：1910. ——清抄本. ——二册

上海中医药大学图书馆

提要：此书第一册载由六淫之邪所致的七类外感病症，第二册载外感与杂病26种。此书对各病症的病因病机进行阐述，描述症状，提出治疗方剂，并对同一病症不同分型给出不同方剂，善用时方。

0638

证治撮要一卷／（清）吴香玲手编：1910. ——清抄本. ——一册

上海中医药大学图书馆

提要：此书前有序一篇，为著者吴香玲之外叔所作，赞吴氏“生而颖异”，精通诸子百家，释典道藏无不精晓，并曾挽救其外叔性命于病危。现吴氏已年老，著作此书，其外叔对此删订，望能流传后世。全书共45篇，先论基础，次列32种治法，每法皆以实例说明医理。如“护法第二十”首先说明“用药当棘手之际，必用护法”，接着提出使用护法的时机，然后加以举例。后附《诸症撮方》，亦为吴氏手编。分高粱集、藜藿集、幼科集、痘集。此部分皆采用方证对应的形式，每列一证，继列治方，共列132种病证。此书多载著者验方，症状、方剂，用法较全，查阅方便，在治法方面有许多独到见解，可供临床参考。

0639

医范杂症不分卷/著者佚名：［1911］. --清抄本. --八册

上海中医药大学图书馆

提要：此书分六淫门、内因门、外体门、上窍门、胸膈门、心腹门、腰膝门、下窍门、补遗门9门。六淫门列中风、伤风、破伤风等9种病症；内因门列气症、血症、痰症等10种病症；外体门列发热、恶寒、寒热等11种病症；上窍门列头痛、眩晕、面疾等12种病症；胸膈门列咳嗽、喘、哮等26种病症；心腹门列心痛、胸痛、胃脘痛等8种病症；腰膝门列腰痛、疝气、阴痿等5种病症；下窍门列遗精、赤白浊、淋症等12种病症；补遗门列七情、寝食、虫毒等13种不能归于以上各门的病症。除第三册“外体门”外，每门先列目录，后为正文，正文中分列各门相关疾病及病症，每种疾病或病症均详述其历史沿革、病因病机、辨证方法以及治疗大法，部分疾病给出遣方用药。“外体门”无目录，第一叶字体不同，纸质偏白，并且有拼接痕迹，疑原书第三册前面数叶目录及正文第一叶缺失，此第一叶为后人所加。第四、六、八册最后数叶均有不同程度的破损，文字也有部分遗失。

0640

叶真人传世内外各科秘本一卷/（清）孙奇逢编：［1911］. --清抄本. --44叶/一册. --半叶九行，行二十字，白口，四周单边，框高20.1厘米，宽15.5厘米

山东中医药大学图书馆

提要：此书为清抄本，非一人之抄。此书内容分布较为零乱，有载方、载法，内容交错，无分类，载观音大士赐急救百灵膏，卷首载唐天师叶真人慈传救世通灵内外症方应十宝金丹等。

0641

医林择要备览不分卷本草方要不分卷/著者佚名：［1911］. --清抄本. --232叶/八册

中国国家图书馆

提要：此书八册，一至四册为《医林择要备览》，五至八册为《本草方要》，撰辑者不详。《医林择要备览》一书引用《黄帝内经》及历代名家论说，解析人体各部位生理特点，阐述四时易患病症及调治方法。《本草方要》一书从76个方面记述人体生理特点，针对各种病症开列药饵单方，每方述及药性特点、主治病症、服用剂量及方法。此书线装，每叶内有衬纸，衬纸为清刻本《恩余堂经进续稿》印纸。此书为笔记摘抄，从理论到临床、药物均有涉及，抄录其要点以备平日记诵，内容无原创，大多引自历代名著，不分篇章，随录之文亦不注明所引之处。

0642

崇修堂医科一卷/著者佚名：［1911］. -- 抄本. -- 一册. -- 框高26厘米，宽14厘米

中国中医科学院中国医史文献研究所

提要：此书以《伤寒论浅注》《金匮要略浅注》《神农本草经》《女科要旨》等为宗，临症兼用，收录祖传医方为主。详以《伤寒论》《黄帝内经》《难经》，辨伤寒温病；治杂症等以《金匮要略》为宗，诸中医理论为依据，论述了先后天论、痨证论、防病论、医道论等，并述及伤寒、温疫、寒温、疟、胃燥等十数症，大多有论有方。

0643

辨症引方三卷/著者佚名：［1911］. -- 清抄本. --111叶/二册. -- 半叶十行，行三十字

中国国家图书馆

提要：此书首有目录，列94个病症名称，涵盖内、外、妇、五官等科常见病症。正文对各病症分析病理病因，辨证施治，据症开出药方。其文字抄写齐整，条陈清楚，间有著者朱、墨笔圈点。两册书首尾残损，虫蛀较严重。

0644

临证真诠二卷/著者佚名：［1911］. -- 抄本. -- 二册. -- 框高28厘米，宽22厘米

中国中医科学院中国医史文献研究所

提要：此书前有钱塘人潘涵抨题文、有序文（字辨不清）。卷前有凡例，上卷包括：运气、脉法、辨诊、六经常脉、七方、十剂，并中风、中暑等36症，下卷为肿胀、黄疸、消渴、遗精、便秘等18症的论述。

0645

医学采要不分卷/（清）方庆熺编：［1911］. -- 清宣统三年辛亥（1911）抄本. -- 十二册

上海中医药大学图书馆

提要：此书前九册每册前均有目录，正文皆采用词条加叙述的形式。第一册论脉、舌、辨证等中医四诊的基本知识以及一些治法和方论；第二册论伤寒、疟、火等；第三册论汗、斑疹、湿温、暑病等，并详加论述，部分提出治法治则及用方；第四册主要论五淋、鼓胀、胸痛、哮吼等内科杂病，详加论析并列出方剂；第五册论妇科经、带、胎、产、妇科杂病以及新生儿疾病、小儿杂症等；第六、七册题为“各症医方备考”，共38症，按病症列出所适用诸方，每方名之后有主治及组成，部分方后有方剂的加减变化；第八、九册题为“医学采要列方”，共371方，每方仅列出组成。第十册为“颜伯卿与刘达人医说”，是颜伯卿诊治陈姓患者7次、20余天的连续复诊医案，分三部分。第一部分是颜氏7次诊案，每次诊案后均有“刘按”，系刘达人对颜氏诊案所作分析；第二部分为颜刘二人对此病案进行的辩论；第三部分乃刘君方案。第十一册、十二册题作“留余轩随笔”，为著者与若干友人的诗作，其内容并不拘于医。第十一册随笔之前，还有一篇“留余轩诗序”。此书涉及中医基础、方剂及临床各科，内容丰富，条理清楚，叙述简洁明了，较好地将理论与临床相结合。

0646

拙憩稿不分卷 /（清）拙憩主人抄：［1911］.——清抄本.——一册

中国科学院上海生命科学信息中心生命科学图书馆

提要：此书内容包括中风、诸伤门、诸气等病症，引用神农、黄帝、越人、仲景等名医的学说，详细论述了这些病症的病因病机、证候表现，以及治疗方法，最后还罗列了很多验方。

0647

慎斋证治全书一卷 / 著者佚名：［1911］.——清抄本.——62叶 / 一册

中国国家图书馆

提要：此抄本用朱丝栏横开本纸，书口上印有"通源斋"三字。总书名据封面题签。书中内容首有"诸证目录"，残损严重，仅存半叶。正文首题"遗精总括"，后依次为痰饮、咳嗽、喘吼、疟疾、霍乱、呕吐哕、诸泻、痢疾等数十种病症，每种病症均有分析病因，对证出方。其后附《幼幼集成》指纹切要、安胎宜固肾不必用黄芪白术论、论妊娠堕胎等妇产科疾病、暑湿热三气门律11条、附论李东垣补中益气汤益胃升阳汤2方等。全书内容杂陈散乱。

0648

医窟十卷首一卷 /（清）许士晋（字锡蕃、用康）传：［1911］.——清稿本.——559叶 / 十一册.——半叶十行，行三十七字，框高20.4厘米，宽10.6厘米

中国中医科学院图书馆

提要：此书聚集了历代名医所著之书，审阅后取其最精湛的内容，分门别类，抄录成册。首卷为提纲挈领的记载理论，如稽古、养生、阴阳等，其中包括一些非医文献中的医药养生知识。后十卷则是记载具体疾病的病因病机、辨治用药的记载。此书体例为每段相关文字后均有引用文献标注，便于查证和应用。

0649

医门八法主治分类合订一卷 / 著者佚名：［1911］.——清藏兰室抄本.——一册

上海中医药大学图书馆

提要：此书详论汗、和、下、消、吐、清、温、补八法之应用，其八法摘自程国彭《医学心悟》；次列病因、寒热虚实表里见证之辨别、反常症象及其原因、病之阴阳辨四个图表，以表格形式对其进行分类，并略做解释；再次为六淫主治说、入门看症要诀、说火及火之治法诸篇；然后对心、肝、脾、肺、肾、小肠、大肠、胃、膀胱、胆、三焦等五脏六腑分部详述，每部又分不同证型，证型名均用红笔括起，每证型又分析病因病机，述其脉症及选方等，其后列出治疗该脏腑之要药；再后为妇科，分月经、肝气、带证、妊娠、产后数篇分别叙述；正文最后附有《经产病温》及《温热条辨》各一篇，为《女科证治》及《温热条辨》的摘抄内容。此书以医门八法及五脏六腑分类论述，条理清晰，又触类旁通，运用图表分类，不但形式新颖，而且脉络清晰、一目了然。

0650

诸病论要一卷 /（清）赵永辑：［1911］.

——清抄本.——38叶/一册

中国国家图书馆

提要：此书对各种病症择要论述，如中风、中寒、中暑、中湿、五痹、诸疝、眩晕、霍乱、呕吐、五噎五膈、心痛、痰饮、脚气、腰痛、失血、咳逆、头痛、妇人、求子、口论、唇论、舌论、咽喉、眼目等50论。书中有赵永题跋"此书论症言简而明，洵是方家秘笈。暇时躬自抄出，以备观览，自有心得，不致误人性命，则庶几无愧矣"。书末题款"光绪戊子仲春，子贞氏手抄"。

0651

医镜集要不分卷/著者佚名：[1911].——清抄本.——114叶/一册

中国国家图书馆

提要：此书名据封面及卷端所题，撰辑者不详。全书有论有方有图。论者专论麻木、股痛、脊痛、中湿、痿症、黄肿等病症；又有内伤外感辨、伤寒舌胎论等篇；还有养生、保健、美容、美发等；阐释喉科各症，配以图示。书中间有朱笔圈点及墨笔改字。

0652

阳湖龙在田茂才心脑合论一卷/（清）龙在田撰：[1911].——清末民初抄本.——4叶/一册

中国国家图书馆

提要：此书将"幼科要略摘录""饮入于胃辨""哈斐传""论养生路化分饮食情状""各界须知之时疫"等几篇论述合为一册。全篇仅4叶，篇题"阳湖龙在田茂才心脑合论"，集中论述中医与西医对人体心脑的不同诠释及诊治理念。

0653

江笔花撮要二卷/（清）江涵暾撰：[1911].——清抄本.——89叶/一册

黑龙江中医药大学图书馆

提要：此书卷一包括脉诊歌、望舌色、望闻问切论、表里虚实寒热辨、内伤外感杂治说、伤寒论治、虚劳论治、疫痢疟肿论治；卷二包括心部、肝部、脾部、肺部、肾部、胃部、膀胱部、胆部、大肠部、小肠部、三焦部、心络部。

0654

管窥述粹录三十卷/（清）高锡祚编著：[1911].——清抄本.——十册

上海中医药大学图书馆

提要：此书现存二十四卷，其中缺四、五、六、九、十三、十五卷。卷一分三部分。上部先论述十二经脉，附奇经八脉，包括经脉的走向、经动所发的病证及治则，强调根据人迎与寸口两部脉象大小辨别实证、虚证；次列有关十二经脉、十五别络诸问题。中部先论骨度，次列诸脏腑骨节部位经络发明。卷二分三部分。上部论脉法，中部论26种脉象的体象、脉义、相类脉、主病及兼脉主证，下部论察色。卷三引述先哲格言，间附著者己见，阐发医理医论。卷七至卷二十三主要论述各种病证，包括感邪的特点、临床表现、治法及方药。卷二十四、二十五论述感证辨证。卷二十六至卷三十根据方剂的功用分类，说明方剂的出处、主症、方解及药物组成。

0655

张氏简明要言一卷 / 著者佚名：［1911］. -- 清抄本. -- 一册

上海中医药大学图书馆

提要：此书无序跋与目录。开篇载“审症之图”与“治法之原”，以图画形式形象地解析辨证施治的要点。内容可以分为两大类：一为诊断方法要点，有“切脉法”“看病法”“伤寒五法略”“六经证治捷法”四部分；二为伤风、伤寒、内伤、劳瘵吐血下血、疟疾、痢疾等15类病证的证治。尤其在伤寒部分，著者据六经辨证法，分经描述，灵活选用仲景经方。后附“伤寒要语”，对伤寒的辨证及治疗作出总结。在内伤的治疗中提出“内伤多由脾胃虚损，起居劳倦，思虑过伤所致，非温补不愈。补中益气汤，六君子汤，归脾汤”，推崇李东垣的治法治方。

0656

杂证要略四卷 / （清）李菩（字东白，号梅山氏）撰：［1911］. -- 日本江户抄本. -- 四册

日本国立公文书馆内阁文库

提要：此书四卷，共87论。前三卷的86论以论述内科杂病为主，兼及五官、小儿、妇科病。第四卷为明医杂论，论及先贤治疗疾病的各种论说。此书的编写宗旨是在繁而博的文献基础上“要略”，编写出重点突出“略而有要”的中医书籍，其特点在于突出治疗的关键、对各杂证诊断明确、辨证详备、症状鉴别清楚。此书在学术思想上兼容了李东垣、朱丹溪的学术体系，在临床上多主张温补，尤其重视气运与疾病的关系。

0657

方药集义阐微不分卷 / 著者佚名：［1911］. -- 稿本. -- 460叶 / 六册. -- 半叶十行，行三十五字，白口，上黑鱼尾，四周双边，框高24厘米，宽14.4厘米

中国中医科学院图书馆

提要：此书是后学者整理老师用药之经验。书中包含《伤寒心法辑要》和《医方十剂》《伤寒论》《金匮要略》《妇科方论》，每叶上半格为药性解，下半格为陈修园所选时方，采集各家方论附于后，用药加减轻重各有法度。药性之气味阴阳升降则详考诸家本草。每有差池，如白芍系苦平而有以为酸敛者，枸杞甘寒之性而有以为补阳者，桂枝宣通气血调和营卫而有以桂枝汤列伤寒首方，春夏禁用桂枝发散者，并考《神农本草经》，如有未备以《缪仲醇本草经疏》《张石顽本草逢源》补之，学者能体认先师用药之苦心可无遗误。此书是少见的对方剂及方中药物药性结合论述的著作，对了解药性大有裨益，且书口处有具体目录，方便翻阅查询。

0658

秘录六卷 / 著者佚名：［1911］. -- 清抄本. -- 一册. -- 框高28厘米，宽14厘米

中国中医科学院中国医史文献研究所

提要：此书分为六卷（集），礼集、乐集、射集、御集、书集和数集。其中数集为伤寒门，目录中有，正文无内容。全书以论治法为主，述及160余种治法。礼集有正治、反治、顺治、逆治、内治、外治等，乐集有上治、下治、先治、后治、急治、缓治、本治、末治等，射集有王治、霸治、

深治、浅治、长治、短治、气治、血治等，御集有贫治、富治、老治、少治、温治、清治等，书集有久治、暂治、戏治、重治、伤寒相舌秘法诸论。

0659

医学简约汇编一卷/（清）王星耀辑：[1911].--清末抄本.--79叶/一册

中国国家图书馆

提要：此书首有清道光十七年王星耀自序，又有凡例、目录。目录内容分别题：初学入门要诀、伤寒舌鉴、铜人全身图、小儿入门歌、司天在泉、手足三阴三阳总诀、引经报使、医宗必读诸论目录、四七言脉诀、临证要诀、十二经脉歌、伤寒论摘录、药性赋、十八反九畏、汤液歌诀、胎前禁药歌等。全书正如辑者自序称："汇集岐黄要术，窃领医宗要法而录之。"所选皆为名家医著之有关内容，如清代张登的《伤寒舌鉴》等，并引以图注形式，便于融汇理解。

7.2 温病

7.2.1 通论

0660

存省斋温热论一卷/（清）叶桂（字天士，号香岩、上津老人、南阳先生）原撰　赵继皋注　玉峰校　蔡鼎勋录：1746.--抄本.--29叶/一册.--半叶九行，行二十五字

中国科学院上海生命科学信息中心生命科学图书馆

提要：此书为《温热论》解读释义之书。从序中可知著者从医30余年，有感于伤寒多而温病少，自叶天士才有完整的理论体系兴盛，著者以叶氏之说运用于临床，收效甚好，故随文阐释。全文共合20章，对《温热论》原文进行解说，对于研习叶氏《温热论》有一定参考价值。

0661

温病大旨一卷叶天士温病论释一卷薛生白湿热条辨释一卷/（清）章楠（字虚谷）著：1825.--抄本.--54叶/一册.--半叶五行，行二十五字，框高16.8厘米，宽11厘米

浙江省中医药研究院图书馆

提要：此书为叶天士《温热论》、薛生白《湿热条辨》的评释之书。著者章楠（虚谷）为清代名医，因著者是临床医家，故此书内容应值得重视。书首著一篇"温病大旨"，后对两书逐条进行评点。

0662

暑证指南不分卷/（清）王学渊（字若昏）辑：1838.--清道光十八年戊戌（1838）王学渊序刻本.--一册.--半叶十行，行二十五字，左右双边，白口，单鱼尾，框高22.5厘米，宽14.2厘米

北京中医药大学图书馆

提要：此书为清代南粤高凉王学渊于道光间所辑。王氏有感于"张长沙……详论伤寒，而于伤暑、温热、瘟疫之旨有未畅""予观暑证误者尤多……凡伤暑见证发热恶寒、烦心口渴、体倦便黄、自汗脉虚，昧者见其身热恶寒投以辛热，或见其烦渴便黄投以苦寒，或见其体倦脉虚投以熟地腻补，又有六气相杂，如暑兼风、兼

寒之类，气愈杂则治愈难，更有热深厥深，投以四逆回阳，诸如此类，讹治甚多”，临证以叶天士治暑方法获验，遂以为准，并采诸家之长，辑成《暑证指南》，使初学者对暑证有所依从。此书首列“暑证经论述要”，辑录《黄帝内经》《伤寒论》及后世医家相关暑证论治条文，并附“霍乱”“湿温”“泄泻”“痢疾”等论。次列部分明清医家医案，续以大量篇幅收载“叶天士暑证医案”。最后为“暑证列方”，辑《伤寒论》《金匮要略》、历代暑证效验方100多首。

0663

温病集解四卷/（清）袁光裕（字坦斋）撰 徐元鼎校：1841.--清道光二十六年丙午（1846）重刻本.--110叶/一册

辽宁中医药大学图书馆

提要：此书又名《辨证慈航》。全书四卷，存二卷。卷一为辑录前人《温热论》《风湿条辨》《温病条辨》之精粹，卷二至卷四为温瘟诸病的认知、辨证及方论，认证独到，处方简练，组方多为三至六味，有很强的临证应用价值。

0664

温热病名论汇抄一卷/著者佚名：1866.--清抄本.--44叶/一册

中国国家图书馆

提要：此书是针对温热病各症，引历代名家有关论述汇编而成。全书将温热病细分为温病、风温、湿温、冬温、温疟、温毒发斑、温邪下利、阳烦、阴燥、温邪杂法、阳毒、阴毒、热病、伏暑、中湿、风湿、寒湿、湿热、霍乱、秋燥、伤风、中寒、时疫、温疫、寒疫等症，分别摘选元代医家朱震亨、罗天益，明代医家周子干、张三锡、张鹤腾，明清间医家李中梓、张璐、喻昌，清代医家周扬俊、华岫云、尤怡等论述，其中有论有方。此书曾为清代医家陆懋修购得，陆氏通内经、伤寒诸书，遂对此书细加审读，正文前有陆氏手书题记，书中间有陆氏朱笔圈点及墨笔眉批。

0665

时症录要一卷/（清）王荫之撰：[1874].--清同治友兰书屋刻本.--17叶/一册

河南省图书馆

提要：此书记述了时症常见病的经验方。分“瘟疫初起”“温瘟疫”“感冒风寒”“中暑”“疟疾”“痢疾”“溺死”“缢死”“霍乱”等病，每病下均有方名、药物组成、用量、服用方法、炮制等。此书缺少目录，保存良好。

0666

医学急症二卷/（清）翰藻（字墨卿）编撰：1884.--清光绪十年甲申（1884）刻本.--一册

上海中医药大学图书馆

提要：此书上卷分列伤寒读法、伤寒、小儿伤寒，附痘疹瘟疫等篇；下卷分述痧症、霍乱吐泻、暑症、泄泻、小儿脐风及产科急症等。书中多选用温病名著，附以方治，或歌或论，殊无体例。又以伤寒六经证治为百病之总司，故先论伤寒热病，后述温病等急症，所选方治，均屡经临床验证，可供医家选用。

0667

时邪日知录一卷/（清）江梓（字问琴，号否否子）辑：1886.-- 清抄本. -- 一册. -- 半叶八行，行二十二字

上海中医药大学图书馆

提要：此书前存推拿方法及灯火燋法24篇，如“推拿通用法”“面部揉法”“灯火13燋”“胎热法”等，不属《时邪日知录》内容。次为自序，叙述著者习医、从医经过及著书缘由。次为总目，分“湿热注经”“时邪提纲”“暑”“湿”“痉”“湿热”“时邪死候”“瘟疫”“痧气”9篇。“湿热注经”内容取自《温病条辨·原病篇》；“时邪提纲”论述了伤寒证、伤风证、上罕见风证、伤风见寒证、中湿证、风湿证等21种时邪所致病证的具体病因及发病特点；“时邪提纲”记录了麻黄汤、桂枝汤、苍术白虎汤、达原饮等15首基础方剂；“暑”“湿”“痉”与“湿热”诸篇详细论述了时邪致病的具体表现与治法方药，如“暑”篇细分为太阳中暍、阳明中暍、伤暑、暑瘵、暑痫等，并附暑方61首。“时邪死候”记录时邪所致诸种危重表现。“瘟疫”篇体例同“暑”“湿”等篇。“痧气”篇未见。著者认为“时症转变无常，非倍切探讨功夫，没由得其治法”，故分门缮录，汇集成此书，为一部“明述而未作”的作品。

0668

时症简要二卷/（清）张树华著：1895.-- 清稿本. --80叶/一册. -- 半叶八行，行十九字，框高25.5厘米，宽14厘米

天津中医药大学图书馆

提要：此书著者张氏有感于霍乱盛行，参考古圣时贤诸书，根据自己多年行医经验，对流行之时疫，辨霍乱之湿干，列方不厌其详。

0669

温热论一卷/（清）费涵（字养庄）撰：1900. -- 清稿本. -- 一册

上海中医药大学图书馆

提要：此书摘取《素问》《灵枢》中温热病的相关内容，包括温热病的病因、脉象、症状、治法、治疗禁忌及愈后，进行详细注解，并由此阐发著者观点。如“故藏于精者，春不病温”“释重感于邪”“治五脏热病必讲色脉论”“治五脏热病必宗表里双解论”等，在纠正世人认识错误的同时，提出自己的见解，并引《素问》《灵枢》《难经》等书中的相关内容进行佐证，并附注说明佐证内容的出处，证据有力，使人信服。

0670

湿温证治一卷/（清）刘澄鉴撰：1903. -- 清光绪二十九年癸卯（1903）刻本. --14叶/一册. -- 半叶九行，行二十二字，框高19.7厘米，宽12.4厘米

浙江省中医药研究院图书馆

提要：此书着重阐述湿温，因著者在光绪癸卯春夏以来所经历湿温尤多，故将叶天士《医效秘传》及平素经见之书，经验心得付诸刊行，书中论述数条，经验案数条，内容要简。

0671

伤暑论六卷/（清）徐鹤（字子石）撰：

1906.——清光绪三十二年丙午（1906）稿本.——五册

上海中医药大学图书馆

提要：此书首论原病篇，阐经论39条，引《黄帝内经》及先哲名言，兼附著者己意释之。卷一分为两部分。首为辨论篇，列“伤暑总论”“风寒暑湿燥火六气辨”“温热暑三字解”“辨温即热之证据”“辨热即暑之证据”“辨暑与火治法相同之证据”“阴阳水火论”“伤寒主六经温热主三焦说”“五气宣汗忌汗论”9篇。次为“药汇论”，分列祛风、散寒、温寒、清暑、凉血、清暑燥湿、燥脾理湿、润燥、泻火、涌吐、凉下、温下、润肠破结、消导、通窍、消痰、杀虫、行气、破血、通经、收敛、安镇、补气与养血，共24门药物功效。卷二至卷四分论上、中、下三焦篇。上焦篇，列述伤暑、春温、风温、热病、伤燥、冬温、冒暑、中暑、伏暑、暑湿、瘟疫、温毒、温疟各邪侵犯上焦所致病证。后附察舌、验齿法。全篇含法42条、方30首、附方18首。中焦篇，列述伤暑、中暑、春温、风温、热病、伤燥、冬温、暑湿各邪侵犯中焦所致病证。全篇含治法57则、方21首、附方8首。下焦篇，列述中暑、春温、风温、热病、伤燥、冬温、妇人伤寒、暑湿所致病证，兼附愈后调理。全篇含治法19则、方25首、附方6首。卷五为寒湿篇，分论上焦寒湿、中焦寒湿、下焦寒湿及秋燥胜气论。卷六为正误篇，摘录方书中的差错数十条，加以辨正，强调立法应据医理。此书虽名“伤暑”，实为温热证治专书，阐述“以暑为温病之纲”这一学术思想，主张四时温病、热病应皆以伤暑统之。编写体例仿吴鞠通《温病条辨》上、中、下三篇之式。书中凡先哲之言必标明出处，未标者属著者之意，兼附歌诀，便于记诵。

0672

伤寒大法不分卷／著者佚名：1911.——清稿本.——109叶／二册.——半叶九行，行二十五字，框高15.3厘米，宽9.7厘米

中国中医科学院图书馆

提要：此书体例本陶节庵《全生集》，东海徐兆祺藏。此书上篇记载伤寒脉象、形体、耳目、舌苔等辨治要点，并分别阐述足六经见证治例，及相似疾病的鉴别要点。下篇以病为纲，有该病的常用方剂，常见变证的方剂及组成，对临床医生颇有借鉴价值。

0673

伤感合编八卷／（清）刘谦吉撰：1911.——清稿本.——94叶／四册.——半叶八行，行二十四字，框高24.5厘米，宽13厘米

上海图书馆

提要：此书为外感与内伤病症的合编。外感编分伤寒、中风、痨风、温病、热病、湿病、暑病、燥病、火气病，内伤编分饮食、虚损、水病、痰饮、气病、血病、郁病、虫病。此书是著者备采金元四家之论合编而成，有一定的参考价值。

0674

温病一得一卷／（清）张壶隐撰：［1911］.——清抄本.——一册

上海中医药大学图书馆

提要：此书根据叶氏卫气营血学说，并综合百家之言，首明伤寒及温病辨证之法，

次言传变规律及其治法。主要看法有“伤寒多有变证，温病虽久，在一经不移，以此为辨”“辨舌为治病第一要义”；斑疹的形成是热毒不解，伤于血络，斑疹出而邪已透，发热仍不解者为燥气盛，胃津亡，“辨斑之死生虽在色之光亮晦暗，尤当辨其形之松浮紧束”；白斑初期病位在卫分，为湿热伤肺，邪虽出而气液枯，则必须以甘药补之；温热之病辨舌之后则必须验齿；又引陈平伯、薛生白、吴鞠通、王孟英之学术观点，分析他们治疗温病的经验及观点的异同；指出陈伯平、薛生白以三焦分述，吴鞠通强调六气致病，王孟英视温证必察胸脘，且分夹湿与不夹湿，故不可见证夹湿而率投凉润。书末对湿温病用药进行总结，强调需辨其标本正确处方。此书为撰者对湿温证治的总结，内容丰富，具有一定的系统体例。

0675

温症指南一卷 / 著者佚名：[1911]. --清末民国间石印本. --42叶 / 一册

中国国家图书馆

提要： 此书内容依凡例所述：本以吴瑭《温病条辨》，参以叶桂的《临症指南》《医效秘传》，薛雪《温热赘言》，叶桂、薛雪、缪遵义三家医案及王士雄医案五种，取长补短，删繁就简，有方有论，汇集成编。目录、凡例及内容结构清晰，有伤寒病辨四则、伤寒温病辨等篇章。

7.2.2 瘟疫

0676

伤寒翼一卷 / （清）蒋示吉（字仲芳，号自了汉）撰：1671. --清康熙十一年壬子（1672）序刻本. --一册. --半叶八行，行二十一字，白口，上黑鱼尾，四周单边，框高18.8厘米，宽11.8厘米

日本国立公文书馆内阁文库

提要： 此书著者受吴又可《瘟疫论》的影响进一步阐发瘟疫之病机与治法。有关内容，可从其篇目窥见一斑：“商瘟疫非六淫之邪、四时不正之气，商风寒瘟疫之邪所入不同，商瘟疫、风寒初起之症不同，商风寒、瘟疫主治不同，商瘟疫感而遂发之治，商治瘟疫专责阳明，商下症大纲有三、宜下兼症三十有六，商可下，商宜下，商急下，商连下，间下法案”。此书篇幅不大，但简洁明了地探讨了瘟疫的病因病机和各种治疗方法，是温病发展史上的重要文献。

0677

瘟疫论全书 / 著者佚名：1710. --清刻本. --208叶 / 四册. --半叶九行，行十九或二十字，白单鱼尾

中国国家图书馆

提要： 此书包括：《温疫论》二卷，（明）吴有性撰；《瘟疫辨论》一卷，（清）马印麟编；《舌胎验方》一卷；《验症舌胎法》一卷；《伤寒十劝验证舌法》一卷；《经验良方》一卷；《瘟疫方论》一卷。其中第一、二册为明代著名医家吴有性著《瘟疫论》两卷，对瘟疫之病源与伤寒详加辨析，推究病理，对症诊治施方，是我国第一部系统论述温病之专著。此书自明末即有刊刻，以后多有补注、发挥、重雕、传抄者，现存版本很多。第三册为清代医家马印麟

纂集的《瘟疫辨论》。第四册《舌胎验方》《验症舌胎法》《伤寒十劝验证舌法》《经验良方》《瘟疫方论》等，皆著者佚名，其内容亦就温病和伤寒展开论治。

0678

瘟疫辑略三卷／（清）李宾门编：1828. --清道光八年戊子（1828）蟠根别墅刻本. --217叶／二册. --半叶八行，行二十字，白口，四周单边，框高14.6厘米，宽10厘米

中国中医科学院图书馆

提要：此书采辑吴又可、蔡乃庵、孔以立三位医家有关“瘟疫”的论说方治，加以分门汇编而成。上卷为“瘟疫”医论，中卷为“瘟疫”医案，下卷为11种特殊瘟疫补遗。其间亦杂有著者亲自治案及经验之谈。

0679

温疫编诀一卷／（清）何其伟（一名庆曾，字韦人，号书田、竹簳山人）编　严钰峰注：1860. --清抄本. --一册

上海中医药大学图书馆

提要：此书篇首以七言歌诀形式，概述温疫的脉因证治，并与伤寒进行鉴别。再列遗症、小儿时疫辨、时气撮要。其中时气撮要，包括冬温、温毒发斑、风温、温病、温疟、温疫、湿温、热病、中暑、阴毒、寒疫、时气、火症、痉、胃风、燥症、中湿、伤饮食等疾病，诸病下分病机、临床表现、脉象、舌色及用药等项予以讨论。篇末列时症辨疑，从症状及发病特点等角度，对春夏之交的多种疫病进行鉴别诊断。书末“吊脚痧方”，详细介绍“吊脚痧”病名的来源、病机、临床表现、脉象、舌色及用药方法等，并与霍乱鉴别。

0680

李芝岩先生风瘟验方一卷／（清）李芝岩撰：1911.--清宣统三年辛亥（1911）镂云斋刻本. --4叶／一册. --半叶十行，行二十字，白口，四周单边，框高14厘米，宽11.9厘米

山东中医药大学图书馆

提要：此书收录李芝岩先生风瘟三个验方，其方根据五运六气酌加药味。首叶首行题“旧刻有风瘟验方一编系”，首叶末行题“板存山东省西中赵家庄镂云斋刻字处”。

0681

各界须知之时疫一卷／（清）徐相宸撰：1911.--清末民初抄本. --5叶／一册

中国国家图书馆

提要：此书与“幼科要略摘录”“阳湖龙在田茂才心脑合论”“饮入于胃辨”“哈斐传”“论养生路化分饮食情状”等合为一册。篇题“各界须知之时疫”。1908年夏秋间，上海时疫流行，以霍乱最甚，著者受聘于上海中国红十字会附设时疫医院任顾问，又曾任神州医药总会常务委员等职。

7.2.3　痧症

0682

葆元录一卷／（清）张保撰：1846.--清道光二十六年丙午（1846）稿本. --72叶／一册. --半叶九行，行十六字，白口

中国中医科学院图书馆

提要：此书为痧症专著。载各类痧症43种，各类痧症均有绘图，一者可鉴病形，二者可点画针刺部位，既形象，又实用。后附治痧诸方41首，并载药物组成及煎服法，最后摘录“嘉禾徐子默吊脚痧方论”数篇。

0683

痧疹一得二卷／（清）萧霆（字健恒）撰　萧翥（字学光）参订：1732. ——清咸丰二年壬子（1852）抄本. ——一册

上海中医药大学图书馆

提要：此书上卷论疫毒痧疹，共64篇。如“原疫毒痧论”“疫痧所感之气”等论述病因、病机；“急症不可缓攻论”“表里解毒汤论”“药贵中病论”“槟榔论”等14篇论述治法，详细介绍表里解毒汤方的用法及其主药麻黄、大黄、石膏、槟榔的用意等；“疫毒痧与冬温痧异治论”等4篇论述疫痧与冬温痧、温证、火毒痘、伤寒温病的鉴别；“痧疹咽痛不可妄称痧缠论”“发不出论”“神昏谵语发”等30篇论述兼证、并证及死候；“男妇痧治法不同论”“崩漏患痧论”等11篇论述妇人、小儿疫痧证治。下卷论冬温痧证41篇。先论冬温痧病因，痧疹麻瘖名异实同，次论时痧与痘疹、伤风、瘾疹、赤疹、痱子、蚤斑蚊迹、疫疹鉴别，次论察形色辨轻重，次论兼证治疗，如咽痛、咳嗽、喷嚏、有汗无汗、痧不退、痧出后没、衄、痢、胃火、胃结，最后为痧后调理等。“白痢治法不同论”“过期不出”“赤痘非痧辨”3篇为所抄之书原有，非萧氏所论。书末附“儿科指南赋中方药”21方。正论之后有“学子问答”，阐述未尽之意；又有潘道根按语，记读书临证体会。全书25则医案附于相关论述之下。

0684

瘟疫全书痧疹一得二卷／（清）萧霆（字健恒）撰　萧翥（字学光）参订：1735.——清光绪十三年丁亥（1887）抄本. ——二册. ——半叶九行

成都中医药大学图书馆

提要：此书主要由序、凡例、目录、上卷正文、下卷正文及叶天士温证论治组成。上卷主要内容有原疫毒痧论、疫痧所感之气、疫痧所入之门、疫痧所客之地、闷痧症、急症不可缓攻论、攻毒不拘稀水论、表里解毒汤论等64论；下卷主要内容有原冬瘟痧论、痧疹麻瘖名异实同论、痧疹痘疮形状不同论、痧疹非胎毒论等44论；后附叶天士温证论治。上卷首叶为“雍正壬子重阳前四日娄江萧霆建恒氏自序”；下卷正文后有“乾隆甲子年清明前娄水钱志熯念勋录于行素堂”及“光绪十三年岁在丁亥清和月娄江周柏寿鞠臣录于廉让居”。此书行楷字体抄录，字迹清晰，“金镶玉”装订。

0685

治痧要略二卷／（清）徐德銈撰：［1911］. ——清抄本. ——39叶／一册. ——半叶七行，行二十八字

上海中医药大学图书馆

提要：此书上卷总体论述痧证，包括发病、舌脉、治要、用药大法等，并具体论述痧胀、痧斑以及不治之痧，详述闷痧、鬼箭痧、刺毛痧等10余种痧证的治法。下卷列

治痧药物和方剂。“痧药摘要”共载药82味，每药说明性味归经及其主治。方剂有汤方11首、散方10首，又附有便用10方（未列明药物）。此外还记载探唾一法，属外治法。卷后附载“痧胀备览”篇，说明急救在治痧中的作用。著者认为“四时常有急救之法，针刮为最”，因而开篇即言明针痧的穴位，“针痧虽有十穴，其最有效者在两少商，两臂弯，两腿弯”，并画有人体图谱一幅，说明少商、尺泽和委中三穴的位置，为使“即非专家，亦可疗治”。其后记录了保急丹和清痧救急丹两则丹方。

7.2.4 疟痢

0686

治痢奇方妙论一卷 /（清）倪涵初（字宗贤）撰：［1662］. --清道光二十五年乙巳（1845）刻本. --6叶/一册. --半叶八行，行二十四字，白口，单黑鱼尾，四周双边

中国国家图书馆

提要：著者认为痢疾为险恶之症，生死攸关，古今治法多不得其道，不能速收全效。因此著者不拘泥旧法，提出自己的立方用药论点及方法。全书仅6叶，分题初起煎方、加减煎方、补里煎方、微理妙论等部分，介绍治痢的中药配方、服用方法。

0687

痢证秘诀要略一卷 /（清）周文宁（字尔皇）撰　吴开育删补：1805.--清抄本. --一册

上海中医药大学图书馆

提要：此书前列总目，书首先对痢疾病证加以论述，有“原痢论”“治法总论”等4篇。次论治法，载“治例廿八条”“仲景先生治利大例”“东垣先生治法”“痢疾外治方”等37篇。通过汇集各代医家之说，使痢疾治疗的方法多样化，且特别提出妊妇与产妇的痢疾不同于常人，“妊妇患痢，湿热熏蒸，恐子气过热不宁”“产后痢疾由产劳伤，脏腑不足，日月未满，产乏未复”。另有“附论泄泻”列两种病之不同表现及治法。书后有“补录”一篇，补以喻嘉言、李士材、张景岳、秦皇士、郭右陶、程山苓、汪蕴谷各医家论痢之说。后附方剂40首。此书对于痢疾论述全面，对当世各家之说炼其精要，去其繁复冗长总结而成，载其自拟方数首，皆称有奇效，其立方之法皆有出处，为历代验方之化裁。

0688

痢症探源一卷 /（清）刘莹（字次瑚）撰：1876. --清光绪二年丁丑（1876）成都刻本. --26叶/一册. --半叶八行，行二十字，四周双边，单黑鱼尾

成都中医药大学图书馆

提要：此书以十问十答专论痢疾之根源，“总在一派湿热秽浊之气入人口鼻（犹食道传染）。”认为痢疾一症尽属于积火成毒，属虚寒者百不一二。著者临证三十年，总结出治痢疗程：痢疾无论红白，皆先服加味人参败毒散，以散邪解毒，消积理气；次服救苦丹，以消毒治燥；待病势既退，服加减香砂六君子汤，以治脾虚饮食不消；后服加味补中益气汤，以治病后正气虚损之精神困倦及足肿等症。对于当世之治痢，早用黄芩清敛，地榆收涩，取用归、芍，以为有弊无益。四方之外，又辅以民间易

得易行之单方常药，疗效显著。后附喉风症治之论方，证候简明扼要。又附痧症刺、刮、擦、探吐、拔毒、吹鼻通关之法及简便之方。又附疯犬方论一篇。前有咸丰已未苏庭勋序。

0689

痢疾泄泻杂抄一卷／（清）谢鹤洲编：［1911］.——抄本.——63叶／一册

成都中医药大学图书馆

提要：此书又名《秋季痢疾》。前部分对痢疾、泄泻从虚实、寒热等方面进行了辨证，并用述古的形式列举历代医家对泻痢的论述，阐明了泻痢的病因病机。后半部分抄录了谢氏对泻痢施治的祖传秘方，及谢氏本人治疗泻痢的经验良方和医案。此书封面书名为“秋季痢疾”，正文首叶缺，故不知真实书名及抄录者。在此书中部，有“谢鹤洲辑，象山谢正常谨志，抄录珍藏”字样。

0690

痢疾论丛一卷／著者佚名：［1911］.——清抄本.——一册

上海中医药大学图书馆

提要：此书较为系统地论述了痢疾，分为“《内经》锦囊痢疾原论”“痢疾论”“痢疾论脉”和“治痢诸方”四部分。此书强调痢疾当与疟疾区分，认为“凡疟痢二症，初病皆属阳明，胃与大肠，积滞湿热，外受寒暑而成”，指出“痢疟要明表里虚实，不可执一之见”。疟痢二者在病初起阶段极为相似，医家不可见痢疾初起有恶寒发热、呕吐、腹痛下利，颇似疟症，就称其为疟痢并行之重症。著者批评当时医家因不明痢疾辨证而延误病情，从而加重病情的现象，为此收录其三十余年的治痢用药经验编成此书。共载方剂30余首。先列方名，次列适应病证、组方、加减运用法。此书对痢疾证治从理论源头至临床经验进行了系统论述，所载方剂均为著者验方，尤其注重辨证论治之法。著者擅用当归一类活血行气之品治疗痢疾，以求调气除重，为痢疾治疗提供了经验。

0691

疟痢中风秘要一卷／（清）金清桂（字兰升，号石如、冬青老人）撰：1911.——清宣统三年辛亥（1911）张雄喜抄本.——一册

上海中医药大学图书馆

提要：此书论述泄泻、痢疾、疟疾、痛痹、痿躄及中风6种病症，其中泄痢及中风论述为详，每症均以记录经验良方为主。此书是金氏多年临证的经验之作，注重对症状的描述以及针对这些症状使用的方药，而不重理论叙述，间或提及医理，也多为简短实用的治疗大法。除成方外，自拟方剂制方严谨、药味不多，不录剂量。

7.2.5 霍乱鼠疫

0692

瘟病鼠疫篇一卷／（清）翁兆全著：1911.——清宣统三年辛亥（1911）上海集成图书公司石印本.——一册.——半叶十八行，行四十字，白口，单鱼尾，四周双边，框高19.8厘米，宽12.8厘米

北京中医药大学图书馆

提要：此书著者有感于闽粤香厦鼠疫横行，遂由儒而医，方药济世，依据《温热经纬》《湿热条辨》《疫疹一得》立法处方而作此书。首列鼠疫总论12则，细目为“探源论”“避疫论”“保生论”“治疫须分南北异性论”等。次为“病情篇”，细目为“提纲”“纪律”“脉证条辨”。三为“治法篇”，细目为“问答”“临证必辨”“验舌”“验齿”“内服方”“外敷方”。四为“方论篇”，列鼠疫“屡试屡中”效验方内服40首、外敷6首，方名、药物、剂量、古人方解、配伍机理、病机证候、功效主治悉备。五为“医案篇”，为翁氏“十余年阅症以来”不下万计医案中所幸存者，理法方药皆备，过程详细。

7.2.6 白喉喉痧

0693

白喉灵方等六种/（清）郑友益等辑：1883. --清石印本. --102叶/一册

黑龙江中医药大学图书馆

提要：此书为白喉六种书籍的合订本，包括《白喉灵方》《治喉捷要》《白喉忌表抉微》《白喉养阴忌表抉微》《重校白喉忌表抉微》《疫痧草》。其中《白喉灵方》为清嘉庆三年戊午（1798）菊月重刊本，有目录和序；《治喉捷要》内附各种经验良方，据书中牌记记载，此书为清光绪三十年甲辰（1904）冬浙江官书局重刊本；《白喉忌表抉微》原题洞主仙师白喉忌表抉微，耐修子敬录并序跋加注；《白喉养阴忌表抉微》为民国四年（1915）二月京师京华书局重印本；《重校白喉忌表抉微》为民国十三年（1924）秋九月北京永明印书局刊印，包括序言、目录及原跋；《疫痧草》的著者是清代陈耕道，成书于清嘉庆六年辛酉（1801），此书为民国重刊本，由财政部印刷局印制，包括清光绪七年辛巳（1881）程人彪重刊陈氏疫痧草序，以及道光十八年戊戌（1838）春二月万镛重刊陈氏疫痧草序。

0694

白喉奇验秘方一卷/著者佚名：1890. --清刻本. --8叶/一册. --半叶八行，行二十一字，白口，上黑鱼尾，左右双边，有界栏，框高11.4厘米，宽17.6厘米

中国中医科学院图书馆

提要：此书在序言提及治疗白喉常犯的十种错误，即十难，有不明病属足三阴误治他经之虞，也有病初起疑似伤寒投以麻桂之类致毒涣散之难。正文部分主要记载了白喉的治法、常用方7首以及白喉无治之症，附录记载一首专治小儿百病的外治单方。

0695

仙传白喉济急吹药服药二良方论一卷/著者佚名：1899. --清光绪二十五年己亥（1899）刻本. --6叶/一册

黑龙江中医药大学图书馆

提要：此书包含目录、方序、示了嘉瑃术白喉方训八月二十八日、仙传白喉吹药济急散方、仙传白喉服药济急方、示沉性子霞灵作序训九月初八日、示沉性子霞灵作序第二次训九月二十三日、示沉性子霞灵作序第三次训九月二十八日、济知流罗汉诗十月二十三日、华真人诗十月二十三日。

封底有北三槐堂每百本价银七钱，如印制者到玻璃厂东门路。

0696

白喉治法忌表抉微撮要一卷 / 原题（清）郑梅涧撰：[1902]. --清光绪二十八年壬寅（1902）思补堂刻本. --11叶 / 一册. --半叶九行，行二十二字，白口，单黑鱼尾，四周双边

中国国家图书馆

提要：此书首论白喉一症之特点及用药须知，后列药方，分白喉正将、白喉猛将、白喉次将、白喉一切禁忌之药、白喉误服禁忌诸药所现各种败象、补救之药方、附录三不可要诀、增刊各方等部分。

0697

白喉新编一卷 /（清）黄炳乾（字陶普）撰：1908. --清光绪乾塘遁谷樵刻本. --23叶 / 一册. --半叶七行，行十六字，白口，上黑鱼尾，四周双边，有界栏，框高10.5厘米，宽15.1厘米

中国中医科学院图书馆

提要：此书在证论中提及了治疗白喉常见的10个误区，与《白喉奇验秘方》内容大致相似；续论部分介绍了白喉的治法，常用方。"白喉看法"部分则对白喉的主要临床表现、检查方法、火证与寒证的症状鉴别要点详细论述，并指出寒证不得以白喉之法治之。白喉的辨治加减用药、服药禁忌、常用方剂的组成、使用方法、炼药针法、蒜泥敷治法以及白喉的无治之证在书中亦有记载。

0698

论白喉捷要一卷 /（清）尹铭瀚（字小润）撰：[1911]. --稿本. --18叶 / 一册. --半叶八行，行十八字，白口，单绿鱼尾，四周单边，框高19.7厘米，宽12.2厘米

山东省图书馆

提要：此书卷首为"论白喉捷要，东武尹铭瀚小润著，同邑刘云根秋岩订"。无目录，末附"辛酉暮春绛禊日，世愚弟云南邱在元盥手拜叙"。书根题"东武艳村读汉斋尹氏家藏"。

0699

白喉鹅喉方二卷 / 著者佚名：[1911]. --清抄本. --一册

上海中医药大学图书馆

提要：此书由"白喉实验方""鹅喉实验方"两部分组成。"白喉实验方"由"白喉症论序""白喉正将药品""白喉猛将药品""白喉次将药品"等12篇内容组成。"鹅喉实验方"由"鹅喉治例""治法总列""药方备列"等组成。在"鹅喉治例"中，撰者提出喉症"切勿心烦燥，方能奏效""针灸非轻易用，不如不用为妙"，并列出诸多不治之症。其后为"治法总列"，提出"先用甲药吹入喉内，次用丙药、丁药点入喉内，次用戊药煎服，次服总丸"等治疗方法。

0700

丹痧咽喉经验秘传一卷 / 原题（清）程永培辑　张铁耕辑评：[1794]. --清道光种德堂翻刻本. --71叶 / 一册. --半叶十行，

行二十字，上黑口，下白口，单黑鱼尾，左右双边

中国国家图书馆

提要：此书包括“丹痧经验秘传”“咽喉经验秘传”“喉症图形针药秘传”三部分。书中有清道光二十三年陈文涛、周桂堂、赵元杰序文，可知此书据叶桂原本编校，原本藏于张铁耕家，后经张氏辑评、赵元杰校字后翻刻。“丹痧经验秘传”凡6条，述及丹痧病症、病理和论治，后列药方10余首。“咽喉经验秘传”，分题咽喉总论、通喉痹论、喉痹论方、治法凡例和喉症用药细条等。“喉症图形针药秘传”，据图分述喉症方药、治药秘法、喉症十二字药方等。书前内封叶题“程瘦樵先生原本，种德堂翻刻”。书中题“程瘦樵原本，张铁耕辑评”。书末镌“崑山朝阳门南街邓墨香斋刻”。

7.3 内科

7.3.1 通论

0701

杂病治例一卷／（明）刘纯（字宗厚）撰　萧谦（字子豫，号易庵居士）校正：1479. ——明成化十五年己亥（1479）刻本. ——60叶／一册

辽宁中医药大学图书馆

提要：此书卷首列“兰室集医家十要”“兰室誓戒”“戒行吟”“调鼎吟”4篇劝诫持家、修身、业医的警语。书的主体部分共列风、火、暑、湿、燥、寒、发热、头痛、腹痛、腰痛……瘿、癞、白癜风、紫癜风、下疳疮、骨梗等74个病证的辨证施治经验。此书虽然篇幅不大，但是要言不烦、纲举目张，作为明代早期的官刻本，刻工精美，字大疏朗，亦不失为一件难得的古刻佳椿。

0702

薛立斋先生内科医按摘要一卷／（明）薛己（字新甫，号立斋）撰：1529. ——明泰昌元年庚申（1620）应麟删校重刻本. ——一册. ——半叶十行，行二十一字，白口，无鱼尾，四周单边

日本国立公文书馆内阁文库

提要：此书为内科医案著作。书前有应麟“校薛立斋先生医案序”，此后为目录及正文。此书目录出示21类医案，经核查，与今通行的薛氏《内科摘要》基本相同。书末总附“各症方药”，不过是把《内科摘要》附在二卷之后的“各症方药”聚为一体而已，内容基本一样。此本有新增的序言、眉批和评述之文。

0703

程斋医抄秘本七卷目录一卷／原题（明）盛瑞明（字希道，号程斋、玉华子、玉华山人）撰：1533. ——清宝善堂抄本. ——439叶／八册. ——半叶十行，行十八字，白口，双黑鱼尾，四周双边

中国国家图书馆

提要：此书八册，第一册为目录，二至八册为正文。正文分七部分，不题卷次，依次为：三因门之痨瘵、内伤门之内伤、外感门之湿、三因门之脚气、三因门之咳嗽、内因门之遗精便浊、三因门之虚损。目录题名“程斋医抄目录”，正文七部分题名

按“第二”至“第七”“末本”顺序。内容皆为首论述，后药方，总计药方800余个。此书抄写齐整，印格纸抄写，书口印“宝善堂”三字，装帧考究，包角线装，书衣为蓝色洒银笺纸。细观全书，所有题名“程斋医抄”四字以下均有挖补痕迹，故此书内容顺序原非如此，作伪者之目的或为残本充全本。盛端明，字希道，号程斋，自号玉华子，又称玉华山人，明代广东饶平县（今广东潮州）人，曾历30年时间广采医书，遍求秘方，编《程斋医抄》140卷，嘉靖十二年（1533），抽选经验者，辑为《程斋医抄撮要》。此书原本今藏日本国立公文书馆内阁文库，为明嘉靖十二年序刻本，五卷，卷一至三为妇人门、卷四为小儿门、卷五为内伤门，与中国国家图书馆藏此抄本内容无重合，或可说明此抄本乃140卷的《程斋医抄》残存的一部分。

0704

太医院手授经验百效内科全书八卷／（明）龚居中（字应圆，号如虚子、寿世主人）撰　刘孔敦（字若朴）参订　藜光堂梓行：1630. ——明藜光堂刻本. ——四册. ——半叶十行，行二十五字，框高25.6厘米，宽14.5厘米

日本国立公文书馆内阁文库

提要：此书又名《内科百效全书》。全书八卷，卷一为总论，共有四方面内容：持脉节要、药性纂要、引经报使、病机总略。全书的重心内容是卷二至卷八。这部分医学知识以病症为单元，介绍各种内科相关疾病的诊治。此七卷共有病证69篇。首为伤于风、寒、暑、湿乃至瘟疫诸证，次为痛风、痹、咳嗽、霍乱、疟、痢等，乃至于鼻、口舌、牙齿、喉等身体部位的疾病、各种痛证、虚损等证，末以养老、求嗣终卷。各病症的论证体例一般是先在病名之下用小字注出脉诊要点。其编写体例近似临床实用诊疗手册。

0705

症治析疑录四卷／著者佚名：［1644］. ——明抄本. ——二册

中国中医科学院图书馆

提要：此书为明代吴中名医戴氏的家传内科秘本。书以精湛之短语，集医论、医案、经验、秘方和戴氏之要言，向从医的后辈，传授从中风到恶寒共32种病证的诊法要领和治疗诀窍。

0706

杂症正医录八卷／（清）邵成平（字庸济）编纂：［1744］. ——清乾隆九年甲子（1744）刻本. ——160叶／四册

宁波图书馆

提要：此书为中医内科学著作，涉及少部分五官科内容。著者临证有感于业医者枉操其术而行世，反将活人变杀人，故做此书追根寻源，探究各家，类编成书。以病证为纲，论、方、脉为目，详细列举古方今论，并以著者自身体会加以阐述，共论述44个病症，及口舌、咽喉、齿、目、耳、鼻等病，议论精要、选方确当，是一部临证实用的参考书。

0707

杂症绝微一卷／（清）俞明鉴（字世征）

撰：［1750］. ——清抄本. ——71叶/一册. ——框高18.8厘米，10.5厘米

南京图书馆

提要：此书为内科杂病专著，以七言歌诀形式简要将56种病症因证脉治阐述出来，每种病症详其治法方药，其中经验多源自历代名医名论，然而编辑采录是经过一番功夫的，撰写得也非常实用，是初学中医临床学科的一部较好的参考书。

0708

玄机活法二卷/（清）沈尧封（字又彭）撰：［1764］. ——清抄本. ——146叶/二册. ——半叶八行，行二十字，框高23厘米，宽14.4厘米

上海图书馆

提要：此书共二卷。卷一列11种病证，卷二15种病证，除感冒、温疫、暑外，均为内伤杂病。书中除遴选编辑各家学说之外，并附有著者本人的丰富经验。同时此书还重视民间医疗经验和验方，所以书中还收载了一些临证见闻和验方活用心得。

0709

医学萃要三卷/（清）许式南手辑：1778. ——清乾隆四十三年戊戌（1778）抄本. ——180叶/二册. ——半叶十行，行二十五字，框高22.5厘米，宽14.9厘米

上海中医药大学图书馆

提要：此书首为"序"（不著撰序人）、"自序"（乾隆戊戌，1778）。据其序言，当分三卷。目录上为脉、病（中风、类中风、水病等）；中、下为内、外、妇科等疾病，述各科疾病诊治的一般知识。此乃一儒士抄录之书，内容凌乱。

0710

冰鉴集杂症便览二卷/著者佚名：［1845］. ——稿本. ——119叶/二册. ——半叶十二行，框高22厘米，宽15.6厘米

中国科学院国家科学图书馆

提要：此书为摘录《薛式医案》《医贯》《景岳全书》《医宗必读》《医方集解》《医宗己任编》而成，兼有按语及批注，论述以内科杂症为主，医论方治俱全。

0711

内科通治一卷/（清）王士雄（字孟英，号梦隐、潜斋、半痴山人、随息居士、睡乡散人、华胥小隐）辑：［1854］. ——清光绪十一年乙酉（1885）刻铸学斋丛书本. ——16叶/一册. ——半叶九行，行二十字，白口，单黑鱼尾，左右双边

中国国家图书馆

提要：此书为《铸学斋丛书》之《四科简效方》甲集中的一部分。此书有18小题：截烟瘾、塞酒源、救饥、解渴、养老、安神、辟邪、逐疫、癫狂、虚弱、劳疰、外淫、番痧、瘴气、祛疟、中风、霍乱、发黄等，分别阐述烟、酒对健康之害，对内科各病症提出诊治方法及药方，其中不乏养生防疫之理念。

0712

内科方案一卷/著者佚名：［1861］. ——兰石山庄怀周抄本. ——一册. ——半叶七行，行二十一字

上海中医药大学图书馆

提要：此书录医案85则，多为内科医案，亦偶涉妇科、五官科等内容。著录体式与一般医案有所不同，不录患者姓名年龄等，从病机入手，记某症某脉，不载舌象，然后录方药于左。该抄本中录有用膏方案4则，其中2则膏方还注明了所用剂量。根据此书所载医案，反映著者治疗特色有二：一是注重养护脾胃；二是重视先天与后天的关系，可供临床借鉴运用。

0713

瞑眩瘳不分卷/著者佚名：1889. --清光绪十五年己丑（1889）抄本. --四册

中国中医科学院图书馆

提要：此书所论及的病证属内科，分四册装订。第一册为诸见血证和喘证，第二册为发热、伤劳倦，第三册为头痛、腹痛、蓄血、胁痛，第四册为呕吐（包括恶心、吞酸等）、少气短气和胃反。

0714

医学要览一卷/（清）程良士撰：1910. --清抄本. --一册

上海中医药大学图书馆

提要：此书前有“引”一篇，提及著者习医七载，将其临证心得之要编为此书，以助后学之士与他书互参。有目录，无序跋。此书共载“司天在泉”“诸气呕吐”“温病时令”“痧痘斑疹”“舌齿咽喉”“杂录”等24篇。内容涉及内、外、妇、儿、五官各科以及流行病。每篇均对所述病证详细分类，并分别论述其病机与治则。“临证”篇载医案5则。“药品”篇中记载常见药物的药性与用途等。其中提出“上焦病用散药最速，中焦病用煎药最速，下焦病用丸药最速”的见解。此书还论述不同炮制方法对药物药性的改变。

0715

医学宗要二卷/著者佚名：［1910］. --清稿本. --四册

上海中医药大学图书馆

提要：此书以病证为纲，论述诸证病机、治法、脉候等，间或引述前人医论。上卷分中风、类中风、痹证、伤寒、伤寒杂证、伤风、内伤、霍乱、痢疾、泄泻、疟疾、消渴、痰饮、咳嗽、眩晕、狂惊癫痫、健忘等；下卷分不能食、反胃噎膈、鼓胀、水肿、积聚、痞、黄疸、遗精、虚劳、吐血、盗汗、痿证、头痛、疝病、小便不禁、大便不通等，共50余证。此书对内科病证诊疗有一定参考价值。

0716

内科医经遍览一卷/著者佚名：1911. --抄本. --81叶/一册. --框高15厘米，宽10.5厘米，竹纸

中国中医科学院图书馆

提要：此书卷端题“抄录医经内外遍览”，然通过文中“医门八法”这一线索，查找至程钟龄《医学心悟》。经对比，此书完全为摘录辑抄《医学心悟》而成。

0717

顾氏内科医学汇存七卷脑脊髓膜炎指南一卷/（清）顾景亭撰　陈鉴衡编：［1911］. --抄本. --192叶/二册. --框高15.5厘米，宽10厘米

南京图书馆

提要：此书为著者临诊医案记录，共七卷，上下二册。每案详其因症脉治。但不分门类，抄录潦草，内容颇显杂乱。其中记录中医诊治急症的经验值得研究。

0718

证治心法指南医论二卷/（清）董松年撰：［1911］.－－清稿本.－－二册

上海中医药大学图书馆

提要：此书所论病证包括外感病与杂病近70种，包括中风、虚劳、咳嗽、吐血、失音、肺痿等。对于各证的论述，强调病因的分析，根据各种病因以指导用药。部分病证之后兼附按语以警世人，如举例说明治证选药的错误之处及注意事项等。

0719

随证分治一卷/（清）赵桂甫（号抱琴居士）编：［1911］.－－清抄本.－－65叶/一册.－－框高16厘米，宽10厘米

南京图书馆

提要：此书收录32种内科杂病，如真中风、类中风、痰饮、水肿、便血、咳嗽等，引述历代名家对于某病的论述。书后有“杏林斋”者批注“分立门类，将主病之源并群者之摘要集于一处，令人观之，即为豁然，苟能熟此，良不愧于医道也。”

7.3.2 风痨臌膈

0720

明医诸风疠疡全书指掌六卷附内外杂症要方二卷/（清）释传杰（原姓成，名子木，字传杰，号曹溪）撰：1675.－－清康熙十四年乙卯（1675）友益斋刊本.－－六册.－－半叶九行，行二十字，白口，上鱼尾，左右双边，框高17.7厘米，宽12.6厘米

日本国立公文书馆内阁文库

提要：此书为麻风病治疗专书，撰成后不久即东传日本，成为迄今为止仅见的传世珍本。著者鉴于麻风病向无专科之设，积二十余年临证遣药经验，寓居无锡之万寿庵时完成。此书由序、引、凡例、药性补遗、目次、正文六部分组成。卷一列论病根源、各经辨症、用药权衡、辨疑引、或问等31项。卷二辨大麻风、紫云风等24重症，痛皮风、白皮风等23轻症，麻痹、麻木等16类症，叙通天再造散、宝鉴醉仙散等前哲粹方28首。卷三叙用药大意，本症内服药举追风汤、理风汤等53方，引经要药、疯门服药禁忌数则，亦有针刺大意、制刺针式、八邪穴法等针法论，本症外敷药举搜风湿气膏、八宝万应膏等34方，最后述不治症一则。卷四详类症治法，辨小续命汤、八味顺气散等类症之方102首。卷五是辨240余种药之药性宜忌炮制，其中升表祛风散湿之品33种，消导逐瘀行滞之品34种，解毒除翳生肌之品26种，降泄滑利分消之品37种，益气养阴补敛之品47种，香燥辛热之品43种，苦寒泻火之品27种。卷六是其万寿庵治验录，记录了100余麻风重症验例。附刻的内外杂症要方二卷，乃博考群书，屡试有效之方300余种，分14门胪列于后。由于此书保留了若干尚未回改的明代讳字，如由作繇等，在版本学上也十分有价值。

0721

中风证治集要二卷/（清）魏远猷（字宏

先）撰：1883. -- 抄本 . -- 一册

上海中医药大学图书馆

提要：此书首录“吴祭酒骈体文摘抄”一篇，内容为“圣驾迎幸天津赋”，其后录“田居赋”一篇。有小引及凡例。在凡例中，魏氏详细说明了此书内容，如“是书专为中风而集，首录《金匮要略》”“是书次录陈氏论方，取其法于《金匮要略》相表里”“下卷论方后添诸针灸六经正背腧穴，补陈氏所未备”。陈氏即为陈修园，著者谓其“苦心孤诣，析仲景言，证治灵素”，故“翕然宗之”，认为“陈氏羽翼之功，亦犹儒门之有朱子也”。在此书最后，还录有“侍疾获痊记”一篇，记录魏氏祖母及其父患中风病及治疗前后的详细过程，以及魏氏由此留心于医学并作此书的情景。上卷为节录陈修园氏注《金匮要略》中风病篇，下卷选载陈修园氏中风方论及黄坤载中风方论数条，惜其未有发挥。唯在凡例中，魏氏据吴鞠通“儒书有经史子集，医书亦有经史子集”论，倡“尊经说”，提出“学者当以《黄帝内经》为本，以仲景书为用”的论点，同时指出不可尊经太过，否则死于句下。魏氏有感于世所论“标本中气说”隐晦不明，设“标本中气”篇，认为“论标本中气，说本《黄帝内经》”，《黄帝内经》论述标本中气，“言风寒热湿燥火为本”“言阴阳表里和通互为中气”“言三阴三阳为标”，可为后学者借鉴。

0722

风科心印一卷 / 著者佚名：［1886］. -- 清抄本 . -- 一册

上海中医药大学图书馆

提要：此书又名《医学心印》，无序跋。此书为论风邪致病及风病治疗方药的专书。按心、肝、脾、肺、肾、胃腑六经，每经录风病6种，共录36种风病。如心经下录大麻风、蛇皮风、脱跟风、鱼鳞风、邪魅风、血风等。据著者所述，36种风病俱由风邪引起，或素体本虚，风邪侵袭致病，或内有痰湿火邪，风与痰火交织为病等。36种风病又按六邪分类，即根据主要症状表现，分为痛、痒、冷麻、烂秽、肿胀、萎惫六类。其后言治法，载治风诸药，并录古方49首，补遗中载方9首。此外还有单用浮萍治风条，俱不见于目录，故共录方59首。补遗中又有风病禁忌，及再录治风要药等内容。36种风病及其所用方剂，肇自沈之问《解围元薮》。

0723

西园风病全书一卷 /（清）孟翰（字西园，号羽秋）撰：［1911］. -- 抄本 . --64 叶 / 一册

中国国家图书馆

提要：此书名据封面所题，卷端题“医品心余验录中风辨症”，下题：“古上巡孟翰西园氏辑著，同学弟黄承瑾乐松参订，古谷城姜勋阁云台重校订”。著者孟翰，字西园，号羽秋，阳谷（今山东阳谷）人，生活在清康熙前后，时为当地名医，著作有《医品心余验录》等。此书专论风证，首先围绕风证及中风辨脉展开议论；其后针对中风后的各种表现症状，如初中、醒后、中脏、中腑、口噤、不语、手足不遂、肌肤痛、半身不遂、中血脉、口眼㖞斜、小便不利并遗溺、多食、痰涎壅盛、身痛、中经、角弓反张、风痱、中风治诀、痉病、

破伤风、厥证、眩晕、头痛等加以分析，开具药方。

0724

风科摘要一卷／著者佚名：［1911］. --清抄本. --一册

上海中医药大学图书馆

提要：此书经后人重新装订过，扉页为原书封面，上题有书名。无目录、序跋。正文首录“药病总说”一篇，说明风病总治之法及用药，如“治风之法先散风邪，次攻虫毒，次调元气，次养阴血”“始以汤药宣畅，次以膏药灌融，丸散调护，王道之治也”等，皆属治风之确论。将风病用药以导痰祛湿、利气清阳、祛风散邪、补血生液、荡涤积滞、劫杀蛲虫、麻痹瘫痪、筋挛肢软分类，详细加以论述。并对当时世医喜用大风子入药提出训诫，以大风子“药性猛大热”，故“须专门用之制度之法，则功能胜于诸药，若无传授，而道听妄用，非惟不功，反生他害”。其后录治风方剂，共录方剂69首，皆为历代所传及当时用以治疗风病的效验方剂。此抄本内容皆从沈之问《解围元薮》中节选录出。此书对麻风病因、诊断、治疗和预防方法提出了许多精辟见解，内容相当丰富。裘庆元辑此书于《三三医书》中。

0725

医林神宝书不分卷／（清）有庵老人辑：1849. --清道光二十九年己酉（1849）有庵老人稿本. --233叶／四册

中国中医科学院图书馆

提要：此书内容辑诸家著述，喻嘉言杂气论、沈金鳌辑王养吾痧症书、水邱紫霞治痨瘵神方、薛主离治中恶五尸痨瘵、齐重慧治痨瘵神方痧症医案、蔡忠治痨瘵痨虫中恶五尸、尚友山人传诸翻怪病症治、葛可久治吐血痨瘵十首神书。其内容以痨瘵证治居多。

0726

虚劳秘韫方解一卷／（清）潘世良（字心恒）撰　潘海栋注：1878. --清光绪八年壬午（1882）潘杏济堂藏板羊城刻本. --37叶／一册

中国中医科学院图书馆

提要：此书为中医虚劳专著。著者认为“滋阴之法为治虚劳第一错着”，故着力批驳。其于虚劳治法有二,一曰温经，二曰补脾胃。主方为十健中汤、加味四君子汤，是为虚劳总治之法。以下列述潮热、自汗盗汗、血证、遗精、惊悸、咳嗽、泄泻、闭经、瘵虫、邪祟等，证治、方论结合，观点鲜明，别树一帜。

0727

医学噎嗝集成一卷／（清）吴静峰辑注　吴仲宪增订：1890. --清光绪十六年庚寅（1890）洗心堂刻本. --48叶／一册

上海中医药大学图书馆

提要：此书为《医学集成》第五种：噎嗝。噎嗝一门历代散见于各书，欲循其规划，无所法守，著者遂集证治诸方为帙，稿成未梓，后由其子仲宪富与乃师赵省心所进之病机，并搜访各方，合己诸研，付梓于光绪十六年。全书摘噎嗝四不治论，五门细小论，也翻胃治法论，然后将汇辑古今医籍噎嗝证治诸方80首析列，方下加注，说明其主治之证，配伍之理及用药之法。

7.3.3 杂著

0728

血症全集不分卷/（明）孙光裕（字太初，号浮碧山人、浮碧主人）撰：[1644]. --日本江户抄本. --二册

日本国立公文书馆内阁文库

提要：此书为现知最早的血症专著，比清代唐容川《血症论》成书要早200余年，此书仅日本存孤抄本一部。全书分为序、失血小引、目次、正文四部分。正文分为二部分：前为总论部分，包括血症的基本理论及诊断方法；其后为治疗部分，主要内容是方剂与药物。后一部分又包括两部分，一是血症的辨证用药与方剂，此即卷首所说“本草发明附别方、分类主治、成方”；二是以四大出血病症为纲，其下罗列常用主治药物。药物过多的病症下，诸药又以草、木、果、谷、鳞、介等再加分类。总之，此书对血症的临床治疗都有一定的指导意义。

0729

咳嗽治法一卷/（清）沈汉澄（字晓堂）述：1828. --清道光八年戊子（1828）刻本. --29叶/一册. --半叶九行，行二十字，白口，单鱼尾，框高18厘米，宽12.8厘米，棉纸

苏州大学图书馆

提要：此书以《黄帝内经·咳论》为理论依据，并引证其他医学著作有关咳嗽之论述，分为五脏六腑各种咳嗽，结合著者治验医案，编成咳嗽专著。

0730

痰饮与带下一卷/著者佚名：1880. --清稿本. --16叶/一册. --半叶七行，行二十一字，框高14.5厘米，宽8.9厘米

中国中医科学院图书馆

提要：此书主要论述痰饮及带下的病因、病机、症状、常用方剂、药物组成及煎服方法等。关于病因病机，或引自经典《金匮要略》等，或博采名家观点，对于两种疾病的记载可谓详尽，对临床也具有一定的参考价值。

0731

痉书备览一卷/（清）俞锡禧辑：1884. --清俞锡禧涵春堂抄本. --47叶/一册. --半叶十四行，白口，绿格纸，四周双边

中国国家图书馆

提要：此书首有著者自序。正文以“经义”开篇，后有“六元正纪大论”“缪刺论”“经脉篇”“诊要经终论”等篇论述，又引张仲景等名家名著有关痉论原文及注。其后录痉病门备用诸方100余。卷末有清光绪十年（1884）陆懋修跋语，评价俞氏“能辑诸说以成此编，亦医林中不可多得之人。然苟有心于病人而不能享盛名于浊世，其理固有可决者，以故道光年间虽不闻吾苏有友竹之名也。其中如嘉言、韵伯两条最切于病，而又选临证指南中语，则友竹识见亦未为高噫，此编者正当有定力，以分别观之也。”

0732

卒患痛秘方一卷/著者佚名：1911.--清

抄本．--10叶/一册．--半叶十八行，行十八字，框高25.7厘米，宽13.1厘米

苏州图书馆

提要：此书为验方杂抄，如卒患心痛、外痔肿痛、血风臁疮、痘烂成疮、催生神方等，无卷次，随意笔记。

0733

湿热论治一卷/著者佚名：[1911]．--清抄本．--35叶/一册

中国国家图书馆

提要：此书名据封面所题，著者佚名，或从医于东南沿海一带。全书围绕湿热论治，以论为主。首有"原病说"，称"东南为滨海之区，地卑气薄，湿邪为感，所以六淫外感湿热居多。"并云湿为粘着之邪，热乃熏蒸之气，此为湿热之由来。又列肌表证、口鼻证、伏气证、内因证等湿热导致的各种病症，分别辨析论述，其中推崇刘完素的三焦论治。其后对因湿热引起的各种症状逐一辨析，对症开方，如辨舌苔白、黄、黑、绛不同颜色而施治；口、鼻、耳、齿、龈发生的各种状况；痉厥、呕吐、呃逆、泄泻、痢疾等病症的分析和医治用药。"论列诸方"一条，列46方，汤、饮、散、丸、丹皆备。末有泄泻证治歌、小儿霍乱吐泻歌、痧秽腹痛证治歌、痢疾证治歌。

0734

痹湿二症合编不分卷/（清）孟翰（字西园，号羽秋）撰：[1911]．--清抄本．--88叶/二册

中国国家图书馆

提要：此书为著者临证心得所集医论方治著作，附前贤之论及著者千人体会。所载病症不止书名所提"痹""湿"二症，还包括中医脉诊等内容。上册载痹症、湿症、脚气、痉症等与湿邪相关病症；下册载脉诀脉论及理、固、清、扬、求、责、峻、兼、夺、涩、通、塞、热、补、泻、提、越、应、验等医门要诀。

7.4 妇科

7.4.1 通论

0735

女科济阴要语万金方二卷/（宋）郑春敷编：1165.--清抄本．--三册

中国中医科学院图书馆

提要：此书为徐大椿晚年所录。卷上将女科疾病类分为"治经水""治胎前""治产后""治杂症"四门，每门逐条阐述各种病症及治则治法、处方用药。另附"先天归一汤"等11首方剂。卷下为"万金方"。卷首题"诸方"，有"守恒曰"代序。共载方150首，系上卷所用方剂按字号编排而成，属家传的秘号。体例是逐条阐述每首方名、适应证、方歌与配伍。

0736

郑氏家传万金方一卷/（宋）薛辛（字将仕，号古愚）原撰：[1265]．--清康熙郑元良抄本．--304叶/一册．--半叶五行，行二十六字，框高23.1厘米，宽11.8厘米，皮纸

南京中医药大学图书馆

提要：此书又名《女科万金方》《郑氏秘传万金方》。主要论述妇人调经及胎产诸病机方剂，包括妇人生理、孕育、胎原论、保胎论、气血论、胎前产后脉论、产科歌诀及四物汤、催生太平丸等方剂。后有郑氏增辑84方。全书有论有方，具有较大参考价值。

0737

玉峰郑氏女科秘传三卷/（宋）薛辛（字将仕，号古愚）原撰：［1265］.——清抄本.——435叶/十六册

辽宁中医药大学图书馆

提要：此书“崑山平桥薛古愚产科书序”中云：“妇人之病，有可治，有不可治，皆由心性所致”“余幸遇异人，传授产书并万金方，以之施治无不应手取效，庶使产妇有患而无患矣”。卷一产科总论及临证；卷二集胎宝百问，及调经、胎前、产后、诸证及附方；卷三女科诸证及附方。其中卷二末有撰者写“万金方后跋”，下书：宋玉峰薛古愚谨跋。

0738

薛氏济阴万金书三卷/（宋）薛辛（字将仕，号古愚）原撰　（明）郑敷政等编：［1265］.——清抄本.——二册

上海中医药大学图书馆

提要：此书前有郑敷政氏序、方谟丕氏序及原序三篇，及钱雅乐氏跋。全书涉及经、孕、胎、产，及妇科杂病，每证后均有治方，且加减详细。此书除内治口服药物外，还运用药物外治与灸法等，治疗手段多样。另外，此书还提倡“胎中亦有可教，则物感之应”，妊娠时“气形保卫”，并提出“不孕过在男女”等。

0739

妇科约囊万金方二卷/（宋）郑氏撰　任树仁（字月峤）订：［1279］.——清抄本.——二册

中国中医科学院图书馆

提要：此书分妇科医论和证治两部分。上卷医论有妇人科说、分阴阳论（即求子论）、大小产论、滑胎论、瘦胎论、调理精血论、《直指》真源论、男女服药论、《济生》宝产论、《产宝》病源论、调经总说、受妊说忌、十月胎形诀等。证治部分由经候不调、经候不通、崩中、漏下、带下、胎动不安、难产、子死腹中、胎衣不下、恶露不快、恶露不止等40则，每则概述病因、证候、治则、方剂等项。又有“胎前十八问奥旨”，有针对性地取胎前常见18种病候，如胎动不安、胎动腹痛、胎漏经血妄行、妊娠期面青口苦舌干心烦腹胀等，以设问形式，述其病因证治。下卷首为产后论，经考察其内容，为《产育宝庆集》（又名《产育宝庆方》）附加订补而成。任氏保留了原书21论，但由于原书陈言述评部分，删去陈言名字，并加改写或扩充，从中可以了解任氏处理产后疾病的思路。论后附有“妇人胎前产后补遗妙方”收方30余首，又附“产后至捷一撮珍用药目录”，目录示为收录治疗胎衣不下、血晕等50症的用方，但仅存完整者23症，目录标明第25症之后皆“失方”，说明任氏抄录时，原书已有散佚，也证明此书的相当部分是辑录前人之作。

0740

女医杂言一卷 / （明）杨谈允贤撰：［1510］. --明万历十三年乙酉（1585）锡山纯敬堂刻本. --27叶 / 一册

中国中医科学院图书馆

提要：此书收医案31则，就诊者均为女性。病种既有妇科疾患，如崩漏、习惯性流产、癥瘕、服堕胎药失血过多、产后劳伤等；更多的是其他各科疾患，如内科杂病吐血兼咳嗽、风湿麻木、泄泻、翻胃呕吐、气虚痰火、痿证、伤寒后转成黄疸、忧伤不食等，外科疾患瘰疬、火丹、缠腰疬、痰核、癞疮、荷叶癣、荔枝鼻（酒皶鼻）等，以及小儿泻泄、食积等。这是一部女性医家撰写的著作，也是我国历史上现存最早的女性医家著作，弥足珍贵。

0741

支氏女科枢要三卷 / （明）支秉中（字改斋）撰：1581.--明万历九年辛巳（1581）刻本. --36叶 / 一册. --半叶九行，行二十五字，双鱼尾，左右双边

上海图书馆

提要：此书三卷列34门，卷一列从总论至经、带、胎孕8门，卷二列护胎、小产、难产、产后等10门，卷三为妇科杂症类，列16种妇人杂症，包括中风、伤寒、伤风恶寒等。

0742

螽斯秘诀一卷 / 元默编：［1644］. --明刻本. --6叶 / 一册. --半叶九行，行十九字，白口，左右双边

中国国家图书馆

提要：此书以歌诀的形式阐述生育儿女的技术要点及用药秘方。全书仅6叶，卷末云："右方祖传，屡试屡验。敬用梓之，以广其传，以普吾祖之仁。嘉靖戊午年蒲月望丹山元默甫书。"

0743

妇科稿本不分卷 / 著者佚名：1644. --清初稿本. --82叶 / 二册. --半叶八行，行二十二字，小字行二十八字，框高19.2厘米，宽12厘米

中国中医科学院图书馆

提要：此书上册记载妇科常见疾病的辨证用药，加减用药尤为精妙，多以汤头歌诀的形式呈现，颇为易学易记。下册则对如何辨别孕病、胎前产后用药禁忌、胎产时期常见疾病的辨治也有详尽的记载。此书书法工整，但或因临证随笔，潦草之处，涂改之处亦不鲜见，书叶有缺损，影响了部分内容的阅读理解，但大部分保存完好。

0744

妇科百辨六卷 / （明）庄履严撰　庄憩樵抄：1644. --庄憩樵抄本. --48叶 / 一册. --半叶九行，行二十六字，框高24厘米，宽13厘米

上海中医药大学图书馆

提要：此书分为杂证、调经、种子、胎前、临产、产后等6门，每门下以设问形式，通过问答简要地叙述各门所及病证的病机及证治，多为一两句的答辞，言简意赅。如：妇人中风无汗者何？曰：中风无汗是寒伤营血，亦用小续命汤，去桂，加当归、黄连等化痰药。

0745

郑氏世传女科摘要不分卷 /（明）郑荣山录（清）毛达重抄：[1644].--清嘉庆十二年丁卯（1807）毛达抄本.--84叶/二册.--半叶八行，行二十字，框高20.7厘米，宽11.4厘米，竹纸

中国中医科学院图书馆

提要： 此书封面、目录题“郑氏世传女科指要”，正文卷端题“郑氏世传女科摘要”。“郑氏世传其先自苏城假山郑氏，由宋季业女科以迄于今，函前明我姑父厚山共之高祖，迁居洞庭西山之唐湾，始得是书焉”。嘉庆十二年丁卯，竹心毛达重抄。按原书目次所列“郑氏世传女科指要”部分，仅占48叶，后有毛达增加的一些内容，似与“郑氏女科”相关的另一传本。书末又有万历时郑荣山的题记，字体与毛达抄录一致，故此书皆为毛达抄就，只是经郑荣山传抄过，篇末增列各门女科证治，略显杂乱。

0746

妇科集要不分卷 /题（明）王玺集：[1644].--清抄本.--116叶/四册.--框高28厘米，宽17厘米

中山大学图书馆

提要： 此书包括经、带、胎、产诸项内容，月经不调、血气作痛、血分、血瘕、血闭寒热、带下、崩漏、乏嗣、妇室搐弱、妊娠、恶阻、子烦、二便不利、腹泄、水症、胎动不安、胎漏、子悬、子淋、赤白不痢、伤寒、子症、临产，半产、产后等。正文先写病名；后载治法，对症状病因、病机等进行分析；后载方药、制法、服法，较为详尽，共载百余方。

0747

内府秘传经验女科不分卷 /（清）龚定国撰：1664.--日本元禄二年（1689）刻本.--三册.--十四行，十三字，上下单边，无界栏，框高10.6厘米，宽18.7厘米

日本国立公文书馆内阁文库

提要： 此书由《内府秘传经验女科》《女科方脉主意》《杂录秘传女科妙方》三书组成。《内府秘传经验女科》收录女科经、带、胎、产的常见病证，并列举相应的治方，证名之下先论病证，后出方药，要言不烦，多为经验之谈。实际收载90种病症，70余首医方，从第91症起，仅有症名而无病证、治法、方药等具体内容。《女科方脉主意》收载常见的50多种妇科疾病的证治。每一种病证首论病因、诊断、治禁等；其次以“主意”二字冠首，以七言歌诀的形式对该病进行总结概括；最后列出该病的治法方药。《杂录秘传女科妙方》所收40余种病证，在证名之下直接列举治法方药，内容与上书常有重复，如“产后症治活法”“生化汤”“加参生化汤”“加味生化汤”等，均与《女科方脉主意》大同小异。

0748

济阴纂要方一卷 /（清）钱峻（字青棆）编：1707.--清刻本.--46叶/一册.--半叶十行，行二十一字，框高26厘米，宽12厘米

浙江省中医药研究院图书馆

提要： 此书内容大致分为三部分，一部分为女科经带胎产方面的论治，以列方为主，少有医论；第二部分为“轩辕黄帝补生后嗣论”，主要论述授胎、房室之法，及妇人

受妊，自13~48岁每月受胎成男成女之规律；第三部分为种子及男科内容，末附有一些儿科杂病证治方。

0749

女科切要二卷/（清）秦之桢（字皇士）须用恒编 陈曰寿增订：1717.--清康熙五十六年丁酉（1717）抄本.--一册

上海图书馆

提要：此书为清初秦之祯所著《女科切要》的上卷，下卷为《胎产卷》，已佚。日人丹波元胤著《中国医籍参》时，从陈懋宽《伤寒大白序》中知有此书而未见，仅为著录。现仅存此上卷抄本。此卷包括经候总论和经闭总论、经漏门、崩症门、带症门、淋沥门和热入血室。此书在引据名人之论、名著之语时，皆敬标人名和书名，反映出秦氏女科之学术成就，对历代女科之精华皆有继承和吸收。

0750

妇科一盘珠一卷/（清）洪金鼎撰：1749.--细柳山房抄本.--45叶/一册

上海图书馆

提要：此书前有总目，分调经、崩带、种子、妊娠、产育、产后、杂证七门。各门首述医论，次列方药，其医论多简略，且多系个人心得之语；其方多系临床习用者，方后间附医案。

0751

女科备要二卷/（清）丹崖老人撰：1811.--清嘉庆十六年辛未（1811）刻本.--35叶/一册.--半叶十行，行二十字，框高22厘米，宽14厘米

中国中医科学院中国医史文献研究所

提要：此书分两编，前24叶为前编，后15叶为续编。共记述妇科病108症，72秘方。以丹崖老人之名，除记述妇科病经验良方，又言及36良方，有小儿稀痘方以备参考。

0752

济阴宝筏十六卷方论二卷/（清）刘常棐（字惇五）编：1812.--清嘉庆十七年壬申（1812）清先德堂刻本.--332叶/十六册.--半叶十行，行二十四字，框高19厘米，宽13.3厘米

中国科学院国家科学图书馆

提要：此书仅存卷一至十。著者本不专攻医学，偶随其伯父应诊而略知医，后又为人治验，故究心于医药。而于妇人科尤为致意，因此深入研读《薛氏医案》妇人病、陈良甫《妇人大全良方》以及历代妇科名著加以分门别类，汇编成书。书中内容无原创，只是选辑之书，分为调经门、杂症门、求嗣门、妊娠门、产后门、产难门、疮疡门等，共列161个病症，每门有方有论。论说均为转引他书之说。

0753

妇科传薪六十四卷/（清）傅尔范编：[1820].--清嘉庆聚源斋稿本.--2176叶/三十二册.--半叶十行，四周双边

中国国家图书馆

提要：此书从序中可知，傅氏世代从医，相传五六世。其所以从先父手中得抄录医案数十卷，自加修订而成。考其书内容，虽名曰“妇科”，实为各种杂病治法方药

大全。病名下附治案，皆取自前贤所治验者，及个人验案，均加按语，所摘之案注明原治验者姓名，以示出处，上自“仓公诊籍”，下至金元四家及明清诸贤，靡不备采，参订详明，评说深入。此书大部分虽为汇辑他人治验而成，但著者间附己见及己治之案，是妇科的重要参考书。

0754

郑氏女科集义不分卷／（清）郑祥征编：1821.——清道光元年辛巳（1821）抄本.——350叶／三册

上海中医药大学图书馆

提要：此书以《黄帝内经》为经，诸集为纬，参合郑氏贤人之世传方论而成。第一册为总治门，第二册胎前门，第三册调经门。每门编首引述名人医家之精论，以阐述各症病因病机、诊病大法等，次述病症方药，后附张介宾雪崩论治大意，及东垣老人经验。

0755

生生理言四卷首一卷／（清）袁恕编：1829.——清道光九年己丑（1829）睢阳袁氏存诚堂刻本.——174叶／四册

河南省图书馆

提要：此书为妇幼保健著作。卷一至二为种子篇。卷一详述妊娠、养胎、胎教、孕期服药禁忌、产前产后护理方法及生育前的身体调理和注意事项。卷二论述不孕症、难产、滑胎等病证及其方剂。卷三附“达生编全录”，辑录临产、断乳、保婴等方法方剂。卷四论述防痘、治痘和清痘后余毒诸方，及种痘心法、灭痘预后等内容。

0756

妇科宗主四卷附续增胎产心法一卷／（清）崔建庵（字秉铣）撰：1848.——清道光二十八年戊申（1848）存诚堂刻本.——二册

湖北中医药大学图书馆

提要：此书撰述妇人经带胎产杂病的辨证论治及将息调养。全书分四卷，但分卷主旨不甚明朗，经带胎产杂病在每卷中均有述及。总体来看，卷一主要论述妇人经带病，卷二为转录竹林寺女科秘方，卷三、卷四主要论述妇人胎产病及杂病。

0757

妇人病论三卷／（清）武卓堂撰：1849.——清道光三十年庚戌（1859）蠖屋全刻本.——103叶／一册.——半叶十一行，行二十字，框高19厘米，宽14厘米

浙江省中医药研究院图书馆

提要：此书为日本人所著妇科著作，兼涉中西医理，无中药方，有西药治法。

0758

妇科医方一得一卷／（清）朱书（字拥予，号缃城）撰：［1877］.——清抄本.——74叶／一册

中国国家图书馆

提要：此书为著者所撰《医方一得》之妇科部分，有临产门、产后门、乳病门等，每门依各种病症列方，共51条。封里有著者题跋：“此书为世传验方秘本，原拟筹资付印，以广流传。因世变未果，希后人永珍视宝存之。”

0759

坤宁集不分卷 / 著者佚名：1886.-- 清抄本．--356叶 / 三册．-- 半叶十行，行二十八字，框高18.2厘米，宽12.2厘米，竹纸

中国中医科学院图书馆

提要：此书不分卷，或以病症名篇，或以方剂名篇，或以治法名篇，或以症状名篇，辑诸家医论方治于一帧，间附个人评按。此书以摘录从抄为多，所援引者，概自《妇人大全良方》《丹溪心法》《薛氏医案》《金匮要略》。

0760

资生集六卷 / 著者佚名：1893. -- 清光绪十九年癸巳（1893）抄本．-- 六册

上海中医药大学图书馆

提要：此书主要论述妇人经、带、胎、产诸病。卷一分论调经及经闭，后附调经类方近40首，血枯经闭、血涩经闭、痰结经闭诸方20余方。卷二分论血崩、带下、诸积，附血热崩漏、劳伤崩漏、崩漏气陷、崩漏血瘀、昏厥、疼痛、崩漏虚寒、崩漏虚脱诸方近40首，湿热带下、湿痰带下、风邪带下、虚损带下、虚寒带下、带下滑脱、白淫白浊诸方40余首，通治诸积、癥瘕、食症、瘀血、痃癖、疝瘕诸方20余首。卷三、卷四论胎前诸证，包括恶阻、子烦、子肿、心腹痛腰痛、妊娠下血、尿血等40种，所涉方剂近200首。卷五、卷六论述临产及产后的护理、宜忌、诸证，包括临产、产后脉、产戒、血晕、恶露、头痛等。对于各种病证，著者一般从其病因病机、治则治法、方药等方面进行论述，兼附相似证的鉴别。书中每首方剂皆包括其主治、方药组成、方解、加减应用及煎服法等。此书对于妇科诸证的论述条分缕析，以证为纲，依因立方。书中除对各种妇科病的辨证论治外，其中所涉及的各种妇产科的调摄、护理、宜忌等方法颇为实用。

0761

妇科杂治验方一卷 / 著者佚名：［1895］. -- 清抄本．--39叶 / 一册．-- 框高29厘米，宽15厘米

浙江省中医药研究院图书馆

提要：此书内容杂乱无章，书名虽为“妇科”，但收录的方药包括各科，不仅为妇科。原题“罗越峰撰”，不知出于何处，全书未见“罗越峰”三字，考罗越峰系浙江清代医家，《山阴县志》载其仅著《疑难急症简方》一书，据此，罗越峰恐系张冠李戴所致。又原题“曹炳章抄本”系误，仅此书封面有曹氏藏书印，经考证，此书非曹氏手迹。

0762

秘传内府经验女科五卷 /（清）吴悔庵编：［1898］. -- 清光绪二十四年戊戌（1898）橘泉氏抄本．-- 一册

上海中医药大学图书馆

提要：此书卷一调经门，述妇人月经诸病证治43条；卷二众疾门，论妇人崩漏、带下及各种杂病11条；卷三胎前门，述孕后诸证及食忌、药忌42条；卷四临产门，论临产前诸证13条；卷五产后门，述产后诸病证治及产妇生活起居宜忌45条。各门中有一节“主令”，用七言韵语概括诸病诊治。

0763

妇科总括一卷/著者佚名：[1899].--清光绪二十五年己亥（1899）筱轩氏抄本.--一册

上海中医药大学图书馆

提要：此书论述妇人经、带、胎、产、乳诸证及治疗。分列妇科调经证治、先期证治、过期证治、经行发热证治、经行身痛证治、经行腹痛证治、胞虚、经行吐泻证治、经行吐血证治。经闭门列血滞、血枯诸经闭；崩漏门列崩漏总括及崩漏证治；带下门列五色带下总括及带下证治；癥瘕痃癖诸证门列癥瘕积聚痞瘀血血蛊总括、癥瘕证治、食症证治、血瘕证治、痞证治、积聚证治、瘀血血蛊证治、痃癖疝证治、疝病证治以及治诸积大法；胎产部分列胎男女辨、辨别孕病、胎前用药三禁、安胎审宜调治等；产后门列胞衣不下、产门不闭证治、血晕证治、恶露不下等；乳证部分列乳证总括、乳痈证治。各证总括部分主要阐述病因病机及相应的临床表现，证治部分阐明其治方的功效、方药组成及随证加减变化。书中后半部分主要为治疗妇科诸证之方，如调经种子方、难产方、妊娠伤寒方、养血安胎方、产后昏晕方等；亦有他证治方，如吹喉方、乌发方、戒烟方等，共90余方。此书通篇论述妇科病证证治，内容丰富，便于记诵，可供临床参考。

0764

女科锦囊四卷/（清）刘谓川撰：1904.--清光绪三十年甲辰（1904）之槐堂抄本.--174叶/四册

辽宁中医药大学图书馆

提要：此书论述妇科经带胎产、妇人杂病的证治。前半部分为总论，后半部分为疾病各论。此书大部分内容抄录节选自《医宗金鉴》，卷端虽题云“刘谓川先生著”，然究其内容而言，此书仅存编辑之力，而无著述之功。

0765

真山老夫子遗笔女科八十症二卷/原题（清）真山老夫子撰：[1911].--抄本.--30叶/一册.--半叶九行，行二十五字，白口，框高24.1厘米，宽11厘米

山东中医药大学图书馆

提要：此书卷端题“真山老夫子遗笔女科八十症”。二卷或三卷，现仅存上卷：带下门、种子门。上卷目录共计38条，39症，41方。

0766

钱氏祖传女科秘传一卷/著者佚名：[1911].--清抄本.--16叶/一册.--半叶十二行，行五十一字，框高19.8厘米，宽22.6厘米，皮纸

中国中医科学院图书馆

提要：此书为钱氏女科秘传心法，分为月经不调、胎前、催生、产后、带证、崩漏、产科口诀。前六部分记述较为简略，凡举列病症后即配以治疗方药，除有个别几篇论说文字外几无缛文。产科口诀以七言形式阐说妇科杂病证治，言简意赅，便于习诵。附论说文字：“治妇人经论”“月经不调论”“安胎论”“催生论”“产后血晕论”“产后身热论”“治白带论”“治血崩论”“妇人室女经闭成劳论”。

0767

济阴摘要备览一卷／著者佚名：［1911］．－－清抄本．－－42叶／一册

中国国家图书馆

提要：此书封面题“济阴摘要备览”，下题“光绪十八年岁次壬辰中秋月念吾□写摘要备阅，赞育堂黄记。”书名据封面所题。此书首有“紫阳真人点化道光经传”一篇，其后为妇科各病症，包括胎前产后诸疾的论症、诊脉法及妇科药方。

0768

秘传验效女科选录秘阁藏书二卷附内府传授胎前产后女科选录三卷／（清）何仁元传　黄永念辑：［1911］．－－抄本．－－155叶／一册．－－半叶十行，行二十四字，白口，框高26.7厘米，宽15.1厘米

中国科学院上海生命科学信息中心生命科学图书馆

提要：此书卷端题“秘传验效女科选录秘阁藏书，镇江何仁元先生传，祁东左田黄永念集。”全书收录女科调经、胎前、产后的124种病症，先论述每种病症的病因和治疗方法，然后附方剂。后附内府传授胎前产后女科选录三卷，卷一主论经，卷二主论胎前，卷三缺，据目录知主要论述临产、死胎、产后。书中红字标点。

0769

妇科参考一卷／著者佚名：［1911］．－－清抄本．－－57叶／一册

中国国家图书馆

提要：此书名据封面所题。书中内容按妇科各症分为调经门、经闭门、崩漏门、带下门、胎产前后门、妊娠门、产后门、乳症门、补妇科杂症等9部分。针对每一症状分析论治，开具药方。

0770

妇孺传真一卷／著者佚名：［1911］．－－清抄本．－－46叶／一册

中国国家图书馆

提要：此书推用张仲景护胎法、陶节庵《伤寒全生集》，及钱仲阳《小儿药证直诀》等名家医著内容，多以歌、赋形式阐述妇、儿科疾病的病理病因和诊治方法，如孕妇伤寒歌、诊产后伤寒脉歌、小儿虎口三关脉歌、小儿面部形色赋等，同时配以小儿面部图注。其后为对妇、儿科各种病症的论治及药方，有的药方还标注出处，如海藏、金匮、集成等。后附“诊杂病脉法”，分析中风、伤风等症脉象和诊脉方法。又有“诊妇人脉法”“诊痈疽脉法”“内经寸关尺三部诊候脉法”等，绘有手腕部位的内经三部诊候图，标注寸关尺位置及名称。书中有著者朱笔圈点。

0771

女科集真一卷／（清）杨凤庭撰：［1911］．－－清抄本．－－83叶／一册

中国国家图书馆

提要：此书首有西山先生女科集真序，正文内容集妇科各种病症，描述症状，分析病因，出具药方。后有“附录唐容川先生抱儿痨论并治法”。此书首有“抱儿痨形病论”，先解释何为抱儿痨，即世谓妇人有胎，又得咳嗽、发热、骨蒸，或吐血，或梦交，名为抱儿痨。其后针对抱儿痨这一

病症论述分析病因，并开列药方数十种。书末有附录“治杂症汤方”4叶。

0772

女科病情一卷／（清）骆志桢（字干臣）辑：［1911］．——清末抄本．——46叶／一册

中国国家图书馆

提要：此书名据正文卷端所题。首有序文“女科大略”，称“女科病情不外胎前产后及诸月事不调”等症，此书所编者，是女科病之意义及附录以方，凡女科之大纲，可以备查，便于览者。其后目录，列有34章，皆为女科各症。如第一章带脉、第二章倒经、第三章痛经等。正文卷端题“女科病情”，下题“骆志桢干臣订”。正文内容分章阐述妇科各症，解析病理病因，录以药方。书中多有著者佚名朱笔圈点。

0773

女科秘传一卷／著者佚名：［1911］．——清抄本．——一册．——框高28厘米，宽16厘米

中国中医科学院中国医史文献研究所

提要：此书记述了月经病至产后约100种妇产科诸病，有症有方，但较简单。

0774

何氏女科百十三方秘授要术四卷／（清）吴筱岩辑录：［1911］．——吴筱岩抄本．——46叶／一册．——半叶八行，行二十字，框高14.1厘米，宽9.6厘米，竹纸

中国中医科学院图书馆

提要：此书为抄录《何氏女科方脉证治》而成书。何氏女科系指杭州何氏女科，始于晚清，为绍兴钱氏女科两个外姓传人之一。此书辑录何氏女科有关经、孕、胎、产证治及常用验方，条目式书写，前为病症形状，后为证治方药，简练明了。其中确有何氏家传独特之诊疗方法，值得珍视，另外还附带收有一些杂病验方，如治耳聋方、绞肠痧痈等。

0775

女科经纶补方一卷／著者佚名：［1911］．——清瑞竹堂抄本．——一册

上海中医药大学图书馆

提要：此书为补《女科经纶》所用方剂而作。全书按照《女科经纶》次序补录医方，共载方剂370余首。每首方剂，先录出处及主治功效，后载药物，每药或简略记载炮制方法。此书还注重考证方药的名实。

7.4.2　胎产

0776

妇科秘兰全书一卷／（宋）陈选撰：1133．——清抄本．——一册

上海中医药大学图书馆

提要：著者陈选，浙江杭州人，南宋医家，长于内科、妇科，官至太医院御医兼翰林院典籍。此书首论“妊娠脉解”，重视以脉象测胎儿生长发育情况，候胎儿性别、双生、顺生、逆生等。“胎前”篇强调“妇人以血为本”，分述十月怀妊依月份名为“胚胎”“始膏”“始胎”等，认为十二经脉由足厥阴肝经开始，各经次第濡养胚胎，依月份转经，唯手少阴心经、手太阳小肠经不养胎，后述各月胎形。篇后论妊娠各月之疾，述其饮食宜忌、病机方药、递养各经、起居谨慎，每月后附一

方。“产前病”篇设恶阻、胎动不安、露胎下血、妊娠心痛61证，分述病机方药，一证一方，剖析得当。“临产脉解”篇述妊娠常脉、胎异常之脉、新产之脉。“产后病”篇设血晕、生产横逆、胞衣不下、胸腹胀痛，凡72证，亦一证一方，审证求因。强调产妇“大宜调理”，指出新产妇出现“褥风”“败血冲心入喉”“产后中风”“败血入于皮肤”等4种情况则预后不良。全书共133方，大多以四物四君为底方，随证加减，用药精良。

0777

胎产救急方一卷／（元）李辰拱（字正心）撰：1318. --日本江户抄本. --一册. --半叶十行，行二十二字

日本国立公文书馆内阁文库

提要：此书是李氏依据家中秘传的妇产科经验，又广泛搜集了唐宋以来的若干效验方书编集而成的。此书由序和正文构成。无名氏序作于元代延祐五年（1318），故知此书是元代胎产方的开山之作。此书共分安胎、伤胎、漏胎、护胎、弄产、滑胎、催生、难产、死胎、铺肠产、胞衣不下、子肠不收、阴逆下脱、产门不闭、阴肿、阴疮、阴痒、胎前退（退为避之误）忌、胎前食忌、胎前药忌、产后避忌、产后食忌、产后药忌、产后救急方25门。采录《外台秘要》《千金方》等54种古代方书。

0778

济生产宝方二卷／著者佚名 （明）徐明善校：1535.--明嘉靖十四年乙未（1535）金陵雷鸣刻本. --64叶／一册. --半叶十行，行二十字，双黑鱼尾，左右双边，框高21厘米，宽15.1厘米

浙江省图书馆

提要：此书详述胎产、妊娠诸症、横生逆产各疾，以设问形式，加以详细作答。前有总论，述“济生产宝论”“产宝病源论”“月经不调论”“妇人论”“求子论”“恶阻论”等。后附胎前18症问答。卷下有郭稽中产后21症论评方。全书方论结合，议论详明。但卷下自第十论以后残缺不全。

0779

二难宝鉴／（明）李荣（字岚溪，号樵阳子）编：1542. --明福建邵武刻本. --23叶／一册. --半叶十行，行十九或二十字，白口，四周单边

中国国家图书馆

提要：此书由两部医籍合刻，一为妇女产孕类，一为儿科痘疹类。《闺门宝鉴》主要阐述妇女产孕之症，卷端题“通畅回生丹源流问答”，针对产科18症逐条答疑解惑，推崇回生丹之治疗功效。明代魏直撰《博爱心鉴撮要》，书中强调治痘应扶正抑邪，辨证治疗应立顺、逆、险三法，并以保元汤为治痘的主方。正文每叶上有痘疹病症图，下附诊治说明文字。

0780

保产痘症合编三卷／（明）陈治道撰 吴子扬编 陈贤才补编：1613. --明万历四十一年癸丑（1613）梁治麟刻本. --67叶／一册

上海中医药大学图书馆

提要： 此书为《保产万全书》与吴子扬《东园痘症要诀》合编本。《保产万全书》述及难产成因、预防、受胎保护、临产斟酌、产后当知与养子要诀。《东园痘症要诀》卷上为概论痘症发生与辨症；卷下论述痘症临床诸症及治法用药。

0781

孕育玄机三卷 / （明）陶本学（字泗源，号会稽山人）辑著：1621.-- 清康熙五十二年癸己（1713）乾尧抄本. -- 二册

上海中医药大学图书馆

提要： 此书著者采集前贤陈薛诸家之言，扩以著者生平所历之验，一证一论，缕析条分，以成三卷。上卷论调经，以经正而生育可期。中卷保胎，因胎全而子嗣可兴。下卷论产后，唯产后有法而母子全也。分述月经病8种，妊娠病40种，产后病证46种，共载方140余首，并主张结合针刺、灸法多方调治。现存抄本墨迹工整，用纸规范。

0782

明易产科六卷 / （清）单南山撰：［1686］. -- 清抄本. -- 二册

上海中医药大学图书馆

提要： 此书首载单南山先生《广嗣真诠》，分聚精、养气、知时、成胎四部分。卷一胎前，载录论胎前诸症医方、辨别胎前症名、补母寿子论等6门；卷二胎前，分述堕胎辨、失血类风症辨等4门；卷三胎前，论临产辨；卷四新产，论述24种新产危急证；卷五产后，论述产后32证及出产后事宜；卷六外科，论阴蚀五疳、疳虫食下部及五脏治法等。共载方剂134首。此书对妇人胎前产后诸疾的病因机理、辨证治方均论述详细，治疗上不仅有内服汤药，还有外治法，对临床有参考价值。

0783

救产全书一卷 / （清）谢文祥原辑　沈佐编：1697.-- 清康熙三十六年丁丑（1697）佟国翼校刻本. --32叶 / 一册

南京中医药大学图书馆

提要： 此书分临产、种子、胎前、产后、种痘五部分，述及胎产注意事项及有关药物调经之法。

0784

重刊寿世达生编不分卷 / （清）亟斋居士撰　顾奉璋（字左宜，号三进居士）增纂：1715.-- 清瀛斗主人刻本. --131叶 / 一册. -- 半叶九行，行二十二字，框高18.6厘米，宽11.5厘米

浙江省中医药研究院图书馆

提要： 此书无跋，无目录。据版心所镌，当分为三个部分：达生篇为胎产，保婴为痘证，救济为急救专篇。

0785

增订达生编二卷 / （清）王敬山等编：1737.-- 清乾隆二年丁巳（1737）刻本. --52叶 / 一册. -- 半叶八行，行二十字，白口，左右双边

中国国家图书馆

提要： 此书名叶题“增订达生编，攸叙堂藏板”，后有清乾隆二年王敬山序文，又有凡例，称此书专为临产而设。王敬山与吴

琢峰、沈楞香博采群书，共相参订，择其症之最紧要与方之最灵应者纂辑类集，并取原《达生编》细加删定，繁者节之，缺者增之，以达简便详明，更名《增定达生编》。全书分上下二卷，设保胎、小产、临产真言、产后各症状等条。卷后附录有产后奇病症治、回生丹、小儿出生摘要、稀痘方等4条。

0786

产科秘录不分卷 /（清）竹林寺明志宗师撰：［1786］. --清抄本. --281叶/一册

上海中医药大学图书馆

提要： 此书首载“竹林寺明志宗师传下治疗胎前产后病证二十七秘方”，涉及痛证、下痢、下血、恶血冲心等诸多病证的辨证论治；次列妊娠伤寒、妊娠吐泻、妊娠咳嗽、妊娠烦渴、妊娠下痢、小产、滑胎、产后危急10证，如产后下血多昏晕、分娩后汗出气短神昏等；次列妇人病常用方，如生化汤、补中芎归汤、茸附汤、调经种玉汤等；书末列胎前18问、产后21论，以问答形式详细分析妊娠、临产与产后常见病证的临床表现、病机、方药等。此书重点论述安胎、养胎，妊娠病，以及临产与产后的危急重症。遣方用药多见单味药，且以五谷、果蔬等食疗辅之。

0787

竹林寺女科产前产后秘方一卷 /著者佚名：1786.--石印本. --17叶/一册

河南省图书馆

提要： 此书记述了妇科产前、产后常见病的经验方，分“种子门”“胎前门”“半产门”“子烦”“子悬”“子眩”“子鸣”“子淋”“尿血”“乳泣”“痢疾”“泄泻”等32种病，每病均有病名解释、病因病机等，并列举40余种方剂，每方下均有方名、药物组成、用量、主治、服用方法、禁忌、加减等。

0788

保生集要一卷 /（清）黄阳杰（字乾三，号龙塘散人）辑：1789. --清嘉庆三年戊午（1798）贵名堂翻刻本. --32叶/一册

中国医学科学院图书馆

提要： 此书列保胎、保产、产后、保婴四类，并各有附方。黄氏指出：胎前宜清心节欲、动静相宜；临产当遵《达生篇》之“六字真言”；产后须舒情畅志，调护静养。最后详述保婴接生、断脐裹脐、浴儿哺儿等较为科学的新生儿保健方法。

0789

胎产至宝三卷末一卷 /（清）蔡璘编：1789. --清乾隆五十四年己酉（1789）刻本. --54叶/一册. --半叶九行，行二十字，白口，单鱼尾，左右双边，竹纸，框高13.2厘米，宽10厘米

中国科学院国家科学图书馆

提要： 此书卷上临产门，首列脉法、六字真言等，次述用力待时、忍痛等17条；卷中为胎前门，先载脉法，后列胎前忌宜等项12条；卷下产后门，先列脉法，次列产后各种处置之法、禁忌等项21条；卷末附方剂20余首，皆属平实有效之方。全书语言通俗易懂，内容切于实用。

0790

产科秘方一卷/著者佚名：1818. --清嘉庆二十三年戊寅（1818）安雅堂刻本. --38叶/一册. --半叶十行，行二十一字，白口，单鱼尾，四周单边，框高18.4厘米，宽12.7厘米，竹纸

上海图书馆

提要：此书主要内容为论述产前病的证治，临产诸疾及产后各症计130余种病症的证治，证下载方药，共计近百方。全书采取先论后治、最后附方的形式，论证简要，可资参考。书后附治疗鸦片烟上瘾的极验良方。

0791

产科秘方一卷/著者佚名：1818. --清嘉庆二十三年戊寅（1818）安雅堂刻本. --40叶/一册. --半叶九行，行二十一字，框高18.6厘米，宽13.2厘米

上海图书馆

提要：此书为“竹林寺女科秘方”传本之一，书中主要记录治疗方剂，妇人经、带、胎、产诸病皆有涉及，每方详其组成及剂量煎服法。

0792

胎产珍庆集六卷/（清）宋若昂编：1835. --清抄本. --八册

上海中医药大学图书馆

提要：此书自序著者称十六岁留洋，研习西学，然志不在此，遂关注方书，精于医术，尤擅女科。因认为历代医书详于男子而略于女子，故用数十年时间，广行收罗前贤论述，据已临床心得，编录是书。卷一列求子法、候胎、恶阻、跌仆伤胎等17门，主要论述胎前病证及胎前保养、种子理论；卷二论38种胎前病，含胎漏黄汁、妊娠心腹痛、妊娠腹痛、妊娠中风、妊娠眼目等；卷三列27门，论临产事宜；卷四论产后通用方和产后30证；卷五论产后37证；卷六论产后6证，并附产后方16首。并有两册专门载录经验方，如擦牙散、擦牙洗眼神效方、开肝积方等。此书证以类叙，方以证分，详载自受妊及临盆，何月何日用何剂调摄的方法，对临床有参考价值。

0793

胎产大法二卷/（清）程从美编：1846. --清道光二十六年丙午（1846）文星堂刻本. --127叶/二册. --半叶八行，行二十三字，框高18.2厘米，宽11.2厘米

上海图书馆

提要：此书是著者“四十余年之苦心，研机彻悟，躬历神效之方，考前贤之法，俾胎产无夭枉之危。”他针对此专科之学“尚难悟其微”，有者株守浅见，“道听途说之词，臆度不经之见，失于扶持”，以至有“隐曲难明，显而易忽”等问题。此书则在阐述医理、讲求方法、可读性强等三方面彰显其特点。上下二卷共载163方。方以药味少、易录购、廉价而宜用。但制方讲解细腻，对药量、炮制、选药、修合、调配到用法、禁忌都精准确实，非医药者的病家也能寻证选方，循方配药。此书在四时用药和妊娠禁忌的论述，都详而达理。

0794

语珍切要录二卷附达生编一卷/（清）赵锡

彤重刊：1848. --清光绪六年庚辰（1848）刻本. --一册. --半叶八行，行二十一字，白口，上单黑鱼尾，四周双边，框高15.7厘米，宽12.5厘米

上海中医药大学图书馆

提要：此书二卷，系“采辑先儒格言家训”，并非医药之书。其论如敦伦、立身、治家等。仅书后附《达生编》一书，乃寻常可见之产科书。上书口题“语珍切要录”。

0795

济生录/（清）钟岳峻编：1865.--清同治五年乙丑（1865）真州诒谷山庄刻本. --34叶/一册

扬州市图书馆

提要：此书又名《神授保产经验简便良方》。全书分为三部分。第一部分载录催生和难产效验良方数则，方后有论。强调调补气血的重要性，产妇需心安气和，饮食清淡。第二部分为各种催生符咒。第三部分为产前、临产和产后保护诸法，附产后诸方和初生小儿各方。

0796

资生要旨一卷/著者佚名：1873. --清同治十二年癸酉（1873）刻本. --79叶/一册. --半叶八行，行二十五字，框高18.6厘米，宽13厘米

浙江省中医药研究院图书馆

提要：此书共七篇，“原生”“达生”“广生”“育生”，均为著者佚名；“保生”“遂生”，为武进庄在田所著；“延生”，为特治白喉之治法。全书主要为胎产儿科内容，有论，有方，有案，辑纂以利民济世。

0797

胎产秘方二卷/（清）方金山撰：1877.--清稿本. --41叶/一册. --半叶十一行，行二十三字，小字行二十八字，框高17.9厘米，宽13.4厘米

中国中医科学院图书馆

提要：此书二卷。卷一为判断是否妊娠及妊娠期疾病诊断的8首歌诀（并有小字注文），并有全孕方和将产腹痛滑胎方2首。卷二为一些妊娠常见疾病的病因病机简介及处方用药，如恶阻论等。卷三则为产后诸证之记载，卷首产后总论要诀中对产后的病因病机有总体的把握，后细述产后常见诸症的病因病机及常用方药。总之，此书对胎前产后疾病的辨治有一定的参考价值。

0798

保胎回生方一卷/著者佚名：1908. --清光绪三十四年戊申（1908）成都二仙庵务本堂刻本. --9叶/一册. --半叶十行，行二十一字，黑口，单黑鱼尾，四周双边

成都中医药大学图书馆

提要：此书仅三千余言，为妇科专论。首先叙述回生方30味药物的剂量及炮制为丸的方法；次列妇科经、孕、带、产26诸症及调经、保胎、顺产、治疾等要法；再以案例论难产缘由，一为稳婆用力过早，一为产妇精神紧张。此书封面书名为“保胎回生方”，内封书名为“保产回生方。”

0799

产宝百问万金方不分卷/著者佚名：

［1911］.——抄本.——二册

成都中医药大学图书馆

提要：此书主要内容：总论，综述产育妇人患病的病因病机及辨证施治，并以歌诀的形式论病，如妇人有娠歌、妊娠漏胎歌、心腹急痛歌、倒仆损伤歌等，便于记诵；随症问答，以一问一答的形式，说明病症及用药；君臣佐使，阐明用药方法，即随时用药法、用药身梢根法、用药生熟法、用汤丸散法、煎药治法、服药治法等；六经引药，列举各种方药及服法；妇科神效方，养血四物汤；古吴玉峰薛氏女科方，调经15论。书后附有各脏腑经络诸穴分寸歌，均有图示。此书歌诀易记易诵，随症一问一答，用药一清二楚，且图文并茂。

0800

明易胎产医方八卷／著者佚名：［1911］.——清抄本.——84叶／四册，框高23厘米，宽12.5厘米

中山大学图书馆

提要：此书八卷。卷一至卷三，保产、求嗣、安胎、堕胎、孕妇、胎产、问题论辨；卷四至卷八，胎产症治。扉页题“产科医案济阳舞堂氏珍藏”11字，后为目录（2叶），后为卷端。第一叶目录有朱墨阳文印章二枚，卷端有朱墨阳文印章二枚。全书书根处均刻印有“易明胎产医方”五个字。

7.5 儿科

7.5.1 通论

0801

编集诸家婴儿病证幼幼方论十卷／（宋）郑惠卿编集：1254.——日本江户晚期多纪氏抄本.——二册

日本国立公文书馆内阁文库

提要：此书开篇即列出“引用诸家名方纲目”，总计书名36种。其中不少是现代不见流传之中医古籍。卷一为总论，亦即调理序论，主要系胎儿初生之摄养调护。卷二为幼科诊法，以望诊内容为重。该卷收入插图30余幅，形象解析诊法要点。卷三、四为婴儿常见疾患证治。卷五、六、七为时气疾患与幼儿常见病证治。卷八为痘疹证治。卷九、十为外科、眼鼻疾患证治。或一证一方，或一证数方，皆出当精选。原书不见国内流传。

0802

钱氏小儿方考一卷／（明）钱大用著辑　吴志尹重编：1500.——日本天明六年丙午（1786）日本浪华奈良屋长兵卫刻本.——一册

中国中医科学院图书馆

提要：此书为吴志尹在钱大用《小儿方考》基础上，以其“文理驳杂，乱而不序，乃取方中最验可录者三百余条编成”，先以歌赋概述儿科诊法，养儿“五要五戒”，小儿五脏病病因治则，共收儿科各证治方300余首，此书实为《活幼全书》（钱大用撰）之精造缩编本。

0803

原幼心法三卷／（明）彭用光撰：1505.——明正德七年壬申（1512）夏珊抄本.——三册

上海中医药大学图书馆

提要：此书首有目录，书中多处见“彭用光曰”“用光按”等，又有“余曰”“愚按”等，当为抄录者在抄录原书后，又加上自己见解所致。上卷列原小儿论、初生门、变蒸门、惊风门四篇，论述小儿生理、诊法、治法、方药及变蒸形证、变蒸期候、变蒸诸方、惊风病因、证治大法等，附图35幅。中卷列诸疳门、诸热门、吐泻门、咳嗽门、斑疹门、水肿门、腹胀门等，论述幼儿常见病证的证治。下卷列小便诸证门、丹毒门（附风毒惊丹）、黄疸门、诸汗门、耳目口鼻门、杂证门、痘疹门等，论述相关病证的辨证论治。全书载录方剂450余首，书末附“幼科快捷方式”。此书推原本始，重视胎教，以证类方，重视外治，广征博引，图文并茂，提出“不信巫信医”“无子之因不可尽归咎于母”等观点，难能可贵。

0804

疗癖经验方一卷／（清）郭孟坚著：［1507］．——明正德二年丁卯（1507）抄本．——32叶／一册

中国国家图书馆

提要：此书为记载小儿癖积疳病的专书，内载疗癖良方37首，并附有癖积外治方，熨帖之法，并指明癖病禁针、禁割。此书有序无跋，有目录。

0805

夏氏小儿良方一卷／（明）李辉（号石洞逸叟）撰：1512．——明抄本．——56叶／一册

中国中医科学院图书馆

提要：此书无目录，按内容实为三部分。第一部分篇幅最大，均为小儿病方剂，共172方。方剂的排列除前12方按吐、泻、惊、疳、积、热六种病症分类外，后均不分类，但仍以治此六种病症的方剂居多，而最多的是治疗小儿急慢惊风的方剂。此外，还有治疗感冒、伤食、浮肿、黄胖、痰喘、咳嗽、痫证、痢疾、绞肠痧、疝气、淋证、滞颐、重舌、鼻塞不通、胎毒、胎黄、语迟、汗斑、火疮、丹毒、赤游风等病症的方剂。第二部分篇幅其次，为“小儿看法捷诀”，即以五字、七字等歌诀形式详细描述小儿病证的诊断、预后判断方法及服药法。第三部分篇幅最少，仅占2叶半，为“论婴儿五脏虚实寒热”，按肝、心、脾、肺、肾五脏之序分段，每段前加“钱仲阳云”四字，将宋代名医钱仲阳《小儿药证直诀》一书中散见于各篇中的有关肝、心、脾、肺、肾五脏虚、实、寒、热证治内容进行了归类汇编，便于读者更清晰地认识与掌握各脏证治。

0806

明医保幼一卷／（明）王朝撰：1552．——明嘉靖刻本．——33叶／一册．——半叶八行，行十六字，白口，上黑鱼尾，四周单边，框高19.8厘米，宽13.4厘米

天一阁博物馆

提要：此书前附“明医杂著补遗序”，序后题“嘉靖壬子冬至后十日橘园王朝书”。全书分痘疹与杂症两门。痘疹门详述痘疹发病、传变、贯脓、结痂及轻重死生、恶候的辨证论治。杂症门分32种病证详加阐介，列方66首。

0807

生生直指六卷／（明）沈大洽编：［1566］．——明嘉靖刻本．——171叶／二册．——半叶十行，行二十字，白口，上单鱼尾，四周单边，框高20.6厘米，宽14.4厘米，绵纸

中国科学院国家科学图书馆

提要：此书仅存卷二、卷六。卷二论儿科诸疾之诊法、察色、辨脉、三关、四诊、变蒸、决死生法等。卷六论诸疾，包括痃癖、黄疸、诸淋等证。每病先引钱乙之论、诸家之言，并参以己见，详述病因、病机，后附应用方药。

0808

全幼对症录三卷／（明）刘汉儒传：1572．——明隆庆六年壬申（1572）序刻本．——一册．——白口，上黑鱼尾

日本国立公文书馆内阁文库

提要：此书国内失传已久。此书目录将全书分作三卷。卷前为“对症用药赋”，仅寥寥数百字。此后三卷讨论了18类病症。卷一为小儿初生内容，首论“小儿初生禀赋、虎口脉理论、初生方、拭秽法、刺泡法、回气法、通便法、治初生遍身无皮方、治七日肾缩方、治初生遍身如鱼泡方、辰砂膏、治初生七日口噤、治初生不饮乳不小便方、治初生噤口不开方”等，涉及小儿出生的生理、常见急症处理和一般护理法。继而进一步讨论儿科某些生理现象和常见的疾病，计有变蒸、泻、脾胃、惊、疳等内容。卷二及卷三则全为病症，论及风、痰、积、痢、伤寒、痘疹、疟、骨蒸、虫痛、疝气、丹毒、眼疾、龟胸龟背、解颅、五软五硬。书后附“杂方”。此书正文每一病症之下，首出一论，论说该病的病因及治法、方药。此书刻工甚佳。

0809

保婴全方四卷／（明）郑端友编：1573．——明金陵左川吴谏绣梓刻本．——118叶／二册

中国中医科学院图书馆

提要：此书仅存二卷（元集、亨集），目录亦残，目录示全书共23门。现存卷首五脏受病图（共五幅），下附歌诀，辨三关手纹诀（附示意图）。卷一为形候诊法，论神圣工巧（四诊），论小儿医难于大人。卷二为论小儿初生将护法，论胎风，论便青诸证治，分十啼痛，论霍乱、吐泻，论钱氏论慢惊是非等，残缺甚多，全貌已不可参。但据目录，可知其余亦为小儿诸病证治者。

0810

急救小儿良方直旨二卷／（明）金陵都前太医院校正：［1600］．——明建阳书林清白堂杨初虹据熊心舜版重刻本．——一册

日本国立公文书馆内阁文库

提要：此书二卷。著者佚名，题金陵都前太医院校正。无序跋。其中“新镌太医院精选小儿全婴秘法”，为小儿诊断，内有验指心法、三关脉法等诊法；“新镌太医院小儿全科经验秘诀传奇真方”，由小儿神色总论以及小儿常见病症诊治组成，含28图，113方。其审候杂证及用方均采用歌诀，以便记诵。

0811

万氏纂要不分卷／（明）徐之沂著：

1607.--明万历三十五年丁未（1607）刻本．--116叶/六册．--半叶十行，行二十四字，白口，双鱼尾，四周双边，框高22.5厘米，宽13.9厘米，绵纸

上海图书馆

提要：此书著者徐氏鉴于《万氏心法》一书，多冗杂难阅，遂取万氏之精华，参以他书，重于纂集。书中阐述小儿痘疹发病之原，根之胎毒，发于天行，成于人事，其间顺逆轻重，随时变化，诸家治法，论述周详；次述痘疹证治方药等。

0812

慈幼玄机二卷/（明）李景芳撰：[1610]．--明万历三十八年庚戌（1610）刻本．--一册

中国中医科学院图书馆

提要：此书卷首开篇为面部形候，次以额脉、三关、八段锦、八片锦、指脉形证、幼幼口议、寸脉、总诀、汗下温脉、脾胃有脉、阴阳顺逆、太冲尺脉、死候、用药辨理等。卷一在上述内容之后论述了初生儿常见疾病证治，包括初生儿调养法、月内证候、撮口脐风、变蒸、胎风伤寒、初生伤寒、伤风咳嗽、婴儿乳嗽、喘急、感冒风寒等。每证皆简言主症表现特征，概述病机与预后，指出治法选方，但未及药物组成、剂量、服法等。所论提要钩玄，点明关键，不失确当之语。卷二论痘，首篇治痘总括，次则发热症治、见形症治、起发症治、养浆成实症治、收靥症治、落痂症治、余毒症治、妇女痘症治、疹毒症治。按痘证发病阶段分述每个时期诊治。

0813

精选幼科良方一卷/（明）张介宾（字会卿，号景岳、通一子）撰：1628．--日本享保十三年戊申（1728）平安书铺刻本植村滕松藏板．--98叶/一册

上海中医药大学图书馆

提要：此书列总论，初洗涎法，护养法，初生儿看病法，看小儿寿夭法，脉法，声音，颜色，药饵之误，小儿诊治大法，及撮口脐风、惊风、发搐、夜啼、发热、霍乱吐泻、吐乳、五疳证、盗汗、腹胀腹痛、痞块、癫痫、溺白、变蒸等疾病证治。总论就小儿病难治一说，阐明小儿病不外乎外感风寒、内伤饮食数种，因其脏气清灵，随拨随应，若能抓住根本，用药即愈。辨证注意“虚寒”两字，主要培植正气，非实邪火证不必治标，即使治标也宜轻锐精当，及病则已。又以用药如用兵，分列方药予补、和、攻、散、寒、热、固、因等八阵之中。另有备用方，痘疹方，受到日本医家的推崇。

0814

小儿诸证补遗一卷/（明）张昶（字甲弘、海澄）撰：1636.--明崇祯九年丙子（1636）抄本．--44叶/一册

上海中医药大学图书馆

提要：此书首述观气色、验指纹为临证之要；后列小儿胎寒胎热、脐风撮口、变蒸、脏腑经络、夜啼惊风、疳痫、丹毒、囊肿游风、龟背丁奚、五软解颅及痘疹等证治，因类立方，依方合剂；卷末载小儿引经诸药歌与小儿外治诸效方。此书取问对形式，儿科临床特色较强，凡与大人证治相似处皆不赘述。今存梁师孟

抄本。

0815

儿科方要一卷／（明）吴元溟（字澄甫、小川）撰：1638. －－明崇祯十一年戊寅（1638）序刊本. －－一册

日本国立公文书馆内阁文库

提要：此书首为小儿形症歌、虎口三关纹说、指脉歌。次为脐风、夜啼、重舌木舌鹅口、吐、泻、急惊、慢惊、疳积、痫、内伤、伤风伤寒、腹胀、腹痛、诸嗽、痢、疟、水肿、丹毒、遗尿不禁、诸血证、黄疸、龟背龟胸、口疳、脱肛、淋浊。书末附“祖传应验肥儿丸”“祖传百验临产良方”“丹溪产后大补格言”“救世膈咽屡验仙方”。

0816

慈幼秘诀一卷慈幼秘传一卷／著者佚名：1640. －－明刻本. －－73叶／一册

日本国立公文书馆内阁文库

提要：此书由《慈幼秘诀》《慈幼秘传》二种组成。《慈幼秘诀》全为图像29幅，主要为手部三关诊察指纹图，或为小儿推拿图。《慈幼秘传》纯系文字内容，载怀妊、初诞、回气、浴儿、断脐、剃头、护养、观形察色、三关、手六筋、掐捏法治小儿诸惊推揉等法、诸般惊诀。除小儿初生护理之外，多为小儿推拿及灯火燋法。

0817

全幼心鉴要删四卷／（明）郑应娄删集：1643. －－明万历郑氏刻本. －－87叶／一册

中国中医科学院图书馆

提要：此书是明代寇平《全幼此鉴》之删节本。此书就《全幼心鉴》删繁取要，予各病症，取其论述病因、病机、治则部分，而删去方药。

0818

保童水鉴一卷／著者佚名：［1644］. －－日本江户抄本. －－20叶／一册. －－半叶九行，行二十四字，框高22.8厘米，宽16.5厘米

日本国立公文书馆内阁文库

提要：此书在历代目录书中均无记载，据此书所征引医家经验多宋金时期儿科名家，如钱氏（乙）、张氏（涣）、杨氏（士瀛）、（李）东垣、陈氏（文中）。此书无序跋、目次，卷首题“保童水鉴”，无撰人姓氏里居记述。内容含初生养法、虎口脉文、变蒸、胎疾、惊风、急慢惊风互变之证、痘疹、痘疮不治五症、疳证、无辜疳、客粨、夜啼、盘肠气、噤风撮口脐风、口疮重舌鹅口、丹毒、百晬内嗽、正痘水痘麻疹斑疹等论，共43条。除噤口痢一条文脱外，余皆内容完整。此书的最大特征是纯论无方，重在疾病释名、病证辨析、病因的探求，是一部以病因证候论述为主的专论。

0819

慈幼心传二卷／（明）朱惠明（字济川）撰 王时钟校阅：［1644］. －－明抄本. －－二册

上海中医药大学图书馆

提要：此书首有目录，目录前下方有“后学小圃云表氏习”字样。上卷列慈幼心传说、调护法、乳儿法、择乳母、望闻问切总论、望、胎热、附天吊、胎寒、附盘肠

内钓、蛔虫动痛疑是内钓、寒疝、胎惊胎风、胎黄、变蒸、夜啼、惊风总论、急惊、慢惊、诸痫、诸疳、吐泻、吐、泻、痢、疟、伤风伤、咳嗽痰喘、食积等小儿诊法及杂病证治内容，载方144首。下卷列脾胃、不寐多困、肿胀、腹痛、诸热、痉病、诸血、汗、黄疸、恶核瘰疬、时毒、耳聋、齿病、口疳疮、解颅、囟填、囟陷、天柱骨倒、五软、五硬、龟胸、龟背、便浊、遗尿、诸淋、大便不通、小便不通、诸疮、附胎毒疮、胎毒发丹、赤游丹毒、痱疮、黄水疮即浸淫疮、天泡疮即熛浆疮、汤荡、扑坠损伤等小儿杂病证治，载方81首，后附验方11首。此书认为小儿吐泻惊疳等杂证常与痘疹相互牵连，提出“未痘而葆摄元根，既痘而渐绝滋蔓”的观点，强调小儿皮肤柔弱不宜过暖、脏腑娇嫩不宜过饱等，对儿科临床有参考价值。

0820

保幼新编一卷／（明）无忌先生撰：［1644］．——朝鲜刻本．——68叶／一册．——半叶十二行，行二十字，白口，双鱼尾，框高19.8厘米，宽16.6厘米

中国中医科学院图书馆

提要：此书分时病急症、杂病、疮疡及异常等三大部分。时病急证19证，杂病53证，疮疡及异常38证，共110证。目录后有四条例言叙，及著者心意和小儿饮剂之要。全书理论性内容有“运气流行”和“病源总论”两篇。此书对小儿急症最为重视，分列发热、惊风、腹痛等，也包括刀伤小指、跌仆致伤、肛门皮塞等意外急证，每证都列有方药和方法。

0821

新刻幼科百效全书三卷／（明）龚居中（字应园，号如虚子、寿世主人）撰：［1644］．——明崇祯建阳刘大易刘龙图刻本．——三册

上海图书馆

提要：此书分三卷。卷上自“活幼心传说”“手指五脏六腑歌”至“变蒸论”“五脏虚实相乘”，共37节，以按摩、推拿诊治内容为主。为使读者易于学习掌握推拿治法，除介绍若干歌诀（如推法要诀歌、手法治疗歌等）及龚氏家传手诀外，并列有五指筋、手六筋、脚穴等多幅绘图，明示穴位、穴名及其治法概要。卷中从胎热、胎寒至痱疮、黄水疮，共59节，所述病证包括胎黄、夜啼、急慢惊等儿科常见多发病。卷下为诸方总录，约200余方。后附述“经验棋盘局方歌”及龚氏生平儿科治验记录。

0822

秘传幼科万家春一卷／（明）立翁撰：［1644］．——明稿本．——74叶／一册

中国中医科学院图书馆

提要：此书著者为儿科医生，旨在介绍治疗儿科病证之要领，取钱工及父师秘旨而验之不解者编为此书。卷首附图多幅，多歌赋等，为基础部分。书中分述各病证治，注重介绍各症危重证候，如积病、伤寒、惊风。大多编有歌诀，以为初学者之便利。

0823

新刻太医院校授丹溪秘藏幼科捷径全书四卷／原题（元）朱震亨（字彦修，号丹溪）著　（明）傅绍章校　唐富春（字锦池）

梓：［1644］. --明文林阁唐锦池刻本富春堂原板. --200叶/四册. --半叶十一行，行二十二字，白口，单鱼尾，四周双边，框高18.8厘米，宽13.6厘米，竹纸

上海图书馆

提要：此书又名《幼科全书》《幼科捷径全书》。托名丹溪所著，傅绍章得之于家藏遗稿，重加校订而成，成书年不详。书中除儿科诊治、理论外，主要记述儿科病症的方治，每种病症因症脉治、治疗方剂，每病之后附西江月词，首括本病因治之要。全书四卷，卷一首为儿科基本知识，如观形察色法、辨小儿脉法、论小儿治法；次述小儿常见疾病如胎疾、变蒸、惊风、呕吐、泄泻、吐泻、痢疾、发热、哮喘、咳嗽的证治。卷二前半论述小儿惊风，有小儿急救惊风记、看小儿生死歌、看孩童诸惊生死歌诀、认惊之法、看筋法、辨惊治法、看孩童法、法古辨婴儿三关方脉、辨手筋色歌、形症歌、活法要诀、辨小儿生死、小儿死症15候，为诸病中记述最详者。卷二后半及卷三、卷四则专设痘科，详论痘疹证治。附沈氏心传痘疹必效良方，原疹赋，治疹杂科。全书歌赋形式阐述，朗朗上口，易于记忆，可供参考。

0824

幼科辑粹大成十卷/（明）冯其盛（字躬甫、安予）编：［1644］. --明万历二十三年乙未（1595）序刻本. --二册. --半叶十行，行二十二字，白口，上鱼尾，左右双边，框高19厘米，宽13.2厘米

日本国立公文书馆内阁文库

提要：此书国内无传，只有前五卷存世。卷一主要涉及小儿的生理、诊断，乃至初生儿的调护等内容。卷二前半部分仍然主要是诊断和理论方面的内容，后半部分则开始集中讨论具体的病症。此后的三卷，均为病症内容，如卷三为风、寒；卷四为暑、湿、吐（呕哕附）、泻、霍乱；卷五为惊。根据前五卷的内容，可以想见已经失传的此书后五卷，应该是以病症为主要内容。

0825

活幼指南全书一卷/（清）詹瑞（字廷五）编：1727. --清雍正五年丁未（1727）稿本. --118叶/一册

上海中医药大学图书馆

提要：此书卷首以歌赋图说，阐述幼科诊病中望色相形、看三关、察五色、辨脉纹等内容；次列六证辨和十察神诀，即察上、中、下、四肢，听声音、察饮食、所安、脉纹、眉端、死候；后论胎毒、变蒸、急慢惊风等证治20门，每种病证以“西江月”词概括，并列方。此书略于论而详于方，且历经效验，共载方剂110余首。现存稿本楷书工整，描图清晰。

0826

正宗幼科四卷/（清）余济川撰：1765. --清乾隆三十年乙酉（1765）德星堂刻本. --250叶/四册

南昌大学医学院图书馆

提要：此书共四卷，既有关小儿诊法、辨证、治疗等方面阐述，又有对于惊风、痫症、夜啼、五软五迟、痘疮等病证作了较

为全面的因症脉治的论述。此书据称对于喻嘉言儿科经验予以传承发挥，当予以重视，是一部较为实用可取的儿科专著。版刻精善，较为珍贵，仅存孤本。

0827

全氏家藏幼科指南四卷/（清）仝兆龙（字乘六）撰：1771.--清道光九年己丑（1829）汉皋抄本.--四册

中国中医科学院图书馆

提要：此书共分四卷，分别称元、亨、利、贞四集。卷一为痘疮总论，以赋文概述痘疮的成因、辨证原则、治疗原则、预后判断等。卷二分为三部分。第一部分为痘疮应用方，每方前列主症，后详述加减；第二部分是痘疮后杂症的治疗；第三部分论麻疹，也先以赋文总述麻疹成因、辨证原则、治疗原则等。卷三、卷四为杂症门。

0828

幼儿杂症说要不分卷/（清）孙丰年（字际康）撰：1785.--清乾隆五十年乙巳（1785）刘葆初刻本（见孙丰年先生幼科三种）.--二册

中国中医科学院图书馆

提要：此书为《孙丰年先生幼科三种》之一种。讨论了幼科杂症的67个理论问题和10则验案，其中不仅四痉、惊风、痢等涉及温热，而且上卷还有“温症温疫大瘟论”等专论，可见此书不仅限于杂症，而是著者对儿科重要理论问题的阐述。此书理论精湛明晰，汲取诸家之长，方药简练易用。

0829

橡村治验小儿诸热辨合刻/（清）许豫和（字宣治，号橡村）著：［1785］.--清嘉庆刻本.--111叶/一册

甘肃中医学院图书馆

提要：此书著者积六十余年行医之经验，著有《许氏儿科七种》,《橡村治验》《小儿诸热辨》为其中两种。书中立论主火，并反对滥补。尤其对于新安医家每以擅长温补著称，然亦不乏注重寒凉者，许豫和尤为突出。许氏认为“外而风寒暑湿燥火之乘，内而乳食生冷甘肥之滞，以及惊恐跌仆麻痘丹疹，莫不由热”。此书可作为研究许氏儿科学术思想的重要素材，现仅存孤本，弥足珍贵。

0830

彤园幼科心法集解四卷/（清）郑玉坛（字彤园）撰：1795.--清光绪二十五年己亥（1899）木活字本.--一册.--半叶十二行，行二十六字，白口，单鱼尾，四周双边，框高22.2厘米，宽12.4厘米

北京中医药大学图书馆

提要：此书以临证效验为目的，“辨证立方遵奉《金鉴》”幼科为主，辑诸家“可相发明者附焉”（序言），涉及幼科辨证论治各方面，尤以脉文图考、推拿法、灯火法、艾灸法等幼科诊治为特色。卷一论述幼科四诊、虎口三关脉纹诊、推拿、灯火、艾灸及初生婴儿诸病证治；卷二至卷四论述惊风、痉病、痫症、神病、疳疾……淋症、便闭、消渴、麻疹、痘症等35“门”幼科病证治。虎口三关脉纹图说、铁镜推拿图说、手足推拿图、灯火图说，图文并茂，

于幼科临证极有裨益。幼科病证治一般先标病名，继为“总括”概述，再列所分诸证证候、治法，最后为各种方药或其他治疗“附法”。

0831

儿科家秘宝箴心法要集二卷/（清）陈宏照（字云柯，号松雪道人）编：1814. --清抄本. --二册

上海中医药大学图书馆

提要：此书首有云柯松雪道人、沈郁齐写于道光二十三年九月的“弁”。并有“梅竹居珍藏”字样。弁言称：著者业儒，邃于儒而兼医，故其医尤邃，幼科特然精专。卷上首列“论脉直指”，强调望闻问切四诊合参的重要性。以医理、歌诀、图说的形式概括临证辨治诸要。次列胎毒、变蒸、惊风、呕吐、泄泻、吐泻、痢疾、疟疾、发热、哮喘等10门小儿病症，以歌诀形式总结辨治内容。卷下列“孟氏儿科脉法”“慈幼儆心赋”“活幼指南赋”“儿科家秘心法十三要诀”“小儿稀痘神方”。次论咳嗽、心腹痛、疝气、浮肿、胀满、黄疸、夜啼、诸汗、疳症、大小便、头项、目病、耳病、鼻病、口疮、舌病、牙齿、咽喉、形声、诸疮、丹毒、瘾疹斑疹等22门小儿病症，以歌诀形式总结辨治内容。最后附“补续诸疮经验方”“通仙单方”“小儿病证诊治禁忌”与“儿科秘传十三方”。此书认为“小儿不能言而脉易变，不可问而切也。其证难辨，脏腑皆弱，不胜诸毒，故其药难用。”强调小儿病证宜四诊合参，随证施治，用药宜平和而切忌孟浪，对临床有参考价值。

0832

抚幼合编二卷/（清）周鼎（号守愚山人）辑：1823. --清同治十二年癸酉（1873）据清道光三年癸未（1823）楚善堂原刻本重印本. --81叶/一册

上海中医药大学图书馆

提要：此书主要论治小儿痘疹，兼及急慢惊风与小儿吐泻之证。周鼎辑录前贤聂尚恒著《活幼心法》和庄在田著《遂生编》《福幼编》中有关诊治内容，删去原书过多验证，插入部分古今治痘要方，编为前后二卷。

0833

幼科心法一卷/著者佚名：1835.--清道光十五年乙未（1835）奚少能南村馆舍抄本. --15叶/一册

上海中医药大学图书馆

提要：此书篇幅简短，依次载幼科心法、阳掌诀、运八卦、手法、小儿无患歌诀、特色断候等内容，论述小儿诊病及推拿治疗方法，后者尤详。最后列常用方18首。正文多取七言或五言歌诀，便于诵记。

0834

保婴神术二卷/（清）梁怡黄抄录：1848. --清抄本. --二册

上海中医药大学图书馆

提要：此书有序及目录，系节录《针灸大成》卷十《保婴神术》而成，是该部分的又一传本。《保婴神术》是专为小儿所作，重视色诊在幼科诊治中的作用，有“观形察色法”“论色歌”“面色图歌”“察色验证生死”“内八段锦”等篇。提出“小儿之疾并无七情所干，不在肝经，则在脾经，不

在脾经，则在肝经，其疾多在肝脾二脏”的说法，运用推拿的方法进行治疗。“手诀”篇介绍了小儿推拿手法如水底捞月、黄蜂入洞、打马过河等27种。

0835

育婴集十二卷／（清）田净意编辑　颜真人、归真人参注　曹德泽、王云锦编次：1858. −−清咸丰八年戊午（1858）锦肃斋刻本. −−364叶／六册

河南省图书馆

提要：此书十二卷。卷一属总注部分，包括业医三要禁忌、五运总括歌、六气部括歌、腑脏表里、用药法象、活动心雇歌、面分八卦之图、五脏面位之图、察面部形色歌等；卷二至卷九分述临床各种病症，如脐风撮口、伤风、咳嗽、伤寒、急慢惊风、吐泻、疟疾、痟痰、肿胀、瘟疫、癫痫、疝气、腹疼、头痛、失血、痰喘、鼻疮、口疮、痘疹、锁眼、锁口、锁肛、痘发惊搐、音哑等的诊断、治疗、方药、预后、预防及调护之法；卷十介绍育婴常用方剂89首；卷十一至十二介绍常用药的性味及功效。此书对儿科的论述包括了证、治、方、药各个方面，可谓是儿科临床大全，叙述常采用歌赋或附图，比较便于理解掌握应用。

0836

幼科杂病心得二卷／著者佚名　（清）陆懋修（字九芝、勉旃，号江左下工、林屋山人）校　陆润庠抄录：［1860］. −−清咸丰十年庚申（1860）抄本. −−38叶／一册

中国国家图书馆

提要：此书二卷，著者佚名，由清末医学家陆九芝先生精删点校，其子陆润庠抄录。上卷依病证列19门，下卷论列诸方，共158方。上卷19门包括感冒门、咳嗽门、痰门、喘门、水肿门、腹胀门、黄疸门、呕吐门、积滞门、泄泻门、痢疾门、疟疾门、血证门、汗门、头痛门、腹痛门、淋证门、疝证门、惊风门。下卷所列158方，皆系19门病症所用诸的方剂，是常用之方，没有标引出处与剂量。

0837

医学儿科纂要四卷／（清）徐晋亨（字寅生）编：1870. −−清同治九年庚午（1870）分宁徐氏刻本. −−122叶／二册. −−半叶九行，行二十二字，白口，单鱼尾，四周双边，框高13.7厘米，宽10.3厘米，皮纸

上海图书馆

提要：此书四卷，卷一面部望诊，面部形色赋，面部歌，面部图，观小儿形色危死证，望寒热虚实要诀；卷二喻嘉言辟惊风论，喻嘉言辟除惊风指明痉病论，论述小儿内科诸证证治方药；卷三载神奇小儿外治法及咽喉证治；卷四腹部疾患，论述腹痛、食积、疝气、霍乱、癫痫、瘰疬、大小便诸证证治方药。书中首论病因病机，次述证治方药，言简意赅，条理清晰，可供参考。

0838

保赤心筌八卷／（清）胡凤昌（字云谷）编：1872. −−抄本. −−八册

中国中医科学院图书馆

提要： 此书共八卷。卷一为小儿病略及诸多诊法，包括诊额、观眉目、色诊、脉诊、闻声等。另有初生保护、小儿五脏主病及小儿六腑主病等文。卷二为胡氏自撰幼科指掌赋上下篇，以赋体为文，概述儿科要义；儿科死证歌一篇，儿科危证歌一首，大都为个人经验之谈；诸风病之辨证，如脐风、惊风、卒惊风与类惊风、急惊风与慢风等，参之诸家，详为辨析。另有寒热一门，论恶寒、发热之辨治20余条。卷三至卷六为儿科杂病，包括内科、外科、外感、内伤及汤火伤、跌仆伤、中毒、虫积等杂病50余种。每病皆列出辨证论治、病机预后等若干条。卷七、卷八为儿科八方，计发表方44首，和里方68首，祛寒方30首，泄热方46首，补虚方50首，攻实方30首，因方62首，备方43首，皆为治疗各种病证之常备医方。

0839

朱氏实法幼科五卷／（清）朱廷嘉（字心柏）撰：1883. --清抄本. --二册

上海中医药大学图书馆

提要： 此书卷一采集诸家要旨，以医论歌赋形式备述小儿三关纹形主病、诸病生死脉理、诸病治法、面部各属主病、颅囟论、五邪便记歌、验病口诀、除胎毒法、变蒸论等34篇临证诊治，内容涉及《素问》《难经》《千金要方》《太平圣惠方》《颅囟经》《金婴方》以及葛洪、钱乙著作。卷二、三辑自《秘传心法》，载方102首，涉及胎寒热、脐风、夜啼、惊风、伤积、伤寒、咳嗽、吐泻、肿胀、五疳、腹痛、疝气附囊肿偏坠、黄疸、盗汗自汗、诸淋大小便血、解颅、五软五硬、丹毒等40余种幼科病症的临床诊治。卷四辑自《古今医统》，载方67首，列述胎惊、口噤、脐突、客忤、白虎病、中暑、白浊、遗尿、脱肛、龟胸龟背、痈毒肿疖、瘰疬、头疮等20种幼科病症的临床诊治。卷五辑自《沈氏痘疮心法》，主要说明痘疮的临床辨证论治，并附有面部图一幅。最后附东垣药性赋4首，载药248味，分寒、热、温、平四性载述。全书载方174首。此书以诗、歌、赋形式论述小儿病证的临床诊治，便于理解与记诵，对于药性与儿科病证的研究有参考价值。

0840

医学精要奇症遍览一卷／（清）卧云轩主人撰：1890. --清光绪抄本. --135叶／一册

上海中医药大学图书馆

提要： 此书卷首列藏象、经络、病机、脉要、诊候、运气、审治、生死、杂论，以及补养、发表、攻里、理血、祛风、祛寒、清暑、利湿、润燥、泻火、除痰、消导、收涩、杀虫、明目等，述辨治精要；后列医家无鬼神论，用药得宜篇，诊病论调经种子方，产前产后用药法，慎药篇，属诸医生说，与友人谈医术等，阐临证心得；卷末除八卦图、外科序及外科常用方剂以外，尚附感蝉序、杂句诗歌。

0841

订补幼科折衷十二卷／（明）秦昌遇（字景明，号广埜道人）辑（清）徐象初补：[1892]. --清光绪十八年壬辰（1892）孟作霖抄本. --1200叶／十二册

上海图书馆

提要： 此书主要论述幼科诸证，分别列有急慢惊、疳积、诸吐、诸热、诸泻、吐泻、霍乱、疟疾、痢疾、脱肛、咳嗽、龟胸龟背、伤积、伤食、伤寒、痧疹斑痘、气喘、痉证、痫证、积聚、黄疸、诸血、腹痛、颈项强痛、头痛、胃脘痛、肿胀，共27证。卷末附有疳积诸方。书中所论诸证多以《黄帝内经》中关于此证的理论为基础，结合后世医家的论说，述其证因脉治，尤对病因的分析较为详尽。此书详于论述儿科病症的辨证，强调诊病之时当结合望闻问切四诊，以察疾病的表里虚实、病脉形证、标本缓急、在脏在腑等，其言简意赅且病情悉备。

0842

徐氏活幼心法六卷／（清）徐恂甫著　何君娱（字大滴）录：［1894］．——清光绪二十年甲午（1894）抄本．——173叶／三册

中国国家图书馆

提要： 此书六卷。卷一以四知便蒙开篇，及虎口脉纹诀等6则心法。四知便蒙即以生、病、诊、治的四知所概述的儿科总论。卷二也是以儿科诊法为主的总论部分，包括“面部形色”“面部分五色诀”至“病证疑难”等13则内容，在“病证疑难”则中又列14篇疑难病证。卷三从痘疹论起，以33则论病证、证候、逆顺、禁忌以及治诀等。卷四论及从疳积至咳嗽等11种病证的诊治心法。卷五列从伤寒到脑症的25种病证的诊治心法。卷六列从鼻病到霍乱的28种病证的诊治心法，包括耳、鼻、喉、眼、丹毒、夜啼及各种杂证。凡属幼儿之生理状态及疾病，都可以从病、从证候、从症状在各则中寻觅到论治。前二卷之总论与后四卷的各论互相呼应。

0843

保婴遂生编不分卷／（清）刘国翔：1901.——清光绪二十七年辛丑（1901）刻本．——115叶／一册

中国中医科学院图书馆

提要： 此书首为看指纹切要，三关部位歌，红紫辨寒热歌，纹形主病歌，岐英人儿秘法，夏禹铸审小儿颜色苗窍法；以下不分门类，广泛收录儿科诸病验方，以麻、痘、惊、疳方为多，亦可从中考见当时儿科疾病谱。

0844

小儿全科／著者佚名：1902.——清光绪二十八年壬寅（1902）刻本．——300叶／三册．——半叶十行，行二十字，白口，单黑鱼尾，左右双边

广州中医药大学图书馆

提要： 此书汇辑了叶氏有关儿科的三种论著：①《小儿幼科》一卷，汇辑小儿证治及方药。②《痘疹心法》三卷。③《哑科全集》一卷。

0845

增补幼科铁镜五卷／（清）夏鼎（字禹铸）撰　唐官栋续订：1902.——清光绪二十八年壬寅（1902）刻本．——111叶／六册．——半叶九行，行二十四字，黑口，单黑鱼尾，左右双边，框高19厘米，宽13厘米

中国科学院上海生命科学信息中心
生命科学图书馆

提要： 此书卷一为药性赋、卓溪家传秘诀歌、推拿代药性赋、汤头、面体手足反正八图备考等内容，卷二至卷五收录幼科胎寒、胎热、胎毒发丹、胎黄等71种病症。

0846

福幼丛编/（清）岳钟峻编：1904. --清光绪三十年甲辰（1904）铅印本. --21叶/一册

中国国家图书馆

提要： 清乾隆年间，医家庄一夔曾撰有儿科著作《福幼编》，其后岳钟峻将其重行刊印，并在《福幼编》的基础上补入《江涵暾先生非惊论》《庄在田先生遂生编》、萧山蔡氏《保产经验简便良方》及《附治癫狗咬伤经验救急神效方》等，辑为丛编并铅印发行。书中凡例云："此编重行补刊，名目不一，似宜另行标目，但鄙人用意专主小孩，'福幼'二字无所不赅，无庸更换，惟增一'丛'字以括之。"全书21叶，其中《福幼编》10叶、《江涵暾先生非惊论》2叶、《庄在田先生遂生编》5叶、《保产经验简便良方》2叶、《附治癫狗咬伤经验救急神效方》2叶。

0847

秘传儿科医书一卷/著者佚名：1910. --清宣统二年（1910）润德堂藏李氏抄本. --60叶/一册. --半叶七行，行十六字，框高24厘米，宽11.5厘米

天津中医药大学图书馆

提要： 此书全一卷，内容包括小儿无患歌、小儿被惊法歌、调理脏肺歌、看面诀、看指诀、看色断生死诀、四症八候论、拿说、汗吐下说、风气命三关说等。

0848

马氏小儿珍科二卷/（清）马氏撰：[1911]. --清抄本. --一册

上海中医药大学图书馆

提要： 此书概述小儿生理、病理的特点，阐明小儿诊病的要领，详论小儿常见病症辨证用药的常法，由此可见小儿珍科脉症的全貌。上卷内容较详，阐述小儿初生寿夭、初生调摄、惊风痰食、五脏主病之总论，以概述小儿生理、病理的特点；绘编小儿望色、察脉、观指纹之图歌，以提示小儿诊法的要领；略述小儿初生调理、初生、回气、刺泡、通便诸治法，以显示小儿熏洗涂抹外治诸法的特效；分述小儿胎寒胎热、脐风撮口等61症之论治，以阐明小儿辨证择药的法则。下卷续述小儿诸热、诸汗、伤寒、疟疾等26症之论治。

0849

活幼金科不分卷/著者佚名：[1911]. --清抄本. --三册

上海中医药大学图书馆

提要： 此书"于胎产诸书简易切要者，汇成一册"，共录相关医书七种，分别是《幼科铁镜》《景岳全书》《金匮录治小儿杂证秘传法》《活幼类方》《保赤要录》《达生编》《胎产纂要》等，取每书中于胎产或儿科最紧要的内容录入，如书中《药性赋》即有两处，有益于后学者便览。不仅如此，其中有些书籍今世已无传，此书能保存其中部分内容，实在难能可贵。第二册，除前两叶是为上册

之续，余者以一幅“小儿正面图”为始，后半部分则是节录《活幼类方》和《保赤要录》的内容，且全册字体与其他不一，虽是装订之舛，更疑有阙文。

0850

积善堂汇选育婴论一卷／著者佚名：［1911］．——清刻本．——一册．——框高28厘米，宽16厘米

中国中医科学院中国医史文献研究所

提要：此书分论述和方。论述部主要有：拭口法、甘草法、黄连法、朱蜜法、牛黄法、猪乳法等18论。方部则包括：八蒸歌、小儿始生变蒸歌、治小儿生下等方、初生等方、生下通身无皮方等40余方。

0851

三十六舌辨论诀一卷／著者佚名：［1911］．——抄本．——36叶／一册

成都中医药大学图书馆

提要：此书三十六舌为：白苔舌、将温舌、中焙舌、点班舌、红心舌、黑尖舌、里圈舌、人裂舌、碎虫舌、里黑舌、厥阴舌、纯黑死形舌、黄苔舌、黑心舌、根黑尖白舌、黑点舌、黑晕舌、微黄舌、中白外黄舌、大黄舌、黑裂舌、左白胎舌、右白胎舌、黄心舌、黄班舌、纯黄舌、黄白舌、黑灰舌、舌黄中黑舌、弦红内黑舌、灰色黑纹舌、根黑尖黄舌、尖黄黑纹舌、白胎带黄舌、白胎滑舌、黑胎舌。每舌下均有简图标明，并予辨证施治以及随证用方等。此书线装，附“二十四惊推拿治法”及“小儿诊治杂抄”，其中“二十四惊”均阐明临证症状及图解，图文并茂，颇具特色。

0852

内府秘授幼科心法一卷／著者佚名：［1911］．——清抄本．——一册

上海中医药大学图书馆

提要：此书正文以“保婴论”始，是一篇以韵文形式写成的关于幼科证治及幼科各种疾病的总论。后续以望闻问切等诊法，伤风、伤寒、惊、疳积、疟疾、吐泻、斑疹等疾病，共录歌诀30余则，并录“幼科金匮心法十三诀”一篇，以歌诀形式记录儿科疾病的诊断证治，有提纲挈领之妙，每句之下都有注解，可供儿科临床参考。最后录“十三诀内秘方及诸症方药”，共载方剂近百首，既有历代所传幼科常用方剂，亦多著者化裁自创的方剂。此书是一部采用诗歌体形式著录的儿科专著，语言简洁，内容详备，类似于教科书形式的著作。

0853

幼幼全书一卷／著者佚名：［1911］．——清抄本．——92叶／一册．——半叶十二行，行四十字，框高23厘米，宽9.8厘米

浙江省中医药研究院图书馆

提要：此书记述从初诞至小儿时期的病证治法，每病先有论，后出方，论皆选自前贤著作，方取验方效方，内容有一定参考价值。

0854

医镜录要一卷／著者佚名：［1911］．——清抄本．——一册

上海中医药大学图书馆

提要：此书内容多为儿科治病用药，亦涉及内、外、妇等科。首为头面、手足、胸

背等7幅穴位图谱，标明常用效验穴位，次为治病与取穴（推拿）歌诀一篇，然后是说明每一首方剂的用药与炮制方法，记录主治作用等，共载方52首，均为儿科常用方或效验方。

0855

诚求集不分卷／（清）朱世扬（字淇瞻）编：［1911］．－－清承志书屋抄本．－－四册

上海中医药大学图书馆

提要：此书为小儿疾病专论，包括急惊风、慢惊风、慢脾风、疳症、疟疾等34证。每种病证首论病因、病机及治则，次列治验数则，最后介绍各种效方，并介绍常用疗法，除内服药物外，还常常配合取吐法、取嚏法，突出急惊风治疗的特点。又如疳症，分别述心疳、肝疳、脾疳、肺疳、肾疳的特点及治疗方药，亦列举其他以症状命名的疳症，如冷疳、蛔疳、疳渴等，指出疳症“各症虽多，可参合五脏症处治”，强调小儿疳症分五脏论治的特点。此书论病，略于述证而详于治验与方药，全书共列治验病案173例，附方211首，是一部内容丰富、通俗实用的儿科专著。

0856

幼科分类方案一卷／（清）许云来（字鹤扬）撰：［1911］．－－清抄本．－－一册

上海中医药大学图书馆

提要：此书论述幼科疾病，首载幼科概论，论述小儿生理特点，认为“小儿情志未开，意识未启，故只有六因之病，而无七情之症”，指出与成人患病有所不同，并总结小儿病之各种病因及症变多端的特点。专论分述小儿各种常见病证，包括伤食、泄泻、咳嗽、虫积腹痛、惊风等29证。各病证分别从病因、病机、治则、方药进行阐述，大多病证还例举病案数则以备参考。

0857

济婴秘诀二卷／著者佚名：［1911］．－－清抄本．－－一册

上海中医药大学图书馆

提要：此书涉及幼儿的生养调护、疾病诊治（包括验色、察三关脉法、闻音等）、家藏秘法、儿科各证主治、方药等方面内容。其中于辨三关内容最详，有“详辨”“脉纹形像”“辨脉纹五色”等篇，对于各种脉纹形象，均录有图画，以图文并茂的方式说明。另“诸惊因治方药”篇，载录小儿惊证18种，每种说明症状、病由及主治方药。下卷载儿科诸症，共录疾病16种，然每症下仅寥寥数语，或出主治方剂，或不出，不载药物。还录有“千金赋”一篇。

0858

儿科医书一卷／著者佚名：［1911］．－－清抄本．－－78叶／一册

中国国家图书馆

提要：此书首尾残缺，全书题名及著辑者不详。现存首叶题“面部五色”及“面部五色之图”，其内容为辨面色，析病症，列药方。又有“血气论”，针对小儿周身出现的各种病症展开论治。后附《新刊袖珍小儿经验良方》卷之十，计15叶，图文兼具，上图下文，有正人形、背人形、小儿针灸形图等。此内容之前未见卷一至九的分卷情况，此卷十内容或为摘录。

0859

幼科蕴泄一卷/著者佚名:[1911].--清抄本.--100叶/一册.--半叶九行，行二十八字

中国国家图书馆

提要：此书分胎疾（一岁之内）、幼疾（一至七岁）两部分，针对小儿不同时期所患各症，详析病理病因，开具药方。此书虫蛀严重，难于翻检，个别处的纸张已沾粘，无法翻阅。此书曾为郑振铎所藏。

0860

新编保赤大全四卷附麻疹二卷/著者佚名:[1911].--清抄本.--212叶/四册

中国国家图书馆

提要：此书四册，含《保赤大全》四卷，卷一缺前36叶（据第一册首叶为“卅七”顺序至末叶“八四”），后三卷每卷首目录后正文，集中阐释小儿痘症诊治，有图有歌诀，有论有方，其中卷三后附女科，如妇人痘疹说、产后痘疮等。后又有《保赤大全》麻疹类，辨疹与痘之形同而症异；增入疹症12候并附药方，末附10余首内科、外科通用方。书中有著者朱笔圈点及校字，装订齐整。

0861

陆氏家言二卷/（清）陆时雍（字符方）撰 问天氏抄:[1911].--清抄本.--二册

上海中医药大学图书馆

提要：此书正文首叶题“云间陆时雍秘授，乐安问天氏抄藏”字样，可知此书当为陆氏作，问天氏抄。陆时雍，字符方（一作“芳”），清代医家，生于明末，云间（今上海松江）人，家居笋里（今上海南汇新场），曾祖陆金、叔祖陆道光（明旸）和陆道元（南旸）均是明代医家，陆氏又旁通诗学。问天氏为江西抚州人，事迹不详。有缪彤序。此书记载儿科杂症证治，共载杂症96种，几乎囊括儿科所有病症，如胎病、惊、疳、痘、疹等均有涉及。每病前或载有四句歌诀，简要说明该病症状、病机、治法等，如伤寒条下即有歌诀曰：“伤寒头痛身无汗，壮热浑身粗气多。口燥鼻干烦渴甚，攻寒发表自调和。”语言简约不失，利于后学者掌握。每病条下还根据所论出具方剂，其中一部分为经方验方，还有一部分则是著者自创。此书在儿科学上颇有影响，除著者论述精辟外，所载录大量的方剂也是此书的一大特色，尤其是此书所创立的方剂多有实用，为历代医家所珍。

0862

福幼奇书一卷/（清）曾志斋撰:[1911].--涪陵德利石印本.--21叶/一册.--半叶十三行，行二十八字，单黑鱼尾，四周双边

成都中医药大学图书馆

提要：此书主要内容有总论、察形观色、面症不治歌、五色不治歌、险症歌诀（附图）、治法（附图）、脚上诸穴（附图）、察色观小儿五行歌、治病手法、十二手法、手法治病秘诀（附图）、推五脏论病诀、小儿脉法、二十四惊风开列于后及小儿时疫。此书图文并茂，直观易懂，歌诀朗朗上口，易记易诵。序为隆昌刘思九作。

7.5.2 痘疹

0863

痘科秘传四卷/（明）陶华（字尚文，号节庵、节庵道人）著：［1450］．--明万历四十一年癸丑（1913）李存济抄本．--145叶/一册

中国中医科学院图书馆

提要：此书列举不同痘疹见症，诊察、治方皆备，并及妇人痘疹证治。卷四则汇录杂病诸症用方。书中对于种痘选苗记述尤为详备。

0864

疮疹集三卷/（朝鲜）著者佚名　任元浚　李克堪删定　李礼孙校正：1457.--清抄本．--三册

上海中医药大学图书馆

提要：此书为朝鲜第一部痘疹专书。书首序言称此书由世宗命内医搜集诸方而成，凡属疮疹者，合为一帙，名曰《疮疹集》。此书汇集20部方书有关小儿疮疹的临床诊治经验，分别是《圣惠方》《合剂指南》《钱氏小儿药证直诀》《直指小儿方》《三因方》《朱子集验方》《无求子活人书》（附《伤寒百问歌》）《张子和方》《东垣试效方》《澹寮方》《拔粹方》《圣济总录》《陈氏小儿痘疹方》《省翁活幼口医》《永类钤方》《医林方》《经验良方》《施园端效方》《疮疹方》《玉机微义》。上卷载录诸家临床诊治的论述。中卷备列其中用于预防、发出、和解、救陷、消毒、护眼的方剂，共165首。下卷备列其中用于催干、灭瘢、通治的方剂147首及其禁忌。最后附本朝经验方，载17则有关小儿疮疹的医案。

0865

程氏经验痘疹理法不分卷/（明）程锐编　魏君编述：1539．--明嘉靖十八年己亥（1539）抄本．--103叶/三册

日本宫内厅书陵部图书馆

提要：此书共列痘疹专题50个，内容涉及痘疹各阶段证候变化、治法、用药、护理等，以及加减药味品性制法、痘疹附治方等。各专题之下有论有方，附有多幅精细痘疹图。此书治痘遵从汪省之保元补气法则。附录《秘传小儿痘疹经验良方》为“鄱阳魏君”编述（1463年），仅列痘疹用方若干。

0866

保嗣痘疹灵应仙书二卷/（明）蔡继周（字衮庵，号季愚子）辑刻：1550．--明金陵唐羽中字校梓刻本．--65叶/一册

日本国立公文书馆内阁文库

提要：此书又名《痘疹仙书》，大致按赋、论、症、方为序。上卷为痘疹用药歌赋、麻疹歌、痘疹论、麻痘脉歌；其次列16种常见痘疹病证，介绍处方用药。下卷主要是方剂，介绍逐日应用方、用药宜忌等。其论中斥责当时医家妄补妄下，好用奇怪物件诱人，多致损害。

0867

痘治答难八卷/（明）方元勋编：1554．--明嘉靖三十三年甲寅（1554）歙邑刻本．--65叶/二册．--半叶九行，行十八字，

白口，单鱼尾，框高15.4厘米，宽14.4厘米

上海图书馆

提要： 此书著者方氏以医鸣世，尤擅痘科。仿《难经》例，采摭古今名医可法之语，间附己意，撰成此书。全书设五十四难，汇分八卷。卷一论受病之源、治疗之辨、必感发之因、避忌之戒，卷二至卷六载发热、报痘、起胀、灌脓、收靥等，卷七总论痘疹证治，卷八痘后余证、麻疹水痘等。立论遵《黄帝内经》之旨，以补《难经》未尽之意。方多选陈文中、刘完素、张子和、朱丹溪等诸家之精粹。穷乡下邑，皆得赖之以生，实为济世活人之宝书。

0868

痘科纂要一卷 / （明）毕铉撰：1558. ——明嘉靖三十七年戊午（1558）卢璘刻本. ——67叶/一册. ——半叶十行，行十八字，黑口，四周双边

中国国家图书馆

提要： 此书首有卢璘刻书题序，后为目录，卷端题："痘科纂要，新安云石毕铉著，端州庠生门人严允诤录。"全书首论痘疹受病之源，又列数十条病症，逐一解析，后附药方48个。书末为毕铉撰"痘科纂要引"，详述成书经过。此书为蓝印本，存世孤罕。

0869

痘疹括一卷 / （明）张嵋阳撰：1559. ——明刻本. ——35叶/一册. ——半叶十行，行二十字，白口，单鱼尾，四周双边，框高20.8厘米，宽14.7厘米，棉纸

上海图书馆

提要： 此书著者博采名家之要旨，证以历验之奇方，分门别类，厘为一卷，计21条。首论痘症之因，述辨症、辨形、脉象、望诊之法；继叙痘疹坏症、痒塌、惊搐、伤目、失音等险症；后附痘症各期方药及宜忌护理事宜。

0870

痘疹方一卷 / （明）匡铎辑：1574. ——明万历二年甲戌（1574）序刻本. ——34叶/一册

日本国立公文书馆内阁文库

提要： 此书先简要介绍痘之初起与轻重症之证候、注意事项，继而分初热、三日见标、疮绽灌脓、收靥、靥后余症等，叙说其症状及治法。凡涉及处方则出示方名及序号。书后列"药品寒热温平制度总记"，又将书中64方编成序号，以利检索。

0871

痘疹证治要诀五卷 / （明）卢铣撰：1579. ——明万历七年己卯（1579）刻本. ——183叶/二册. ——半叶十行，行二十字，白口，单鱼尾，四周单边，框高19.6厘米，宽13.4厘米，棉纸

上海图书馆

提要： 此书著者见民间苦痘疹者众，辄动恻隐之心，遂将旧藏《玉髓心鉴》诸编，取其精实，裁其冗繁，参以己见，于明万历七年己卯（1579）集成此书，分为五卷。先之论辨，以详症之源，次之方图，以广治法，而终之药性，示之以方。宗丹溪之旨，而出心得之秘，可谓保赤子之要诀也。

0872

痘疹经验要方二卷／（明）黄廉撰　徐璘校：1584. －－日本享保十二年戊申（1728）刻本. －－164叶／四册. －－半叶十行，行二十字，白口，无鱼尾，四周单边，无界栏，框高19.2厘米，宽13.7厘米

日本国立公文书馆内阁文库

提要：此书由小序、总目、正文卷上、下组成。卷上分四部分：预防急症，从治痘总括，至四时施治歌，共10题，13首方；发热14条，自发热作渴、腹痛，至烦躁共13题，30首方（与目录对照，脱漏3方）；痘疹见形证治15条，自出形迟、应出不出、痘出热不退，至口鼻等11题，17方；痘疹起发症治26条，自出形紫黑、稠密、出形嚣薄破损，至狂躁等23题，44方。卷下分六部分：痘疹成实证治13条，自寒热异常、战惕咬牙、吐利，至腹胀等11题，28方；痘疹收靥证治11条，毒气内攻、臭烂、倒唇翻生、死症等共11项，15方；痘疹落痂症治，凡4条，3方；痘疹余毒证治，凡30条，自痘痈、丹瘤、瘾疹、痘风疮，至痘后调理共30项，49方；妇人痘疹、妊妇痘疹，2题，12方；疹子症治，自喘急烦闷、过期不出、发热，至奶麻等共16项，26方。此书每条之下先以一首或几首四句七言歌诀，叙主证治法、注意事项、预后等内容，然后再详举治症方药。

0873

傅氏痘疹保婴珠玑十卷／（明）傅棣编：1589. －－明万历十七年己丑（1589）刻本. －－十册. －－半叶九行，行二十字，白口，单鱼尾，四周双边，框高20厘米，宽13.5厘米，皮纸

上海图书馆

提要：此书著者取海内名医有关痘疹的方论，细心考订，附以已意，汇为一编。首论痘病之源，顺逆险症之象；次为痘症方论，痘症发热，起胀，结靥，痘疹问答，痘疹传变轻重诀，九限九奇及三升三降治法等；再列诸般痘症药物方剂；后载妊娠痘疹、麻疹、斑疹、隐疹、丹毒的证治方药。此书图文并茂，方论并举，要文释义，蕃大其理。

0874

痘疹一斑一卷／（明）侯维汉汇辑　杨茂续补遗　陈汝元重订：1591.－－明万历四十六年戊午（1618）榆阳陈汝元刻本. －－一册. －－半叶十行，行二十二字，白口，单鱼尾，四周单边，白棉纸，框高27厘米，宽16.4厘米

北京中医药大学图书馆

提要：此书于前代痘疹论治从临证实际出发，择善而从，化裁应变，予以最佳治疗。“诸家名方用其协宜者，其余不必杂施而妄投。鉴乎古而不泥乎古，师其意而不滞其迹。又必顺天时、度地宜、审病势、详药味，以不忍人之心而竞业。”（题首）开篇为“痘疹辨”，概述发病、辨证、治疗之难点。续以发热证治、报痘证治、起胀证治、贯脓证治、实热之表里证治、虚寒之表里证治、收靥落痂证治、痘后余证、妇女类、痘中夹疹、疔毒、点疔痘、用药加减、合用药品、痘间调理、总论、疹、疹中调理、水痘、斑、天行、丹毒等

相关论治及方药。

0875

痘疹四种 / （明）吴勉学编集：[1594]. --明万历二十二年甲午（1594）吴勉学刻本. --125叶/二册

中国中医科学院图书馆

提要：此书汇集痘科著作四种：①《博集稀痘方论》二卷，（明）郭子章辑；②《陈氏小儿痘疹方论》一卷，（宋）陈文中著；③《蔡氏小儿痘疹方论》一卷，（明）蔡维藩撰；④《陈蔡二先生合并痘疹方》一卷，（宋）陈文中，（明）蔡维藩撰。此书为明代著名刻书家吴勉学校刻。

0876

保婴痘证百问歌九卷 / （明）张宇杰（字士兴）撰　韦崇模等四人校：1602. --明万历三十年壬寅（1602）福建两瓯张黄雋刻本. --213叶/四册

日本国立公文书馆内阁文库

提要：此书又名《保婴痘疹百问歌》《车瓯张氏清源活水保婴痘证百问歌》，以问答形式讲述痘疹发病机理、症状、鉴别诊断与各种治法。收名“百问”，实有问答103道。诸答广征博引，并常附有著者自家诊治医案。此书以痘证为主，然末问一道乃麻疹诊治。

0877

痘疹辨疑全幼录四卷 / （明）龚廷贤（字子才，号云林山人，悟真子）辑著　胡廷训补遗：1608. --明万历三十六年戊申（1608）建阳书林朱仁斋锲行刻本. --100叶/四册. --半叶十二行，行三十字，白口，上黑鱼尾，四周双边，框高21厘米，宽12.2厘米

日本宫内厅书陵部图书馆（三册）

日本国立公文书馆内阁文库（一册）

提要：此书分天、地、人、和四卷。卷一为痘疹诊察，验痘疹形色及诸症顺逆，并录痘疹辨疑、全镜、节制、权宜、指南各赋及用药宜忌。卷二为验形察色、辨痘形、见证及疑似证又列发热、报痘、起胀、贯脓、结靥等不同时期诊治法，后又列诸多痘疹歌赋、麻疹辨疑、治痘合用药性等。卷三为常用汤散歌及加减方论。卷四为胡氏补遗，另题“新锲御院秘传补遗小儿诸证医方便蒙捷法”，内容为痘疹之外小儿各种时病，及杂证总括证治。

0878

秘传痘疹神书慈幼玄玄四卷 / （明）陈应旌撰：1610. --明万历三十八年庚戌（1610）刻本. --42叶/一册. --半叶十行，行二十字，框高19.4厘米，宽13.3厘米，棉纸

上海图书馆

提要：此书四卷。卷一痘疹总论，以问答形式论述痘疹之源、发热、起浆、传变等全过程，计92条，论述颇详。卷二列痘疹64症，详述痘疹诸症辨证治法。卷三载治痘方34首，多为治痘经验之方，所录药物多为痘疹常用之品。卷四附经验良方。此书论述简要，条目清晰，颇为实用。

0879

小儿司命八卷 / （明）彭尧谕撰：1610. --明万历十年庚戌（1610）刻本彭衙藏板.

--三册. --半叶九行，行二十字，白口，四周单边

安徽省图书馆

提要：此书又名《痘疹全书》，是在明代万全《痘疹全书》(《痘疹心法》《痘疹玉髓》合刻）基础上，但删二书重复之论，再加编排而成，主要订正图像和增补药性。此书前论后方，以便观览。现存前6卷。

0880

小儿痘疹全书五卷/（明）徐君盛（字参旸）辑：1610. --明刻本. --五册

日本国立公文书馆内阁文库

提要：此书又名《新锲鳌头活幼诸症小儿痘疹全书》，二层楼版式。下层介绍面部五脏五色诊法、痘疹各期（发热、报痕、报影、起胀、灌浆、收靥）治法、预防、稀痘、痘形图、顺逆险三法图、痘疹变证、证治方药、饮食禁忌、调摄以及各种痘疹兼证等。有论213首，图文并茂，集方120余首。上层主要是小儿指纹、脚脉、诸证诊治等，多辑自前人书。此书原本中国无存，日本藏明刻本。

0881

痘疹解疑二卷/（明）倪有美撰：1611.--清抄本. --二册

上海中医药大学图书馆

提要：此书二卷，共100章。上卷36章，主要论述辨痘疹的理论、护养原则与治疗用药原则三大部分。其中尤以辨痘疹的理论为主，共24章。次痘原大论，详论出痘的机理。后以图说及歌诀方式分解辨痘疹的顺逆预后、面部图形主痘吉凶等。下卷64章，主要记载痘疹的治疗方药。卷后附“补遗难字音释”及跋一篇。跋后还附有“补遗要诀”一章。

0882

痘疹慈幼津筏二卷附五绝治法一卷/著者佚名：[1615]. --日此书林灵著轩刻本. --54叶/二册. --半叶九行，行二十字，白口，上黑鱼尾，四周单边，无界栏，框高20.5厘米，宽12厘米

日本国立公文书馆内阁文库

提要：此书扉页有“井原道阅先生训点”字样，题“滇南王仲威来仪发梓”。全书分上下两卷。卷首有武华王来仪序。卷上由或问若干则、治痘确论、寒热论、始热三朝治款、报影三朝治款、起胀三朝治款、灌脓三朝治款、收靥三朝治款构成。卷下由秘传看痘吉凶诀、绝证歌、发热三日治法、报痕三日治法、起胀三日治法、灌脓三日治法、收靥三日治法、治痘前后诸方等49方，及附治痘风疮构成。后附麻疹治法。卷末有题“吴邑管神华咸英付梓”的附治五绝法一卷，含自缢、摧压、溺水、魇绝、产乳五种危重、垂绝病的抢救法。

0883

痘科庭训二卷/（明）鲁守仁撰　鲁邦杰编：1619. --明万历四十七年己未（1619）薛梦雷刻本. --88叶/二册. --半叶十行，行二十二字，白口，单鱼尾，四周双边，框高17.3厘米，宽11.8厘米，棉纸

上海图书馆

提要：此书著者将其父守仁所遗之《保婴

心法》重予编纂，曰《痘科庭训》，意在传之家庭，故名。由吴创森作跋，上卷疗痘疹，下卷医杂病，论证约而不繁，选方博而不杂。所论三关脉形极为详备，认为急惊宜凉，慢惊宜温，发前人之未备，于后学之启迪。

0884

王氏痘疹诀疑二卷／著者佚名：1623.——明天启三年癸亥（1623）岵瞻公抄本.——57叶／一册

上海中医药大学图书馆

提要：此书两卷，卷上列痘疹总辨，痘疹初欲病时，实验痘疹法则，痘出异常及痘疹杂证证治；卷下设痘疹虚实要略，王秋鹤经验小儿痘疹秘诀，痘疹发明，痘疹恶疾及善症，痘疹治法等，并载治方百余首。著者认为痘疹未出红点宜发表，一见红点不可表；痘疹分为未发、已发、正发，里虚寒不可下。

0885

痘疹秘要一卷／（明）陈楚瑜撰：1625.——明抄本.——一册

上海中医药大学图书馆

提要：此书首有“刻痘疹秘要引”，引文结尾处有著者的印章。此书有序及目录，无跋、凡例，列述小儿痘疹、妇人痘疹和小儿麻疹三种病证。首先论述验五脏始发痘症歌诀、参述魏生加减药性赋、痘疹辨论、看舌法、痘疹初出、不吉之症、保养之方等有关小儿痘疹的辨证论治；其次论述妇人痘疹；最后论述小儿麻疹。全书载方130余首。此书注重顾护人的正气，关于痘疹未发之前的养护、已发后的调理及已发后变证的处理，描述甚详。

0886

痘经三卷／（明）江旭奇撰：1631.——明崇祯四年辛未（1631）抄本.——327叶／六册

上海中医药大学图书馆

提要：此书又名《痘经大全》。上中两卷列原本、预防及痘疹证治；下卷列辨治验方。此书列前贤论痘47家，方书33部。

0887

痘疹玄言二卷／（明）妄黝（字季玄）纂：1637.——明崇祯十年丁丑（1637）程士逑松石居刻本.——119叶／二册

安徽省图书馆

提要：此书两卷，著者集“症注论而论注方。辨色考候，以定其常。按日更端，以通其变”。故上卷论痘疹之原，以及痘疹之诊察，各种恶痘怪症及预后调治等；下卷为各种痘疹及出现兼症时治疗方法；正文之后，附有经验杂症用方，以及痘疹所用饮、散、汤、丹、丸、膏等方。

0888

痘科切要一卷／（明）吴元溟（字澄甫、小川）撰：1637.——明抄本.——一册

上海中医药大学图书馆

提要：此书先述“痘科要例”，次述“头面部位图”“头面部位吉凶歌”“痘轻勿药歌”“痘险贵预防歌”“痘逆形症歌”“痘疮胎受感发行状”“痘疮四藏见症形状各异发热应时”“禁忌俗例”等36篇，后附“疹证方论”“小儿初生百验急救良方”“临产

百验良方”3篇。全书附图一幅，痘科合用药75种，载方85首。此书突出痘科病证的辨证论治，用药施治善于变通，每于方后附以加减，对儿科痘疹证治及妇人临产有参考价值。

0889

家藏秘验痘疹保婴汇粹鉴衡集三卷／（明）吴国翰（字振寰）撰：1643. --日本江户抄本. --102叶／二册. --半叶七行，行十八字，无界栏，框高20厘米，宽11厘米

日本国立公文书馆内阁文库

提要：此书无扉页。第二册封面题“痘疹鉴衡集坤”。书前为“汇粹鉴衡集序”“痘疹汇粹鉴衡集叙”“鉴衡集目录”。目录分为上中下三卷，其主要内容如“集叙”所言：“一立论，二列症，三剂方。”正文中未分卷，首为吴氏“序因三”，随后分为37条详述了小儿痘疹的发病原因、脉候声形的鉴别方法、阴证阳证及似证、变证的鉴别、五脏经络所主之证，同时以外证为题，记载有17个因其他疾病而致发痘的病例。在“痘之诸证备列”之后，“逐日按候搜髓察变，逐一条列”，著者先列无须治疗的10种轻证，随后按照痘疹的轻重、形状、颜色、所发部位、与经络之关系、出疹态势、兼挟证等分列138种痘疹类型，并叙述了每一种证的治疗原则及方剂名称，并附有头面部及正背面痘疹图4幅。最后一部分为治疗方药，首列“禁忌药”36味，次为“六经泻火药性”17味，之后为常用药物药性及食物忌108种，分别根据药物的不同特点详加论述，尤其是关于药性的内容比较丰富。最后“预治法”列治疗方剂93首，包括药物组成及应用方法。除了口服药之外，还记载有敷药、口腔吹药。

0890

痘治玉鉴一卷／著者佚名：1644. --明抄本. --53叶／一册

中国中医科学院图书馆

提要：此书纂集有关痘疹形证轻重、治则、禁忌、方药，并设问答多则，阐释痘疹证治。

0891

痘疹秘传心法二卷／著者佚名：1644. --明抄本. --51叶／一册

中国中医科学院图书馆

提要：此书卷一有残，存文友原药治例赋，痘疮或问引，诸证辨惑等节，并罗列治方。卷二为丸证总论，验五脏经络痘疮图，治热歌，现瘭论，附五脏见瘭观五行部位，痘疮首尾死生歌。书中有大量的歌诀、图例，颇便记忆与理解。

0892

秘传痘疹玉髓五卷／（元）黄石峰编：[1644]. --据明建邑书林余绣峰刻本影抄本. --289叶／三册

中国中医科学院图书馆

提要：此书采录谢南屏、陈日华、姚金各、杨半江等30余家有关论述汇编成书。原名《痘疹玉髓》，附入明万全《痘疹世医心法》部分内容，易为此名，并增为五卷。主要包括痘疹病因、诊断、诊候、治法、预后等，并录“张寅斌十问”“钱陈（钱乙、陈文中）论”“李亘阳用药十八辨”等。

0893

秘传痘疹总论一卷／著者佚名：［1644］.－－明抄本.－－51叶／一册

解放军医学图书馆

提要：此书主要包括三部分内容。一为秘传痘疹总论，包括痘疹胎原论、论痘疮是母腹中所受积秽、故五脏各有一证、顺逆论、分表里虚实寒热论、分气血虚实寒热论、定出处分顺逆吉凶论。二为秘传痘疹方论，包括寒热交辨、发热三朝证治门、见痘三朝证治门、起胀三朝证治门、贯脓三朝证治门、收靥三朝证治门和痘白余毒证治门、痘疮首尾戒忌门。三为保元汤说、水杨汤、加减药品性味制法。

0894

醒医秘集录一卷／（明）吴有性（字又可，号澹斋）撰：［1644］.－－清咸丰四年甲寅（1854）刻本.－－55叶／一册.－－半叶十一行，行二十二字，白口，单黑鱼尾，四周单边

中国国家图书馆

提要：此书在阐述瘟疫症的同时，主要以警醒医家正确施治为旨。全书首有醒医目录，分病原、瘟疫歌、病疫等44小题。又有刻书题记云："瘟疫能染人，伤寒不染人。世医以瘟疫为伤寒，有全家被药杀者，先生由是研究玄微，百发百中，冥无冤鬼。粤抚年刊刻广西，川北杨携归蓬邑，中村唐得是编之效，已付梨枣。惜序文繁碎，证案鄙陋，明者见之不屑观，愚者读之不知绪。仆去其序案，存其方证，复作俚歌，以便观览，但序案中有细分表里，详谛虚实，此又瘟疫中醒世医一大紧要也。"依刻书题记所言，此书曾有早期版本，此本内容或略有增删。

0895

痘疹天元玉髓二卷／（明）潘启亮（字华明）编　潘斗垣（字允中）　朱锡三　奉希麟增补抄订：［1644］.－－抄本.－－一册

上海中医药大学图书馆

提要：此书首载有关痘疹论述70余篇，如"小儿百日内患痘""痘变焦紫""痘触变灰白""痘被月经触变""痘被麝触""痘被尸厌触""痘被客忤触变""痘被兽惊缩""痘白色带寒战""妇女透水珠痘"等，并辑录治痘方剂如"回阳丹""玉枢正气丹""百花露""天元二仙丹""神效七星散""先天丹"等170首。次述"痘中治法（青囊12法）""痘症用药""痘症变蒸"等歌诀，并附图3幅。后录9种痘形歌诀，有"悬镜形""蝎子形""覆盆形""锁井形""盘蛇形""豢虎形""玄坵形""掩月形"，每形附图一幅，又列"豢虎疔""亡汲疔""燕窝疔""伏矶疔""飑针疔""火珠疔""匣石疔""注命疔""透肠疔""蜂螫疔"等12种疔形，每种附图一幅。末附镜台验痘标形图48幅。此书图文并茂，生动形象地论述诸痘症的辨证论治，有关痘症的治法描述全面，概括了"浴法""蒸法""烛法""熏法""脱法"等12种治法。

0896

纂要痘疹治诀便览一卷／（清）徐其玉编：1659.－－清康熙四十八年己丑（1709）德轩徐起英抄本.－－148叶／一册

中国中医科学院图书馆

提要：此书汇集诸书有关痘疹形证、诊断、用药、用方，其中痘疹用药记述颇详，有关于痘疹部位、异痘的记述，均有特点。

0897
痘症通治一卷／著者佚名：1679. --清康熙十八年己未（1679）商霖抄本. --61叶／一册

中国中医科学院图书馆

提要：此书条列痘疹诸症，并附治法用方，要言不烦。所附《广布天花说》系书符箓性质，又附有"符法"，语涉荒诞。

0898
痘疹科杂抄一卷／（清）施如种辑：1683. —清康熙二十二年癸亥抄本 --100叶／一册

中国国家图书馆

提要：此书汇集明清诸医家有关痘疹科著作而成，未见总书名，此书名或编目时拟题。书中内容依次为：论痘始终总要、秘传痘疹全婴金镜录附遗症治、秘传痘疹全婴金镜录节制赋、麻疹辨疑赋秘传痘疹异症须知；妇女出痘；痘症发班论哑症论清痘症坏眼论父传秘授麻疹。书中有"时皇清康熙二十二年癸亥岁谷旦蚺地诗春施如种录"，钤有"施如种印"多方藏印，故推之此书乃清代施如种辑并抄。

0899
痘科宝镜全书一卷／（清）汪昂（字讱庵）撰：1689. --清武林学耕堂藏板刻本. --121叶／一册

上海中医药大学图书馆

提要：此书著者搜辑自宋以来痘科诸书，详加考订，务使理明辞达，简要易行。其先释痘源，后述痘科证治，配以28图看痘吉凶，论出痘逐日顺逆险，提出治痘有发表、和中、邪火、凉血、清气解毒之法，痘出之始以散为主，正气虚以补益升发为主。末附发热、报点、起胀等口诀。

0900
痘疹要略四卷／（清）李菩（字东白，号梅山氏）撰：1701. --日本江户抄本. --三册. --半叶九行，行二十一字，框高21.6厘米，宽15.2厘米

日本国立公文书馆内阁文库

提要：此书是从王肯堂《幼科证治准绳》中摘出古今痘疹治验精华而成。此书同著者的《杂病要略》《治痧要略》一样，以其简明扼要、提纲挈领为特征，虽述证简约，但分类详细，是一部简要实用性痘疹治疗手册。此书首为自序，次为目录，正文共四卷。卷首题"古越李菩东白甫编辑"。卷一由痘源、预防、运气、时气、辨疑、虚实、部位、形色、轻重、顺逆、痘疹形态、日数、禁忌、证治大法等29项构成。卷二述痘疹发病的初热、见形、起发、灌浆、收靥、落痂等六阶段证治。卷三列痘疹全身症状，如发热、渴、烦躁、谵语、惊搐等；痘疹险证，如痒塌、黑陷、伏倒；兼夹证，如疹、瘙、斑、疮痈、丹毒；看痘须分成色、用药心法、用药法度、用药当知权变（此4项目录脱，据正文补）等共48项组成。卷四由常用方组成。应用各方取其最要者，即古今治痘常用名方，如代天宣化丹、溯源解毒汤、保婴丹、十神解毒汤、羌活散郁汤、太乙保和

汤、加减升麻葛根汤等，共105首。最后附疹子证治与方6首。

0901
痘疹辨疑大全六卷/（清）秦伯龙（字春山）撰：1715.——清嘉庆十年乙丑（1805）刻本世恒堂藏板.——326叶/六册

辽宁中医药大学图书馆

提要：此书“博采名家之绪言或参以自己意说，以幼科杂症及药性，亦即以痘疹为总名而载之于后”，从而有“贯通之妙”。全书包括：卷一原痘论、痘疹治准大略等；卷二论痘之虚实寒热、治痘之肾脏为主、论痘症前后变换等；卷三为痘症各期绪论；卷四为申明痘症内外诸症、杂症；卷五、卷六续卷四，为诸杂症。

0902
痘疹一贯十卷/（清）孙斐然撰：1717.——清康熙五十六年丁酉（1717）京都水魁斋刻本.——188叶/五册

南京中医药大学图书馆

提要：此书内容传自聂久吾，分为两大部分。第一部分为痘疹论证，共四卷；第二部分为幼科，共六卷，论述儿科诸证，并附汤头歌、药性赋等。

0903
秘传活幼心术一卷/著者佚名：1722.——清初抄本.——61叶/一册

中国中医科学院图书馆

提要：此书内容包括痘疹之辨别表里寒热虚实、发热、报痕、起胀、落脓、收靥、“东华保婴心术收遗”（歌诀），及“痘疹初出恶偿歌”等。

0904
痘疹指南医案八卷/（清）叶大椿撰：1732.——清乾隆四十七年壬寅（1782）刻本卫生堂藏板.——327叶/八册

南京中医药大学图书馆

提要：此书八卷。首卷为痘科基础理论；卷二、卷三为临证施治，并附图；卷四、卷五为医案，共98则；卷六为辑录前人经验；卷七为方释；卷八解说有关药物性味。此书内容相当丰富，曾由叶天士鉴定。

0905
痘疹大全指掌集八卷/（清）李茂实（字蒉其）编：1744.——清稿本.——221叶/八册

中国中医科学院图书馆

提要：此书著者汇粹前贤有关论述，参以已见为书。其治痘，取诸《救偏琐言》《寿世保元》《证治准绳》，治疹则采诸“心法”与“推爱堂”之说。此书八卷。卷一为“自著”，有“论痘”“治宜早”“分别虚实”“论清补”“论舌苔”“治痘大法”“治痘须随天运”“治痘权宜论”八篇。卷二上为“集古”，即记集前贤之论。卷二下至卷六，为内科、五官、痘疹相关病症论述。卷七为“琐言药性摘要赋”“精义用药提纲”。卷八位“痘方”“疹方”。

0906
仙传麻疹秘要一卷/（清）江彤著：1753.——清乾隆十八年癸酉（1753）抄本.——44叶/一册

中国中医科学院图书馆

提要：此书为麻疹专著，内容包括麻疹证治歌诀，轻重不治要诀，及发热远近深浅不同，分状热、微热、乍热等60余证，及避风寒、忌饮食、麻疹异治等简论。

0907

幼科痘疹正医录五卷/（清）邵成平（字庸济）撰：1766.--清乾隆三十一年丙戌（1766）刻本.--161叶/五册

辽宁中医药大学图书馆

提要：此书五卷，书前自序一篇，无他序及跋。著者邵成平，清初上海华亭人，生卒无考，除此书外，尚著有《伤寒正医录》，二卷传世。据著者书前序言自述"余客心于幼科者已数十年""博采群言，潜心力字，集为书，名之为《幼科正医录》""专治小儿痧痘警痏"。此书虽名为《幼科痘疹正医录》，但全书五卷中仅三卷为痘疹专论，其余论及小儿各科，内容十分广泛，堪称儿科全书。

0908

痘疹秘钥不分卷/（清）田之丰（字登五）著：1769.--清乾隆三十四年己丑（1769）稿本.--168叶/四册

中国中医科学院图书馆

提要：此书专论痘疹病因病机、诊断与治疗，详于小儿，而兼及妇女（含孕产妇），并及麻疹证治。著者以痘晕形色为依据，判定痘症之顺逆险症。又以歌诀概述痘疹之见点、起发、长浆、收靥、落痂、痘后余毒诸项。著者能够汲取诸家之长，理论上推崇万全、聂尚恒二家，治疗中善用火攻法（即灯火灸法）为其主要特色。

0909

痘汇六捷二卷/（清）喻念祖辑：1779.--清嘉庆二十三年戊寅（1818）姚淳抄本.--二册

上海中医药大学图书馆

提要：此书抄录者称著者为"痘科之神医"，书首存"痘汇六捷序""姚淳序"。卷上首论"痘原""用药主治歌""险症""形势""虚痘慎用"等；次论痘症治疗，以发热、报痘、起胀、灌浆、收靥、结痂为序，认为"痘证不出此六者"，故名其书曰《痘汇六捷》；次论痘毒、眼目证治。卷下首论女人孕产出痘证治，次论痘症经络辨治法，次论寒热、腰痛、腹痛、腹胀、头温足冷等28种痘疹兼症，次论麻疹、疹证、疹后余证、孕妇出疹及治疹诸方，末附诸篇成方目录。此书以论痘症为纲，执简驭繁，搜罗古今方书与家传历验良方而成。其特点有二：其一，全书辑录歌诀颇多；其二，痘疹的经络辨治，依据痘发的部位及形态，"十二经用药法"中每经细分为寒、热、温、凉及引经报使。

0910

痘疹选要不分卷/（清）解凤羽编：1792.--清乾隆五十七年壬子（1792）同志堂刻本.--98叶/一册.--半叶十行，行二十二字，白口，单鱼尾，四周双边，框高18厘米，宽13厘米，竹纸

上海图书馆

提要：此书据张仲贞序云，因其幼子殇于痘症，五子又出痘儿呈败症，幸得谢君推荐解凤羽编《慈航痘疹选要》之方，始转危为安，故梓行于清乾隆十七年壬子

（1792）。此书首论痘疹之源，次为诊断，辨症施治，理法方药俱备。所载之方，多为屡试屡验之方，方药易术，方皆简易。书后附或问，治痘要案，古今治痘方，痘症避忌。

0911

痘疹秘传一卷/（清）陈奇生撰：1795.--清道光二十五年乙巳（1845）山阴陈氏重刊本.--98叶/一册.--半叶十行，行二十字，单黑鱼尾，左右双边

成都中医药大学图书馆

提要：此书罗列“痘疹、证验”等20余目，论述小儿痘疹受病之源、形色症状、施治用方、调养禁忌，谨始慎终，周到翔实，图论歌赋兼备，易于记识。详述初发至十五六日痊愈之症状及其用药之要，又总结出“闷痘、蛇皮痘、垒黍痘”等36种异痘所生部位及所属经脉，并各列方药。按图索骥，辨证施方，十无一失。此书镌刻精美，墨迹清晰，书口刻书名，扉页除篇名外，还有“道光乙巳仲秋”“山阴陈氏重刊”。

0912

麸疹全书一卷/（清）张公左撰：1795.--清道光十五年己未（1835）安康张鹏羽分山量校刊刻本来鹿堂藏板.--25叶/一册

中国中医科学院图书馆

提要：此书为麻疹专著。首为治疹总论，述病因、治法、用方。次分述发热、出现、收靥，阶段证治。末为麻赋，论证治疹方，论疹大要治法。此书论症条例次序，详而且备，分类注方，理透法精。

0913

史氏实法痘疹一卷/（清）史大受（字春亭）撰：1800.--清嘉庆抄本.--一册

上海中医药大学图书馆

提要：此书前存自序。正文医论21篇。“婴孺神色”篇从精神、声音、目光、面色、五官等方面察元气盛衰以定痘证。“根窠脚地”篇提出“看痘以根窠为主”，据根窠顶、根的颜色分为气血分与气血交，以升阳治不分之患，清热解毒治不交之患。“气血虚实论”“表里虚实论”“虚证变实论”“实证变虚论”“虚证似实论”“实证似虚论”等篇专论虚实，认为虚实转变多由于药过，虚证似实表现为渴与喘，由于生冷寒凉致伤脾胃，津液暴亡而渴，阴气暴亡而喘，治当审求病因，不可以实为治，与《张氏医通》卷十二“婴儿门下”有关内容类似。“变重变轻看法”篇提出观察印堂、山根判断预后。“认六经火”“认五经痘”“认五经证”“五经前后所属”“头面部位”“头面歌括”等篇论痘的形态或其他证状测脏腑归经。“诸痘形色总诀”篇根据痘的形态颜色判断凶吉，并载有四腕痘、五心痘、梅花痘等37种难治病症。“诸证论治”篇载有闷痘、报痘、贼痘、痘母及痘发过程中出现的夹斑夹疹、发泡、痒等症状的治疗方法。“解颅”“龟胸背”“变蒸”3篇，亦录自《张氏医通》。后为诸方，“小儿痘疹汤剂”载方36首，列方歌与药物，部分有剂量与用法。此书认为痘为胎毒，其邪为热毒与火，其发必因风寒惊食、时气流行等触动。痘之始终，不外乎气、血、毒三者之变，实证毒壅气分忌补气，宜疏毒凉解；火搏血分则忌刚燥，宜凉血清热。治虚证大抵遵陈文中温补之法，常

用木香、丁桂之属。除内服汤散之剂，还记录了诸多外治法，如治贼痘、痘母时的挑痘之法、结痂后不落的百花膏法、防止愈后落瘢痕的灭瘢救苦散等，对临床有参考价值。

0914

痘疹心传六卷/（清）吕希瑞撰　柴英贤增补：1805.--清嘉庆十年乙丑（1805）成锦堂刻本.--125叶/三册

辽宁省图书馆

提要：此书著者从200多种痘疹症状来论述痘疹的病因、形成、治疗等，精于痘疹治疗。此书正确书名应为《痘疹心传》，卷首书名用“心法”当是误刻，其卷前总目录题名是《痘疹心传》。

0915

新订痘疹济世真诠三卷/（清）陈宏晓撰：1811.--清嘉庆十六年辛未（1811）师范堂刻本.--240叶/三册.--半叶八行，行二十字，白口，单鱼尾，四周双边，框高13.5厘米，宽8.8厘米，竹纸

上海图书馆

提要：此书著者有感于痘疹危及小儿生命，采古今诸名家之言，汇成一帧。首论痘疹病因病机、气血盈亏消长、虚实寒热、五脏形证、面部吉凶等；继论痘症特点、症状、传变、败症；再论妇人出痘论，夹痈夹疹，凶证，辨症及痘疹宜忌等。此书有论有方，切于实用。

0916

痘疹英传一卷/（清）杨育英（字竹溪）编：1811.--清嘉庆十六年辛未（1811）刻本.--67叶/一册

中国中医科学院图书馆

提要：此书著者取清代医学家舒诏《伤寒集注》中附痘疹全部内容，包括发热论、形色论、养浆论、收法论、麻疹论，附以己见、治验，并采诸家之方论相符者，参互发明。并附常用数方，摘录庄在田《遂生编》痘疹部分。卷末附庄在田《福幼编》专论慢惊风内容。

0917

痘疹衷要全书四卷/（清）尹龙图撰：1812.--清嘉庆十七年壬申（1812）稿本.--360叶/四册

中国中医科学院图书馆

提要：此书论述内容包括痘疹、麻疹两证，除论痘疹病因、证候、辨证、禁忌、治法等项外，并附本草药性，详述诸药性味功用及常用方剂组成用法。

0918

痘书二种合编/（清）许烺编：1827.--清道光七年丁亥（1827）江宁省城状元境口顾晴崖刻字店刻本.--一册.--半叶八行，行十八字，白口，四周单边，框高19厘米，宽12.1厘米

北京中医药大学图书馆

提要：此书为《痘疹不求人方论》《秘传痘疹要诀》二书合编本。《痘疹不求人方论》全书分十门：“一曰总论，二曰预防，三曰计日，四曰通解，五曰托里，六曰快斑，七曰化毒，八曰余毒，九曰疹症，十月孕妇。”于痘症辨证、预防、传变、余毒、治法、方药以及疹症治疗方药，分门

别类，论述明了。《秘传痘疹要诀》序称此书为华佗遗著，痘科记日用药，效验若神。全书据书口标题分为："总论""发热""放标""起胀""灌浆""收靥""靥后""奇方附"。此书于痘症望诊、顺逆辨证、逐日传变、初中后期对应方药治疗等，论述颇详。

0919

新刊痘疹经验易简成方一卷／（清）刘肇储（字俊三、续卢）辑：1829. ——清道光九年己丑（1829）凝瑞堂藏版. ——43叶／一册

中国中医科学院图书馆

提要：此书是刘肇储族祖刘竹溪所录《痘疹经验成方》与绍子昆《易简》汇集成帙。书中记述痘疹原委、名义、吉凶、辨证、预防并列治方，皆出于经验。

0920

痘疹壶中天八卷首一卷／（清）李照莲（字晴川）撰：1831.——民国石印本. ——一册. ——半叶九行，行二十六字，白口，单鱼尾，四周双边，框高18.6厘米，宽11.8厘米

北京中医药大学图书馆

提要：此书卷一至卷七为"明理""正俗"、预防、四诊、辨证、痘症各期治法方药、验案，以及"妇人出痘"、杂症、夹症、变症、恶症等治法方药、验案，最后附"痘疹避忌""守禁忌"。卷末署名"浏阳李照莲晴川氏手著"，内容为"总论""症验""脉义附论""治法上附方""治法下附方""用药节度共七条""附案并方"。

0921

疹略一卷／（清）任中彪撰：1843. ——清道光二十三年癸卯（1843）刻本古香阁藏板. ——13叶／一册. ——半叶八行，行二十字，白口，单黑鱼尾，四周双边

中国国家图书馆

提要：此书卷前胡氏序云："此本得自京师，藏之笥篋久矣。今梓之刊行于世。"此书首有麸疹解略，后为药方：平胃散、升麻葛根汤、消毒饮、三仙丹、牛黄散、白虎解毒汤、四苓散、柴胡四苓散、犀角解毒汤、四物汤等。末另附一方"出痘简易经验良方"，胡氏称此方得之前任湖南方伯龚莲舫先生。此书内容短小，版本流传较广。

0922

斑疹必读一卷／（清）魏士芬　徐荣达撰　王介眉传抄：1852. ——清光绪十一年乙酉（1885）抄本. ——一册

上海中医药大学图书馆

提要：此书前存叙、凡例。正文分"斑门"与"疹门"两部分。斑门中先述斑原及斑证主治大法，后分述温热发斑、时疫发斑、温毒发斑、阳毒发斑、内伤寒发斑、阴证发斑及发斑喉痈的病机、症状和治法。论述颇为详细，如时疫兼发斑为半表半里之证，治用河间双解法；内伤寒发斑因暑月外受风凉并内伤冷物，寒气逼其暑火浮游于外而发；阴证发斑则因元气虚弱，或欲事伤肾，或误服寒凉太过，寒伏于下，逼其无根之火聚于胸中，熏于肺胃，传于皮肤所致等。疹门以麻疹为主，兼及其他，先叙疹原、麻疹轻重、麻疹主治大法、麻

疹未出证治、麻疹收没证治；次论麻疹兼证治法，如身热不退、烦渴、谵妄、喘急、咳嗽、喉痛、失音、呕吐、泄泻、痢疾、腹痛、衄血等，“麻疹主治大法”中强调疹没后应养血；最后论瘙疹、盖痘疹及瘾疹，旨在与上述斑疹鉴别。全书结构条理清晰，每证先以七言韵语概括并出注加以发挥，后列方药及方歌。但诸方中只列药名，不录剂量。

0923

痘花启蒙一卷／（清）董进材编：1853.——抄本.——一册

上海中医药大学图书馆

提要：此书有序言一篇，有目录。首篇为“六十四症形色论”，指出痘疹乃胎毒所发，曰“此毒乃男女构精时淫火之毒，有是身则有是毒”；论述小儿痘疹、妇人妊娠痘疹等64症的症状、病因病机及治疗方药等。认为痘疹到二三十岁才发出者，虽与小儿痘症无异，但肌肤气血与小儿不同，此时“男子真元已丧，肾水必亏”，治疗上“俱用滋肾益水白雪汤”。随后论述了痘疹76症的症状特点、病因病机、预后及治疗方药，包括蛇皮、铁叶、蚤斑、发斑、破黄、白虎、闭症惊悸、疔、板黄等，如论述“发斑”，指出其症有三：一为毒血在腹，元气虚弱，不能是毒血上升下降，故于肚腹软处毛窍内渗出血点；二日之内斑必盛，斑盛则疮衰如筋头大而红者犹可治；二日之后必见紫色，如指头大而变黑者归肾，为不可治也。治疗上认为“如见六经火盛，血热而发斑者，至宝饮内去归芎陈皮，倍红花，再加薄荷、丹参、黄连、黄芩、芦根、山栀、知母、金银花，泻六经之火；甚者加苏木，斑即消矣”。

0924

痘疹保赤类编释意一卷／（清）凌仁轩撰：1857.——清咸丰七年丁巳（1857）富荣堂刻本.——一册.——半叶九行，行白口，单鱼尾，四周单边，框高25.5厘米，宽16厘米

北京中医药大学图书馆

提要：此书首有两篇序言。正文为三层楼版式，最下一层卷端题“痘疹保赤类编释意便读歌”，据书口标题依次为：“发热症治、见点症治、起胀症治、灌脓症治、收靥症治、结痂症治、痘后余症、异痘症治、痘中杂症、妇痘治法、孕妇治法、疹科治法、小儿杂症、男妇杂症、瘟疫治法、备用良方、外科方药膏丹、瘰疬治方。”每种病症以歌诀形式论述其主症、治法及方药，并附有方药名、组成、剂量、服法等。中间一层为对应每一首便读歌“治法”计数，全书共299则“治法”，亦即有299首歌诀。最上一层为对应“治法”所统领歌诀的证治要点注解。

0925

痘疹管见二卷／（清）张仲缨撰：1859.——清咸丰九年己未（1859）刻本三义堂藏板.——二册.——框高30厘米，宽14厘米

中国中医科学院中国医史文献研究所

提要：此书主要收录痘疹管见赋，记述痘疹各种表现和鉴别诊断等内容，有治痘诸方、用药金针，诸方合一解。附有痘疹立用药性歌、治痘诸方便记歌，以利记忆。后附增补麻疹治法、麻疹用药加减法、炮炙用药法、治麻疹诸方便记歌。

0926

痘科精要十卷痘科秘诀一卷／（清）丁晦庵（字致堂，号随缘主人）辑：1866.－－清同治九年庚午（1870）稿本．－－822叶／十册．－－半叶八行，行二十五字，框高25.4厘米，宽11.3厘米

山东中医药大学图书馆

提要：此书卷前有清同治九年随缘主人自识、清同治五年随缘主人自序、自画扉页题“北海丁晦庵辑，痘疹精要，清怡堂家藏”。内附图一张“手少阳三焦图”及种痘修规，有钤印六枚（三阴文、三阳文）。

0927

痘疹直指方一卷／著者佚名：［1867］．－－日本江户抄本．－－30叶／一册．－－半叶七行，行十六字

日本国立公文书馆内阁文库

提要：此书封面及卷首均题为“痘疹直指方”。无序、扉页，不著撰人姓氏。正文首出痘疹图22幅，示意痘疹出布于身体的形状，并配文字歌诀以描述之。痘疹图之后为方药，列述加减保元汤药性总要、加减益阳汤药性总要、化痘散、加减升麻汤、加减紫草汤、加减丁桂汤、鼠枯散、消毒散、四苓散、大异功散、小异功散、化毒丹、谷精散、加减苓术汤、黄柏膏等。

0928

痘疮分证辨难论一卷／著者佚名：［1884］．－－清抄本．－－一册

上海中医药大学图书馆

提要：此书内叶题“痘证寒热虚实论”。书中有啸山案：“此卷痘疮分证辨难系抄本，为免亟庄汤湾屠洁斋先生所藏。”认为此书“议论晓畅，吐属雅驯，惜其不着撰者姓名，然知其非粗工也，因手录之。惟字句略有讹脱，以意改补，恨未能还其旧观也。”落款为甲申九月二十注。此书首列痘疮分证辨难论，并附歌诀、医鉴。痘疮分证辨难论以问答形式论述痘疮的辨别与证治，共有问答27条。先论痘疮寒热虚实如何分辨，继而根据痘疮形态、兼症进行不同施治。对痘疮治疗后出现的退热不效及用解表药退后复热之原因进行阐释，并述治疗方法。对于痘疮用药，谈到同病异治法，辛热、苦寒、温和、清凉之药，“各有所长，皆可用也”。其后收录治疗痘疮的方剂，如紫草茸饮、人齿散、百祥丸等，从各方的适应证、禁忌证加以论述。最后对痘疮忌食荤腥的说法予以评述，认为当痘疮营卫俱虚时，可用五味荤腥粥食以滋补，使气血和畅，只是“少与则可”，并不是完全禁忌。但发风气生冷之物，如红柿、西瓜、海味、鱼鲞以及辛热诸品，切宜忌之。

0929

精选痘疹秘要一卷／谢曦（字晓川）撰：［1890］．－－抄本．－－55叶／一册

成都中医药大学图书馆

提要：此书从痘原、出痘形证、痘主部位、发热三日治欵、现点三日治欵、起胀三日治欵、结靥三日治欵、靥后落痂治欵及痘后余毒发热等对痘疹的起病到预后进行了论证，并列举了出痘各阶段的看痘方法。后半部分摘录了张吾谨、聂久吾、万全、钱仲阳等幼科医家对痘疹的辨证施治及用方用药等。此书封面书名为“精选痘疹秘

要”，正文首叶为“痘科秘要”。全书行草书写，字迹清晰。

0930

痘科秘集一卷/著者佚名：1904. --清抄本. --一册

上海中医药大学图书馆

提要：此书扉页抄有“孔尼家秘”字样。据开篇“痘源论”后所载，成书于清末甲辰年（1904），云：“此集所列之症，都世所未闻，而痘之必有，所定之方，书搜未载，而药之必备，皆得之异人口授心传，未尝成帙，今欲广其传，故旁采而补其缺。”遂成此书72篇。“痘源论”认为“夫痘之种成于胎，故其源远，始受精毒，中感胎毒，后滋乳毒，三者于身与时消长，必发而后已”，并分述精毒、胎毒、乳毒皆为何物，并附面部图一幅，上标面部各处经络。提出治痘当“论时用药”。次叙腰痛症、唠呕症、呛嗽症、顺症、狂症、闭症、发斑症、锁口症、痛髓症、等痘科兼见病症61则，探其病因病机，阐其治法方药。后辑随症应用方149首，如“腹痛症，发热及标痘时有此症，此乃毒尚在内，未发于外，所以腹痛，至宝饮少加柴胡，倍青皮、山楂、木香，以拔其毒，则腹痛止”。此书医理与临证相参，对痘科诸症所述甚详，每随附方药，条理清晰，内容翔实，对临床和现代文献研究有一定参考价值。

0931

保赤潜藏大全一卷/著者佚名：1911.--抄本. --63叶/一册. --半叶十行，行二十四字，框高25厘米，宽14厘米

上海图书馆

提要：此书前为论，后为方。前有医论病机、观观（诊法预后内容）、治法，后有药方，对痘疹有一定见解。

0932

痘疹正传直指心法三卷/著者佚名：［1911］. --清抄本. --55叶/一册. --半叶九行，行二十五字

中国国家图书馆

提要：此书卷端题“痘疹正传直指心法”，主论痘疹，针对痘疹发病及各种症状，分析病因病理，阐述治法及治例；卷二题“痘疹正传药性直指活法二卷”，集中论治用药，据痘疹各症开列药方；卷三题“痘疹正传直指心法三卷”，以设问形式阐释痘疹诊治用药问题，答疑解惑。据书中所标叶码，缺五叶（十六至二十），且偶有装订错叶。

0933

痘疹删润便览不分卷/（清）汪尚勋撰：［1911］. --清抄本. --90叶/一册. --半叶十行，行字不等

中国国家图书馆

提要：此书卷端题名“痘疹删润便览”，下题“古越熙载汪尚勋辑”。此书将前人有关痘疹的诊治方法及药方内容删裁润色，用诗、词、歌、赋、括的形式记述成编，以便阅读记忆。分题：看痘诗图、痘前十八反方诗、论痘总要、原痘赋、治痘西江月调、辨症赋、小心赋、发热证治括、见形证治括、收靥证治括、落痂证治括、妇人痘证治括……小儿脉诀歌、五脏病症虚实

歌、论面部分五脏歌、辨痫搐顺逆等，有面部图。书中钤有“沙山姜健字体乾一字恒斋”“近山草堂”朱印，可知此书曾经清代医家姜健收藏。

0934

麻疹治例一卷／（清）蘅芗公撰：［1911］. -- 清稿本. -- 一册

上海中医药大学图书馆

提要：此书分“麻疹总论”“例治”“附种痘说”及诸方四部分。“麻疹总论”强调治疗麻疹宜清凉发散为主，切忌酸收、动气、燥悍、温补之药，麻疹中出现的诸多兼证宜从手太阴、足阳明二经邪热论治。“例治”计有发热、部位、形色、咳嗽、汗、嚏、呕吐、泄泻、目、发不出、透表、不透表、早没、难没、渴、喘、气促、瘖、搐、衄、谵妄、咬牙、唇燥、唇舌破裂、口气、舌苔、口疳、腹痛、便秘、溺涩、痢、下虫、睡、不食、鼻扇、胸高、身冷、妊娠、虚羸、麻疮等40例。每例下列病机、治法方药，注重兼证在不同阶段的治法。“附种痘说”述种痘的方法及禁忌。最后存“清咽滋肺汤”等16方。此书实为《张氏医通》卷十二“婴儿门下”及卷十五“婴儿门下”的摘抄。仅书末多出越婢汤、化斑汤、柴胡饮子3方。此书末有跋。

0935

痘疹醉园二卷／著者佚名：［1911］. -- 清抄本. -- 一册

上海中医药大学图书馆

提要：此书扉页有对麻疹发热的论述，亦有“去目翳妙方”“产儿方”“蛇嗽方”等方6首。上卷首论五经痘疹，痘疹传经计期，以及痘疹发热、标痘、起胀、灌浆、结靥各期之生死诀，辨顺、逆、险证及诊治、用药大略；次叙闭症、发斑、呛喘、失血、昏迷等痘科夹证；后简述疹子之证治。下卷收录痘疹各期用方64首，补遗方11首，共75首。后叙十八反、十九畏、诸药药性赋及诸方歌诀。此书所论将痘疹之治疗与理论相结合，以心、肝、肺、脾、肾五脏经络为纲，将痘疹分为心经痘、肝经痘、肺经痘、脾经痘与肾经痘，辨别痘疹之表里寒热虚实。所用剂型多为丸、散、汤剂，注重用药加减。如苏解饮，专用于发热之时，欲发汗，加葱头；清地散花饮，专用于标痘三日内，腰痛者，倍山楂、青皮，加杜仲、核桃肉。

0936

中丞公手迹一卷／著者佚名：［1911］. -- 清抄本. --20叶／一册

中国国家图书馆

提要：此书首论痘疹源起，并分析病因病理、辨证论治。其内容分别题有：痘原、生痘形证、痘出五脏形证、痘主部位等。后列药方，一方一论，从出痘到结痂落痂，均有不同中药配方。此书为中丞公手迹，书名据封面所题。此书曾藏近现代人赵心斋处，赵心斋，原名任泽雨，书中有“赵心斋”“任泽雨印”等藏印。

0937

痘疹玄珠一卷／著者佚名：［1911］. -- 清抄本. --56叶／一册

中国国家图书馆

提要：此书集中论述分析痘疹病症、病因、用药，并出具药方。论述分析痘疹病症有原痘论、形症论、辨疑论、脉诀、气血毒论、闭症论、五经绝论、妇人痘症、用药机要等诸篇；药方有热重羌活散、见点透肌汤、二三日清地汤、四五日解毒汤、活血匀气汤、八九日充顶散、十二日回浆散、疏痘汤、退痘汤、保元汤、木香散等。书中绘有痘疹图14幅。最后有药性集要，题“用药共一百加七味”。此书内容较为丰富，有论有方有图。书品较差，虫蛀严重。

0938

痘科偶录一卷／（清）黄斌编：［1911］．——清抄本．——一册

上海中医药大学图书馆

提要：此书自序称：“甲辰季冬偶遇友人寓次，见其案头有陈先生痘科一本，因借阅之。”认为书中议论醇正，治法周备，但多凌乱重复，因而加以整理。“既竣，名之曰偶录，并叙厥由来，以候业邑科者细加商确”。书首载有陈先生痘科偶录目次。全书载文11篇，有“论说”“证治”“异痘”“主方”“药品”等，后4篇已佚。“论说”篇论述诸家治痘之得失，尤对丹溪治痘分析极为详尽，并认为治痘要辨气血盛衰，勿妄解毒，“治痘之法当从表症里症，以辨明虚实寒热”。后叙如验痘、调养、禁忌等痘科证治大纲12条，内附方4首。接叙异痘37条，观痘之分布异常，辨病之吉凶。最后述痘科夹症17种，治法22条。此书首对诸家治痘得失进行论述，强调痘科治疗宜谨始慎终，内容丰富翔实，理法方药俱全，对痘科临床和文献研究有一定的参考价值。

0939

吴云岳自验痘疹医案不分卷／（清）吴云岳撰：［1911］．——清抄本．——188叶／四册

中国国家图书馆

提要：此书不分卷，无目录，各册无明显衔接处，其前后顺序暂以原书存放时为准。第一册首题“吴云岳自验痘疹医案”，以日记的形式记述行医案例多项，案例时间多为清顺治、康熙间，记述病人病症、诊治开方、观察追访等较详。其中间有记载同道医家程心葵、程鸣岐等于明万历、崇祯年间的行医事迹。第二册首题“云岳复明眼药经验良方附后”，后有“麻疹通玄论”。第三册首题“痘疮夹斑，附夹丹”，主要针对痘疮、麻疹论治出方。第四册前有20余叶空白，或残损严重叶，以后叶面完好者多为论治小儿痘疹内容，基本每叶有图，图上配以诗文，绘图生动精巧。全书皆为吴氏记述医案，内容翔实，其中多有吴氏自制药方，药方名称多冠有“云岳”字样。

0940

增补麻疹心法一卷／著者佚名：［1911］．——清刻本．——43叶／二册．——半叶九行，行十九字，白口，四周单边，框高17.6厘米，宽13厘米

山东省图书馆

提要：此书开篇即论“麻疹总论”。前册总论后载方剂、适应证、方药、服法，方中药的剂量、炙法均有小字标注；后册论

“麻疹论治”。此书主要载所用方药，理论论述较少。

0941

痘科金鉴二卷/著者佚名：[1911].--清抄本.--二册

上海中医药大学图书馆

提要：此书卷一以目录开篇，载有“五行部位”“认五经痘”“认六经火”“认表里虚实火”等79篇。辨别痘疹的气血、表里、虚实，叙述痘疹的诸般逆症，阐发痘疹的传变，备述闭症、发斑、血靥、咳喘等痘科诸症56种及痘后疾患4则。卷二论述发热数朝、标痘三朝、起胀三朝、灌浆三朝、结靥三朝生死诀，及落痂与痂后余症26则，其中详述各朝痘之轻重及其预后，并载有药物。

0942

痘疹真谛歌诀一卷/（清）卓庵氏辑：[1911].--清抄本.--一册.--框高26厘米，宽14厘米

中国中医科学院中国医史文献研究所

提要：此书有发热、内伤、外感、惊恐、升发、放点、落痂、余毒权宜、肝毒、留毒、原疹、疹后痢等50余论歌。

0943

秘传痘疹集圣四卷/（清）土炳（字杏庵）编：[1911].--清抄本.--四册

上海中医药大学图书馆

提要：此书无序跋，有目录与凡例。第一册先论以痘疹顺、逆、险述三法图、三法说、三法治例等；次叙痘疹的逆候、不治及禁忌；后述痘疹表里虚实寒热、渴等辨证。并辑治痘方剂，包括保婴丹、固真膏、养胃调元方、木香散、兔血丸、龙凤膏、丝瓜汤，共7首。第二册为痘疹集圣图像，分述悬镜痘、蝎子痘、覆釜痘、锁井痘、盘蛇痘、豢虎痘、元蚚痘、掩月痘、卷阿痘等63种痘形的病机与预后，并附图64幅。第三、四册，上卷主要论述痘疹的用药、痘疹与伤寒伤食初证的鉴别、痘之形色老嫩善恶、五运六气、发热时的顺逆险、发热报痘起胀灌浆收靥三朝病证治法、结靥后余证、痘后饮食起居、妇人出痘等痘疹的辨证论治；下卷分述寒战咬牙、痒塌、水泡、渴证、声哑失音、水呛、腰痛、喘证、痰、失血、夹疹附瘿、夹斑、大小便秘、腹痛、谵妄、验口唇、验舌、惊搐、痘后身肿阴囊肿、痘毒、汗证、吐泻、内溃辨，共23篇痘中杂证，末辑古今经验方：升麻葛根汤、葛根解毒汤、导赤散、牛黄清心丸、四君子汤、四物汤、十全大补汤等，共56首。第三、四册与《痘疹秘本》相同，只是编排次序有别，同时该抄本无烦躁啼叫、不食能食等篇，而《痘疹秘本》有关论述简略，无五运六气、古今经验方等篇。

0944

痘科注生经旨一卷/著者佚名：[1911].--清抄本.--一册

上海中医药大学图书馆

提要：此书分为五部分。第一部分主要内容为论述胎毒发为痘症的原理，痘分表里虚实寒热及吉凶形色辨，看根窠脚地四者之要，心肝脾肺肾五经痘证，气血虚实口

诀，以及血热痘、毒痈痘、血虚痘、气虚痘、治按症行浆起发方药等痘疹辨证。第二部分为痘科救偏集，叙述痘疹的顺、逆、险三种形证合参捷法，及气血虚实毒火治要捷诀。第三部分为诸症治法大意，详述侵炙、盘据、血虚、气虚的主治病证，并附推广规则录。第四部分为宋人异方，辑录麻杏散、紫天散、青天散、白天散、红天散、起顶散、还元汤等治疗痘疹病证的方剂。第五部分为疹家秘要，载述斑疹的用药理论、主方及兼见渴症、斑、疹后余疾、口糜口疳、疹后痢、咳嗽等症时的辨证用药，并附疹家禁忌、胎毒与疹的鉴别。全书共载方剂82首。此书关于痘疹的表里虚实寒热、气血、顺逆险及与伤寒外感的鉴别等方面的辨证论治做了比较详细的论述，对于儿科痘疹的研究有参考价值。

0945

痘疹异传秘录二卷／（清）王紫九编：［1911］. -- 清抄本. -- 一册

上海中医药大学图书馆

提要：此书有前言后序，上下卷均有目录。上卷首列太极图、五行部位，以图说明六经在头面部的分布。其后是八卦搜髓论。正文列医论64篇，论痘疹之辨证论治。如顺症、认五经痘、认六经火、看五脏中病、气血表里虚实论等。第64篇为杂收，收录痘疹治则35条，详列证治方药。下卷后附有痘纪后序一篇，为王紫九友人所序，对此书痘疹论治的特点及用药特色加以评价。后附袁氏疹子治法四则（见明代袁颢《袁氏痘疹全书》），分别为统论治法、初出治法、形见治法、疹后余毒4症4条，每条详列辨证施治、处方用药。

0946

痧痘惊幼科秘诀二卷／（明）宋镛（字杏庄）著 （清）蒋揆之抄：［1911］. -- 清抄本. -- 一册

上海中医药大学图书馆

提要：此书前载“痧痘惊幼科秘诀洗心”，叙劝人为善，因果报应。后为目录，其中痘科秘方、邵大仙口诀、十二仙歌诀、烦闷、腹痛、泻泄、诸汤方后所列49方，补肺散以下诸方未见正文载录。卷端题“痧痘幼科秘书”，先以歌诀形式叙痘疹各阶段及危急见证（蛇皮痘、伏阴证、九焦痘）的诊断及预后；次为二五赋，叙小儿常见病的辨证论治，每证后双行小字列出方剂；次为内囊秘要、探寒热之病诀、四时八候；次论寒热辨证，先总述虚寒、实寒、虚热、实热的常见症状，再分论伤风咳嗽、伤寒、惊、吐泻、疟、痢、疳积、肿胀、脾胃9种病症的临床表现；次为五脏克绝歌、五脏气绝证论及五脏受惊积冷热诗，后者源出《陈氏小儿病源方论》；次列小儿发热说、吐乳说，吐泻、咳嗽、痢疾不治歌，疳积辨证论治及25种治惊法；最后为人身各穴图及推灸穴法诀。卷二题“痧痘惊幼科秘诀要方”，主论惊风，亦有吐泻、伤积、咳嗽、肿胀、脾胃、疟疾等病证歌诀。书末为诸方51首，多为二五赋中所提及的。

0947

幼科痘症指南集要一卷／著者佚名：

[1911]. -- 清抄本. --71叶/一册. -- 半叶九行，行二十五字

中国国家图书馆

提要：此书全面阐释痘疹病症，有辨幼捷法、痘症总论、视疹要诀、正疹与杂疹不同论等论述内容，对68种痘疹症状分别辨证论治，其中绘有痘出部位图、痘形图多幅，文字部分多采用歌诀形式表述。目录所列“痘疹摘验备用良方176方”散见于书中相应的文字内容中。此书抄写尚齐整，书中不题撰辑者，首叶略残。

0948

吴氏痘症秘方一卷/著者佚名：[1911]. -- 清抄本. -- 一册

上海中医药大学图书馆

提要：此书无序跋与目录。首叶有“古吴南园奇客录藏”字样。末叶有“吴中后学朱世颐录”字样。此书将痘症的发病过程分为十二朝，每一朝都依次叙述痘症的发病症状、治法、方药及对兼症的加减用药。此书论述痘症的发展过程简单明了、条理清晰，并对描述痘症症状的文字都加上句读，便于阅读，但每一朝主要药物的用量未提及。

0949

诚求录一卷/著者佚名：[1911]. -- 清抄本. -- 一册. -- 半叶十行，行二十字，单黑鱼尾，左右双边

上海中医药大学图书馆

提要：此书以痘疹杂论为始，提出痘疹二便闭涩系“毒邪内蕴，肠胃壅遏不能传化使然，治宜清解而利之”；认为酵痘不可用毒物，以毒物伤中，当“辨经络虚实”而用酵痘之物，方无失矣；并提出治痘三法等。次则总论痘疹，以初热、报点、痘始、起胀、养浆、收靥、靥后等痘疹病程进展为顺序，论述详备。书后录方药，共载方剂近150首。其中值得一提的是，在“痘疹看法”篇中，著者以“头为诸阳之会、五脏之华，痘虽为阳疮，而其根在原，则在五脏”的缘故，将面部配五脏，从痘疹初发部位来判断病势吉凶，绘有痘疹初见图5幅及28种痘形图，图文并茂，十分精美。按此书所提出的治痘三法，从纲领上抓住痘疹病机，便于临床使用。著者指出“痘有千态万状，唯气虚血热毒壅三证；治有千方万法，唯发表和中解毒三法”，痘疹初起发表，毒盛者解毒，伤中者及靥后用和中法，三者实乃不易之法。痘疹必因乎时气伤人，“天时疫气有盛衰，人之生禀有强弱”，故痘疹有轻重之分。还提出“贫贱家儿多历辛勤水湿之苦，更无厚味伤脾，既有重症，亦能抵挡；富贵家儿暖衣厚味，少见风日，脾胃薄弱，不耐劳苦风霜，凡遇小疾，亦为大病重症”，故诊病时“入门之际必先知其家贫富何如”，这在一定程度上体现了体质学说的内容。书末附有“红炉点雪”，列治痘论、补气不宜不补血说、痘疹要略、痘疱治法论、三因图等。

0950

保赤玄机不分卷/著者佚名：[1911]. -- 清抄本. -- 二册

上海中医药大学图书馆

提要：此书首明痘疹病因、诊法、证治等。提出“耳后筋文断法”（以耳后筋文“水

红色”“条均直上无分支”等为顺）、“燃照法”等诊断方法。中间很大一部分章节论述痘疹杂病，提出“知其本末轻重以为治之缓急，斯得之矣。盖痘证重而杂证轻，则杂证之药加于痘证药内，是缓则治其本也；杂证重者先逐杂证，而后调其痘证，是急则治其标也”的治则，诚有见之言。书末附有痘疹诊治过程中所及图画24种，用图画的方式说明痘疹的发生及传变过程，图文并茂，论述得宜。在痘疹的病因上，此书提出“两精相搏而生人者，火也”“火毒遗于精血之间，时邪流行，相感而动”“毒乘时而发”等观点。

7.5.3　惊疳

0951

保赤慢惊条辨一卷／（清）黄仲贤撰：1907.——清光绪三十三年丁未（1907）刻本.——56叶／一册.——框高21厘米，宽13.5厘米

广州中医药大学图书馆

提要：此书主要为幼科诊治慢惊专书，分赤、青、黄、白、黑五色论治，又分痉病、惊风、脐风等论治。

0952

随症治惊经验方一卷／著者佚名：［1911］.——清抄本.——一册

上海中医药大学图书馆

提要：此书封面题“随症治惊经验方全”字样，末叶有“朱翠岩抄”字样。书中方剂除治疗小儿惊风治验之外，尚涉及疳症、呕吐泄泻、咳嗽、童子痨症等。治惊方剂有如圣散、归命散、开关一字金、灯花散等14方，其中开关一字金为外搽药，余皆内服。后另载急惊方剂7首，如紫金丹、琥珀抱龙丸、益神定魂丹等；慢惊方剂8首，如滚痰丸、保婴丸、夏化蛇饼子等。并“附遗惊疳吐泻集症药方”，题“急慢惊风辨法”，认为“急惊多是痰壅”，治疗当“先用降痰药三十粒、镇惊丸一二服即愈”；“慢惊风多是脾虚”，治疗上“用地龙镇惊丸一粒火酒送下，再用七味豆蔻丸进食止泻，若不效再用还魂救回，再服镇惊丸一二服”。其后更附急惊、慢惊，镇惊丸（即牛黄丸）、火理丹（即还魂丹）等10方。小儿疳癖有治疳之大法及五疳之辨，并附肥儿丸、疳积饼、五积饼等治疳消补平和之剂。五疳之辨中提及方剂，如安神丸、补肝丸、益黄散、清肺汤等，均附于后。

7.6　外科

7.6.1　通论

0953

大河外科二卷／（明）王拳撰：［1557］.——明万历重刻本.——二册.——半叶八行，行十八字，框高21.7厘米，宽14.8厘米

日本国立公文书馆内阁文库

提要：此书两卷，上卷论疮病36种，下卷集方71首。上卷36种疮病为：发背、发脑、发鬓、发髭、紫疥、火赤、红丝、鱼脊、骨疽、冷疳、血疳、风疳、鸦啖、疔肿、青疔、赤疔、白疔、黑疔、黄疔、冷疔、阴蚀、漏睛、臁疮、瘰疬、耳疳、骨槽风、便痈、喉闭、锁喉、发乳、火殒、缠肠、牙疳、水流麻根、赤瘤、疥癣。每

病一图，图后简要介绍病因，后附诗一首（多为五言歌诀），再讲治法。每病不过百字上下，简明扼要。卷下收录了71首方剂，绝大多数是外科用方，只有少量的疟疾方、杂病、妇科病方等。

0954

外科尺木四卷/著者佚名：［1617］. --清抄本. --132叶/四册. --框高28厘米，宽23厘米

浙江省中医药研究院图书馆

提要：此书卷一为总论，卷二、三为病症，卷四为附方。总论部分多采撷前贤之论，如陈实功“痈疽原委歌”“痈疽治法歌”“疮疡总论”，王洪绪“部位论名”，程钟龄“外科十法”等。病症上按部位划分，分别论述各种外科疾患，如痈疽等，论述详尽，治法简便。附方部分收录当时外科所用的各类方剂，包括外用、内服，并详细介绍制作方法，有些方为其他外科书籍中未收载者，较有价值。

0955

外科纂要经验要方三卷/（明）王大纶（字怡冈）集：1622. --日本江户抄本. --223叶/三册. --半叶十行，行十六字

日本国立公文书馆内阁文库

提要：此书卷上述痈疽总论、痈疽理辨、用药得法、敷药得宜、洗割禁法、疮科三杰、五善歌、七恶歌、脉诊诀、逐日人神歌、九宫尻神歌、收肿毒咒、四季得病凶日、黄沙日得病难医、痈疽总名、药品异名、疔疮论、疔疮异名、下疳疮论（附玉户疳疮）、囊肾论（附肾囊风）、杨梅疮论等21论，载方87首。卷中述流注毒论（附附骨疽论、飞尸论、飞尸症）、瘰疬马刀论、瘿瘤症、痔漏论、乳痈论（附乳癌）、脏毒论（附脏头风）、鱼口腿边便毒、肺痈（附肺痿）、肠痈（附胃脘痈）、赤白癜风（附鹅掌风）、臁疮（附诸疮应用方）、血风疮、脓窠疮、坐板疮（一名黄斑疮）、疥疮（附癣）、肥疮（附白秃疮）、夏月痱疮、脑珠（附鳝鱼头）、烫火伤疮、痘风疮、漆疮、金疮、癫犬蜈蚣蜘蛛咬伤、脚丫疮、肛门蚀疮（附妇人阴蚀作痒）、肉刺、整理诀等41论，载方221首。卷下述眼目论、耳聋（附耳鸣）、耵耳、耳痛、耳痒、鼻论（附鼻𪖙）、鼻痈、鼻痔、肺风、鼻渊、鼻衄、口舌论、咽喉论、牙齿论等14论，载方73首。

0956

治诸疮方一卷/著者佚名：1643. --明抄本. --67叶/一册

中国中医科学院图书馆

提要：此书分两部分。前半部分述发背、发鬓、发髭、紫疥、火赤等36种疮证。每证先述其病因病机、疮候主症、传变预后等；次述治法方药，每证并附一图。后半部分题“治诸疮方”，如录神仙金丹、夺命丹、乳香黄芪散等外科方剂199首，多有家传秘效验方。经与《大河外科》对比，前半部分完全是据《大河外科》抄录，且所附图形亦与其一样。但书后所附零散外科方剂，或为录者经验方，或从他书摘录而得。

0957

外科心法不分卷/著者佚名：［1644］. --

抄本. --122叶/二册

中国中医科学院图书馆

提要：此书有残，无序、无跋、无目录、无题识。内容包括外科论、外科总论、九发疽论、外科工具图、外科撮要、外科灸法等序、外科歌诀，并有多幅外科病症图。书后录有外科用方，似为抄录诸书而成，内容不甚连缀。

0958

新刊军门秘传四卷附太医院纂急救仙方一卷/（明）吴文炳（字绍轩，号沛泉、光甫）撰：［1644］. --明建阳书林熊成冶刻本. --四册

日本国立公文书馆内阁文库

提要：此书是我国第一部军阵外科专著。其中记载了大量的战伤与骨伤科用药知识。原书采用明代常见的二层楼版式。下层为《军门秘传》，主要是以战伤或外伤为主。书前三篇相当于总论，为伤损用药法则、折伤形症状辩、跌打金疮诸症脉法。书中占绝大部分篇幅的还是治疗方法和方药。四卷之中，只有最后半卷列举了一些汤火伤、冻疮等用方，其余均为伤损而设。这些疾病中，有金枪伤、刀斧金刃伤、中箭、骨折、筋断、跌伤、坠马落车、闪挫、内伤脏腑等战伤或外伤疾患，也包括杖刑引起的疮痛、针灸不当引起的伤经络成脓，以及各种痈疽疖肿等。上层内容主要可分成三部分。第一部分是辑录一些前人书中的“奇疾”，即一些稀奇古怪的疾病。第二部分是急救方法和方药，其中包括各种意外事故、中毒、动物咬伤等的救治方法。第三部分是外科方剂，主要是治疗痈疽等外科疾病的常用方剂。

0959

外科秘集二卷/（明）汪若谷撰：1645. --清顺治二年乙酉（1645）抄本. --120叶/二册

中国中医科学院图书馆

提要：此书上卷已亡，仅存下卷，论述各类痈疽病名、部位、治法，再述痈疽、咽喉病、疔毒、结毒、诸疮、痔漏、杂症方证，收方400余首，以红白辨痈、疽，主张“因疽以消为贵，以托为良”，善用温补兼托之法，略于脉诊。

0960

外科一卷/（清）赵廷华抄：［1733］. --清雍正十年壬子（1733）抄本. --30叶/一册. --半叶十二行，行三十一字，白口，无界栏，框高24.7厘米，宽16.8厘米

山东省图书馆

提要：此书封面题“□传外科”，内有朱笔批校及标点，有图。正文先谈及外科疾病、发病部位、原因、一般性的治疗原则，其内容主要为外科病症有发于内有发于外，发于内如肠痈等。运用察色知病的色诊之法以及按触之法，主要讲述常见的疮、痈、疽、发背、流注，每类病证先附图，言部位、治法、诊法、内治、外治法（针法、敷、擦）、汤药内治、内外合治。书中多处引用《外科正宗》中内容，并标注。末附“正人明堂图、伏人明堂图”一幅。

0961

吴氏医方类编不分卷/（清）吴杖仙撰：

1744. --清乾隆九年甲子（1744）晚香堂抄本. --164叶/五册

南京中医药大学图书馆

提要：此书为外科方书类著作。全书以病为纲，先论病因病机，次述治疗要点，然后介绍方药。此书各类处方以“去繁赘而就简便”为总原则，其治疗方法包括内服与外治。内服方药包括托里之剂、清解之剂、发散之剂、攻里之剂、补养之剂、通用之剂等。外治方法除了大量的外敷方药外，还包括割治、淋洗、灸法等。另外，书中还介绍了某些药物的炮制方法、各种常用外科器械的规格等。书中各类处方，数以百计，既有经方，又有验方。经方备列加减变化，验方处方精简实用。

0962

祁氏家传外科大罗二卷/（清）祁坤（字广生，号生阳子，堂名愧菴）纂辑：1745.--稿本. --二册

首都图书馆

提要：此书包括以疮疡外科为主的38个专题，依序是：论脉、痈疽之源、痈疽之别、痈疽阳症歌、痈疽阴症歌、痈疽五善歌、痈疽七恶歌、痈疽生死法、察形色顺逆、内消内托、虚实、经络、针砭灸烙烘熔蒸拔等法、症治总诀、日期次第、标本、标使治宜、汗、下、呕、寒热、痛、饮食、辨晕、辨舌、内陷、溃疡、脓、血、疮口、生肌、验膜、四言脉诀、经络歌、奇经八脉、肿疡门汤头歌、溃疡门汤头歌、药性总义。大致从四言脉诀分上下卷。

0963

古今方案汇编六卷/（清）叶锦（字若城，号杏村）撰：1756. --清吴振鸿抄本. --570叶/十八册. --半叶十二行，行二十八字

中国国家图书馆

提要：此书辑者为清代医家叶锦，字若城，号杏村，出身世医之家，积数十年行医经验和古今方案，于清乾隆二十一年汇集成编，由于卷帙浩繁，遂将外伤门先编六卷而成书。全书内容为：卷一，外伤门风类；卷二、三、四，外伤门寒类；卷五上，外伤门暑类；卷五下，外伤门湿类；卷六，外伤门燥类。每一方案前先冠名医总论一二条，然后集方列案数篇，所选名家医论或方案均注名，如张景岳论、仲景方、薛氏案、刘河间曰、喻嘉言曰、叶杏村曰等。今存此本为清末吴振鸿抄阅。吴振鸿，字养真，吴氏得是书于叶锦裔孙处。此书内容丰富，类分系统，行字齐整，书中多有朱笔点校。

0964

外科一切杂症一卷/（清）张尔康辑：1760. --清张尔康氏存耕堂稿本. --93叶/一册. --半叶十一行，行十六字，框高18.3厘米，宽15.1厘米

中国中医科学院图书馆

提要：此书介绍了外科常用膏药（如太乙万灵膏、神异回春膏）、丹散、汤药的组成、剂量、适应证等，对膏药等的制作方法记载详细，部分药物剂量缺如。书中附有背形8症图、正面12症图，正面11症瘤图，明示各症病位，并简述病

因病机、常用治法。书后附杨梅、疥疮、牙疼跌打损伤、眼疾、痔漏、臁疮、瘰疬痰核、疬串、对口鹅掌、天麻风、牛皮癣等的治疗验方以及药物组成、制备方法等。

0965

外科指南四卷/著者佚名：1780. --清乾隆抄本. --四册

上海中医药大学图书馆

提要：此书卷首有“关裕堂藏”字样。全书共分87个章节。卷一首载“外科指南脉状所主病证”，论述25种脉象所主痈疽病证。其后载36个章节，有“脉证治例”“痈疽源委总论”“痈疽治法总论”“痈疽经络气血多少善恶浅深论”“五善十恶行症治法总论”“痈疽治要辨惑论”等。附载乳疖方。卷二载31个章节，有“周身形症图位治例总论”“头面所属经络部位起止图说”“头面颈项所发诸证名目”等。卷三载17个章节，有“痈疽用药总要提纲”“十段关歌括”“痈疽治法十段关诸方备论”等。卷四载3个章节，分别为“宜用刀针开刺等法论”“附录针灸敷贴淋洗掺傅等法”“跌仆损伤看法”，附录汤散丸丹方、痛风方以及观音救苦丹两种。此书论述外科诸证，尤精于论述痈疽证，且以解剖部位分类，详述周身诸毒症，附以10种治法及相应的方药，融理、法、方、药于一体。

0966

至宝藏方一卷/著者佚名：1793. --清嘉庆抄本种杏山房藏本. --64叶/一册. --半叶七行，行十七字，框高11.5厘米，宽8.8厘米

中国中医科学院图书馆

提要：此书为外科经验方汇编而成，其中以治疗痈肿疮毒之方为多，所用治法亦以外敷、外洗、外擦等外治法为主。此书无序跋、目次，亦不分门别类，随手记录而成。但其中一些方治是源自临证效验之方，应值得珍视。

0967

玉泉镜不分卷/（清）程景耀（字介亭、玉泉）辑：1811.--清嘉庆十六年辛未（1811）稿本. --489叶/七册

中国中医科学院图书馆

提要：此书分为“惟愿人间寿命长”七册，汇集外科各症应验秘方。著者系商人，本不习医。方录自诸书所载，好友相授，大体录于嘉庆十六年。此外，尚有道光九年（1829）所录验方（极少），第五册（“寿”字册）还粘有验方散叶，亦为有价值之资料。

0968

黄乐亭先生外科医案二卷/（清）黄钟（字乐亭）著　范懋勋（字志尹）抄录：[1816]. --清抄本. --127叶/二册. --半叶九行，行二十五字，框高26厘米，宽14厘米

中华医学会上海分会图书馆

提要：此书二卷，内容比较简单，每案载患者姓氏、症状、方剂，但不记载服用剂数及服用法。

0969

陈氏治验良方一卷／（清）陈希恕（字养吾，号梦琴）撰：［1831］. ——清道光十一年辛卯（1831）快堂抄本. ——29叶／一册

中国国家图书馆

提要：此书首列各种疾病名称，亦如目录，有腿痈、骨痈、肺痈、小肠痈、耳前发、痰毒、舌疳、足肿、乳痈、血瘤、十指麻木、眉疔、腋痈、喉痈、发背、经络疼、腹肿、紫云疯、牙痈、耳漏、目痛、颈核、眼癣、喉癣、鼻渊等40种，皆为人体各部位所生各种痈疽、疮疡等病症，后附杂录。正文分别对各种病症进行解析，开列药方。陈氏几代业医，专攻疡科。陈焕，字章伯，清雍正朝人，江苏吴江县人。祖陈策、父陈琳都专治疮疡，陈焕更精其术，贮存良药，功于敷治。陈希恕（1790—1859），陈焕之子，早年习举业，壮年家道中落，从其兄陈希曾（字省吾）学医，以疡医著名，生平所治之疾悉录成为书，著有医案222则。此书中夹一纸药方，上钤“芦墟陈氏章伯子省吾弟养吾别号梦琴”朱印，并印有某月某日第某号，此物或为当时陈氏行医处方。

0970

超心录三卷／（清）赵术堂（字伯琴，号观澜、双湖）撰：1848. ——清抄本. ——二册

上海中医药大学图书馆

提要：此书卷一首列30余篇大论，包括脏腑经络、舌象脉法、病因病源、诊断及治法等方面理论，如“发病须知”“脉诀”“舌苔诀”“七情六欲论”“五损附五伤”“六淫”“五脏揭要”“经络”“病本论”“病源论”“诸肿辨”“诸痛辨”“刀法”“袋脓治法”等。后分“疔毒门”“疮门”“丹门”“阳痈门”“阴疽门”。主要论述疔症的症状特点、治法、内服及外用方药，并详述疔疮十恶症的治法及验疔法等。后附“口疳”“走马”“牙疳”“青腿牙疳”“下疳”“泻烛疳”等疳病的特点及治疗等。卷二列“咽喉总论”，随后详述缠喉风、走马喉风、缠舌喉风、锁喉风等近20种喉科病症的症状表现及内服、外用治疗方剂。此外，卷二还详述心、肝、脾、肺、肾及三焦、膀胱、五脏六腑痈证的症状表现、病因病机及治疗方药等，分头部、颈项、耳部、乳部等论述人身不同部位的各种痈疽、发背等证治。卷三为“汤头歌诀”，收录51首治疗方剂。

0971

刘氏医案一卷／（清）刘晓山撰：1862. ——清光绪刻本. ——一册. ——半叶九行，行二十四字，框高24.8厘米，宽13.2厘米

南京图书馆

提要：此书为外科医案类著作。卷端题“西黄家桥刘晓山先生著，门下士辑。”全书以门分病、归类，如面部（睛明毒、鼻渊），口部（龙泉疔、舌瘰），咽喉部（乳喉、双乳蛾），耳（内耳痈、外耳痈），颈项（对口疽），小儿（走马疳），肩臂（缺盆痈），胸（肺痈），腹（小肠痈），背（发背），胯（书痈、鱼口毒），流注，诸疯（风痹、痛风），膝胫（鹤膝），拾遗杂症部（癞疮、疳疮、火瘰疮、眉棱疔、肝胃气、时疮）。书中医案未标明患者姓名，案中所载理法方药清晰，每病一案，每案应一症，

故具有典型性，而且医案经过整理，具有独到经验，颇具临床价值。

0972

外科心法珠球一卷/著者佚名：[1869].--清同治八年己巳（1869）福生抄本.--一册

上海中医药大学图书馆

提要：此书首载“习医一片规”，后有“痈疽初起原委论”“痈疽治法总论”等医论。前者叙述痈疽的病因总为内伤七情、外感六淫、偏嗜膏粱厚味、房劳所伤，致“五脏多乖变，六腑不调匀”，并论述痈疽与脏腑之病机关系。后者主述痈疽的治疗方法。后附痈疽歌诀6首，有“痈疽阳症歌”“痈疽阴症歌”“痈疽半阴半阳症歌”“痈疽五善歌”“痈疽七恶歌”“治病则例歌”，记述痈疽辨治。其后为5篇专论，涉及痈疽灸法、疾病生死法、察形色顺逆、病有三因受病主治不同、痈疽调理方法等内容。最后为药性总赋，根据四性将药物分为寒、热、温、平四类。每类药物又详述各药的特点，便于临床辨证选药。

0973

证因通考十卷/（清）王藻墀编：1870.--清同治九年庚午（1870）抄本.--509叶/十册.--半叶十行，行字不等

中国科学院国家科学图书馆

提要：此书十卷。按人体各部位划分，将外科病症加以列述。全书以阐述外科病症的形态、症状为主，少有病机论述，无治法方药。书中多引述明清前贤名著有关各种病症的描述，如张景岳、王肯堂以及《医宗金鉴》中的内容，其中引述《医宗金鉴》最多。

0974

外科秘方不分卷/（清）梅敦寿编：1875.--清抄本.--三册

上海中医药大学图书馆

提要：此书是以抄录验方、秘方为主的专科方书，载方近千首。全书以外科病方为最多，亦可见内科、小儿科、妇人科、男科病方。除内服丸散之外，尚有外用之吹药、洗药、围药、贴方、塞药等剂型，可谓丰富。书中所载，外科病症如疮疡、疔疮、脓肿、臁疮、犬咬人、汤火伤、疳疮、发背、杨梅疮等皆有专治之剂，方中药味不多，少则一味。内科病方有黄疸遇仙方、膈症神丹、偏正头风秘传神验、休息痢秘方等。除内服丸散外，尚有内病外治之法。小儿病方，如内服散药“鸡金散”，专治小儿食积；外贴膏药“小儿水泻方”，贴脐治疗小儿水泻；蟾酥丸治痧症；益母草治痘毒等。妇人病载有“血风疮方”，治妇人经脉不调；“摩腰丹”治老人腰痛、妇人白带。男科如治遗精白浊之煅牡蛎研细末，入豆腐浆一杯，清晨服食。书中抄录诸方，大多无出处。

0975

外科便方一卷附神效经验方一卷/（清）蔡纯伯辑：1884.--清光绪十年甲申（1884）抄本.--110叶/一册

中国国家图书馆

提要：此书名据封面题。首有“誊抄外科便方序”，题“蔡纯伯，光绪甲申仲夏端巧

日”。其后书序号及药方名，共计265方，类似目录。正文依次介绍各药方的名称、主治、配方成分、剂量、研制过程、服用方法等。内容主要为外科，间有内科、妇科、儿科、五官科等药方，此书88叶。其后附“神效经验方”22叶，首叶题“同治癸酉仲夏镌，板存甘露大头应雷坛，别板藏常熟翁庄张氏”。据此可知，此本据清同治年刻本抄录。此书录有各科药方63方，如治头风痛方、补肾明目方、治一切目疾方、治齿痛方、急救喉症方、治九种心痛良方、治肝胃气方、治红白痢疾方、治手足方、治产后血升方、治小儿胎毒药方、救吃生鸦片方、治鱼骨鲠灵符等。目录末书：“于光绪甲申夏重五下旬抄。”

0976

外科肿疡主治类方不分卷／（清）钱国详撰：［1898］. --清稿本. --175叶／一册. --半叶九行，有界栏

中国科学院国家科学图书馆

提要：此书内容为外科医方汇编，不分门类，记述简练，各方仅记述方名、主治、组成。具体包括“疮疡类方”“敷治类方”“溃疡主治类方”“外科洗涤类方”“外科去腐类方”“外科方药”等共10篇，并附有“徐灵胎伤风难治论”。

0977

疡科心传捷要一卷／（清）李鹤舟撰：1900. --清光绪二十六年庚子（1900）抄本. --一册. --框高26厘米，宽12厘米

中国中医科学院中国医史文献研究所

提要：此书序中概述著者编写目的：“医虽小道，人命系之；古人举动，习业有恒。……自后人心不静，习业不专，不俟学成，急于问世。因有只明内科，不明外科者，而内、外从此分科者。……略明医理，每睹世之患外疡各症，其轻浅者尚有可愈之时，其重大者靡不殒命。皆由今之疡科不辨症之是虚是实、偏热偏寒，徒记时尚之凉药几种，率书一方，付之病者。”书前有疡科总论。后为各疮疡疔疽方案治法，约50余例。后附疡科临症秘传、外科用刀针说、合药须如法说、临症时宜细心说、医者直居心仁厚说、医者宜虚心说、医者宜多读医书说、喉科心传捷要序言诸论。

0978

外科秘传不分卷／（清）陈万镒撰：1903. --清稿本. --52叶／二册. --半叶十行，行二十六字，框高16.9厘米，宽11.4厘米

中国中医科学院图书馆

提要：此书对外科常见疾病如痈疽等颇有见地。每病伊始，先论病因病机、常见症状、相关鉴别诊断、治疗方药等。书名为外科秘传，但也有戒烟神方和治痰气方等内科病症的记载。此书还有一些治病咒语、符以及一些经验疗法，迷信色彩颇重，在使用过程中注意分清良莠。

0979

精选毒疮经验方一卷／著者佚名：［1903］. --清光绪二十九年癸卯（1903）上海绛雪斋石印本. --1叶／一册. --行二十五字，小字双行六十四字

中国国家图书馆

提要： 此书为清末绛雪斋发行的刊物《癸卯官商快览三百六十种》之一种。《精选毒疮经验方》仅占半叶纸，与《癸卯新选各种经验良方》（见0456）《上杭罗氏经验方》（见0455）一并作为中医药内容刊载。

0980

外科备要四卷／（清）易凤翥编：1904. -- 清光绪三十年甲辰（1904）刻本. -- 四册

中国中医科学院图书馆

提要： 此书又名《外科证治方药备要》，刊行后毁版于兵战，此是用为校勘的家藏原版。其卷一、卷二为症治，卷三、卷四为方药。全书共集600个名方，包括丸、散、膏、丹、汤、饮、酒、雪、燃子，糕、锭子、油等剂型。同名功同的方剂同时列出，同名功效有别的方剂，以创方人之姓氏，在方名旁示之。此书特点一是首重脉候，以脉候开篇；二是病象详赡，依部位命名证候，便于认证；三是方药精选，治法适用；每病症皆在叙述病象之后，继言治法治方和要领；四是以气化论病机和药性；五是记述了多种后世疏于传承的针灸技法及特种疗法。

0981

外科验方一卷外科良方一卷／著者佚名：［1911］. -- 清抄本. --96叶／二册

中国国家图书馆

提要： 此书一册为《外科良方》，书名依封面题，首列外科药名125方，每方药名后注明来源，如“诸虚百损方，张先生授”“酒药方，市卖”等。其后依所列药方名次序逐一记述药物成分、药性、主治、服用方法。此书77叶，抄写纸张无框格行线。另一册为《外科验方》，书名据封面及卷端所题，书中共列外科药方40余，每方后记述其药物成分和主治。其后附妇科诸方：加味芎归汤、胎死腹中、胞衣不下、乳疮散、乳香散、消乳饮、下乳饮、桃仁煎。此书19叶，朱丝栏印纸，书口下有“秀文斋”三字。

0982

外科药方一卷／著者佚名：［1911］. -- 清抄本. --37叶／一册

中国国家图书馆

提要： 此书撰者及抄录者不详，书名据封面所题。首题“前治外科诸症”，列外科药方55名称。卷端题“专治外科一切恶疮方”，内容依前所列55药名逐一介绍药物成分、主治病症、服用方法（内服、外用）。其所治外科各症，如大疮、黄水疮、皮疮、鼠疮、恶疮、痔疮、口疮、冻疮、秃疮及蛇、虎、狼、蜈蚣、猪、蝎、狗等咬伤方。

0983

外科枢要外科证治全生集医要三书合刻／（清）周吉廉编：［1911］.-- 清丰城周吉廉校刻本. --165叶／三册

郑州图书馆

提要： 此书由《外科枢要》《外科证治全生集》《医要三书》三书组成。《外科枢要》卷一载疮疡诊候辨证共21论；卷二、三以病证为纲，分论全身各部疮疡共30余病的证治，并附验案；卷四总列疮疡各证治疗方剂。《外科证治全生集》分“肛治法”“毒气攻心治法”“耳后锐毒治法”“走马牙疳治法”“乳岩治法”“乳疮治法”“甲疽治法”等30余种病症，每种病症下均有方名、药物组成、主治、禁忌、服用方法等，并列举“阳和汤”“犀黄丸”“阳和丸”等30余种方剂。《医要三书》分“伤寒六经定法”“瘟疫论”“痢门总纲”“论吐血”“论虫证”“胎前产后证治”“福幼编慢惊证治”“遂生编痘疹证治”，每种病症下均有治法、方药、加减、用法、用量等。

0984

外科神书不分卷 / 著者佚名：［1911］.——清抄本.——105叶 / 一册.——半叶九行，行二十三字，框高24.8厘米，宽12.6厘米

苏州图书馆

提要：此书前为疮科总论，后为各种外科病症具体证治。每种病症先列病状、病因病机，后言辨病方法，即原书所言“某某看法”，最后出治法及主治方，大多出自外科名著如《外科正宗》等，选方如“如意黄金散”“内疏黄连汤”等，有一定的参考价值。

0985

外科活人诀二卷 /（清）半霞道人撰：［1911］.——清抄本.——一册

上海中医药大学图书馆

提要：此书无目录序跋，有“晋余堂经验松坪半霞道人”字样。上卷为外科十法，记述治疗痈疽之大纲，有消法、艾灸法、神火照法、刀针砭石法、围药法、开口除脓法、收口法、总论服药法、复论五善七恶救援法、将息法。后附症治方药，记录外科疾病的辨证施治、处方用药。所载方药150余首，包括外用的普救万全膏、百草霜、远志膏等，内服方药如理中汤、参苓白术散、藿香正气散等。每方记述其功效、组成、用量、用法及加减。下卷为外科经验撮要，收录外科杂方，包括治疗痈肿疮毒等多种外科疾病的药方，另有诸多药方，用以治疗麻风、杨梅疮等传染病疾病，癣、鹅掌风、疥疮、汗斑等皮肤病，鼻痔、乳蛾、鼻赤、口臭、牙痛、舌肿等五官科疾病，烫伤、疝气、痔漏、疯犬咬伤、毒蛇咬伤、脱肛、跌打损伤等外科疾病，还有除腋臭、点痣等美容药方，几乎囊括了外科各类病症。此外，还专辟怪疾一条，列多种怪病的治疗，如口鼻中腥臭水、鼻中毛出、腹中如铁石脐中水出等，治法亦颇有特点。另有麻药方用于手术麻醉。除外科疾病外，此书还涉及妇产科、内科等。如治疗难产、月经不调、乳痈及助孕种子等妇产科方药，治疗痢疾、疟疾、黄疸、白浊、血淋、痞块疾病等内科方药。

0986

秘授外科形证二卷 / 著者佚名：［1911］.——清抄本.——二册

上海中医药大学图书馆

提要：此书上册以外科常见病症为分类，详细分析病起经络、病因症状、发展预后及方药；下册则以歌诀体的形式记载外科疾病及方药，有利于初学者学习记忆。

0987

疡科至宝八卷 / 著者佚名：［1911］.——清抄本.——八册

上海中医药大学图书馆

提要： 此书据病变部位、性别、疾病等不同，收集了各类治疗方剂。卷一、卷二论述头面五官类疾病，如“夺命红枣丹”“痘后目障方”“面身手足风火肿方”等；卷三专述疮毒，如“琥珀蜡矾丸”“蟾酥丸”“青龙丸”等；卷四列疔症、顽疮不收口、诸疮、瘰疬、瘿瘤、流注，如“梅花点舌丹”“蒲公英治疔法”“治疔方”等；卷五列述脓窠疮疹、臁疮、诸癣、火丹蛇丹、汗斑、胎毒，如“合掌散”“洗疮方”“疮药方”等；卷六论四肢、风症、乳症、女人下部症，如“天蛇头方”“指上生无名肿毒方”“驿马两胯肿痛方”等；卷七载痔漏、男子下部症、毒症，如“缩痔神效方”“缩痔秘方”“多年顽漏神方”等；卷八述诸伤、解诸毒、救急、骨鲠、须发、杂治，如“施氏金字药”“伤药方”“治刀石伤方”等。

0988

临证一得方四卷／（清）朱费元（又名杏村，字怀刚）撰：［1911］．——清抄本．——一册

上海中医药大学图书馆

提要： 此书又名《朱杏村外科医案》，是朱氏临诊的医案，由其子和门人收集编纂而成，按病变部位分为四卷。卷一“首部”，有聤耳、耳菌、耳痔、耳痈等31症；卷二“咽喉颈项部”，有烂喉、咽痛喉风、乳蛾、喉痈等21症；卷三“上下身内痈部”，有蜂窠疽、发背、背搭、腰疽等33症；卷四“手足发无定处部”，有漏肩风、肩疽、臑疽、腋痈等45症。朱氏治疡“以元气为根本，以刀针为末务”，认为“邪之所凑，其气必虚，未有正气未亏，而邪毒能祸者也”。朱氏推崇李东垣“疏通、托里、和营卫”治疡三法。疮疡未成脓者，可以疏通自消；已溃者，和营益卫以生新；敛口已成，则托里主之。托里者，托其气，以使毒外达而溃，“其治症，循经分络，察色辨脉，于七情六气、阴阳表里、寒热虚实，无不缕析条分，辨证立方，对病遣药”。

0989

不二华佗秘书一卷／著者佚名：［1911］．——清抄本．——95叶／一册

中国中医科学院图书馆

提要： 此书辑录汇编中医外科用方绝大多数用方不标分两，概为等分，论述各类痈疡，未出前人所论。

0990

外科精要药方不分卷／著者佚名：［1911］．——清抄本．——123叶／一册

中国国家图书馆

提要： 此书包含外科药方和应急药方两部分。卷首题书名“外科精要药方”，分别列外科药方，如丸、散、膏、丹、汤、饮等，计278项。后一部分题名“择选应急良方”，分别列应急药方159项。全书每一条均在药名之后记述药物成分、功效、主治及服用方法，有的还配以歌诀形式，便于记忆；两部分的药方分别在每条前冠以壹、贰、叁、肆等序号。末有著者题记：“验前方二百七十八号，又验后添一百五十九号。前后总验秘方四百三十七号，俱系应手便用。”此书曾经清代徽州医家程灿英、金华朱颜收藏。

0991
疯科选要一卷 / 著者佚名：［1911］. -- 清抄本. -- 一册

上海中医药大学图书馆

提要： 此书分两部分。前一部分按病症、药方等分为48类，如疥癞方、腰酸痛、臂酸痛、湿气脚肿等，但后面有许多方药并未列于目录中，如担肩疽疖、小便不通方、未成已成瘰疬丸方等。此部分以外科为主，兼涉内、女、儿、伤等科，有内服药和外用药，丸、散、膏、丹、汤、洗等剂型均有，还有灸法等。后一部分亦以病症、药方为目分为168类，如洗眼方、卧龙丹、枪子伤人、眼药方等，以内科为主，兼涉外、儿、女、五官等疾病。此书虽有目录，但排列较乱，未经分类，似为著者自备参考书，比较切合于临床实践。

7.6.2 痈疽疔疮

0992
外科摘要六卷 / （清）金辉辑：1881. -- 清光绪七年辛巳（1881）日月斋抄本. -- 六册

黑龙江中医药大学图书馆

提要： 此书卷前有凡例、目录、眉批，卷一为痈疽病原总论，卷二论脑疽对口，卷三论颈痈外喉痈，卷四论附骨疽、附骨痰、肾俞痰虚骨阴疽，卷五诸疮总阴论，卷六集方。书中配有插图：九宫尻神禁忌之图。

0993
外科秘略一卷 / 著者佚名：1911. -- 清抄本. --40叶 / 一册. -- 半叶十行，行二十六字，框高24.3厘米，宽12.6厘米

苏州图书馆

提要： 全书一册，大致可分为两个部分。前半部分为外科总论，首先正名，阐发描述外科痈疽之形状；次言痈疽受病原委、病因病机；再演痈疽治法总论，举大法及治方；最后辨痈疽阴证、阳证、半阴半阳证，五善，七恶，治病总则并治方，及预后生死判法。后半部分为痈疽具体治疗措施，从痈疽发背到茧唇、痄腮，内治汤方及外治渗药，针灸具备，具有实用价值。

0994
秘传挑疔诀一卷 / （清）胡广佩撰：［1873］. -- 清抄本. -- 一册

上海中医药大学图书馆

提要： 此书前一部分为“治疔总挑诀”，以歌诀、赋体形式记载了常见疔疮的挑治方法；“疔疮总诀”以部位分类，记载了头部、面部、项部、眉部、眼部、耳部、唇部、鼻部、口部、胸部等的挑治方法或外敷用药；“看疔察穴面图”标示了面胸部常用的挑穴部位；而后收录了挑疔手法、疔疮走黄危症治疗方法及各种疔症。书叶上部列病位、归经、症状、坏症、治疗方法、歌诀等，下部配以图示。另外还有紫燕疔、黄鼓疔、白刃疔、黑靥疔、疔疮走黄等。后一部分收载撰者临床常用方剂，以治疗外科疔疮肿毒为主，兼涉内、伤、女、儿科等疾病，如“疟疾膏药神效方”“万金保产女金丹”等，且收载一些具有时代特色的方剂，如灵验戒烟煎药方等。

0995

疔毒良方一卷/（清）慈溪痴道人撰述：1891.－－清光绪年间刻本.－－9叶/一册.－－半叶八行，行二十字，单黑鱼尾，左右双边

成都中医药大学图书馆

提要：此书为疔毒专论，告诫人们疔毒初发甚微，与一般小疮无异，人多疏忽。但“其疮最恶，其毒最烈，伤人最速”。示以简便识别之法，如嚼生黄豆觉无腥气者是为疔疮。其后引烈火焰疔、紫燕疔等10余种疔疮之名及其所生部位、形色症状，对神验疔毒丸等治疗简便八法，详记分量、服法、敷贴、禁忌诸要。

7.6.3 痨疯霉疮

0996

疯症论略一卷/著者佚名：1908.－－清抄本.－－56叶/二册

中国国家图书馆

提要：此书名据封面及卷端所题，撰辑者不详。全书两册。第一册首以论述为主，从麻、木症状论起，又有五经受病歌、理气汤药应用加减及败毒泻血散等篇章和药方，阐述疯症之病理病因及治疗方法。第二册皆为药方。此书装订已脱线，虫蛀严重，翻检不便。

7.6.4 杂著

0997

专门脱肛痔瘘神效奇方一卷/著者佚名：［1911］.－－清抄本.－－30叶/一册

中国国家图书馆

提要：此书封面题“专门脱肛痔瘘神效奇方抄本，此书系各本草及海外秘受奇方，专治男妇痔漏，年深日久者皆治”。书中前半部分为阐释脱肛痔漏一症的病理病因、病症特点。后半部分为药方，先列如五痔散、神应散、槐角丸等10个治一般痔疮的药方，次分血痔、痔瘘、脱肛、肛门痒痛、痔兼诸病、洗痔外用等各症之专治药方计70余个，末有针灸法及治痔单方若干。

7.7 伤科

0998

接骨手法一卷/著者佚名：1643.－－石筱山抄本.－－一册

上海中医药大学图书馆

提要：此书题“明无名氏传”，约成书于明崇祯十六年（1643）。此书以七字歌诀形式阐述各种接骨上骱手法，包括肩骨跌出、中臂脱出、近手骱出、近骱臂骨损、背梁骨出、肋骨折、膝盖骨出、四肢骨折、下颏脱落等。如“近骱臂骨悬半寸，此骨若损如折骨；治用薄衫板绑之，扎缚须教他挺直；近手扎缚莫太紧，委曲不得反成疾”。又如“背梁骨出如何验，上下参差不得平；扶正患人席地坐，用布抄胸吊上身；上身一起骨便见，急将手去擦须平”等。此书篇幅短小，言简意赅，七字歌诀，便于记诵，读之朗朗上口。

0999

伤科秘传一卷/（清）甘边（字雨来）撰：1746.－－清乾隆十一年丙寅（1746）抄本.－－一册

上海中医药大学图书馆

提要：此书主要包括“论伤要害”和“各伤主方”两大部分内容。“论伤要害”部分载“论受伤十不治”“论用药”“论治法”“论各穴要害之处”“论用药要诀”“论各穴要害处受伤不治”“论验伤轻重”“论各穴主方”“论炮制”“论药必道地方能见效”10篇。“论受伤十不治”论述受伤者十不治的表现，包括痰多、眼珠泛白、唇吊等；“论验伤轻重”详述“六看”，即一看两眼、二看手指甲、三看阳道及小便、四看脚趾甲、五看脚底色、六看脉息，以判别受伤后易治难治；“论各穴要害之处”“论各穴要害处受伤不治”“论各穴主方”三篇，从穴位角度论述各穴受伤后所发病、预后及治疗用方；“论用药”“论治法”“论用药要诀”“论炮制”“论药必道地方能见效”诸篇阐述受伤后的治法和用药，并强调药物的正确炮制方法和道地药材的使用。“各伤主方”部分收录治疗各种外伤和穴位受伤的方剂100余首，详尽论述诸方剂的药物组成、主治功效、制法、服法及预后等，认为伤科方在制法上的特点是多用酒煎服或外用。所列诸方有当归红花饮、木香饮、血竭煎、乳香饮、十大功劳饮、七厘散、还魂汤、金疮膏药方、玉红夹纸膏、炙伤法、熏洗法等，含汤、膏、丸、散、炙、熏洗等各种制剂，涉及内服、外敷、熏洗、灸炙等各种方药。

1000

伤科医书不分卷／著者佚名：1886.-- 清光绪十二年丙戌（1886）抄本. -- 五册

上海中医药大学图书馆

提要：此书依次为仁、义、礼、智、信五册。“仁”册，为论脉、论药、论针及论方四部分。论脉部分，论述各种脉象的体象、阴阳表里属性、相似脉鉴别、脉义、主证及治法；论药部分，论述各种药物的药性、药味、功用等；论针部分，列雷火神针方、太阳神针方、太乙神针方的制备方法及用针法、神在忌针日期，并论穴道取寸法及百会穴、上星穴、神庭穴、天突穴等共32个穴位的位置及其主治；论方，列内、外、妇、儿各科方剂。全书综合论述伤科诸疾，分类汇编，涵盖脉、因、症、治、预后等各方面，内容广泛全面，紧密联系临床，使读者易于掌握病情，进行辨证论治。

1001

伤科药方一卷／著者佚名：1908. -- 抄本. -- 一册. -- 半叶七行，框高28.2厘米，宽18.5厘米

北京中医药大学图书馆

提要：此书开篇首列伤科效验方“返魂夺命丹”等13首；续录“跌打伤眼破耳歌”“破伤风歌”“断腰失腰跌伤歌”、伤科“敷药方”等10首；再小字抄“跌打论引在歌诀内”、大字抄“因伤对药歌”；接抄跌打接骨效验方百余首；最后绘图，描绘人体从头至足损伤部位，并附对应部位治疗方药88首。此书为民间抄本，常用药物俗写字、异体字，特殊药物别名、人体穴道名、部位名等伤科专用名词颇多。

1002

秘传伤科接骨入骱穴堂科一卷／著者佚名：［1911］. -- 清抄本. -- 一册

上海中医药大学图书馆

提要： 此书首论损伤致命之周身大穴，如“心为华盖穴，伤者人事不省，血迷心窍，三日不治，实时用药可治，发者十个月死”，认为“凡人周身一百零八穴道，七十二个小穴道伤丧命，再拾六个大穴道伤者尤甚”。其后收载了飞龙夺命丹、紫金丹、七厘散，以及上部伤方、中部伤方、下部伤方等伤科常用方药数十首。此书所选方药都是常用的伤科药方，适合初学者入门学习。

1003

刘青田跌打损伤科一卷／刘青田传：［1911］．——竹梧山房藏抄本．——一册．——半叶九行，单鱼尾，四周单边，朱丝栏，框高12.4厘米，宽20厘米

北京中医药大学图书馆

提要： 此书开篇为“生死穴道药方”，包括“正面生死穴道”“背面生死穴道”“损伤治法”。再录“秘授跌打配骨节奇方”，抄录伤科效验方95首。三录“朱晴舫增录跌打损伤秘方”，先抄录伤科效验方29首，次抄录“跌打损伤折骨治法”，续抄录伤科效验方8首。以上所录诸方，均先录方名，方名下亦有附小字主治者，再列药物、剂量、炮制加工、服法用法、禁忌预后、辨证加减、配合用药等。

1004

接骨方书五种／著者佚名：［1911］．——清抄本．——一册

上海中医药大学图书馆

提要： 此书收五种伤科书《接骨入骱金枪杖伤一切杂症》《秘传接骨金疮禁方》《叶宝太传接骨秘方》《秘传杖丹膏散丸末方》《嵇氏家训与接骨方》。书首单存两叶记录了一些脉象和穴位等，如“浮风虚热滑多痰”“周身穴道”。《接骨入骱金枪杖伤一切杂症》有“总论”一篇，谓“跌打损伤，气血凝滞，不能流行而成血片，或成死血”，伤者“切忌当风湿地、一切油腻生冷毒发之物”，诊病时要“细看形色如何，还当诊脉调和否，如绝然不至者死，沉细者生，阴囊内有子者生，收入小腹者死”。同时还收载了常用的伤科药方，如棱莪散、通经活血止痛散、仙传火龙行气法等。《秘传接骨金疮禁方》以诊疗过程为序，详细论述了治疗伤症的过程，如“一诊相”“二拔捺”“三修整”“四夹缚”“五医治”“七药性”“八药歌”（缺六）及相应的治疗方药等。《叶宝太传接骨秘方》《秘传杖丹膏散丸末方》两书以伤科药方为主，记载了黄末药、红末药、黑末药、杖丹膏、铁布衫丸、胎膏方等常用外用内服的伤科药方。《嵇氏家训与接骨方》，前为“嵇氏家训”，后有医诀、抬肩帮骨臼法、治膝踝盖跌碎法等伤科治疗方法及用药等。

1005

秘传神效骨镞科一卷／著者佚名：［1911］．——清抄本．——一册

上海中医药大学图书馆

提要： 此书“总论诸治”后，有一篇类似序言，言是“日本国来业精此症者”所传。此书首为总论，有“总论领经”“领经加减”“没药方”“总论诸治”等，记载伤科常见症状、常规用药及药物归经等。如“总论领经”收载伤科常见伴随症状的

用药，如吐血、咳嗽、疟疾等；“领经加减”记载常用伤科药物的归经和功效等。其次收载“致命穴道”“入门看病审视轻重治”“病人受打顺逆之法”“跌打损伤穴道要诀”“看死症法”，提示伤科中致命的损伤部位、受伤轻重的鉴别方法和相应的治疗措施。再次，“接骨入骱奇妙手法”分述各种骨折的接骨方法。在治疗方面，也以止血为要务，用“止血定痛散敷之，使其血不涌流”。此书还收录伤科常用方药百余首，如接骨膏、封口金疮方、琥珀丸等，并有五运六气图示、歌诀等。

1006

锦囊六部拳伤方一卷/著者佚名：［1911］．——清抄本．——82叶/一册

中国国家图书馆

提要：此书卷端题“锦囊六部拳伤名”，后题小字“锦囊六部经拳名共一百零八下，中则死，但难以枚举，择其要者录之”。首三叶录拳伤名，计46条，每条下附所在身体部位，如“泰山盖顶，天灵盖伤重则死；撞金钟，脑后对口中则死”等。其后的内容皆为对各种拳伤的诊治与用药，如观察伤处、治疗拳伤之药引、药方等。其药方有丸、散、膏、丹，分内服、外用。全书内容庞杂。书品良好。

7.8 眼科

1007

龙树菩萨眼论一卷/（日）衣关顺荞抄录：［907］．——清抄本．——30叶/一册

国家图书馆

提要：此书有眼论38篇，及附疗眼方剂数十首。据抄录者序可知，此书为多纪氏所藏之《医方类聚》中所收，“无见于汉土”“而传于朝鲜国，施及于皇和”，并言与世传“眼科龙目论”等不同，有一定学术价值。

1008

程氏眼喉秘集/（明）程玠（字文玉、松崖）撰 （清）潘化成编：［1484］．——清光绪二十年甲午（1894）宝善堂刻本．——一册

成都中医药大学图书馆

提要：此书由《眼科宝籍》《咽喉秘集》两种书合订而成，并署名《程氏眼喉秘集》。

1009

明目神验方一卷/著者佚名：1500．——明弘治十三年庚申（1500）江西等处承宣布政使司重刻本．——一册．——半叶十行，行二十字，上下黑口，双鱼尾，四周双边，框高20.6厘米，宽12.9厘米

日本国立公文书馆内阁文库

提要：此书主要是在宋元时期流传的《秘传眼科龙木医书总论》，以及《银海精微》两书基础上，加以增补改编而成。此书由序、正文组成。正文由目疾证候总论、论五轮主病根因、论五轮病证、论八廓病证、论五脏所属轮廓贯通、五轮虚实用药法、五轮所属主病之图、八廓所属主病之图、圆翳内障等72症眼目形状图及治要诗诀、明目诸经丸散类142方、分类药性品目427药、明目洗眼药类21方、明目敷贴药类9

方、明目搐翳药类5方、明目点药类12方组成。

1010
昆山顾公医眼论并方一卷／（明）顾鼎臣（字九和，号未斋）编：1535.——明嘉靖十九年庚子（1540）朝鲜刻本.——8叶／一册

日本国立公文书馆内阁文库

提要：此书首述目盲之由、自制八味解毒丸、妊娠五忌、小儿五宜；次引《千金方》《本事方》、东坡手录诸养目之法、埜极老人按摩法、点乳法、灸眼法，及诸目疫治法方8首。此书内容简单、然易遵易用多效。今有明朝译刊本、日本刻本及写本。

1011
新编鸿飞集论眼科一卷／（明）胡廷用编集：1556.——明嘉靖三十五年丙辰（1556）序刻本杨氏四知馆重印本.——一册.——半叶十行，行二十一字，白口，单鱼尾，四周双边，框高18厘米，宽10.9厘米

日本国立公文书馆内阁文库

提要：此书又名《太医院传七十二症明目仙方》，约于清初传入日本，不见载于国内的馆藏目录。由序、正文组成。对《鸿飞集论》作了大幅的增补，不但补入眼形，还增加了“五轮八廓论”“七十二症内外障眼诗诀”等内容。正文包括题言、五轮八廓论、七十二症内外障眼诗诀、七十二症问答、方药等。主要以图文并用的形式，叙述了内外七十二障的形成原因，内治的代表方，以及钩割、镰洗、金针拨障等外治方法。此书的内容简练，通俗易懂，包容了明以前的眼科治疗技术，特别是有些外治技术是来自古代西域的，现久已不闻的方法。

1012
新锲鳌头复明眼方外科神验全书六卷／（明）龚廷贤（字子才，号云林山人、悟真子）编：［1591］.——明万历十九年辛卯（1591）王祐三槐堂刻本.——二册

上海图书馆

提要：此书是龚廷贤的《复明眼方》与《外科神验全书》两部书的合刊本。书版分上下两栏，上栏为眼科，下栏为外科。《复明眼方》分“治眼总论”“总论眼法”和“治眼良方”三部分。《外科神验全书》分“痘疡总论”“急救神方”和“凡例”三部分。

1013
明目直指二卷／著者佚名：［1644］.——日本江户抄本.——106叶／一册.——半叶八行，行十七字，无界栏

日本国立公文书馆内阁文库

提要：此书卷一首为“医科节要”，论“拾全三德”，为医德教育内容。此后为“十三代名医”分别是伏羲、神农、黄帝、岐伯、扁鹊、秦越、淳国公、徐文理、华佗、王叔和、张仲景、巢氏、孙真人。此后列举“眼目左右穴”，以及各种眼科的基础知识。其论眼亦宗五轮八廓理论，并出示有关方药。卷二为眼病虚实用药法、眼目诸证用药法、治五脏用药、四季用药、用药辨性、辨福祸眼形、明堂问答眼科七十二证论治，并附录有众多的治眼药物。

1014

眼科要方不分卷/（清）岳望撰：1783. --清乾隆四十八年癸卯（1783）抄本. --52叶/三册

南京医科大学图书馆

提要：此书三册。上册以五律诗为序，一字下列一方，共有40首眼科常用方剂；中册为五轮八廓相贯之图，明辨各种经受病之源，各经受症虚实伤感总论要诀及所主为症；下册为眼科煎药方。

1015

眼科易知录一卷/（清）程松厓撰　王震芝（字楣氏）订正：1796.--清光绪六年庚辰（1880）重刻本. --13叶/一册. --半叶十行，行二十二字，白口，上黑鱼尾，左右双边，框高13.6厘米，宽9.7厘米

中国中医科学院图书馆

提要：此书著录10余种眼疾的症状、治疗用药，部分临证加减用药亦详，对眼睛的五脏归属以及各种眼疾均有图示，在诸多眼科著作中别具一格，是一本简明实用的眼科书籍。此书的原板已毁失，此为重订本，后附外治外伤经验诸方。

1016

银海波抄三卷/著者佚名：1827.--日本抄本. --一册

上海中医药大学图书馆

提要：此书前有自序、题言及"惺翁砾主一"等序，并有目录。此书上中二卷论"外障"36证，下卷论"内障"19证（缺）。著者认为治疗眼疾要先"详察其证因""察证与手术譬如文与武，详察其证因而行手术，则在文而武自行焉"。上卷首论"天行赤眼""时毒肿""风赤膜"等12证。每一证均详细记述疾病的发展过程、鉴别诊断、预后情况及相应的治疗方药。中卷载"外障"24证，论述"泪出眼""泪管漏""水管漏""逆顺翳"等。此卷亦依上卷体例，先议病证，再叙病因病机、辨治方药等。如"泪出眼"，此证由"迎风则如悲伤，泪出不止，有此候者，身体疲弱，因脾胃不和而发处也"，点出此疾系脾胃不和，正气不足引起。全书按病分述，有症有论有治，病种多样，对学习中医眼科多有裨益。

1017

眼科揭要秋水真诠一卷/（清）黄仁麟（字莲青）手订：1833. --清道光十三年癸巳（1833）刻本. --19叶/一册. --半叶九行，行十九字，白口，单黑鱼尾，左右双边

成都中医药大学图书馆

提要：此书"总要"概述眼疾辨证施治；"五轮八廓病症"分析眼疾病因病机；"看眼法"眼疾望诊；"用药有宜诀"和"治法难易诀"根据各种眼疾治疗的难易程度，施以适宜的方和药。书后还有"各经主治引使""经验煎药方""洗时眼方""洗目神方"等内容。叙为黄仁麟识，正文首叶首行为"眼科揭要"，次行为"秋水真诠"，三行为"海阳黄仁麟莲青甫手订"，接着是"五轮八廓之图"。书口书名为"秋水真诠"，书口下刻"花隐香巢藏板"。

1018

眼科六要一卷附方一卷/（清）陈国笃

（字厚溪）撰：1851.-- 清咸丰元年辛亥（1851）贵州胡霖刻本. -- 一册

中国医学科学院图书馆

提要：此书突出“以因分证”，阐述方治则以简要、实用为特色。此书于论述病证前，列有“五轮分属五脏”“目者肝之窍”“眼病当分虚实”等总论内容。其后介绍眼科病证，著者的主导思想是“列症标名，惟取简易”。自“目赤”至“小儿因痘因疳”共40证，每证以阐述因证、治疗为重点，选方力求少而精，使读者易学易用。后附汇方目录，计内服诸药39方，点眼诸药5方，洗眼诸药3方，共47方。

1019

眼科神方一卷／著者佚名：1881.-- 清光绪七年辛巳（1881）刻本. --18叶／一册. -- 半叶六行，行十七字，白口，上黑鱼尾，四周双边

中国中医科学院图书馆

提要：此书首先介绍了眼睛各部的五脏归属，随后是17种眼疾的症状、用药介绍，附有简易图示，图示相较《眼科易知录》模糊，二者似有一脉相承的渊源，序中有“始知程先生具此苦心”。后附有眼科常用方16首，药名、剂量、用法、适应证均有记载，是一本简易实用的眼科临床著作。

1020

眼科方书神秘便方一卷／（清）胥光祖编：［1903］. -- 清道光十年庚寅（1903）山东青城布德堂刻本. --65叶／一册. -- 半叶九行，行二十二字，白口，四周单边

山东省图书馆

提要：此书据卷前清道光胥光祖序，为其友董晋候欲刻印之抄本。全书内容，前部为眼科方，后半部为杂病方。扉页题“胥氏施药全，眼科方书神效便方，山东武定府青城县布德堂藏板。”

1021

太医院眼科秘真一卷／著者佚名：1908. -- 清抄本. --46叶／一册

中国国家图书馆

提要：此书总书名据卷首所题，其后小题有：受热八症、审证施治、眼用药性三十一味、眼目症总论、论五脏之热、眼目症虚实用药歌、五脏泻火用药歌、五脏生病根源、审症定方等，对眼病的致病根源多加剖析，有论有方。此书不题撰辑者，无序跋、目录，卷末残损。

1022

眼科秘真一卷／（清）陆懋修（字九芝、勉旃，号江左下工、林屋山人）撰：1908. -- 清抄本. --46叶／一册

中国国家图书馆

提要：此书卷端题“太医院眼科秘真”。全书可分为两个部分，前部分为眼科理论及眼病辨证施治；后部分为审证用药113方，主要是列载了前部分证治中所提之方。

1023

眼科三种合编／著者佚名：［1909］. -- 清宣统元年己酉（1909）上海扫叶山房石印本. -- 十册. -- 半叶十九行，行四十字，白口，单鱼尾，四周双边，框高19.8厘米，

宽13.2厘米

北京中医药大学图书馆

提要：此书包括：①《审视瑶函》六卷，明代傅仁宇纂辑；②《银海精微》二卷，唐代孙思邈原辑；③《银海指南》四卷，清代顾锡著。

1024

眼科方一卷/著者佚名：[1911].--清抄本.--25叶/一册

中国国家图书馆

提要：此书名取自封面墨题“眼科方，寿记珍藏”。此书开篇为概论眼科一症，曰“古有五轮八廓七十二问之辨，傅氏又分为一百零八症，杨仁斋已备论具载，阴阳、虚实、寒热标本施治，经云五脏六腑之精皆上注于目”云云。其后有眼图18幅，标注眼睛各部位所主脏器及眼疾各症的医治用药。最后列有治眼疾药方，如蕤仁膏方、硝炉散、泽泻丸、治瞳仁散光等，内服外用皆备。

1025

眼科经方一卷/著者佚名：[1911].--清抄本.--63叶/一册

中国国家图书馆

提要：此书题名或为编目时自拟。此书有论有方并配有绘图，内容有明目赋、秘传眼科论、眼科药性、五脏受热证候歌、论病症秘诀、论五脏六腑补泻虚实寒热歌诀、论五轮受病虚实寒热补泻诀、论五轮生病根因、七十二症内外瘴用要诀、七十二问答病症补泻虚实并治方等。此书有题记云：其内容抄自叶氏秘籍，后见有坊间刻本《明目至宝》，其中“亦有七十三问答，与之大同小异，因以朱笔并录于旁，以便参酌，庶不致有误于人”。今见书中朱笔校字即是。书写较草，书品略差。

1026

眼科启明二卷/（清）邓鸿勋（字捷卿）撰：[1911].--稿本.--111叶/二册

广东省立中山图书馆

提要：此书目录中载卷一为五轮八廓、经脉、七情、内外障、选药用方、治法及大眦赤脉传睛等以外障为主的48证；卷二为小儿眼证、目暗生花等以内障为主的24证，以及诸方、丹药制炼、方歌、药性、医案等，全书合计72证。此书内容主要源自《银海精微》，但经过著者与其师历验而精选，同时还汇集中医眼科民间治疗方法，具有一定的临床参考价值。

1027

眼目总论一卷/著者佚名：[1911].--清抄本.--7叶/一册

中国国家图书馆

提要：此书与头疾总论、鼻症总论、牙齿总论、口舌总论、耳疾总论、咽喉总论（见1060）合一册，全书26叶，其中《眼目总论》仅7叶。此书首有论述，论及眼目一症，有72种之辨，五轮六廓之分。针对各种眼疾眼患，后列药方数10种。

1028

李氏秘传眼科精要一卷/（清）范天英录：[1911].--抄本.--71叶/一册.--半叶九行，行二十七字，框高18.4厘米，宽

10.5厘米

中国科学院国家科学图书馆

提要：此书分为三部分。第一部分为眼科基础理论，叙有五轮八廓、金针拨障、镰洗等篇；第二部分为内障24症，外障48症，共计72种眼病；第三部分为藏用此书者所附眼科治验医案。书皮所题藏书者范天英写道："此书可称秘本，用心读习精明，治病无不效验，予重之如宝，行道半百，幸有此书，未误一症。后人得此书，万勿以轻忽之。"

1029

眼科秘笈一卷／著者佚名：［1911］．——抄本．——一册．——框高27.9厘米，宽16.5厘米

北京中医药大学图书馆

提要：此书开篇为"眼图分部""脏腑应症""脉法"；继列病因证候、虚实治法、药物加减；再录"五轮受疾""论五轮受病根由""五脏用药""五脏虚实用药"。全书重点篇幅包括：眼科效验方，抄录眼科"五十轮"病症药方、"十科丹方"以及各种明目退翳、散风去热、滋水涵木等眼科临证秘方、验方、单方、成方等。所录方药均先抄方名，再列药物、剂量、炮制、加工、服法、用法、加减等。往往方名即揭示该方主治，亦有方名下小字注明主治功效者。眼科"五十轮"则于每"轮"病症名下，注明本"轮"所统帅方药之主症病机、治法次第、方名用法。个别处方后注明病机辨证、治法方药。此书眼科用药丸散、膏丹、汤药，剂型丰富多彩；服、滴、洗、吹、嚼、敷，应治灵活多变。

7.9 咽喉口齿

7.9.1 咽喉

1030

喉科秘本一卷／（明）郁凝祉撰：1527.——清道光五年乙酉（1825）抄本．——68叶／一册

中国中医科学院图书馆

提要：此书内容包括咽喉总论，喉症辨证、预后、生死、诊法、治法、用药、诸症证治，制药法，喉科药方等。据云，郁氏于明弘治二年得无名氏秘授，为江南独步三世祖传，于嘉靖六年授于锡邑尤隐存。尤氏七代祖传，又授于金邑杨氏，亦三代祖传。此书为相传祖本。

1031

尤氏喉科大法不分卷／著者佚名：［1667］．——清抄本．——109叶／一册

中国国家图书馆

提要：此书由三种字体抄录而成，或分别由3个人抄就。大致分为三个方面的内容：36喉症及喉病图形、喉科证治大法、辨证选方原则等，舌图形及证治，喉咽啮疾病秘验方药。每方详论其组成、功用、用法。全书内容精湛，实用性强，但因非一人一时抄录而成，篇目排列杂乱而不成系统。

1032

岳石杨氏疗喉秘典一卷／（清）杨瑞山辑：［1775］．——清乾隆抄本．——76叶／一册

中国中医科学院图书馆

提要：此书据《医宗金鉴》《薛氏医案》《证治准绳》《景岳全书》《冯氏锦囊》等书

辑录有关喉症的论述与治方，首尾具有残缺。据自序称“（乾隆）丁丑（1757）夏，家慈患喉病”乃发愤著书，故而推测其成书年在此之后。

1033
喉科金针一卷/（清）尤氏著　杨氏纂：1785.--清乾隆五十年乙巳（1785）抄本.--82叶/一册

上海中医药大学图书馆

提要：此书又名《喉症金针》，记述验症凡例44条，有乳蛾、缠喉风等；内服方35首，制药十法及外用药77方。此书提出喉症病因不外乎少阴少阳之火、治喉最忌发汗等观点。

1034
黄氏家传喉科一卷/（清）黄用卿撰：1788.--清乾隆五十三年戊申（1788）抄本.--68叶/一册

上海中医药大学图书馆

提要：此书首论咽喉之病因、病机、针法、口舌论、治火4法；继论26种病症及治法大要，录家传喉口疮毒药诸方歌括135首；后叙咽七十二症主方、吹喉方，诸般疼痛，疮痈外用膏药方及梅毒、痈疽治疗方，共84首。

1035
喉科险症丛编一卷/著者佚名　（清）谭心田抄辑：1802.--清嘉庆七年壬戌（1802）刻本.--47叶/一册.--半叶八行，行十五字，框高20厘米，宽11厘米，棉纸

中国中医科学院图书馆

提要：此书有咽喉论、咽喉看法、咽喉治法、咽喉治验、咽喉主治方、咽喉应用方等节。并录《医学心悟·喉科论》的窦氏咽喉说、治喉珠法、治喉痹法、十八喉风歌（题镇庵于辑）。其论治喉证甚详，用方亦多，汇集诸家，颇为实用。

1036
窦氏喉科不分卷/（清）仲雅辑：1816.--清嘉庆二十一年丙子（1816）抄本.--134叶/一册

苏州大学图书馆

提要：此书由窦氏喉科、喉科秘本、清溪秘传北庭丹三部分组成，为著者采集《喉科紫珍集》《邵竹泉先生手集喉科书》《医宗金鉴》《东医宝鉴》诸书中喉舌门及民间验方、单方、秘方汇编而成。书中详细介绍用针灸、散剂、煎方、丸剂、膏药、吹药、漱口、敷药、搽药、烟熏等方法治疗咽喉部疾患。

1037
咽喉大纲论一卷/（清）包永泰（字镇鲁）撰：1820.--清抄本.--一册

上海中医药大学图书馆

提要：此书开篇首录咽喉总论、证治要点，指出咽喉病病因乃风、寒、火、湿、毒等外邪，辨证须脉证合参。其后为喉舌分经说，将喉咽、耳垂下、舌、舌苔等分属脾、胃、肝等经。如喉左为咽，属胃主纳食；右为喉，属肺主纳气。上颚属胃阳分，下颚属脾阴分，舌中属心，四周属脾，舌根属心经，小舌名帝丁属胃等。次列喉科十六绝症、四绝重症及针灸常用穴位。书

末辑录王维德对喉痹、乳蛾等7症证治。又叙咽喉正论，认为病症之缓急，在于虚火、实火之分。此书重视脉诊、望诊及针法，共记述50种咽喉病症的图像、病机、证治等，录方70余首。

1038

喉证全书二卷／（清）双桂居士撰：［1839］．——清道光十九年己亥（1839）抄本．——一册

上海中医药大学图书馆

提要：此书封面署名双桂居士。后跋记录此书抄于清道光十九年（1839）冬月前后，为上邑（今陕西省咸阳市永寿县上邑乡）孙师善所抄。上卷载“喉痹”“烂喉风”等病症37种，“喉痹饮”“苏子降气汤”等汤丸散剂24首，吹药方10余首。每一病症均有歌诀引始，随证立方，酌情加减。下卷列“白蚁疮”“喉中腥臭”等36种咽喉杂病，药方吹方50首，简要叙述杂病以及相应药方。较为详细地论述了“伤寒少阴喉痛例”“伏气喉证”和“厥阴病喉痹”的辨证论治。后附“咽喉干痛无疫不治”“手足厥冷不治”等23种不治例，“附截三疟方”“江氏秘传煎方”等数首经验方。此书在治法上内治、外吹、针灸并用，切合实用，易于掌握，对临床有参考价值。

1039

咽喉秘传一卷／（清）封一愚撰：1851.——清咸丰抄本．——一册

上海中医药大学图书馆

提要：此书衣题名“喉科”，并有“邵芹芳”三字。书中“玄”字缺笔避讳，书首存“咽喉科秘传目录”及“咽喉秘传序”。“咽喉证主治”论述治咽喉病大法，认为咽喉病得之于风寒火热犯肺，证分虚实，虚火者用补中益气汤加减，阴虚者用四物汤化裁，实火者先针刺泄毒、探痰涎，后服清咽利膈消痰方药。此外又有天行时气所致者，不宜针刺，治当先解散风寒邪毒，后清咽利膈。“秘传明训”“咽喉十要”两篇，凡21条，内容零碎但颇为实用，如帝丁慎用刀针，妇人伤寒咽痛宜小柴胡汤而忌用刀针，肿颚、珍珠毒等病治法，针、刀针、烙法施用的步骤，夜间看病法，急喉风、喉痈等证牙关紧闭、不省人事时的治法，重症灸颊车、长风、天突、照海之法，咽喉病调养及禁忌等。“左右手脉诀”“针穴”两篇，前者述脉法，后者记颊车、少商、中冲、少冲、关冲、商阳6穴位置及其配属经络，此内容亦见于《喉科指掌》。“豁心赋”以歌赋形式论喉科方药用法及各证治法。后为方药，计吹药诸方11方，噙口诸方4方，吹鼻方、擦牙方、麻药方、洗药方、烂药方、熏药方、敷药方、生肌散各一方，喉科应用诸方31方；末为“咽喉各科名目”，分述咽喉72证病因及治法。

1040

白驹谷罗贞喉科一卷／著者佚名：1884.——清抄本．——一册

中国中医科学院图书馆

提要：此书称喉科，但讨论的范围包括咽喉、口齿和舌。大体分理论、病证和治疗方法三大部分。讨论理论的内容，见于“咽喉论”，又详细论述了属于18种痰火的病证特点和治要。罗氏对病证一概称

之为“症”，除18种痰火症外，还一一论述了单乳蛾、风热喉症等58症，合起来共76种口齿、咽喉、舌的病证。在“看咽喉危症”项下，示以8种危候，简明扼要地点破了认证的关键。罗氏喉科的丰赡部分是治法治方，包括“条列药方”“治喉风口诀”“初起咽喉治法”等。“条列方药”项下列41方，大约是罗氏最悉用或家传秘方。其中有18个吹剂药方。除“条列药方”的41方之外，又在各种病证和治法内容中，列有包括通治方在内的43个方剂，其中有23个吹剂药方。

1041
秘传喉科要诀一卷/（清）杨友任（字讱堂）编：［1885］.--清光绪十一年乙酉（1885）江右杨强恕堂刻本文苑阁藏板.--37叶/一册

上海中医药大学图书馆

提要：此书首叙论治咽喉诸风秘诀；次叙喉风36方吉凶要诀，一图一论，症治详明；又列行针经穴图等；后为喉风主治秘方验方，末附走马牙疳治诀等。全书内容与清嘉庆间《喉齿科玉饵全函》大同小异，在穴法篇增加“考各穴部位”，秘方篇增列冰梅丸、紫袍散等27首治喉风验方。此书由杨友仁在“好生人原本”之基础上重编。

1042
时疫喉证良方一卷/（清）张绍修撰：［1888］.--清光绪十四年戊子（1888）刻本.--17叶/一册.--半叶八行，行二十二字，白口，四周双边

中国国家图书馆

提要：此书分白喉总论、白喉看法、白喉治法、列方（除瘟化毒散、神功辟邪散等共8方）、喉证医案等部分。书中分别刊有清同治三年黄长凤、韩俊等序跋。

1043
本草堂喉科三卷/著者佚名：［1888］.--清抄本.--62叶/一册

中国中医科学院图书馆

提要：此书共三卷。上卷包括总序、看法（诊法）、治法、针法、灸法，中卷为合丹、丸散，下卷是煎汤、外（治）法、图像、审穴。著者强调治疗喉科有“至理存焉”，一在经络，二在寻病源，三在审体色。耿鉴庭尾批，谓此书与《长绮堂喉科》相同。

1044
赤松山樵喉科一卷/著者佚名：［1890］.--清抄本.--34叶/一册

中国中医科学院图书馆

提要：此书内容包括：喉科论、咽喉看法、咽喉治法、揉运推拿法、灯火图、三身火法、面针法、喉科诸症证治、喉科用方、喉科治法（翻痰法、刺血法、灸灯火法、敷脐法、内针、代针法）、口舌门、喉科门。重视灯火治法，附图多幅。此书内容与《白海棠馆咽喉病治法》相同，而出现较晚。

1045
喉科玉钥二卷/（清）西园主人撰　田西老农编辑补遗：1891.--清光绪十七年辛卯（1891）抄本.--113叶/一册

中国中医科学院图书馆

提要：此书论述喉科症治，将喉症分为18喉风，附以口舌诸症，而为22症。书中辑录《黄帝内经》及以下诸名家有关论述，广收民间验方与历代诸书效验方。

1046

怡庵喉科治效方一卷／（清）胡芷庭传：［1894］. --清光绪二十年甲午（1894）皤石主人怡庵氏抄本. --48叶／一册

中国中医科学院图书馆

提要：此书辑抄《重楼玉钥》咽喉总论、诸风秘论、辨（面）色论等，并录喉痛吸药含药方，牙痛、口疳、舌疮各症证治。

1047

梨云堂治喉集验一卷／著者佚名：1895.--清抄本. --170叶／一册

中国中医科学院图书馆

提要：此书记述喉科140余症证治，用方30余首。此书前部乃录自《重楼玉钥》36种风，附方则杂抄诸书。次则为《时疫白喉捷要》，喉症49图。最后为喉科证治心法，与扬州树德堂刻本之《喉科心法》略同。故而可知此书乃丛抄诸书而成。

1048

应验咽喉秘科一卷／（清）邢建明撰：1903. --清范阳颂抄本. --一册

上海中医药大学图书馆

提要：此书无目录，封面题“龙宫秘授范阳颂记”，扉页有“光绪二十九年癸卯秋九月重抄”“古黟务本堂订”。书前有“喉科叙”一篇，言“吾邑建明邢先生，喉科世家相传，当年外省堪舆授受吹药神方，已经五代……此书系是江南汇县城之东南隅邢建明先生所传秘书”。据此，此书成于1903年，由范阳颂抄录。叙后有著者所撰“急喉风序”。内容包括“脉法心要”“缠喉不治症”“沛国醒要”“沛国秘要”“咽喉论”“喉科指掌针穴法”等，以及散于各篇之验案。此书部分内容有残缺，如“咽喉秘方”第26症无，抄者注“原文残缺”。“咽喉论”篇出自陈实功《外科正宗》。

1049

专治咽喉简易经验良方一卷／（清）牧野无为生编：1904. --清光绪三十年甲辰（1904）刻本. --9叶／一册

河南省图书馆

提要：此书记述了咽喉常见病的简易经验方，每方下均有方名、药物组成、用量、主治、服用方法（口服、外用）、禁忌等。

1050

石门冲刘氏喉科一卷／（清）刘氏撰：［1904］. --清抄本. --82叶／一册

中国中医科学院图书馆

提要：此书据原收藏者云“此本系石门刘氏”祖传喉科秘书，清末年得于该乡肖玉卿手。“肖与刘戚故能得之。刘亦与罗倚闲姻亲，故罗善医喉，亦法此”。

1051

喉科验方全集一卷／（清）张自友（字益三）编：1907.--清光绪三十三年丁未（1907）序刻本. --17叶／一册. --半叶九

行，行二十二字，白口，单黑鱼尾，四周双边，框高17.6厘米，宽12厘米

山东省图书馆

提要：此书首为“喉科验方序”，次为“喉科验方序”。正文先述喉科疾病发病原因、症状等，后述治疗、用药及其禁忌，篇中介绍几则医案，后附药方。正文末有“附载治疯狗咬伤方”。

1052

紫珍集济世良方一卷／著者佚名：［1910］．——清抄本．——一册

山东省图书馆

提要：此书不分章，共列有175节。大体分三部分内容。第一部分是治法理论，列在头3节，即“治喉秘法第一”“治喉要诀第二”和“临证二十法第三”。第二部分是绘图讲解72种喉症的证治，从“锁喉风第四”到“悬痈第七十五”。第三部分是讲述针法、治方及药物，从“针诀第七十六”到“附方二十二总第一百七十五”。

1053

延龄堂喉科一卷／（清）罗氏撰　九峰镇肖映华誊抄：［1911］．——清抄本．——97叶／一册．——半叶十行，行二十字，框高19.3厘米，宽10厘米，竹纸

中国中医科学院图书馆

提要：此书据原收藏者唐成之先生题记知“琳琅罗氏，喉科名家”，其术“多法于此”。“罗之祖传于肖（氏），肖又传罗之后，两家系亲戚，故良锫相传不秘”。书中论述喉症诊法甚详，其治颇重灯火、针披刮法、推拿等实用方法。

1054

尤叶窦三氏喉科一卷／著者佚名：［1911］．——清抄本．——77叶／一册

中国国家图书馆

提要：此书名据封面题，全书分为《尤氏喉科》《摘选叶氏秘书》《窦太师咽喉科》三部分。《尤氏喉科》著者精于医术，尤擅喉科。传至清代尤存隐，已有二百多年喉科临证实践。其内容有“咽喉总论”“辨喉症论”“尤氏叶氏用药秘名”等篇，又录方、吹、散、丹、饮等若干喉科秘方。《摘选叶氏秘书》摘选自明代《叶氏秘书》，不分卷，明代叶正芳撰。书中首有“咽喉看治法总要十四条”，后“附十八味方”“六味汤”，述及各种喉症及调养、服药、医治方法。末有“叶氏秘方二首”。《窦太师咽喉科》之窦太师者，为史上医家窦默，原名窦杰，字子声，又字汉卿，金人，曾官至太师，著有《针经指南》《窦太师流注指要赋》《疮疡经验全书》等，此书撰者或为其人。书中分述口、舌、牙齿、咽喉等部位生理、病理特点及诊脉、治法、用药。又有咽喉图30余幅，显示各种咽喉病症，分析病因，对症开药列方。

1055

喉科七十二症总论一卷／（清）陈模撰：［1911］．——抄本．——30叶／一册

中山大学图书馆

提要：此书卷首题“太医院陈模秘传后参习”字样。此书特色为一图一论，如锁喉风之图、蒂黄风之图、蒂中风之图……喉癣疮之图等30余幅，后文字论述病因病机、治法方药。

1056

刘氏祖传喉科书一卷／（清）刘氏撰：［1911］．——清肖氏藏本抄本．——26叶／一册

中国中医科学院图书馆

提要：此书系著者祖传喉科著作，内容包括喉科总论，男女治法，咽喉论说，咽喉十八症（附图），喉珠、喉疮、喉锁、嘻系咽、鱼鳃咽；又绘图说明喉科梅核症、掩舌风、缠喉风、单松子等36症证治及用方。

1057

咽喉急症秘书一卷／（清）杨龙九（字鸿山）辑：［1911］．——抄本．——一册

上海中医药大学图书馆

提要：此书首载咽喉总论、喉症条辨、咽喉大旨及吉凶预后，强调“火”在喉症病因中的重要地位，认为“喉症大都属火，然亦有少阴少阳君相二火为病者”，又有实火、虚火、郁火之不同。次论咽、喉、舌、牙、口32种病症，如喉菌、喉癣、珍珠毒、缠舌喉风等。每一病症均详细论述症状、图示、病因病机、治法、用药、调摄等内容。末附修合炮制法。

7.9.2　口齿

1058

神仙舌科方一卷／（清）汪超群记：1829．——清抄本．——一册

上海中医药大学图书馆

提要：此书末叶有“道光九年医士汪超群记，此书于乾隆元年间录”，可知成书于清道光九年（1829）。书前为小儿脉诊，以图形、歌诀的形式记述幼儿的病症脉象，如“乙字形主伤食吐泻：形如乙曲病因肝，眼慢惊风瘛疭偏，冷积为伤传变此，慢脾风已度三关。”另有“杂说”“脉诀”“定浮沉迟数脉法”“审伤寒症诀”等诊脉歌诀。其后为舌诊，以图画、歌诀的形式论述“白胎舌”“将瘟舌”“生黑斑舌”等，如白胎舌“一舌见白胎滑者，非初入里也，乃半表半里之症，宜小柴、栀豉汤治之。”并附有白胎舌之图，及歌诀“丹田有热胸有寒，白胎滑者表里间。栀子豆豉小柴胡，免致邪风入里传”。

1059

口舌总论一卷／著者佚名：［1859］．——日本安政六年己未（1859）抄本．——23叶／一册

中国国家图书馆

提要：此书首有病名目次：乳蛾、缠喉闭、内阻、喉雍、喉痹缠喉风咽痛灸法、舌疮、舌阻、舌痿、舌苔、木舌、重舌、麻舌、舌裂、舌缩、舌张、吐舌、舌衄、舌茸等。正文首有咽喉总论，其后依病名目次逐项记述其病症、治法及方剂。

1060

牙齿总论鼻症总论耳疾总论头疾总论／著者佚名：［1911］．——清抄本．——19叶／一册

中国国家图书馆

提要：此书与《眼目总论》（见1027）合为一册，全书26叶，其中《牙齿总论鼻症总论耳疾总论头疾总论》19叶。此书分别论述人体各部位原理，分析病症、病理、病

因，对症开方。各科题名顺序依次为：头疾总论、鼻症总论、牙齿总论、口舌总论、耳疾总论、咽喉总论。其中头疾总论录方50余首，鼻症总论录方20余首，牙齿总论录方20余首，口舌总论录方20余首，耳疾总论录方10余首，咽喉总论录方30余首。

7.10　祝由

1061

天医祛病玉函金匮济世全书四卷 / 原题（清）静海道人编：［1709］. -- 清抄本. --119叶 / 二册

中国国家图书馆

提要：此书封题“祝由科全卷”，首有静海道人序，云：“祝由一书传于天下历有年矣。但自行于世以来，为乎不能尽，一目不能识。得之者希图射利，混行描写，错讹不堪。……此书条分缕析，符咒精确，惟愿后世识实之士宝之秘之。”书名据目录所题。全书凡四卷，内容有请天医信香及各种护身符的制作、用料，各种疾病神符和咒语的制作和佩戴、放置方法等。书中绘制神符100余道，卷后附三天秘旨、兰谷子仙阶发挥天罡大法、小演妙术等内容。

1062

南极天华宝录一卷 / 著者佚名：［1911］. -- 清抄本. --38叶 / 一册. -- 半叶十行，行二十四字，框高21.8厘米，宽13厘米

日本国立公文书馆内阁文库

提要：此书原为红叶山文库旧藏。首为“祝由科目录”，共130条。正文之首为数叶“祝由科咒文书符”，其后为“启请咒、总召咒”，然后是“大方脉符”。具体治疗符咒次第为：信香符、患家供养、治不明异症、四时伤寒邪气恶病、可调诸药内、治不正伤寒、能发汗、治阳世不明异症、疗百病。再往后就是治疗各种具体疾病的符咒。其咒语中经常提到的人物有“医诊典使黄仙卿、调症天医孟光宗、和安天医妙明典使张梓、医诊元灵典使周苑卿”等。其中某些符咒要与若干中药一起服用。

1063

太上祝由天医十三科不分卷 / 著者佚名：［1911］. -- 清抄本. --205叶 / 八册

中国国家图书馆

提要：此书名据目录所题。十三科者，凡大方脉、诸风科、胎产科、眼目科、小儿科、口齿科、诸外科、伤折科、耳鼻科、疮肿科、金簇科、书禁科、砭针科等，其内容未据目录编排各科顺序，而是散现于八册书中。全书首有宋三十代天师张虚靖序，卷端题“太上祝由科天医下降符水治病灵宝秘录”。其后又有题“秘诀奇书”“祝由科后集法治补录”“合箓祝由科符篆后序”“祝由科余法”等内容。书中灵符图为朱笔绘制，其他文字为墨笔。书前扉页有慧依题跋“祝由为最古医法，见于《内经》，后世目为未开化人之方术，未免欠考。依得此本，治病益效，以诀咒较备也。所附书禁法更觉简易，惟须稍习道功者则益验。此书专以便人，非以利己，贻我后人保之慎之。”此书装订现为金镶玉。

8　针推外治

8.1　通论

1064

针灸捷径二卷 / 著者佚名：[1439]. -- 明刻本. -- 二册. -- 半叶十二行，行二十六字，黑口，双鱼尾，四周双边，框高20.2厘米，宽13厘米

日本宫内厅书陵部图书馆

提要：此书上卷综论总括了禁针穴道、禁灸穴道、血忌、定发际法、论同身寸法、针法秘旨及头面以下各部经穴、十二经穴部位等内容。主要采自《资生经》第一、二卷。下卷绘制治病穴法186图，模仿《资生经》卷三体例，按病证立项，是已知最早以病证为纲的针灸图谱。通篇紧扣临证的基本原则、手法、注意事项，着重于腧穴部位、对证选穴等重要内容。此书所选186个病症，以中风、伤寒、杂症、妇人、小儿为序。收载了内风、伤寒证治、呕泄、饮食诸症、肿胀、音哑、痨、头风头痛、耳目口齿咽喉、上下肢疾患、心候疾、痰气喘逆、肾虚前阴疾患、二便痔漏、皮肤疮疡、内痈瘰疬、癫痫痴疾、暴厥寒伤不省人事、杂病寒热、吐衄血、消渴、黄疸、蛊毒，及妇产科的难产、经闭、崩漏等疾患和小儿疾患等。此外，还保留了风劳、风痓、五噎等古病名的治法。取穴多依《铜人腧穴针灸图经》《黄帝明堂经》《针灸资生经》，其他如《玉龙经》盘石金直刺秘传之中风治疗，《神应经》以笔内藏针刺血疗双单乳蛾，《世医得效方》神阙灸法治霍乱等经验，亦复收载。此书适用于初学与普及，不失为针学之速成快捷方式。

1065

针灸全书四卷 /（明）徐凤（字廷瑞）原著　朱鼎臣重编：1584. -- 明万历十二年甲申（1584）建阳王氏三槐堂刻本 -- 二册

日本宫内厅书陵部图书馆

提要：此书前二卷题曰“徐氏针灸全书”，后二卷题曰“铜人针灸全书”，经考察发现，朱鼎臣《针灸全书》系将徐凤《针灸大全》一书的篇次重新分类，并采用了徐凤《针灸捷径》下卷部分图文替代了徐凤原书中“八法主治病症”篇所采用的针灸方书而成。此外，卷末还新附“小儿针灸”一篇。故此书中可见有明显的脱文与错简之处。

1066

杨敬斋针灸全书二卷 /（明）陈言（字西溪）编：1591.-- 明万历十九年辛卯（1591）建阳书林余氏克勤斋刻本. -- 二册

日本宫内厅书陵部图书馆

提要：此书编次及脱文错简情况均与朱鼎臣《针灸全书》基本吻合，只是陈言所编

此书针灸证治穴图明显多于朱氏之书，多出的部分多见于现存本《针灸捷径》，可见陈言编所谓《杨敬斋针灸全书》，实据朱氏本并参考《针灸捷径》一书改编重刊，均可视为徐凤《针灸大全》（原名《徐氏针灸》）的另一传本。此书旧题“建阳九十翁西溪陈言著，御医直隶长州怀仁张应试校正，江右安福县怀州欧阳惟佐录。”

1067

针灸六赋一卷/著者佚名：［1644］.--明抄本.--53叶/一册

中国中医科学院图书馆

提要：此书系针灸歌赋专集，将《针灸聚英》《针灸大成》等针灸名著中之“百症赋”“标幽赋”“席弘赋”“金针赋”“玉龙赋”“通玄指要赋”等6首流传已久的针灸名赋集于一册。所载歌赋通俗实用，便于记忆，尤宜于初学。

1068

针灸要略八卷/（清）俞明鉴（字世征）编：1750.--清抄本.--/八册

上海中医药大学图书馆

提要：著者俞明鉴，字世征，长洲（今江苏苏州）人。此书由马绥之抄录，无序跋，有目录。第一、二册为目录和卷一，第三册为卷二，第四至六册为卷三至五，第七、八册为卷六至八。前六卷内容主要包括经络理论、经络循行、腧穴定位、主治、刺灸法、针具创造、清毒、止痛药、针灸治法、腧穴配伍、特定穴运用等内容，并编有歌赋和图。后二卷介绍内、外、妇、儿、五官各科及腰背部等病症的针灸治疗方法。例如嗳气，取穴“中脘”，并解释“《经》曰：足太阴之脉是动，则病腹胀，善噫，视其盛虚热寒陷下者取之。”此书与《针灸大成》和《针灸大全》二书编纂相近，内容亦有援引，对于研究针灸有参考意义。

1069

罗遗编三卷/（清）陈廷铨订：1763.--清乾隆二十八年癸未（1763）刻本.--145叶/三册

中国中医科学院图书馆

提要：此书集古代针家遗蕴编成。上卷包括经络篇、十四经及奇经八脉部位歌、针法之补泻迎随、经外奇穴、针刺禁忌、针后调理等，中卷为十四经图及各经穴位之寸数，下卷为各科病证治疗配穴法及五运六气等。书中著者所写按语较能阐发个人见解，所述针法尤为简明扼要。

1070

扁鹊针灸纂要一卷/（清）金松亭　张鹤鸣撰：［1874］.--乐邑西乡三和堂藏板抄本.--54叶/二册

辽宁中医药大学图书馆

提要：此书为针灸经脉类著作。全书不分卷，共论及周身经穴79个，条目、图文并重。每论先绘其图，再述经穴歌，最后考证穴法，例如“胃腑图”和“足阳明胃经穴歌”“考证穴法”，“心脏图”和“手少阴心经穴歌”“考证穴法”，“督脉经穴像”和“督脉经穴歌”“考证穴法”等。此书两册，未完即终。结于“手少阴心经穴歌”“考证穴法”，目录中之“手太阳小肠穴歌”“考证穴法”及以后内容均佚。

1071
针灸要法二卷/著者佚名：［1875］. --清抄本. --114叶/二册

中国中医科学院图书馆

提要：此书为摘抄《黄帝内经》《针灸大成》《针灸聚英》《神应经》《医学入门》《医经小学》等书内容编成。卷上述证治、经穴，并载歌赋；卷下列井、荥、输、原、经、合之穴主治病证，及三儿经是动所生病、九针形状、制法、针刺手法及禁忌等。

1072
针灸拾录四卷/著者佚名：［1911］. --清抄本. --十二册

上海中医药大学图书馆

提要：此书主要依据病症收录针灸治疗用穴，每一个病症下列针灸治法。所涉及的病症包括临床内、外、妇、儿、五官各科。卷一是中风、厥证、伤寒、疟疾、霍乱痧症、劳损虚症等，卷二是心、肝肺肾、胸胁、头面脑项、眼目、鼻、耳、舌、牙齿、口舌齿腮唇颊、喉等，卷三是脾胃膈噎、聚积痞块、腰背脊、肩背脊背、手肘肩背、足膝腿股等，卷四是大便痢疾、痔漏肠风、小便五淋、遗精白浊、疝气偏坠、外肾、癫狂风痫、鬼魅、妇人、小儿、外症等。此书内容大多摘自他书，内容按照病症分类，对针灸临床有一定的参考意义。

1073
针灸秘本一卷/著者佚名：［1911］. --清抄本. --一册

上海中医药大学图书馆

提要：此书首先论述霍乱、疟疾、小儿积证、小儿疳积、治鼠疫证、中邪风、麻脚瘟、腰花、脚气冲心、小便不止、牙缝流血不止、喉科、牙部状痛、白喉证、水肿已穿证、小儿急证、脚软证、头旋、中风、体虚两腿生疮溃烂、哮证、疯癫、老鼠偷粪门、流白带、光眼瞋子、鹅掌风、乳痈乳核乳岩、气促、气短、疝气、蛇头疮、肠痈、伤寒、遗精、闭经、中风中痰、经水不调、牙痛、眼痛、痢疾、蛇咬、蛇疮、瘰疬、背胀、筋骨痛、晕针等各科病证的针灸取穴及刺灸方法。次列手太阴肺经、手阳明大肠经、足太阴脾经（应为足阳明胃经）、足太阴脾经、手少阴心经、手太阳小肠经、足太阳膀胱经、足少阴肾经、手厥阴心包经、手少阳三焦经、足少阴（应为少阳）胆经、足厥阴肝经、督脉、任脉的依次循行穴位、定位及回阳九针、四总穴、十二诀穴的歌诀。最后介绍针灸补泻方法及禀针，书末附药粉方。

1074
奇传针灸三卷/著者佚名：［1911］. --清抄本. --三册

上海中医药大学图书馆

提要：此书分为上、中、下三卷。卷上论述针法灸法，包括制艾之法、论用火针法、行针四时浅深气及浮沉、论病人浅深针治不同、候邪气法、论针补法、论针泻法、扁鹊补泻不同呼吸法、通真子刘元素针法、孙真人针法、黄帝用五脏井荥输经合调六淫病法、数井荥之法等篇。卷中与卷下主要记载内、外、妇、儿、皮肤、五官等各科病症的针灸治法。卷中列中风死候、风痉发痫、喉风、小儿惊、眼生倒睫、鼻塞不闻香臭、妇人崩中带下、疝气肿痛、伤风感寒、伤寒刺期门、回阳非取丹田等篇；卷下列火针、霍乱吐泻、水气浮肿、癫狂取督脉诸穴、大肠闭结、腋下生马瘍亦曰马刀、反胃吐逆、妇人根本取关元、痰厥头疼吐逆、翰林医官针经等篇。最后附针法论、窦太师真传通晓总目、针灸穴道一百二十八详细良医千金之妙。此书采用歌诀的形式论述，言简意赅，通俗易明。

1075

汇选针灸益览五卷补遗一卷/（清）马麟辑：［1911］．--清稿本．--346叶/四册．--半叶九行，行字不等，框高18.2厘米，宽10.5厘米

中国科学院国家科学图书馆

提要：此书汇选历代针灸名著有关理论、治疗等内容，书中有墨绘经络脏腑图，属针灸入门之作。

1076

针灸摘粹一卷/著者佚名：［1911］．--清抄本．--72叶/一册．--半叶九行，行二十字，白口，单红鱼尾，四周双边，有界栏，框高20.1厘米，宽14.7厘米

山东省图书馆

提要：此书为针灸辑抄类著作。首为目录，次为正文。卷首有“五脏传病图”，篇中多幅图（中指寸法图、头面图考等）。目录包括五脏传病图、百症赋、百穴歌、十二穴杂病歌、四总穴歌、玉龙歌、杂症歌、井穴图、头面图考等。目录边栏外印有“青岛华昌大印”六字，正文边栏外印有“华昌大制”四字。

1077

调经刺要不分卷/（清）吴钢辑：［1911］．--清抄本．--96叶/二册

中国国家图书馆

提要：书首有清道光十二年吴钢序云：“壬辰春暇，录《素问》《灵枢》之本旨，《甲乙》《针经》之发明，《图经》之量度，王、钱之注释，间附先贤之一二分析而条理之，阅三月而书成。”此书内容分为通论、五病、五形志、形神、三部九候、候气、法四十、标本、虚实、别阴阳、十二经气血、取穴、刺法、浅深、补泻、刺禁、同人经络起末传注、十二经络循行主病、气穴注、诸脉病解、奇经脉病、同人图、调五脏病、刺热、刺痹、刺咳、调痿、水热、卒痛、厥逆、刺腰痛、刺虐、寒热、头项肩痛、臂强、失枕、心痛、应背、肋痛、疝痛、霍乱、腿痛、膝痛、胸满喘急、腹满、积、痛不知处、惊痫、癫狂、血证、劳虫、邪祟、暴卒、泻脱、尸厥、目痛、耳聋、痈疽、喉痹、齿唇痛、大风、跌打、大伤、蛇虫伤、产难、针灸诸论、人神所在、紧针穴、禁灸穴、十二法、制针、灸法、调灸疮、调病穴余、针灸附余等70余条。全书条理清晰，内容完整。书之封面残破，虫蛀较严重。

8.2 针法

1078

针科全书抄诀一卷/（清）李昌仁（号离尘子）编：［1911］．--清抄本．--44叶/

一册

中华医学会上海分会图书馆

提要：此书据卷前序言可知，著者李昌仁为吴兴弁山跨塘桥（今浙江湖州）人。全书著录各类针灸古籍，内容包括针法、行针、禁忌等。针穴歌诀，内容以摘录为主，并无创新。序中提及："余观名籍针书妙理无穷，故集成一书，可救天下一迷，济渡宙宇万民之疾。"可知此书摘录内容侧重针刺手法介绍，其中收录了如"玉龙歌"等的取穴歌诀。

8.3　灸法

1079

神农皇帝真传针灸图一卷神农皇帝真传针灸经一卷/著者佚名：1539. --日本江户抄绘本. --一册. --半叶十行，行十九字

日本国立公文书馆内阁文库

提要：此书系辨证取穴施灸的图谱类著作。《神农皇帝真传针灸图》部分由目录与正文组成。目录实际是疾病索引，列述了头风、偏头痛、脑后风、满头顶心痛、顶心疼等内、儿科病症（妇科仅1条）共89条。正文绘有人体穴位图22幅，共列90穴名及解说89条。排列大致按手足六经（但无先后规律）、督脉（此书作肾脉）、任脉顺序。图示第一至第十五描绘的是成年男性穴位图，第十六至十九为成年女性穴位图，第二十至二十二为小儿穴位图。除第二十二图外，每图均只绘四个穴位及四条解说。书中对每一种病症的取穴仅有少数几个要穴，为撰者针灸经验总结概括。《神农皇帝真传针灸经》部分由九部、十二部、四季、十干日、十二日人神针灸宜忌、针灸吉凶日、男女忌日、逐岁尻神、天医药日、逐月血忌日、五脏所藏有七神、五脏之积、五脏各有声色臭味等组成。其中，计开病源灸法记载了治疗中风不语、男瘫女痪、男女头风眼等28种病证的灸方和药方。此书名为《针灸图》《针灸经》，实际是一部灸法治疗的经验集。前者重在辨证施灸，据图取穴；后者重在对施灸治疗的方法、注意事项等的经验阐述。

1080

灸关元谱一卷/（清）王耕心（字茂才）撰：［1784］. --清抄本. --28叶/一册

中国国家图书馆

提要：此书卷端题："灸关元谱，正定王耕心著"。此书是一部阐论灸关元穴的专著，分上、下两篇。上篇主要论述灸关元穴可培补元气，保命延寿强身健体；下篇针对妇科病、生育问题和老年肾衰等病症，阐述灸关元诊治之作用及疗效。书中分别介绍黄帝灸法、扁鹊灸法、窦材灸法等。后附"日熨灸法"，即利用太阳和熨斗灸法，"日者太阳，真火艾即遍腹且又徐徐照射，入腹之功极大，但五、六、七月为上。若秋冬日，当以厚艾铺腹，蒙以棉衣，熨斗盛炭火慢熨之，以闻浓艾气为度，亦其次也。其说出奇，而中理皆类此。"

1081

太乙离火感应神针一卷附治病图说一卷/（清）虚白手传　七宝生校：1836. --清

道光十六年丙申（1836）刻本．--42叶/一册

上海中医药大学图书馆

提要：此书由前后两个独立部分组成，主要介绍太乙神针之用法，并附有十四经穴图等。前一部分，首叶为一幅侧面“内景图”。其后内容包括两方面，一是脏腑形态与功能、以脉诊为主的诊察方法、十二经脉与阴阳五行干支脏腑的关系、子母补泻、五脏传变等简要的基本理论知识，配有“五脏传病之图”“补水泻火之图”；二是十四经脉的各经经穴图及经穴歌。后一部分，为太乙神针的有关内容，依次为“太乙离火感应神针序”“神针用例”“补刊太乙离火神针秘方”“太乙离火感应神针治例——三十二穴部位”（后附“正面部位图”“背面部位图”）、“人神守宫日忌”及“量寸定穴法”等。其中主要内容是神针用例、秘方及治例之“三十二穴部位”（实为33穴，包括腧穴部位和主治病症）。此书对研究太乙神针的流传和应用，亦有一定参考价值。

8.4 推拿

1082

小儿科推拿直录一卷/（清）钱櫰村辑：1793．--清乾隆五十八年癸丑（1793）乐志堂珍藏稿本．--52叶/一册

中国中医科学院图书馆

提要：此书主要阐述儿科疾病的病因、病机、诊法与小儿推拿穴位、推拿手法，以及急惊、慢惊、痢疾、腹痛等17种病症的推拿方法。书中多用图注与歌诀形式，文字简捷，图绘亦精。

1083

小儿推拿法一卷/著者佚名：[1911]．--抄本．--一册．--半叶十二行，行二十三字，框高25厘米，宽13.8厘米

北京中医药大学图书馆

提要：此书论述小儿推拿纲领（原序、和小儿气血次序），辨证总诀（看小儿无患歌、看小儿被惊法歌、看五脏六腑定诀歌等），小儿生理病理（变蒸说、四症八候说），治疗大法（拿法、汗吐下说、风气命三关说等），推拿手法（天门入虎口、水里捞明月等），主要窍穴（身中十二拏法穴载周身图），治疗应用（治男女诸般杂症法），阴阳掌诀（阳掌诀法、阴掌穴法），各种惊风（胎惊、脐风惊、蛇丝惊、马蹄惊等），杂症治法（列举17种病症推拿手法），总括歌诀。篇末有小儿面背周身2幅、阴阳手掌图6幅，不仅标明窍穴，还注明推拿手法，又有灸疗面背周身穴位图2幅、医者握小儿手手法操作示意图7幅等。诸如分阴阳、推三关、运八卦、天河水以及如何补泻、该拿该推等，一目了然。最后附小儿备急成药，如梅花点舌丹、外敷对口并各样恶毒药。

1084

推穴针灸药书一卷/著者佚名：[1911]．--清抄本．--88叶/一册

中国国家图书馆

提要：此书首、末叶均有残损，未见总书名。主要内容为儿科针灸推拿，针对人体各部穴位有论、有歌诀、有法、有图，分析详明，内容丰富。篇名题有幼科病原论、

病症生死歌、三步五脉直说、四症八候、诸症适宜歌、入门看法、闻音论、观气色、观额定生死歌、看五色筋纹生死歌、辨面上诸筋主症、手掌面各穴道、手掌背各穴道、头脑各穴道、双足各穴道、推法、十拿法、推拿药引、三关脉纹分注、虎口三关脉纹总歌、太白金星小儿推法、二十四样惊症歌、小儿诸病主要、周身穴法脏腑图像等数十篇。其中推拿穴位图较多，内容较丰富。

9 养生

9.1 通论

1085

养生五书／（宋）蒲处贯等撰：［1276］．——清刻本．——57叶／一册．——半叶九行，行二十字，上白鱼尾，左右双边，竹纸，框高19厘米，宽14.3厘米

中国中医科学院图书馆

提要：此书分《保生要录》《保生月录》《养生月录》《摄生要录》《林下清录》五篇。《保生要录》著者蒲处贯，少年多病，遂留心养生之术，他认为养生要先固其神气，次调其肢体，对衣服、居处、药饵、蔬果禽鱼之性，有益者也录之。《保生月录》著者韦行规，提倡八节制服以应八卦，不仅可以寿满百年，甚至可以跨鹤腾云。《养生月录》著者姜蜕，其养生思想与《黄帝内经》“春三月，此谓发陈”一脉相承，对各个季节的虚损病患，多为男子，有具体的养生药物及用法。《摄生要录》《林下清录》著者均为沈仕，前者强调情志在养生中的重要作用，后者则记录一些名人轶事，以期从中参悟养生做人的道理。总之，此书为诸位著者摘录养生要语而成。

1086

摄生二种合抄／（明）袁黄　息斋居士撰：1591.——明抄本．——一册

上海中医药大学图书馆

提要：此书为《摄生三要》《摄生要语》两书的合抄本。《摄生三要》系后人从明代袁黄《祈嗣真诠》中摘出的单行本。《祈嗣真诠》原书共10篇，《摄生三要》从中摘出“聚精”“养气”“存神”3篇。“聚精”篇谓养生者务实其精，末录唐代功法掩脐兜肾静坐法。“养气”篇认为养气须从调息着手，末附养气之胎息法。“存神”篇论道家各种存想法的利弊。《摄生要语》为明代息斋居士述。全书仅千余字，收录前代摄生名言要语16条，内容涉及饮食、劳作、房室、七情、语言行为、卫生习惯及气候等对人体健康的影响。

1087

养生杂纂一卷／著者佚名：1644.——明刻本．——17叶／一册

中国中医科学院图书馆

提要：此书首尾残，所存部分包括：前以欲不可纵、欲不可强、欲有所忌、欲有所避、嗣续有方等，摘录前贤有关房中养生之要言良法；次录明代医家俞桥《广嗣要语》全书，列“调理精血、直指真源、男女服药三论，阴阳虚实死图，合用方法三十五道，附录经验秘方”。

1088

新编养生大要一卷／著者佚名：［1644］．——明崇骨书院刻本．——41叶／一册

中国国家图书馆

提要：此书记载诸物之性，或养生，或伤生，或性暖寒毒温燥等，共10门176条。此书理论源于医祖神农，撮综其要旨，以简明真切的风格记录天下可食之物与相互之性，给人调养饮食之参考。

1089

养生杂录一卷/（清）胡宗鹤撰：［1688］.--清刻本.--9叶/一册

中国中医科学院图书馆

提要：此书以笔记体摘录前贤养生要言30余则，对《黄帝内经》有关养生理论尤为推崇。所论涉及饮食起居之养生忌宜，指出善养神明、慎节起卧、节制情欲、均适寒温、节制食欲、饵服药物、遂其所禀不为疾病侵袭为长生要法。书中还介绍部分养生防病气功功法。

1090

长生秘诀一卷/（清）石成金著：1697.--清康熙刻本.--74叶/一册

中国中医科学院图书馆

提要：此书首列心思、食欲、饮食、起居4部阐述长寿要义，指出良善和悦、安乐康健；节制情欲；饮食宜早、缓、少、淡、暖、软；注意昼夜、四季、行旅、酒醉之时调摄等，为养生防病之常法。次为卫生必读歌，将上述养生要义编为七言诗体，以便记诵。又次为清福要旨与一生受用，记闲逸养生与道德修养，并认为养生以德好为主，调养为佐。

1091

延年却病书八卷/（清）淡庵老人著：［1722］.--清康熙二十八年己巳（1689）抄本.--246叶/三册

中国国家图书馆

提要：此书包含养生、脉学、运气、经络、病机、方药等内容。从全书内容看，为著者以专篇抄录而成。卷一“丹经宝筏”主言内丹修炼，卷二“运气纪要”为运气基础，卷三“脉理阐微”述27脉形及主病，卷四“经络图解”详十四经循行及脏腑补泻用药式，卷五“病能口问”言病证病机，卷六“百病了然”为身体各部病证治要病机概说，卷七为“古今名方”，卷八“分病用药”阐释药性药理。附篇包括：一述七方八法、气血寒热虚实用药法，二为崔嘉彦脉理四言举要。

1092

修真秘旨一卷/（清）杨凤庭撰：1759.--抄本.--28叶/一册

中国中医科学院图书馆

提要：此书首列论一篇，重点论述调神，认为精、气、神乃人身之三宝，气功养生须练气、藏气、调气。次著修药法，炼精三法，炼气三法（附六字气诀），炼神三法。合抄之《三丰闻道》则系以诗歌体叙道教内丹功法之理。

1093

卫生要诀一卷/（清）吴建钮（字悭庵）选注：1778.--据清乾隆四十三年戊戌（1778）稿本复制本.--47叶/一册.--半叶八行，行二十字，框高12.5厘米，宽7.9厘米

中国中医科学院图书馆

提要：著者素好岐黄之术，曾经刻过《保

婴稀痘编》以补《达生篇》之所未备。此书收集养生家格言及经验良方汇为一帙，分四时调摄法、养生要诀及种子歌，教人慎寒暑、节饮食、寡色欲，从而益寿延年。后附有夏禹铸脐风火图、搽药图、天德图等，图文并茂，易于理解阅读。

1094

颐老切言一卷/（清）福增格（字赞侯，号松岩）撰：1778. --清刻本. --18叶/一册. --半叶八行，行十八字，白口，单黑鱼尾，四周双边

中国国家图书馆

提要：此书集中阐述老人养生问题。著者认为：年老之人，血枯气衰，水不能制火，易怒易悲，自谓年将就木，亟亟纵欲寻欢，求田问舍，贪得不已，懞懞无厌，适足以促其天年而已矣。人生得寿至七十，无疾无苦是大幸人也。唯应静摄身心，随意取适，以生死为昼夜，任它来去，无憎无怖，无留无恋，超脱性灵。因著《颐老切言》，供年老者品读。全书多为引经据典，陈述颐养天年之理。书中钤有“光赞堂”“松岩伊氏”朱印。书中首末有乾隆四十三年（1778）即著者七十岁撰序，版心上镌“酌雅斋”三字，为著者室名。

1095

却病秘诀一卷/原题（明）龚居中（字应园，号如虚子、寿世主人）辑：［1804］. --清嘉庆十八年癸酉（1813）刻本. --9叶/一册. --半叶十行，行二十四字，白口，四周单边

中国国家图书馆

提要：辑者龚居中，字应圆，号如虚子，明代江西金溪县人，精医术，曾任太医院院司。著作有《痰火点雪》四卷、《女科百效全书》四卷、《幼科百效全书》四卷、《外科百效全书》四卷、《太医院校正小儿痘疹医镜》二卷、《外科活人定本》四卷、《外科补遗秘授经验奇方》六卷、《万寿丹书》《养生两种》等，今皆存世。此书附于《痰火点雪》四卷之末，主要论及养生方法及要领，有论却病秘诀及却病延年十六句之术歌诀，并逐句解析其要义，详析养生操动作要领等内容。

1096

养生便方不分卷/（清）沈石庵（字其仁）编：1804. --清嘉庆九年甲子（1804）南村草堂刻本. --113叶/二册

上海中医药大学图书馆

提要：此书收集简便验方441首，内容涉及内、外、妇、儿、五官各科，以及摄生、种子、服药禁忌等。后附青麟丸说引。

1097

延龄纂要二卷/（清）罗福至编：1822. --清道光二年壬午（1822）琳琅堂刻本. --二册

中国国家图书馆

提要：此书为养生保健和防治疾病的专著。初卷自“先培元气立基论”至“精气神总论”，共22节。终卷自“行内静功论”至“全身内外部位名色”，共31节。全书阐论虽多见于前贤有关养生专著，但亦撷取若干有关儒、释、道的保健功法或方药，故此编的内容相当丰富，概括了养生、延龄、

保健的重要内涵，其中又以介绍功法、药疗、食疗为主。

1098
心身药四卷首一卷末一卷 /（清）静缘子辑：1844. --清道光二十四年甲辰（1844）北京雕藻斋刻本. --98叶/一册. --半叶九行，行二十五字，上黑鱼尾，四周单边。

中国国家图书馆

提要：此书共四卷。卷一为劝诫行善内容，并记载道家性命说；卷二至卷四为验集。文末附有“国戒”一篇。

1099
水饮治法一卷 /（清）陆懋修（字九芝、勉旃，号江左下工、林屋山人）撰：1869. --清同治八年己巳（1869）林屋丹房稿本. --16叶/一册

中国国家图书馆

提要：此书针对因水饮引发的病症专作论述。著者强调“今人不识水饮一症，凡所患诸症之由于水饮而致者无所统属，故治之皆不得其要领”。此书即对症选取各种方剂，条陈治法。书中所选各方皆为水饮对症之剂约30个。此稿本封面题“同治己巳冬月辑，林屋丹房，水饮治法”，线装为不规则的横开本。

1100
推思说略不分卷 /（清）吴协撰：1872. --清同治十一年壬申（1872）刻本. --290叶. --半叶十行，行二十四字，框高22.7厘米，宽15.8厘米

上海图书馆

提要：此书为养生类著作与天文博物学合编。第一部分内篇尊生十说，主要论述养生延年之法，静动结合，身心并修；第二部分外篇主要则是天文地理遁甲之术。

1101
保生造福录二卷 /（清）知非山人辑：1890. --清光绪十六年庚寅（1890）刻本. --91叶/一册

上海中医药大学图书馆

提要：此书二卷，收载“回生宝训”，王阳明先生“训子歌”，司马温公“劝孝说”，韩魏公“正家格言”“朱子家训”，钟离祖师“戒淫诗”等，包括诗歌、名论、格言68则。书末附有急救良方56首。

1102
卫生保寿术一卷 /（清）许继祥撰：1903. --清光绪二十九年癸卯（1903）铅印本. --35叶/一册. --半叶十二行，行二十七字，白口，四周双边

中国国家图书馆

提要：此书卷前有许继祥肖像照及许氏自序、曹曾涵序。曹序称许继祥“抱绝特之才，学贯中西”，出生世医之家，自幼于卫生之学、卫生之书无不涉猎博览而淹贯之。许氏自序云：“伊古以来皆以已病求医之学为授受之事，而未病预防之道多略而不讲”，这无异于“亡羊补牢，未免已迟”，于是将耳濡目染家传有关养生之道汇纂成帙。此书分长寿考、致寿理、延年术、生育经、婴儿乳哺法、孩提抚养法、童年约术法、弱冠立身论、壮年保卫论、暮年防护论、食论、饮论、吸烟论、养气论、体

操论、洁身论、劳逸论、起居论、衣服论、睡论、幻念论、总论等22题，引经据典并中西结合谈保生延寿之道。

1103

卫生摄要不分卷／（清）张燮恩述：1910.--稿本.--三册.--半叶十行，行二十字

成都中医药大学图书馆

提要：此书又名《卫生择要》。此书特点：一是编格言类、格致类、怪异类、慎食类、救急类、解毒类、方抄类、病律类8门，以备检查；一是编所存方药，大半备急小试，若欲穷原竟委，有医家全书，在小效之后，更宜延医，用大方施治，不可专恃此也；一是编杂抄而来，所有出处，均未详载，鲁鱼亥豕，尚祈阅者详审无误，倘能加以改正，则尤仆之所盼祷也；一是编为卫生起见，载及杂物，均利害之切于有生也。此书从中医卫生保健学的角度，记载了人体健康应从饮食卫生、个人卫生、用药卫生等方面入手，预防疾病的发生，以及疾病的合理治疗等。此书装订形式为金镶玉。

1104

摄生真诠二卷／（清）查有钰（字式庵）编：［1911］.--清抄本.--一册

上海中医药大学图书馆

提要：著者查有钰，字式庵，生活于十九世纪，著有《南野医话》《医学杂缀》《摄生真铨》。此书反映历代名家的医学主张，如《医宗金鉴》的"病宜速攻"、张仲景的"士宜学医"、孙思邈的"治病勿惑"、戴叔明的"学医宜博"等。卷末收载了查氏的医学观点。在"点香误病""挑杀伤生"中，查氏批判了点香、挑杀等巫谶邪说，告诫病家应"崇正道而黜邪害"，要树立有病就医的科学思想。在"明哲保身"中，查氏列举裴兆期为医之道，"医者尝须爱养自家精力，精力不足则倦，倦生厌，厌生躁，厌躁相乘，则审脉辨证处方皆苟率而无诚意矣"，提醒为医者要保养自身，细心诊病。在"先正格言"和"调理诸则"中，查氏发挥了先辈的许多医学观点，如"水不升为病者，调肾之阳，阳气足，水气随之而升，火不降为病者，滋心之阴，阴气足火亦随之而降""凡用补药必兼泻邪""用兵攻贼，贼平后，便须罢兵"等。

1105

养生经验良方一卷／著者佚名：［1911］.--清抄本.--57叶／一册

中国国家图书馆

提要：此书名据封面题。此书开篇直书药方，依次为荞脂丸、胶红饮、青龙丸、子龙丸、人红丸等，共计267方。每方首述病症，次药方名称，次服用方法等，有些还说明药方来源。其针对病症包括内、外、妇、产、儿、五官等科，其中不乏奇症奇方，适用于男、女、老、幼各类人群。末叶墨笔题"思过轩蕉雪庐梦省道人抄本"。

1106

养生君主论三卷／著者佚名：［1911］.--抄本.--三册

中国中医科学院图书馆

提要：此书是以心的理论为核心，集其关于脏腑阴阳经穴的论述，把调气、导引、

睡功诸法，安排于平素生活的各节奏中；又以心的理论，阐述妇人、小儿等人群的生理和养生要点，并从心论治中风、伤寒、瘟疫、虚劳、三消，乃至妇人胎产、小儿惊痘疳积等60余病症的养生和上工治要，皆附有方药及制法。此书以心立论养生，自成系统。很多方剂有通治易用的价值，如治五淋的三子三苓方，治遗精白浊的二十四品莲花丸等。也有膏方之类的补养方，如长年大还丹、青精饭、紫霞盃、种子暖脐膏、膏药中丸子等。

1107

乾坤元脉录一卷／原题（清）逍遥子口授　智修著述：［1911］．——清抄本．——一册

上海中医药大学图书馆

提要：此书所谓“凡例”，并非指书之体例，而是告诫人们应该如何养生。主体内容包括：运气法、固精法、定神法、叩齿、咽津、浴面、鸣天鼓、运膏肓、托天、左右开弓、擦丹田、摩内肾、擦涌泉、摩夹脊、洒腿等养生功法，并载卫生歌、四时摄生篇、修摄余言、清心说等。著者比较强调定神，凡例即云“须重行定神法，待神定，自然心定也”。又有“定神法”一篇，其中“定神细诀”主要罗列思鼻准、思丹田、数鼻息、炼气、思泥丸5种定神方法。如“思鼻准”即“闭目凝思，一心射定鼻尖，不使心着二物，如是数刻间精神收敛，万事悉除，鼻息微息，此乃神定之功验”。此书释道色彩较浓，但对于养生防病有一定的参考意义。

9.2　食疗

1108

日用本草八卷／（元）吴瑞（字瑞卿）编　吴镇（字世显）校补：1329．——明嘉靖四年乙酉（1525）刻本．——八册

日本龙谷大学大宫图书馆

提要：此书八卷，每卷一类，次第为：诸水类、五谷类、五畜类、诸禽类、虫鱼类、五果类、五菜类、五味类。书末附有“察脏腑气候宜忌服食诀”，属于食疗总论性质。此书有两种分类在本草书中是属于首创。其一是“诸水类”，其二是“五味类”。此书每一味饮食物下，大致有三部分内容：一是在药名下，简要介绍此物的别名、种类、形态、采集、制作法等，这些项目有则述之，无则省之；二是介绍性味、良毒、配伍禁忌或不良反应等；三是主治功能，有时也包括用药法。这些内容都极为简要。此书的主体资料是从《神农本草经》等书籍中摘取而来，而性味、功效主治，乃至某些畏忌，有很多是萃取《证类本草》诸家论说。此本的复出，不仅可以窥其全貌，拾其遗珠，而且可以纠正《本草纲目》的某些错误。

1109

食物本草四卷／著者佚名：［1521］．——明抄彩绘本．——267叶／四册．——半叶八行，行十六字，红口，红格，四周双边

中国国家图书馆

提要：此书有药图492幅，一药一图或多图。将此书插图与明代弘治间（1505）绘成的《本草品汇精要》（图1367幅）比

较，可知《食物本草》彩绘插图是在《本草品汇精要》插图的基础上再加增补而成。两书都是宫廷画师所绘，故风格一致。据研究，在《食物本草》与《本草品汇精要》中同名药物共有267幅图，可认定《食物本草》仿绘《本草品汇精要》图213幅。由于食物药中许多物品都是寻常易见之品，经画师写生绘成的药图栩栩如生。宫廷画师借助皇家林苑之便，绘成了许多珍稀的动物，例如麋鹿、狮子、孔雀等图，都是写生绘图中的珍品。《食物本草》虽然仿绘了部分《本草品汇精要》原图，但也有200多图属于此书新创造的插图。这部分新绘图中，以水类、味类图最有特色。

1110

养生要括一卷/（明）孟笨（字福兆，号伯山）编：1634. --明崇祯七年甲戌（1634）刻本. --71叶/一册. --白口，四周双边，框高20.8厘米，宽15.7厘米

中国中医科学院图书馆

提要：此书著者在书中提出养生即“养吾心之生机也”，需要一戒轻杀，二善调理，调理力主食物疗养为主。此书以《黄帝内经》及刘完素、李时珍等名家著作中有关食物，如谷肉果菜、水产海货等物之性味功效、利宜忌害详加阐说，是一部家居食疗养生的药食手册。然抄录他书者为多数，原创内容较少。

1111

山公医旨五卷/（明）施永图（字山公）撰：1644. --明刻本. --二册. --半叶九行，行二十二字，白口，单鱼尾，四周单边，框高18厘米，宽10厘米，竹纸

上海图书馆

提要：此书主要叙述本草医旨食物类。卷一为食物要诀、诸脉图诀，叙述饮食禁忌、服药食忌及五味、五谷等食物与人体之关系；卷二为水、五谷、蔬草类；卷三为菜、禽类；卷四为兽类；卷五为鳞、介类。共载696种食物本草。每种物品详列正异名、产地、性味、归经、主治、炮制、服法、忌宜等。

1112

艺林汇考饮食篇四卷/（清）沈自南（字留侯）撰：1661. --清顺治刻本. --94叶/一册. --半叶九行，行二十字，白口，上黑鱼尾，四周双边，有界栏，框高20厘米，宽10.4厘米

中国中医科学院图书馆

提要：著者沈自南，字留侯，江南吴江（今江苏苏州）人。顺治乙未进士，官蓬莱知县。留侯居官清介自矢，以恩抚民，著有《艺林汇考》《历代纪事考异》《乐府笺题》等。此书将日常饮食分为饔膳、羹豉、粉饎、炰脍等四类，表明古代对饮食的研究及其意义。

1113

服食须知一卷/（清）沈懋发集：1774. --清乾隆四十年乙未（1775）刻本. --53叶/一册

中国中医科学院图书馆

提要：此书又名《真源消夏集》，为食疗著作，系摘取《本草纲目》“食忌、药忌

等篇”，加以删补，并附己见而编成。前列论说8则，内容涉及服药禁忌十八反、十九畏、六陈药、饮食禁忌、有毒肉食及解毒法等；次为“药材流弊解”，考辨鹿茸等31种药物的正误；次为“方物纪”，介绍飞松等9种各地土产药材；末为“花蔬中药”，列述石竹花等12种可花可蔬之药材。

9.3 广嗣

1114

秘传延龄种子方一卷/（明）黎民化（字先衡）撰：1608. --明万历三十六年戊申（1608）吕氏刻本. --2叶/一册. --半叶十行，行二十五字，框高22厘米，宽14.5厘米

中国科学院国家科学图书馆

提要：此书方仅2叶，叙述著者得方之途径及用之效验。与《痘疹碎金赋》《痘疹世医心法》两书合刻刊行，后两书均非孤本。

1115

性原广嗣六卷/（清）王宏翰（字惠源，号浩然子）撰：1691.--清康熙三十年辛未（1691）刻本. --六册

云南中医药大学图书馆

提要：此书共六卷，卷一著论5篇，卷二著论3篇，卷三著论5篇，卷四著论4篇，卷五著论4篇，卷六著论4篇。共载处方93首，配方严谨，制作精良。书中提出“人的生命之根，在于元湿元火”的理论，阐明了男女房事与胎儿形成的根本道理，指出妇女怀孕后及早进行胎教的必要性，分析了不孕不育的机理，对胎儿出生前后及妇女孕产期的疾病诊疗、处方也做了论述。书中的观点除了继承中医传统体系外，还接纳了西方医学的解剖生理学理论。

1116

广嗣编二卷/（清）方允淳编　许光国参订：1750. --清乾隆十五年庚午（1750）务本轩刻本. --145叶/二册. --半叶十行，行二十字，框高17.6厘米，宽12.3厘米

上海图书馆

提要：此书集求嗣、产育古今验方二卷，末附杂治及四时调摄，分为妊娠、护胎、保产、寿婴、杂治。此书所选医书有《产宝百问》《胎产护生》《保产益书》《达生篇》《胎产切要》，内容选取精当，且有著者独到认识和经验。

1117

衍庆编二卷/（清）庄大椿撰：1871.--清同治十年辛未（1871）森宝堂刻本. --28叶/一册. --半叶八行，行二十字，上黑鱼尾，四周单边

中国国家图书馆

提要：此书分上下二卷。书中摘录汇辑有关生产注意事项、保胎食宜方药、求嗣方法，及产中胞衣不下、难产催生等内容。

1118

广嗣金丹三卷/（清）何守愚编：1886.--清光绪十二年丙戌（1886）青湘阁书坊

刻本. --240叶/三册. --半叶十行，行二十五字，白口，单黑鱼尾，左右双边，框高16厘米，宽11.9厘米

广州中医药大学图书馆

提要：此书序文两篇。全书三卷，卷一广嗣论述，卷二方书，卷三征信录。类分四门，曰种子、曰安胎、曰保产、曰福幼，皆本昔贤格论妙法、良方，属汇辑性著作。

9.4 导引

1119

陈希夷先生二十四气坐功导引治病图一卷/著者佚名：[989]. --抄本. --一册

中国中医科学院图书馆

提要：此书为气功内外功法文献汇编，包括陈希夷先生二十四气坐功导引治病图、八段锦、十二段锦、天竺按摩法、诸仙导引图、四季调摄摘录、外功龙虎诀、分行外功诀、五脏辨病、神仙起居法、奇经八脉等内容。

1120

服气法等三十二种/（明）高濂（字深甫，号瑞南道人）等撰：[1591]. --清抄本. --64叶/一册

中国国家图书馆

提要：著者高濂，字深甫，号瑞南道人，明代浙江钱塘县（今浙江杭州）人，工诗及曲，著有《雅尚斋诗草》初二集，又有《遵生八笺》十九卷。此本佚名抄录，无总书名，细检此书共含十种，其一为宋代陈抟撰《陈希夷坐功图》，其二为宋代皇甫周撰《神咒录》。另八种为明高濂撰《服气法》《六气歌诀》《李真人一十字六诀》《绝三尸符咒》《守庚申法》《延年诀》《续神咒录》《服内元气诀》。

1121

悟真全书/著者佚名：[1615]. --清乾隆五十年乙巳（1785）文锦堂刻本. --322叶/一册

中国中医科学院图书馆

提要：此书为中医气功丛书，子目包括：①《悟真篇三注》三卷，（宋）张伯端著，（宋）薛道光、陆墅注，（元）陈致虚注；②《金丹真传》一卷，（明）张汝忠著，张崇烈注，李堪疏；③《规中图十二字诀》一卷，（宋）李简易著；④《参同契分节解》三卷，（汉）魏伯阳撰，（元）陈致虚解，（明）姚汝循校刊；⑤《参同契笺注分节解》三卷，（汉）徐景休撰，（元）陈致虚解，（明）姚汝循校刊；⑥《参同契三相类》二卷，（汉）淳于叔通撰，（元）陈致虚解，（明）姚汝循校刊。本丛书系对《周易参同契》《悟真篇》等道教气功内丹术重要著作的注释、阐发之书。

1122

太上黄庭经发微二卷黄帝阴符经本义二卷合刻/（清）董德宁撰：1791.--清乾隆六十年乙卯（1795）集阳楼刻本. --148叶/二册

中国中医科学院图书馆

提要：此书为《太上黄庭经发微》与《黄帝阴符经本义》二书的合刻本。《黄庭经》

原为道教经典及气功著作，分为《外景经》《内景经》两部分，均采用歌诀体裁。《外景经》介绍静功修炼方法及与静功密切相关之脏腑身形，《内景经》主要阐释存想方法的具体运用，并介绍“修中岳”“清云宅”等自我按摩养生法。此书为董氏以己意为《黄庭经》所作之注本，以阐发其微言大义。合刻之《黄帝阴符经本义》性质亦与此类似。

1123

修元大道三章三卷/（清）方奇（字问之，号偶金）撰：［1827］.--清道光七年丁亥（1827）刻本白沙醉经精舍藏板.--75叶/一册.--半叶八行，行十九字，白口，单黑鱼尾，左右双边

中国国家图书馆

提要：此书内封题“修元大道三章，古歙方问之先生著，道光七年镌，白沙醉经精舍藏板”。撰者方奇，字问之，号偶金，徽州古歙（今安徽歙县）人，精于医学，贯通经术，著有《伤寒析义》《修元大道三章》。此书首有方氏自序，又有清嘉庆十六年（1811）两江总督百龄序。序后为参阅此书诸友17人名衔。卷端下题此书校正者“唐畹香、王良济、汪为惠、薛成书、程楚珍、洪慎堂、吴勋臣、方纶书”8人。书中三章内容为：阴阳水火论上章、皇极人物论中章、儒医微论下章。上章论阴阳水火，多有阴阳五行图；中、下章皆为分题论说。

1124

八段锦坐立功图诀一卷/（清）娄杰编：1875.--清光绪三年丙子（1875）芳草轩刻本.--34叶/一册

中国中医科学院图书馆

提要：此书辑八段锦坐、立两类功法为一帙，每功绘图一幅，并辅以简要说明，一目了然，易于学用。全书共有功法图26幅（含预备式），并载立功歌诀。

1125

导引图一卷/（清）敬慎山房主人编绘：1875.--清光绪初彩墨绘刻本.--一册

中国中医科学院图书馆

提要：此书24幅图示24种功法，依序概括为：子日子时种子功、水火交济补元气功、祛湿消肿功、散气消食功、固元精功、止遗精功、散风寒退热功、养血防痹功、补元神功、止劳嗽功、疏气解郁功、荣气防衰功、默运养心功、运经祛病功、治腰痛岔气功、治头晕目眩功、止腹痛功、培养正气功、健脾补肾功、养真还童功、理血祛瘀功、补神气力功、融会正气功、气血充实功。

1126

却病坐运法则一卷/著者佚名：1911.--抄本.--55叶/一册

中国中医科学院图书馆

提要：此书首辑吕祖行气等45则治病简要功法；次为诸仙导引图，并辅以文字说明其作法、功效等；次为二十四气坐功导引治病诀（无图），十二段锦、婆罗门导引十二法、五禽戏（配图）及斩赤龙诀等，为常见气功功法合抄本。

1127

洞天秘语不分卷 / 著者佚名：［1911］. -- 抄本. -- 四册. -- 半叶八行，行二十字，框高23.4厘米，宽14.5厘米

北京中医药大学图书馆

提要：此书又名《修养洞天秘语》，为文字配导引图抄绘本。卷端题“脏腑配经络图洞天秘语”，继以“一脏一腑为表里、一经一络应阴阳”“经络配日时图”。下接此书主体：五脏对应四时导引吐纳调摄法。后附六腑、舌、咽、肛门等重量、长度、容积计量。卷末为“正面人图”“背面人图”“侧身人图”“手经脉总图”“足经脉总图”。五脏对应四时导引吐纳调摄法，以肝脏对应春三月为例，包括“春三月调摄总类”“肝神图”“相肝脏病法”“修养肝脏法”“肝脏春旺论”“六气治肝法”“肝脏导引法”“春季摄生消息论”“正月修养法”“二月修养法”“三月修养法”。逐月修养法每月配有2张对应的“陈希夷二十四气坐功图式”。“肝神图”有状肝神之配图。其余心、脾、肺、肾各脏内容仿此（脾脏内容无逐月修养法）。

1128

调气炼外丹图经一卷 / 著者佚名：［1911］. -- 抄本. --24叶 / 一册

中国国家图书馆

提要：此书为道家调气练外丹功内容，首有叙文，强调“内丹成，则成仙悟道；外丹成，则健壮祛病延年。此功非八段锦或用力以至努伤运气之可比，唯以服气益神习劳健饭云尔。”书中有炼外丹功动作要领，分三套：一套凡十二式，二套凡五式，三套凡五式。每套各式有图和解析文字。全书抄写描画工整清晰，撰辑抄录者不详。

1129

易筋洗髓经六卷 / 著者佚名：［1911］. -- 清抄本. --52叶 / 一册. -- 半叶八行，行二十八字，框高26.5厘米，宽18厘米

山东省图书馆

提要：此书包括易筋经、洗髓经二经，论述其练功方式与方法，内含多张练功图，可供养生保健参考借鉴。卷一至卷五为易筋经，卷六述洗髓经。卷一包括“易筋经序、神勇序、海岱游人序”三序。卷二为论，易筋经总论、膜论、内状论、般刺蜜帝论、紫凝道人论无论。卷四、卷五痰论、功法，如下部行功法、行动禁忌、下部洗药法、余技、内状神勇、补状神勇；八段锦等，有拉、抓、揉、按、推八法图。卷六翻译洗髓经总序、洗髓经总义等洗髓经相关内容。

1130

诸仙导引图说一卷 / 著者佚名：［1911］. -- 清刻本. --14/ 一册. -- 半叶八行，行二十二字，白口，单黑鱼尾，四周单边

中国国家图书馆

提要：此书含道教十三仙人养生治病导引图说，其中有缺残叶，实存十二仙，即王玉阳散痛法、麻姑磨疾诀、张果老抽添火候图、陈自得大睡功、石杏林暖丹田诀、韩湘子治活人心形、昭灵女行病诀、吕纯阳任脉诀、孚祐帝君拔剑势、徐神祖摇天柱形、陈泥丸拿风窝法、曹国舅脱靴势。

各仙导引内容有做功动作图、主治病症、药方及歌诀四部分。

1131

欣赏修真一卷 / 著者佚名：［1911］．-- 刻本．-- 一册．-- 半叶十行，行十六字，框高 24.3 厘米，宽 17.9 厘米，白棉纸

北京中医药大学图书馆

提要：此书又名《希夷坐功图》，乃古人修真导引之书。开篇为"修真序后""目录"，正文依次为：修真要诀、引用诸书、五运六气枢要之图、六十年纪运图、四时气候之图、交六气时日图、五天气图、主气之图、客气之图、脏腑配经络图、经络配四时图、二十四气导引图像及坐功、治病说明、八段锦图像及说明。其中"二十四气导引图像及坐功、治病"为核心内容，将农历二十四节气分别配绘人物导引图，每图两侧注明所对应的月份、节气、六气主气、月令物候、手足经络、三阴三阳、五行六气等，背面附有"坐功""治病"文字说明。八段锦图像，目录称"活人八法图像"，为坐式八段锦导引图，每图右上角题导引名称，背面附有动作文字说明。

9.5 炼丹

1132

素问逸篇一卷 / （明）施沛（字沛然，号元元子、一鹤道人、笠泽居士）撰：［1644］．-- 明崇祯刻本华亭施衙啬斋藏板（见灵兰集）．-- 一册．-- 半叶九行，行二十字，白口，白鱼尾，四周单边，框高 21.2 厘米，宽 14.9 厘米

日本国立公文书馆内阁文库

提要：此书是明代施沛《灵兰集》初集中的一种。实际是道家养生类的书籍，与《素问》无关，乃托名之作。此书仅两篇，其一为"注源篇"，其二为"木征篇"。其中"注源篇"谈的是道家对人体生成及部分生理功能的解释，并推崇咽津养生。"木征篇"则是道家存神内照的描述。书中牵涉很多的道家修炼术语以及对内丹法的理论阐释。

1133

延年益寿外丹图一卷 / 著者佚名：1871.-- 清同治十年辛未（1871）刻本 1921 年印本．-- 24 叶 / 一册．-- 半叶十行，行二十四字，白口，单黑鱼尾，四周双边

中国国家图书馆

提要：此书首有"韦陀菩萨调气炼外丹图说注"，总说调气炼外丹必须具备的环境条件及行功、调气的具体动作技术要领，强调掌握诸要领，方可健身益气，强体耐劳。其后分设一套十式、二套五式、三套五式、尾式等各式图，每图附解析说明文字。据书首之"韦陀菩萨调气炼外丹图说注"一文可知，此书清道光年间曾有刊刻，同治十年重刊，板存琉璃厂厂桥东路，1921 年 5 月省非斋印行。

1134

金丹四百字解一卷 / 著者佚名：［1911］．-- 抄本．-- 29 叶 / 一册．-- 半叶九行，行十六字

中国国家图书馆

提要：此书名据卷端题。首有"金丹四百

字注序”云：“金丹四百字”乃宋紫阳真人成道后传其徒马处厚者，其文简净详明，其义深宏远大。包括“悟真篇”全部，“悟真篇”细论药物火候，“四百字”总撮其要。“余于乙未年夏，忽得之于道清髯翁之手，回环诵读，不忍释手，如获奇珍，不敢自私，随将前注另为添改，以助同人一萤之光。”正文首有“辨性情譬喻论”，其后于金丹四百字逐段发挥解析。书后有金丹四百字后跋。

10 医案医话医论

10.1 医案

1135

仓公诊籍一卷/原题（汉）司马迁编：[-91].--抄本.--27叶/一册

中国中医科学院图书馆

提要：此书又名《齐太仓公脉案》，系后人从《史记》中摘录医学史料编辑而成。书中记述西汉时期太仓长淳于意为人治病之记录，是我国现存最早的病例。此书共载25个病例，其中包括内、外、妇、儿诸科及死之病例的记录，说明仓公对病例记载的严肃认真和求实态度。

1136

丹溪医按二卷/（元）朱震亨（字彦修，号丹溪）撰 （明）戴思恭（字原礼，号复庵、肃斋）编：1405.--清同治五年丙寅（1886）杨鹤峰抄本.--103叶/二册.--半叶九行，行十八至二十一字，白口，无鱼尾，双栏，框高18厘米，宽12.8厘米，绵纸

苏州图书馆

提要：此书又名《丹溪先生治验医案》，系元代朱丹溪先生治验医案，后为门人戴原礼重为编辑，因戴氏授苏州王立方氏，遂在吴中流传。至清同治初年杨鹤峰从弟镜湖处手抄而来。主要内容分为风痛、风寒、寒热疟疾等38类，共载医案366条，其中不乏朱氏经验之谈，值得参考。书前有洪武丁巳春吴郡王行序，末有成化甲辰如月朏广东按察司佥事敕提字政前尚书仪部员外郎姑婿张习识，同治间杨恐庵识。

1137

莲斋医意立斋案疏二卷/（明）薛己（字新甫，号立斋） 叶崧疏：[1559].--清抄本.--二册

中国中医科学院图书馆

提要：此书又称《薛院使医案疏》，是对《薛氏医案》中《内科摘要》所记的200余案加以笺疏。全书共两卷，21类医案。各案后的疏语，即“崧疏”部分，精深有致，与薛案联璧，当属上乘之论。

1138

孙一奎临证录存医案一卷/（明）孙文垣撰：1573.--抄本.--86叶/一册.--半叶八行，框高24.5厘米，宽11.2厘米，竹纸

上海图书馆

提要：此书系孙氏临诊时，偶遇典型病例“其诊详，其脉备，其治法与用药悉录之。”孙氏医案甚富，但这些医案被遗于屉中，后被其孙辈发现，经整理重刊传世。“是案也，与残编钟选出，见其审病之精详，用药之异类，足为后人楷式”“固有残缺，取其意以补之，重录共存而百有十案”。考其书，为

孙氏医案之别本，其脉因证治与《赤水玄珠》各案如出一辙，持论精当，辨证灵活，按语平正，便于医家参考，可启迪后学。

1139

金沙王肯堂先生医案一卷/（明）王肯堂（字宇泰，号损庵、念西居士）撰：1602. --清抄本. --36叶/一册. --半叶六行，行二十四字

中国国家图书馆

提要：此书封题“金沙王肯堂先生医案”，卷端题“王肯堂先生笔麈”。内容首有邵麟武与王肯堂以问答形式谈如何读本草，后为王肯堂杂记习医、行医、制药等经历，末有清代医家陆懋修跋文，云：“余家旧藏损庵先生五种准绳，乱后散失，箧中惟存此《笔麈》一卷。则余于丙辰冬得之友人处，而族叔□谷为余录出者也。叔于庚申四月被难后不知所之，或云以为贼戕害。今读是卷手函如新，而叔之生死无从得实，盖不胜离乱之痛云。同治元年春懋修识。”已知王肯堂撰有《郁冈斋笔麈》四卷，今存世有明万历刻本，此以医学为主要内容的笔记性著作，或与之有渊源。

1140

新安程星海医案一卷/（明）程仑（字原仲，号星海）原撰：1621.--清抄本. --81叶/一册. --半叶八行，行二十五字，框高24.5厘米，宽13厘米

南京图书馆

提要：此书为追记式医案。卷端题“程仑原仲夫著”。此书脉因证治、理法与药分析较为简明，是著者回忆治验之案而成，案中所用之方颇具经方之风，其中亦载有一些急难重症，是一部较好的临证参考书。书末附有“摘录青岩从录一条”，题有“明王伟著”。

1141

冰壑老人医案一卷/（明）金九渊（字少游，号长鸣、冰壑老人）撰　吴天泰（字谧生）　薛行（字楚玉）　朱茂晖（字子若）等编：1641.--明崇祯刻本. --一册

安徽中医药大学图书馆

提要：此书又题作《金少游先生医案》，是辑录浙江嘉兴名医金九渊的74个病案而成。本案集有伤寒、内科、急症、外科、妇科、产科、儿科、痘疹等诸病，涉及浙江、江苏和安徽等地域的病人。医案书写文笔流畅，叙事简捷，理义通脱。

1142

两都医案二卷/（明）倪士奇（字复贞）撰：1644. --明崇祯刻本. --二册

浙江图书馆

提要：此书主要是著者在北京和南京的治疗案例。书中案例，首重脉诊，倪氏能结合因证，以三部九候等典籍学说予以阐理、详析。所治病证以内科杂病、女科疾患为主，兼治多科病证，且擅长“内痈”的诊治法。

1143

医纂不分卷/著者佚名：[1644]. --明抄本. --265叶/一册. --十四行，二十字或二十二字，白口，四周单边，蓝格

中国国家图书馆

提要：此书论述阴阳，辨析寒热、腰痛、肾虚等各病症内容；又有纂集历代名医治病案例；其后有“药性赋”，阐释“黄帝立论，神农理药，方分奇偶缓急，药按君臣佐使”等理论，并对黄芪、甘草、半夏等各中草药的性味特点、辨识方法等解析。此书曾经名家收藏，书中有清世宗之子弘晓藏书印记。此抄本抄写行字工整，每叶左侧上下有耳题，上题“医纂”，下题叶码。此书较残破，首叶残损不全。

1144

诊籍一卷/（清）朱世溶（字若始）撰：1673. --清康熙十二年癸丑（1673）刻本. --38叶/一册. --半叶九行，行二十字，白口，单黑鱼尾，四周单边，框高20.1厘米，宽14.6厘米

中国科学院国家科学图书馆

提要：著者朱世溶，字若始，清代人，据书前张士甄序文称，朱氏还曾编撰《伤寒删要》《医枢》，未曾付梓。此书内科有中风、伤寒、便溺、肿胀、疟、滞下、诸痛、眩晕、疝、大便不通、遗浊、痹、不得卧、不能食、疽、耳目口齿诸疾。妇科有杂症、胎前、产后之分。每案独立一段，简述其因症脉治，未详其方药剂量，颇似临诊随笔，内容虽少，但是为著者临证一隅所得，故有一定参考价值。

1145

素圃医案四卷/（清）郑重光（字在辛，号素圃、完夫）撰：1706.--清抄本. --二册

上海中医药大学图书馆

提要：此书卷一载伤寒治效，附丙戌续案；卷二载暑证治效、疟疾治效、痢疾治效；卷三载男病治效，附丙戌续案；卷四载女病治效、胎产治效，附丙戌续案。郑氏擅长内科杂病及妇产科疾病，辨证真，用药准，临证诊病不为拘囿，颇有创新。郑氏崇东垣、景岳，而黜河间、丹溪专事苦寒之偏。其言丹溪“引日月之盈亏，以喻阳常有余，阴常不足，遂印定后人耳目，专事苦寒以伐真阳”，故撰此医案，“以尊《内经》之旨，补专事苦寒之偏”。书中治方以温补见长，所载医案，得姜、桂而起者甚多，但并无偏执。

1146

何嗣宗医案一卷/（清）何炫（字令昭，号嗣宗）原撰　郑莲山编：1722. --稿本. --56叶/一册. --五行，十六字，框高14.4厘米，宽8厘米

苏州市中医医院图书馆

提要：此书共收录何氏8个完整的医案，涉及“痰饮”“咳嗽”“呕吐”“呕吐吞酸”“泄泻”“劳伤”“食积”“不寐”“惊痫”等病症，脉案说明清晰，分析透彻，抄录工整。每案中复诊次数较多，且每次复诊均有一定评价议论。此书系郑莲山之誊清稿本，上海中医药大学图书馆有1925年抄本。

1147

东皋草堂医案一卷/（清）王式钰（字仲坚、翔千）撰：1722. --清康熙刻本. --一册

安徽中医药大学图书馆

提要：此书是以病为纲、以案为目、挟案挟论式的医案。从第一个寒证到最后的疳证，共43个病症，把案例分列其中。书中还附有4则论述：三阴传中直中辨、七损八益论、用药不可太过辨、幼科论概。

1148

南阳医案一卷/（清）叶桂（字天士，号香岩、上津老人、南阳先生）撰：［1746］．--清徐康抄本．--86叶/一册

南京中医药大学图书馆

提要：此书为叶天士医案集录，由徐康（子晋）抄录。全书无序言、目录，分为“春温”“夏暑”“冬温”“疟疾”“痢疾”“泄泻”“痰饮、咳嗽、水气、肿肥”“黄疸”“痈疡痔漏”“痘疹”等病症。书后有2则跋，一为徐康，一为徐熙盟。徐康称：此书得之于金荫雪之传抄。徐熙盟言：“此书为《叶氏医案存真》讷入，已刻于道光元年，但原书版已遭劫，无有存者，（金）荫雪抄于未刻之时。”故弥足珍贵。

1149

管见集不分卷/（清）徐大椿（一名大业，字灵胎，号洄溪道）辑著：1764．--清乾隆二十九年甲申（1764）稿本．--301叶/四册．--竹纸

上海图书馆

提要：此书载医案近200案，以叙述内科杂证病案为主，外伤、妇幼、五官科病案次之。每案论述病因、证候、脉义等项；次述用药法则，徐氏注重四诊合参，辨证论治，且善于化裁古方，活法圆通。每方组成、主治、炮制、服法俱全。

1150

苏州薛生白先生医案一卷/（清）薛雪（字生白，号一瓢、槐云道人、磨剑道人、牧牛老朽）撰：［1764］．--清抄本．--38叶/一册

中国国家图书馆

提要：此书与《吴门缪方彦先生医案》《叶天士先生医案》合抄订为一册。封面题“三家医案摘抄，缪方彦、薛生白、叶天士，为良手录”。薛氏医案抄录有约80个案例，每一案例不题病家姓氏年龄，只述病症、析病因、开药方。已知今存世有《叶薛缪三家医案合刻》清道光十一年、十二年、十六年等多个版本，每个版本现存多部，此摘抄本或从合刻本出。

1151

赤崖医案不分卷/（清）汪廷元（字瓒禾，号赤崖）撰：1782．--清乾隆四十七年壬寅（1782）刻本．--二册

浙江省中医药研究院图书馆

提要：此书又名《新安医案》，系将《新安医案摘录》和《广陵医案摘录》集于一书，共两册。此书编撰体例新颖，不以病种分门别类，而是以每案的主病主治和治疗经过的缩语为目次，如“张子春兄时热津血枯涸将绝危候”“吴渭川翁肿满奇症愈后复病误治”等，十分醒目，引人入胜。此书所选医案多系重危和疑难病症，读者不仅能从书中窥得汪氏临证诊治危重和疑难病症的经验，而且还能领略其理法方药运用的独到之处。

1152

续貂集二卷/（清）张正文（字含英，号桐溪钓叟）撰：1790. --清乾隆五十五年庚戌（1790）序刻本. --一册

中国中医科学院图书馆

提要：此书著者将生平治验精华，以医案形式论病用药，漫成一帙，自谦书名为“续貂集”，文笔凝练，成书之际已是85岁高龄。此书卷上40案，卷下45案，共85则医案，主要是内科、妇科和儿科医案。书中以病家主证立案，并为标题。所书之案多系危重症，乃至死证、痼疾、急证；有因疗效绝佳，或案主辨证有独到识见入案者；也有本属死证，纵然辨证详明方药合宜，患者仍是死亡的病案。著者主要采用顺叙式先案后论的记案方式，也有夹叙夹议者。此书医文双举，文笔精炼畅达，是一部医话式的医案。

1153

陈氏医案一卷/（清）陈念祖（字良友、修园，号慎修）撰：[1800]. --清光绪三十二年丙午（1906）成都多文会刻本. --28叶/一册. --半叶十行，行二十六字，白口，单黑鱼尾，四周双边

中国国家图书馆

提要：此书节录陈氏自记医案15例，每一案例详述病人症状及诊治用药过程。书末记录药方11首，即四神散、壮真五和丸、栀子汤、顺气养荣汤、滋肾饮、畅卫舒中汤、加减补中益气汤、越鞠汤、肠中汤、畅卫豁痰汤、和中畅卫汤。此书与清初高世栻撰《医学真传》合刻为一册。书前65叶为《医学真传》，后28叶为《陈氏医案》。

1154

王九峰医案二卷/（清）王之政（名明泾，字献廷，号九峰）撰　蒋宝素（号问斋）编：1813. --清抄本. --一册

上海中医药大学图书馆

提要：此书上卷载时邪、霍乱、咳嗽、吐血、疟疾、痰饮、喘促、黄疸湿热、肿胀、关格、宿食、积聚等病案234则，下卷载肝胃病、少腹痛、蛔虫病、虫积、阳痿、疝气、遗精及妇科诸疾等病案228则。全书共462案。此书辨证详明，说理透彻，脉理精细，用药沉实，且于古法发挥体会甚多，有一定的临床参考价值。

1155

九峰脉案二卷/（清）王之政（名明泾，字献廷，号九峰）撰：[1813]. --清抄本. --二册. --框高26厘米，宽14厘米

中国中医科学院中国医史文献研究所

提要：此书由不知名人捡得九峰医案二本，回忆整理而编。卷一包括中风、肝风、眩晕、关格、哮喘等26种病症。卷二包括三消、泄泻、便血、溲血、七疝、心腹痛、腰痛等22种病症。每案论述均由主证和方药组成。

1156

孙氏医案六十八卷/（清）孙起舜纂述：[1817]. --清嘉庆二十二年丁丑（1817）抄本. --555叶/二十册

山东省图书馆

提要：此书共二十册。第一册适所作序一篇，且附有“翻译西洋国夷医种牛痘原说”一篇，及“引痘略”，阐种痘之理，述种痘

之法，及各痘具体操作步骤、实施器具、施术部位及注意事项。第二册至第二十册为正文，共计六十八卷。或以形体官窍、五脏六腑之疾分类，或以病症之名分类，涉及外感、瘟疫、内伤诸病，遍及内、外、妇、儿、五官诸科，均以脉案式记录方法，述案简洁明了，不落窠臼，对于中医临床医学有较高的参考价值。

1157

名医类案约编三卷/（清）梅浛（号伴梅主人）编：1819. --清光绪五年己卯（1879）刻本. --54叶/一册. --半叶十行，行十九字，白口，单黑鱼尾，框高19.2厘米，宽13.4厘米

广州中医药大学图书馆

提要：此书卷端题“明篁南江瓘纂，伴梅主人梅浛编”，共三卷。卷上包括胎毒、脐风、咳血、盗汗等医案，卷中包括惊悸、怔忡、中酒、腹痛、心腹痛、下血、泄泻等医案，卷下附痢疾、胎惊、五软、语迟行迟、疮等医案。不同病名载有医案一则或几则。后附树惠不瘥补遗。

1158

叶天士曹仁伯何元长医案三卷/（清）叶桂（字天士，号香岩、上津老人、南阳先生） 曹仁伯 何元长原著：1821.--清抄本. --三册

上海中医药大学图书馆

提要：此书为叶天士、曹仁伯、何元长医案的合集，现存石岑抄本。此书首卷为《叶氏医案》，载春温、夏暑、冬温、疟疾、痢疾、泄泻、痰饮、喘咳、肿胀、水汽、黄疸、痘症、痈疡、痔瘘等378案。其中近一半为外感热病医案，体现了叶氏对外感热病的治疗经验和临证心得。次卷为《曹氏医案》，载有曹仁伯治疗胃脘痛、胁痛、久痢、噎膈、痿症、小肠气、乳痈及外感温邪、风温等各类验案70则。曹氏重视病因病机分析，强调病人体质、饮食等生活习惯对疾病发生发展的影响。卷三为《何氏医案》，载有何元长治疗中风、肝风、呕吐、吐血、虚劳、胸痹、泻痢、便血、遗精、淋浊、肿胀、黄疸、哮喘、痹症、痞块、不寐、三消、痫症、眩晕、头痛等各类病案计303则。每案寥寥几十字，只录最能体现病因病机的主要症状。此书反映了清代三位著名医家的诊疗特色，如叶氏辨证精审，曹氏剖析深刻，何氏案语简洁，用药轻灵，具有较高的文献研究和临床参考价值。

1159

奇病录三卷/（清）徐锦（字炳南、澹安）撰：1832. --清道光二十年庚子（1840）心太平轩刻本. --36叶/一册

南京图书馆

提要：此书为疑难病杂录著作，分为上、中、下三卷。上卷详述人生卵、血鳖崩、无病斑、羊毛瘟、浑身虱痒、三年不寐、冷热气、爱闻臭、寐能溺、灸鬼哭穴、胁痛猝死、战汗盈石、乐死、发血等奇病证治，卷后附疫疠喉痧2则，放痧10则；卷中、卷下记载嗽吃醋、耳中语、刀豆子治不寐、井水止痢、藿香止痢、西瓜解呃、六味治嗝、鳝鱼治嗝、噎嗝用下、喉痹垂死、喉风刺吐、肚痛丸、衣中火、夜游神、

五载生儿、麻叶毒、假首乌、桂花瘴、解鸦片烟毒等奇法治病，共19则。

1160

林佩琴先生医案不分卷/（清）林佩琴（字云和，号羲桐）撰：1835.--清抄本.--二册

上海中医药大学图书馆

提要：此书封面即出目录，第一册为中风、伤寒、温邪、热病等外感病证9种；第二册主要为虚损、肺痈、肺痿、哮、喘、痰饮等内伤杂病17种。林氏论述病证，均详辨证型以施治。认为正月伤寒“非麻黄汤腠理不开”，初春伤寒“宜表里分解”，冬季伤寒“用葛根汤”。所载医案皆未注明患者姓名，仅以“高年”“弱冠”“老年”“积年”“少年”“六旬”“年四十”等区别。林氏还重视早晚用药有别。如治虚损，证见寒热咳嗽、忧思烦扰等，“早服归脾汤加柏子仁，晚用都气丸加杞子、白芍、枣仁、贝母”；治童损，“早用补中益气去升麻加茯苓、枣仁、小麦，晚用六味汤去萸加白芍鳖甲五味”。此书详辨病证，载方剂型多样，注重服药时间等学术思想与临诊特色，值得借鉴。

1161

吴鞠通先生医案不分卷/（清）吴瑭（字配珩、鞠通）撰：［1836］.--清抄本.--484叶/四册

中国国家图书馆

提要：此书四册，每册首有目录，分列各种病症，后为医案内容。第一册含中风、瘛疭、肝风、肝厥、胁痛、肝痈、癫狂、虚劳、吐血等18症，计医案97例；第二册含暑温、伏暑、湿温、中燥、疟、冬温、伤寒等7症，计医案68例；第三册含头痛、胃痛、脾胃、噎食、呕吐等14症，计医案92例；第四册含妇科8症、儿科8症，计医案89例。每一案例内容记述详明，有患者姓氏、性别、年龄、症状及诊治用药换方过程，以及对医理的阐释、对患者症状的具体描述。

1162

竹亭医案九卷/（清）孙采邻（字亮揆、竹亭）撰：1844.--清稿本.--八册

上海中医药大学图书馆

提要：此书又名《缀珠编》。清代医家孙采邻原撰，程定治（济霖）、金传勋（继文）与侄孙兰生（芳田）、孙庆生（景刘）以及男孙鹤生（于九）、凤生（茂常）合校此书。孙采邻，字亮揆，又字竹亭，祖籍崇川（今江苏南通），清代名医，精理内外大小各科，尤于妇人科见长。此书前六卷多为内科杂病，后三卷为女科专病。每卷前均附目录，目录编写特点之一，即与今之主诉较为相似，由患者名与最主要症状组成；另一特点是分别在各条目录之上标注一至五个圆圈不等，实为著者以区别病证之轻重，并在正文列案时标注序号一至五，与目录圆圈个数相符，使读者能一目了然地把握该病的轻重缓急。书中涉及的病证丰富，既有常见的感冒咳嗽、咽痛嘶哑，亦有瘰疬痧痘、霍乱吐泻等危重症，多数病案记载病情复杂，多种症状交织；还有痼疾日久、感邪复发的慢性病医案。所录医案多有复诊，详细记录病证的发生发展、

治疗经过、疗效转归等，对于整个疾病变化及治疗有较完整的认识。书中偶有眉批按语，对医案略做补充或点评，也有一定的价值。

1163

金燮堂方案一卷 / （清）金燮堂撰　王霖（字新之）辑：1850. -- 清光绪三十一年乙巳（1905）留耕堂抄本. --22 叶 / 一册

成都中医药大学图书馆

提要： 此书前有王霖序。金氏精于女科，此书主要内容为经期不准、痛经等26种病症，列经水、胎产、杂症3类，90余案例。每案由病因脉证、理法方药组成，言简意赅，明理易读。

1164

沈俞医案合抄不分卷 / （清）沈尧封（字又彭）　俞震（字东扶，号惺斋）撰　王文镕编：1850. -- 清抄本. -- 一册

上海中医药大学图书馆

提要： 此书为清代两位著名医家沈尧封与俞震的医案合撰。沈又彭，字尧封，浙江嘉善（今浙江嘉兴）人，具体生卒年代不详，三十岁起专心医术，治病多效，著有《医经读》《伤寒论读》等。俞震，字东扶，号惺斋，生于1709年，卒年不详。浙江嘉善（今浙江嘉兴）人，著有《古今医案按》十卷。此书由王文镕编写，成书于清道光三十年（1850）。此书共载医案191则，其中沈案85则，俞案106则。内容涉及内、外、妇等各科21种病症，每症下细分数则不同证型案例，辨证施治尤为详细。沈、俞两人为同时代、同地域的名医，学术风格相近，所撰医案清晰明了，制方轻灵是其共同特点。

1165

邵氏方案六卷 / （清）邵炳扬（字杏泉）撰：1850. -- 清抄本. -- 六册

上海中医药大学图书馆

提要： 此书为清咸同年间吴中（江苏）名医邵炳扬医案方药集。全书分礼、乐、射、御、书、数六卷，载内、外、妇、五官等各科病症70种，每种病症下列病案数则。礼卷载虚劳、表虚、咳嗽、痰哮、音闪、失血6种；乐卷载头痛、目痛、鼻渊、咽痛、牙痛等痛证11种；射卷载胃寒、蓄血、痫、不寐等内伤杂病10种；御卷载病症12种，有黄疸、疝气、便闭及各种痢疾，包括白痢、红痢、休息痢等；书卷载痔、痈、疹、癣、疮、疔等外科病症17种；数卷载病症14种，涉及火毒、女科、温病及疟病，如丹痧、流火、春温、湿温、伏邪、冬温、间日疟、少阴疟等。除首卷礼部药物剂量完整，其余五卷，仅部分药物标明剂量。从其用药可见，所治病症大多以江南一带多发病为主，临床辨证施治受温病学派影响较深。

1166

李氏医案五卷 / （清）抱灵居士撰：1850. -- 清道光三十年庚戌（1850）德良氏抄本. -- 五册

中国中医科学院图书馆

提要： 此书五卷，诸卷分门立案。各卷之书，依“五常”之仁、义、礼、智、信名标卷部。卷一仁部，卷二义部，皆内科案。

卷三礼部，为妇科。卷四智部，为妇科、幼科。卷五信部，为痘疮麻疹及眼目病。五卷之五部，共计病证147门。每门下有数案，各案独立成段落。此书特点：一是重视急重危症和疑难症；二是辨证殊重脉诊和舌苔；三是选方应证，接方功笃；四是加减用药，理据严明；五是眉批之语，最为至道精要。

1167

医案集存二卷／（清）徐娱庭撰：1853. ——清咸丰三年癸丑（1853）稿本. ——144叶／二册

中国中医科学院图书馆

提要：此书为徐洄溪之曾孙娱庭之脉案，文清（少娱）于咸丰三年，加以归类编次而成，前有韵岩之序及门人陆某跋语。此书全二卷，包括内、外、妇、儿诸科病症66种，载方200余首。先论病源、病症，次析病情，最后随证处方。徐氏诊疾，善从整体出发，注重四诊合参，认为饮食起居及情绪诸因素，均与疾病有密切关系，应仔细辨证。提出治病不应专用汤药，对针灸、按摩等法，亦应随证灵活运用。

1168

虞山曹伯汤寅三先生医案一卷／著者佚名：1859. ——清抄本. ——75叶／一册

南京中医药大学图书馆

提要：此书为曹伯、汤寅等医家临证脉案合编，曹氏医案略加分门，而汤氏未分门类。全书无序跋，显是后人抄录整理而成，脉案条理清晰，用方精当，具有一定研究价值。

1169

醉花窗医案一卷／（清）王堉（字蓉塘，号润田）撰：1861. ——清翰宝斋抄本. ——100叶／一册

中国国家图书馆

提要：此书以笔记形式，记述了著者所治验的医案，不分卷，不分门，随治随验随录，内容叙述较为清晰，治疗思路及选方用药有一定参考价值。此书扉页题“醉花窗医案作者王堉，字蓉塘，号润田，清山西介休人，中医研究院耿鉴庭大夫，曾加考证，撰有‘善本医书经眼录——醉花窗医案’一文，载《中医研究通讯》一九六二年第五期”。

1170

记瘥原委录一卷／（清）李万清等撰：［1868］. ——清抄本. ——13叶／一册. ——半叶六行，行二十字

中国国家图书馆

提要：此书为病案记录。经折装，上下木夹板，上夹板贴签题“记瘥原委录”。全书文字不多，通篇记录病者从患病到治愈的20天过程。首云：“戊辰四月欠安，痊愈后，李万清、李德立、张承业谨将爷染恙因由，见症形状，转变治法原委集录。”其后从闰四月初二至四月二十日，针对病人身体状况，逐日详录实施诊治、用药及疗效情况，实为一诊病案例。楷书抄写精整，装帧考究。

1171

纪效新书二卷／（清）黄堂（字云台）撰　黄寿南（字福申、沁梅）编：1870. ——抄本. ——二册

中国中医科学院图书馆

提要：此书是黄堂的临诊记录，后又经黄寿南整理校注誊录而成。全书分上下二卷。卷上列时邪、中风、肝风、肝胃、虚劳、外感咳、内伤咳、痰饮咳、肺痈咳、肺痿咳、吐血衄血、便血溺血、疝气、积聚、肿胀、噎膈反胃、痰火痫厥、胸痹等18门。卷下列疟、痢、泄泻、大小便闭、呕吐、嘈杂、呃逆、自盗汗、汗脱、疸、痿痹、调经、带下、崩漏、胎前、产后、遗精淋浊、消渴、不寐、喉咙、鼻渊牙宣耳目疾、幼科虫积、外科等22门。此书内容以内科杂病为主，每门医案以脉案式方式书写，脉案夹叙夹议。此书是清代医学家黄堂存世的唯一著作，作为著者临证中精选治验的类编脉案，不仅叙理清晰，用药用方灵活，而且重视治法在临证中的选取，对于中医临床实践颇具参考价值。

1172

世济堂医存二卷／著者佚名：1870. -- 清抄本. -- 二册

上海中医药大学图书馆

提要：此书著者佚名，无序跋，有目录，但具体内容较少。上卷列中风、肝风、乳岩、虚劳等12种病症，下卷列胃痛、疟、痹、黄疸等22种病症。下卷正文中的便闭、调经、带下、胎前、产后5症，目录未载。此书病案撰写完整，理法方药悉备，如治疗“咳嗽失血”，内热咳嗽，举动头晕，中虚气不归根，用党参、麦冬、川贝、首乌、橘红、蛤壳、沙参、丹皮、牛膝、桑叶、红枣等；原气素虚，挟温邪咳血，缠绵不已，下午身热，脉数神倦者，用党参、丹皮、牡蛎、白芍、麦冬、橘白、茜草、藕节、川百合等；蓄血妄行，体倦脉软，神色萎黄，宜从心脾肾调理；久嗽中虚，恶寒内热者，保肺育阴；肝胃热郁，络伤咯血，法以清理疏肝；久呛不止，肺虚肝火上冲，法以保肺疏肝；内蕴暑邪，咳痰带血，六脉洪大不柔，补阴剂不宜早服；咳呛秽痰带血，右脉弦数，由气郁络伤，肺金交克，冬至已近，须开怀调养；烦渴咳呛失血，两膝痿软，乃膀胱之气下陷，津液不上承，宜玉女煎佐以固摄；少阳热郁，肺气不利，脉不柔软，法宜清润；气郁络伤，失血膈胀，肝失所养，恐侮土成胀法，以归脾佐以疏郁等。此书遣方用药灵活多变，治病不限用药一途，调畅情志、生活摄养亦常常采用。

1173

临证医案不分卷／（清）施德懋撰：1873. -- 清同治稿本. -- 395叶／九册. -- 半叶十二行，行十一字，框高13.1厘米，宽18.5厘米，第七、九册有界栏，框高11.1厘米，宽5.5厘米

中国中医科学院图书馆

提要：此书为临证医案汇编。每册先列所治疾病目录，既有对某个疾病的分析，包括常见病因、症状、方剂、用药、针灸等，也有从心肺、心包、肝胆等脏腑的角度论述常见疾病的症治；对节气更替与疾病的发作、治疗等关系亦有提及，对外邪等致病原因亦辟专章论述。后多为具体病案，其中症状记录详尽，病因、症状、病机均有分析，具体方药、相应功效、加减用药、对个别增添之药物亦有功用解说，并于每页左下角录有疾病名称，方便查找。第九

册书法与前几册迥异，笔迹较细，病案记录较前简单，后附有药物别名表，逐月作灶之宜忌。

1174

医学心传历年医案二卷/（清）王明德（号築溪居士）撰：［1875］. --清末刻本. --一册

中国中医科学院图书馆

提要：此书为《医学心传》之《历代医案》，以医案、医论为主。从内容与编排来看，既未刻意以疾病类案，也没有严格按经治时间为序排列，而是将医案与医论夹杂而叙，各立标题，类似临证随笔。全书两卷，具有两大学术特点：医案、医论、医方紧密结合；广求治法，不守一家之言。

1175

寸心知医案四卷/（清）孙廷问著：1878. --清抄本. --一册

上海中医药大学图书馆

提要：此书四卷，共记载病案168则。卷一计31则，卷二计30则，卷三计68则，卷四计39则。以内科病症为主。另含眼科8案，鼻科3案，耳科5案，妇科2案，外科2案，齿科1案，散见于各卷之中。此书四卷分别为不同人整理，在每卷目录后正文前均有详细注明。各卷目录属同一体例，均由病人姓名、病证名称及方论所组成。每一病案前均详细记载病人姓名，而后全面论述病人的证、舌、脉。论病深刻，详细全面，之后列出方药，每一味药均注明剂量。此书有三个特征：其一，记载病案及论述详尽周到；其二，用药灵活，多种剂型并用；其三，治病善于调理，特别擅长使用血肉有情之品，如阿胶、鹿角胶、龟板胶、鳖血等。

1176

马氏医案存真二卷/（清）马讷人著　钟蟠根（字愚泉）　曾维坤（字云洲）参校：1878. --清刻本. --36叶/一册. --半叶九行，行二十一字，框高14.2厘米，宽10厘米

浙江省中医药研究院图书馆

提要：此书无序有跋，不分门类，诸案记述，有病状病形阐述，最后出治方。上卷为《马氏医案》，并附祁案、王案，计25则；下卷20则。

1177

朱怀刚医案四卷/（清）朱费元（字怀刚，号杏村）撰：1887.--清抄本. --一册

上海中医药大学图书馆

提要：此书卷一为首部，论述头面部疾病，包括耳、舌、顴、牙、口、发等部的痈、疔、疽等30种病症；卷二为咽、喉、颈、项部疾病，包括喉风、咽痛、乳蛾、喉痈、脑疽、颈疽等20种病症；卷三为上下身内痈部，涉及蜂巢疽、发背、缠腰火丹、少腹疽、膀胱疽、吹乳等35种病症；卷四为手足发无定处部，论述漏肩风、肩疽、鹤膝风、鱼肚疽、臁疮、疔疮等40种病症。医案之后，朱氏还对疡科相关的学术理论进行阐发，认为元气乃决定人生死存亡的根本，体现出朱氏重视元气的思想。对病证记载详略得当，部分病症后有“覆”“再覆”“三覆”。然方剂则仅论述其

用药组成，未标注药物剂量。对病症的临床表现及治法治则记载详细，如耵耳“祛风散邪为治”、上腭痈“清润为治”、背疽毒“补中益气东垣成法可遵”。最后附“大头瘟”“蛤蟆瘟”两证。

1178

何鸿舫曹智涵方案真迹一卷/（清）何长治（字补之，号鸿舫、横柳病鸿） 曹智涵撰：1889. --稿本. --86叶/一册. --框高23.5厘米，宽13厘米

苏州市中医医院图书馆

提要：此书系处方原件粘贴装裱，装订成经折装。

1179

重古何鸿舫先生墨迹一卷/（清）何长治（字补之，号鸿舫、横柳病鸿）撰：1889. --清稿本. --36叶/一册

中国中医科学院图书馆

提要：此书是何鸿舫先生的墨迹汇编而成。何鸿舫先生乃晚清著名医家，原名昌治，后改长治，字补之，为江南何氏医学世系第二十一代医。幼从居士姚椿习古文，为太学生，工诗善画，尤精书法，性情豪迈。以家传兼后学，识验俱富。擅内科、外伤病，家设寿山堂药店，常备药罐炭炉，免费以助病家，贫无药资者并给药，誉满江南。此为先生日常诊病之病案处方记录，有简要的症状、舌脉、病机分析、饮食禁忌等记述。方药最后多“加枇杷叶”等，可见先生善用药引。此书并非零散处方之集合，而有多次复诊记录，比如病者“兰弟”前后六次复诊，历时近两月，有较好的临床参考价值。全本均以毛笔行书，因是日常处方，或稍欠工整，但字体隽秀，书法功底甚厚，具有一定的艺术价值。

1180

何鸿舫先生手书方笺册不分卷/（清）何长治（字补之，号鸿舫、横柳病鸿）撰：1889. --稿本. --338叶/五册

中国中医科学院图书馆

提要：此书乃何鸿舫先生手书处方集成，全书五册，据其五世孙何时希先生癸丑年（1973）谨记，第一册60叶，大约是18岁至34岁之间的处方；第二册50叶，大约是35岁至47岁的处方；第三册45叶，大约是48岁至50岁的处方；第四册80叶，大约是53岁至55岁的处方；第五册78叶，大约是56岁至68岁的处方。此书处方以毛笔行书写成，左下角有长条形红色印章，多为“何鸿舫诊”字样，亦有“何书田子鸿舫诊”。第一册所记载病案，病情描述较《何鸿舫先生墨迹》简单，寥寥数言随后记录处方用药，体现了较高的中医理论修养，对于血吸虫病引起的鼓胀，主张治在肝脾，法重温疏。部分有复诊记录，临床价值较高，但对药后疗效记载不够，方后习惯加药为引，每方用药12味左右，差异不大，十分整齐美观。第二册前附有鸿舫公门人名录。第三册和第四册处方左侧均是圆形签章。第四册中有部分处方有竖行格。第五册是花瓣形签章，左侧有“门人青浦曹伯荣，宝山蒋仲韬，长子虚白侍诊”印章。

1181

冷吟医验录一卷/（清）沈焯（字研芗）原

著　席钰（字玉华）编次：1889. --抄本. --18叶/一册. --半叶八行，行十六字，无界栏

苏州市中医医院图书馆

提要：此书又名《冷吟医验偶抄》，不分卷。扉页书“己丑季夏，冷唫医验录，怀真庐藏”。卷首题“冷吟医验偶钞，笠泽沈焯研芗一号南村著，男沈埻銉甫，及门徐耘云来钮彝生心恬同辑”。末有“上章困敦（1900）病月日躔大梁之次，荆人席钰玉华女史”跋。全书仅有医案十几首。其医案已非诊治原录，夹杂论说。席钰跋称：“论病用药，井井有条。病万变，药亦万变。其见识超卓，文情排宕，反覆引喻，意到笔随，盖读书十年，折肱三次，竟不顾俗眼惊也。”原书系草稿，未加诠次，席钰为编次，辑为一卷。但跋中称“得数十首”医案，其实并无如许之多。然论病用药，确有见解。

1182

退庵医案一卷/（清）凌淦（字仲清，号砺生、退庵）撰：[1890]. --清光绪十六年庚寅（1890）上海枕石斋本抄本. --一册

上海中医药大学图书馆

提要：此书记载医案30则，理法齐备，施治得体，或恪守成法而取效，或别出心裁以奏功。其中6则咯血医案诊治最具特色。一是辨证细致，治法丰富。凌氏诊治用药善于结合病人的病史、体质及时令特点，体现中医学的整体观念和辨证思想。如案十二载病人咯血，“前年偶有忧虑之事，适从高坠下”，凌氏辨证乃络中有瘀，病关于肝，遂以旋覆花汤辛润通络，又因患者“素体有湿”“阳气遏塞”，病在于肺，而参用《千金》苇茎汤。凌氏对咯血的治法丰富多样，异彩纷呈，如清火、潜降、消散、滋养等。由于病机错杂，往往数法并用，随证施法，圆机活泼。二是先标后本，去邪存正。凌氏辨证以辨标证为先，治病以祛邪为要。如案四，初诊时，病人面色晄白，脉细数，此系阴分素亏，然“咳呛多痰不爽，咯血色紫，舌起红点。此肺胃郁热不能宣通之故”，遂“先宣通肺气”，除暴安良。二诊以后，邪热渐消，转从降火滋阴涤痰为治，标本兼顾。三是画龙点睛，善用药引。凌氏用方喜入药引。如案二，病人“肺胃留热，且有心火”，以鲜藕汁冲服。鲜藕甘寒，清热生津，凉血散瘀，对咯血之实热证颇为适宜。又如案二十四，病人血热妄行，病势急暴，嘱服童便一杯，“童便尤能自还神化，服制火邪以滋肾水，大有功用（唐宗海《血证论·吐血》）”。

1183

雪蕉轩医案十卷/著者佚名：1890. --清光绪十六年庚寅（1890）抄本. --十四册

中国中医科学院图书馆

提要：此书案主佚名，由门人陈钟元和其子元琦同校。全书十卷。卷一为内科，列中风、偏枯、眩晕及耳、目、鼻、牙等24种病症，每病症下皆有数案。卷二内科，列喘、脱等26种病症。卷三内科，列遗尿、疝气、温病、斑、疹等25种病症。卷四内科，列复病、痰、虫等，也包括妇人病之经、带、胎、产前、产后等共24种病症。卷五外科，列头痈等18种痈。卷六外

科，列胎毒疽、脱疽等19种疽。卷七外科，列额疔、红丝疔等10种疔。卷八外科，列喉风、舌疳、牙痈等23种病症。卷九外科，列瘿瘤、骨瘤、广疮、黄水疮、大麻风、紫癜风等33种瘤、疮、风。卷十外科，列眼癣、耳菌、火丹、肾岩、胎毒、胎癞等37种杂症。

1184

王应震要诀一卷/（清）王应震著：1892. --清光绪年间抄本. --一册

上海中医药大学图书馆

提要：此书载录“王应震先生四十四字要诀”“脉法”“伤寒赋”“汤论”及“脉案”。扉页右侧署“光绪着雍阉茂岁次重订”字样。“王应震先生四十四字要诀”，以四言歌诀形式论述治则治法、诊脉方法、脉象描述等，如“理固润涩、通塞清扬”等，后再对诸字以七言歌诀形式加以阐发，如“润”字条，著者阐述为“肺为华盖去皮毛，金体由来畏火销，便燥皮枯津液涸，滋营润燥有功劳”。在七言歌诀基础上，著者又进一步详细讲解，这是书名取“要诀”的原因所在。“脉法”论“寒症脉法”“热症脉法”“虚实症脉法”和“虚损辨症脉法”。“伤寒赋”凡400余字，论述伤寒的治则治法、主要脉证。“汤论”记述5首经验方，分别为“和荣解表透肌汤”“清解风热保肺汤”“透发痧疹邪毒汤”“调养脾阴汤”和“补火生土汤”。“脉案”记载医案23则，除3则妇科病案外，其余皆为内科病案。书末另附“云间程氏绍南先生医案”，内科、妇科医案共87则。附文的书法、纸张与正文明显不同，且文中有川沙、浦东等地名，而川沙1912年始设县，据此判断，所附《云间程氏绍南先生医案》系民国所抄。此书核心部分是“四十四字要诀”及其阐发，正如书中所言“以上四十四字乃王应震秘传，医中之精髓。明足以察秋毫之末，朝夕玩索，自能得之于心，而应之于手”。另外，书中还抄录“王应震示子孙慎医歌”一首长诗，其中有“效法古方毋固执，常变相临辨要真，果能造到逢源地，信手拈来总是春”的语句，可以看出这位清代医家的胸襟和气度。

1185

沈安伯医案不分卷/（清）沈焘（字安伯，号平舟）撰：［1894］. --清抄本. --215叶/六册. --半叶十一行，行字不等

中国国家图书馆

提要：著者沈焘，字安伯，号平舟，清嘉道间吴郡（今江苏苏州）人。祖父沈心伯，乾隆年间名医。沈焘承家学，又从尤怡学，治病多机变，善于调理，清中叶盛名于吴中。全书六册。第一册首题“沈安伯先生著”，第二、三、四、六册分别有篇头题名“紫来堂方案，吴郡沈安伯先生著，后学绳之王祖庆抄录”，第五册有“附曹仁伯先生诊”。据此可知，此书为沈焘弟子王祖庆辑录。书品较好。此书凡中风、痿痺、失血咳呛、痰饮喘哮、咳喘、淋浊尿血、遗精滑精、疝气、交肠、痔血肠红、血瘀、脱肛、自汗盗汗、春温、风温、湿温、暑湿、伏邪、风燥、冬温、疟疾、泄泻、瘾疹、怔忡、痉厥瘛疭、内伤头痛、牙衄牙宣牙痛、鼻衄鼻渊、目、耳、肩臂痛、腹

痛、腰痛、百合三消、经带、倒经、崩漏、胎前、产后等39门类，记述整理医案1000余例。每一案例记有病人姓氏、病症特点、分析病因、据症开方。

1186

诊视要编二卷附医学熟课一卷／（清）李桂庭（字东瑞）撰：1896.--清光绪二十二年丙申（1896）稿本.--253叶／三册.--半叶八行，行二十三字，框高18.2厘米，宽10.9厘米

中国中医科学院图书馆

提要：此书全二卷，附一卷。正编以内、外、妇、杂分为四部分，内集32案，妇科48案，外集42案，杂症39案，但每一部分未以病证具体加以分类，且外集收载病案系指伤寒、温疫、霍乱等外感热病，并不涉及中医外科内容。附篇为著者课徒所用解案示教之作，已经门人弟子整理，本人厘订，且对前篇中精验，有价值之案曲尽其详，复加评议，颇具启发性。

1187

倚云轩医案医话医论不分卷／（清）方仁渊（字耕霞）编：1899.--清光绪二十五年己亥（1899）稿本.--七册

中国中医科学院图书馆

提要：此书共7册，包括医案2册、医话3册、医论2册，是著者手稿。《倚云轩医案》包括外感寒热、内伤杂病、妇科疾患等18个门类的220则医案。《倚云轩医话》内容丰富，有记述当世医学流变者，有评论各家学说者，有临证和读书心得者，有讨论医理药用和治验者，更有医籍的点评和精论，还记载了佚闻奇闻和秘方。《倚云轩医论》包括“五种伤寒论”等31论。

1188

贯唯集二卷／（清）通意子撰：［1899］.--清抄本.--二册

上海中医药大学图书馆

提要：此书又名《通意子医案》。自序中落款“清光绪己亥小春月璇玑洞主通意子自序时年七十有五岁”，可知此书成于1899年。通意子生于1825年，卒年不详，行医五十年以上。此书由通意子之徒汇编而成，涉及内、外、妇、儿等各科病证32种。每种病证之下，载医案数则，全书载医案近250则。所涉病症主要有暑、疟、寒热、温热、湿等外感病症，肝风、咳嗽、吐血、喘、癥瘕等内伤杂病，以及小儿暑热、小儿惊痫等小儿病症，调经、胎前、产后、血崩等妇人病症。所载医案简明扼要，涉及病症广泛，辨证精确，注重脉证结合。惜所用药物大多不标注剂量。此书还借仲景、东垣等前贤之经验以治病。如治肝风，案九记载“用《金匮》法缓调之”；疗虚损，案五记载“姑拟仲景法合东垣方”。此书所载医案涉及病证范围较广，对各病症辨证详细，注重脉象、重视用药剂型等是其特点，处方灵活，治疗有序，值得临床借鉴。

1189

致和先生医案一卷／（清）致和撰：1899.--清抄本.--86叶／一册.--半叶八行，行二十四字，框高23.5厘米，宽11.5厘米

上海图书馆

提要：此书为致和先生脉案汇编，分为脾胃、痹症、脾瘅、疸症、肿胀、木乘土位、噎嗝反胃、积聚、瘕聚、痞气、三痹、痿躄、腹内痛、乳患、乳癌论、背部、外症、流注案，述案精简，有一定参考价值。

1190

徐友蕃夫子医案一卷／（清）徐友蕃撰：［1900］．－－清抄本．－－一册

上海中医药大学图书馆

提要：此书列寒热、痢疾、哮喘、肿满等45种病症的医案共360则，病案多以内科杂证为主，另有鹅掌风、癣等皮肤病症，还涉及月经不调、胎前产后等女科病症。其中多数病案有固定病名，也有少数病案无病名，仅描述为发生于臂、目、耳、鼻、牙、腰、腿等部位。书中病案均无患者的基本信息，多数仅列症状特征、治则及所用方药，偶有分析病机特点，体例多为一案一方。

1191

临症医案四卷／（清）徐澄（字承绪）撰：［1900］．－－抄本．－－四册．－－半叶七行，框高24.3厘米，宽13.5厘米

北京中医药大学图书馆

提要：此书为江阴名医徐澄诊籍之汇抄。其受业子徐少承卷头语曰："先父徐公讳承绪，素有志发扬祖国医学，功擅内外，积四十年之经验，平日忙于诊务，所累病案均系其受业弟子笔录。惜于抗日战争时期多数已为日寇焚毁。此仅其留藏之残卷耳。"徐公医案共载473例病案，59种病症。卷一载96例病案，头窍、呕唾、音喑、阳郁、阳结等19种病症。卷二载114例病案，伏邪、温病、风温（附疹）、伏暑等14种病症。卷三载138例病案，咳嗽、喘咳、咳血、衄血、吐血等16种病症。卷四载125例病案，腹满、虫积、痢疾、泄泻、便血等10种病症。各门病案先以一叶纸标题病症名，各门之内病案，先录患者姓氏、性别（以左、右代表男、女），再录脉案、治法、方药、剂量、炮制。

1192

扫雪庐医案二卷／原题（清）叶桂（字天士，号香岩、上津老人、南阳先生）撰：1903．－－清抄本．－－二册．－－框高26厘米，宽14厘米

中国中医科学院中国医史文献研究所

提要：此书二卷。上卷记载疫、春温、暑温、中风、虚损、血症、疟疾、泻痢、肿胀等11症。下卷记载秋燥、痰饮、喘逆、呕吐、反胃、厥冒、郁结、汗等32症。书中论述有症有方，少数为一症数方。

1193

证鉴不分卷／（清）康民氏编：1903．－－清光绪二十九年癸卯（1903）稿本．－－251叶／五册．－－半叶七行，行十五至十七字，无界栏，框高25.4厘米，宽10.1厘米

中国中医科学院图书馆

提要：此书五册，为处方集汇编。每方简述症状、舌脉、病机、治法、处方用药，部分处方药物缺少剂量，处方左侧为该处方日期，每册叶首注明该集收录处方的月份。全书有内、妇、外科疾病记载，大多为内科疾病。该处方集对临床用药处方有

一定的参考借鉴价值，但手写处方著录内容参差不齐。

1194

旌孝堂医案一卷/（清）赵履鳌 赵冠鳌撰：1904. --清宣统二年庚戌（1910）抄本. --一册

上海中医药大学图书馆

提要：此书载病症46种，每种病症下设医案数则。全书共载医案217则，包括内、外、妇人、五官等各科疾病。内科病症有悬饮、眩晕、反胃、虚劳、癫狂、便秘、痰饮、咳血等，外科病症有跌仆、痔疮、疮湿等，妇人病症有崩带、临产、梅核气等，五官病症有鼻渊、舌疳、目患等。治疗方法不仅用汤剂、丸剂、散剂、膏方等，还配合运用灸、敷贴等外治法。书中所载医案大多先论病机，次述症状，使读者对病症的认识更加清晰。

1195

李能谦医案一卷/（清）李能谦（字光瑞、启赞）撰 李永铎点校增补：［1905］. --清抄本. --一册

上海中医药大学图书馆

提要：此书包括“世医李君传”“自叙”“医案合方经验”。其中“医案合方经验”分为“李能谦诊稿”和“李鸣远永铎撰书”两部分，各载医案28则。前者包括瘟疫、崩漏、乳岩、难产、慢脾惊、狐疝、中风、肠风下血、遗尿等，后者包括风疾、缩阳、毒蛇咬、疯犬咬、中寒、霍乱、大头瘟、斑疹、鼻渊、厥等。每种病证均详述症状表现及治法方药，如外用炙甘草、制香附、鲜柳枝等药，内服鳖甲煎丸治李公积之瘟疫，用羚羊角、生山栀、墨旱莲、蒲黄炭、生白芍、细生地等治太守夫人之崩漏。李能谦还注重服药方法，如治单腹“服十剂后另将药料会成丸子，每早开水吞服”。

1196

吴医汇案不分卷/（清）王霖（字新之）辑：1906.--清光绪三十二年丙午（1906）稿本. --1076叶/十四册. --半叶九行，行二十一字，黑口，左右双边，框高12.3厘米，宽9.5厘米

苏州市中医医院图书馆

提要：此书为王霖所编辑的医案集，全书24册，分12帙。封面书“吴医汇案，王霖辑”，下书口书“留耕堂丛钞”。首为光绪三十二年丙午王霖（新之）序，次为目录、正文。除以“圣躬”（皇上疾病）为类外，其余均按病分列，依次为感病、内科、外科、妇科、儿科，附录中毒、戒烟、时医里居考。其书虽名“吴医”，但所辑医案不限吴人，仅以吴人为多而已。书中也附有辑者自己的治验。

1197

吴萧恬先生自存医案一卷/（清）吴萧恬：1908. --清光绪抄本. --20叶/一册

南京图书馆

提要：此书共收载吴萧恬经治医案47则，略加分类，每案叙述因症脉治、治疗经过。

1198

谢宝三方案一卷/（清）谢宝三撰：

［1908］. --清光绪稿本. --38叶/一册. --半叶八行，行二十一字，白口，宽23厘米，宽10.8厘米

中国中医科学院图书馆

提要：此书乃清末名医谢宝三的处方集。著者擅长治疗伤寒与温热疾病及奇难杂症，自制祖传丹膏丸散，以授患者，配合中药处方治疗。处方主要涉及内科疾病，兼有部分外科疾病，以外感病为多，内容包括病机、症状、舌脉、治法、用药等，部分有复诊记录，可见医家随诊加减用药的辨治思路，具有一定的临床参考价值。后附有痢疾应验方及产后诸方会录。

1199

陈征君方案不分卷/（清）陈秉钧（字莲舫，号庸叟、乐余老人）撰：1909. --清张骞薇抄本. --140叶/三册. --半叶九行，行二十八字，框高17.2厘米，宽9.7厘米

上海图书馆

提要：此书为陈莲舫（青浦人氏）的脉案抄本，为张骞薇抄藏。第一册为陈征君方案（未分类，脉案并抄）。第二册卷首录“青浦陈秉均莲舫著，后学张氏骞薇抄录”，略以肝气、调经、崩漏等分类。第三册为“韩拜犀先生方案”不分门类，录案数十则。

1200

槐荫山房医案不分卷/（清）王毓衔（字吉安）著：1910. --清抄本. --120叶/二册. --半叶八行，行二十一字，有界栏，框高15.4厘米，宽10.2厘米

上海图书馆

提要：此书不分门类，每案先言脉证，后列方治剂量，无用药效果记录，个别医案有复诊记录，未加以整理，抄录工整。

1201

三家医案合刻/著者佚名：［1910］. --清抄本. --79叶/二册

中国国家图书馆

提要：此书两册，含三家医案，包括《戚氏医案》54叶，《容燕堂医案》14叶，《近山草堂医案》11叶。《戚氏医案》卷首残缺。书名据书口所题，录医案100余例，每案记录患者姓氏、爵里、病症、诊治情况及所施药方。《容燕堂医案》书名据卷端所题，录医案30余例。《近山草堂医案》书名据卷端所题，每例医案不题患者姓氏，只述症状，析病因，对症开方。全书病例多为内科，间有妇、儿等科。《容燕堂医案》一书中钤有“仲鸣”等朱印。

1202

宝善堂叶案一卷/著者佚名：［1910］. --清抄本. --54叶/一册

中国国家图书馆

提要：此书抄录医案60余例，前半部分每一案例内容包括病家姓氏、年龄、病症、病因、诊治及开方；后半部分的每例医案内容只针对各种病症诊治开方，未书病家姓氏、年龄。

1203

何季衡医案不分卷/（清）何季衡撰：［1910］. --清抄本. --二册

上海中医药大学图书馆

提要：此书函题“何季衡医案”，卷中题“何季衡先生医案”。全书列医案115则，包括哮喘门、痰饮门、胸痹门、呕吐门、淋浊门、便血门、痔疮门等8个门类的病症。此书所载医案内容丰富，论述详尽。患者基本信息、病因病机、治疗的具体方案，无一不详细记录。书中多数病案还记载多次复诊的经过，包括病证转归、病机变化的特点、治疗方药的化裁等，其中不乏病情危急病证，如哮喘危证。

1204
临诊医案不分卷／（清）张骧孙（又名庆增，字祝三）撰：［1911］.——抄本.——二册

上海中医药大学图书馆

提要：此书共载医案160则，收集诸多名家临诊医案。其中部分医案著明诊治者，如巢崇山、丁甘仁、陈椿寿、清河衡山、清河道人、破衣道人、星若、蔚云公等；还有的医案有“崇山太世叔指政”字样，其余为未署名的医案。就其所载医案的时间而言，有道光丁酉（1837年），光绪七年（1881年）等。医案中所载病证涉及内、外、妇、儿等各科，内容十分丰富。涉及具体病症种类繁多，其中外感病有：顾小姐一案为赤游风毒、蒋元升门上、裁缝师傅为伤寒之冬寒春发、吴姓一案为冬温、宝婶婶一案为风温时邪等。内伤杂病有：钱老荣一案之哮喘、顾书田一案之半身不遂、瞿家湾南徐敬良一案之湿臌、来鹤斋姚香汀母之鼻渊等。此书医案完整，涉及病证及方药内容丰富，对病因病机、治法治则分析详尽，遣方用药记录详细，真实再现了百余年前治疗外感热病的宝贵经验，亦重现了杂病的治疗。

1205
临症便录续集一卷／（清）李镜仙（字笃会，号清醒道人）撰：［1911］.——清光绪十八年壬辰（1892）刻本.——90叶／一册

中山大学图书馆

提要：此书卷首题“古龙城清醒道人仙境李笃会著”。此书医案先简单描述病人症状，后述用药，并分析病因、病机，附再诊等，分析内容较多。

1206
临证金鉴医案八卷／著者佚名：［1911］.——清抄本.——281叶／四册

中国国家图书馆

提要：此书分学、可、宗、卢、扁、言须、缓、和等8集，每集列若干门，每门收集医案若干，如肝风、吐血、黄疸、嘈、热入血室、惊痞、内痈、牙病，临证各科均有涉及。每案以脉案式叙写，症因脉治阐述较为清晰，次列处方。无按语或服药效果记录。

1207
吴门方案不分卷／著者佚名：［1911］.——清抄本.——162叶／一册.——半叶八行，行十四至二十四字，框高24.5厘米，宽13.5厘米

上海中医药大学图书馆

提要：此书无目录，未注明著者。第一位医家方案未注明何人，“温热摘要”下题有

"锦文录"字样，最后一位医家方案为戴锦文所著，由此可推该抄本著者似为戴锦文，即戴锦文抄录了自己及吴门其他六位医家倪氏、李杏江、徐澹安、陈莘田、曹仁伯、沈平周的方案，总题为吴门方案。正文从第三叶开始，首行为吴门方案，未题何人方案，载有28则方案，如寒热、暑症、疔疮、痛经、痘疹等病证，涉及内、外、妇、儿科等，其他医家亦同。后有倪氏医案81则，李杏江先生案23则，徐澹安老先生方案105则，陈莘田方案19则，曹仁伯方案13则，沈平舟方案13则，戴锦文方案5则。总计7位吴门医家287则方案。方案叙述简洁，先列病证，随析病机，详述处方，注明炮制，尾题治则。如："头晕，倾跌，间有鼻衄，是阴虚痰火上扰也。竹茹（水炒）四钱，生洋参（切）四钱，犀角（镑，先煎）四钱，大生地三钱，煅龙齿三钱，黑枣仁三钱，炒当归四钱，沉香末（冲入）二分。木郁达之。"所载方案，多为时令杂证，叙述简洁明了，用药轻灵，味少药专，对传承吴门医家的诊疗经验与用药特色，颇具有益的现实作用。

1208

静岩医案一卷／（清）释忍觉撰：［1911］．——清抄本．——55叶／一册．——有界栏，框高20.2厘米，宽12.5厘米

南京图书馆

提要：此书由释者忍觉静岩氏著，为临床医案汇编。不分门类，叙证过简，只言"四肢干木血症疯""半肢冷麻痛疯""半肢湿毒烂皮血症疯"等，后为详细的用药用方及剂量。

1209

存养居医案不分卷／（清）田小园撰：［1911］．——清抄本．——174叶／一册．——半叶十二行，行二十字，框高24厘米，宽15厘米

上海中医药大学图书馆

提要：此书共录春温、冬温、热病、风温、湿温、伏气温病、大头瘟、斑、疹、痧、霍乱、伏暑、吐泻、暑湿、秋燥、风湿、风热、寒湿、痢疾、疟疾等21种病证，184则医案。全书先阐述病证，分析病因病机，接着讲明辨证要点，概括治法治则，最后附上医案。此抄本最大特色是理论联系临床，著者根据清代温病学理论成就，阐明春温、风温、湿温等各种温病的特点，并结合病案加以验证。同时除温病外，还涉及寒湿、痢疾、疟疾等杂证，强调临证须辨别有无外感、伏邪，以及邪在气、在血、在三焦等而分别施治。

1210

问松堂医案二卷／（清）金有恒（字子久）撰：［1911］．——清抄本．——一册

上海中医药大学图书馆

提要：著者金有恒（1870—1921），字子久，以字行，杭州（今浙江杭州）人，清代医家。全书两卷。上卷详载各类内伤杂病的临床表现及用药，涉及虚劳、哮喘、咳嗽、痰饮、肝风、鼻渊等26种病症。下卷记载温病、泻痢、风温、时感等外感病证，与调经、带下、崩漏、胎产等妇科病症12种。每则医案详细记载发病的症状和具体用药，但未记载药物剂量、煎煮、服用方法。

1211
元明名医验案不分卷/著者佚名：[1911].--清抄本.--105叶/二册.--半叶十行，行三十六字，框高24.4厘米，宽11.9厘米

浙江省中医药研究院图书馆

提要：此书分两册。上册为金元名医医案，有李东垣、罗谦甫、朱丹溪医案。下册为明代名医医案，有薛立斋、吴茭山、缪希雍、张介宾、万密斋医案。以上诸案均是从其他医著中辑出，抄录工整，为选辑医案合编。

1212
存养轩草案存真不分卷/著者佚名：[1911].--清抄本.--217叶/一册.--半叶八行，行二十字，框高19厘米，宽12厘米

上海中医药大学图书馆

提要：此书系著者自抄诊疗医案，首叶为治疯药酒方、目疾方、大麻风煎药方等3首药方，尾叶为治流注方等3首药方。中间部分全是医案，共145则医案。涉及高烧、湿温、经带胎产、下痢、劳伤、温邪时感、温邪重感、冬温春发、伏邪内热、产后热痢不止、风温壮热无汗、温邪壮热、湿热挟积、暑热暑温、痧疹等病症。从所载医案可知，著者多宗清代温病大家叶天士、薛生白、吴鞠通、王孟英学术思想，诊治每从温病入手，辨证常以三焦为纲，方药味少力专。

1213
春星带草堂医案一卷/著者佚名：[1911].--抄本.--一册.--半叶八行，行二十一字，框高23.9厘米，宽13.3厘米

北京中医药大学图书馆

提要：此书为“春星带草堂”医案抄本，著者佚名，无序跋、无目录。全书脉案尤重脉象分析，病机论述中肯透辟，病程症状记录详明，立法对证恰当，紧扣病机、主症，处方精准简要，仅录药名。治疗严谨，多有“酌服”“仍祈明裁”“以备诸大高明斧削”等谦逊之语。初诊复诊，排列有序，首尾完整。所录脉案省略患者姓氏、性别。

1214
汪幼安医案不分卷/（清）汪幼安撰　金念萱编：1911.--金念萱抄本.--十四册

上海中医药大学图书馆

提要：此书是金念萱在宣统三年侍诊时，抄录汪氏门诊医案而成。全书以儿科医案为主，兼及内、妇、外等科。据序文所述，汪氏治疗疾病“主要方法重于湿热，最怕泻即补脾，此其独得心裁”。此医案以儿科常见疾病为主，如丹痧、痉厥、咳嗽、风哮、便泄等。汪氏用药轻灵，喜用辛凉宣透、清利湿热、辛香醒脾、豁痰开窍之药。此书是汪氏治疗儿科疾患真实再现，由于是以时间为顺序，因而更能体现儿科随季节性发病的特点，如二月以风温、咳嗽、哮症为多，六月以湿疹、水痘等多见，治疗上亦有汪氏特色，值得深入研究。

1215
学山牘案一卷/（清）陈应亨编：[1911].

--清抄本. --51叶/一册. --框高14.8厘米，宽9.5厘米

南京图书馆

提要：此书为外科医案汇编，共分20门。每案详其因症脉治及方药，但未载方药剂量，有一定参考价值。

1216

江泽之医案二卷/（清）江泽之撰：[1911]. --清抄本. --二册

上海中医药大学图书馆

提要：此书共列54种病症，如疟疾、痢疾、泄泻、调经、癥瘕等，以内科为主，兼及妇科、外科、五官科等类。由辨证选方用药可知江氏善化经方、时方，融伤寒、温病于一炉。此书采用夹叙夹议的方式收载了江氏的临床治验，语言简洁，叙述灵活，遣方用药有理有据，值得后学者学习。

1217

翼庐医案二卷/著者佚名：[1911]. --清抄本. --二册

上海中医药大学图书馆

提要：此书无序跋，医案以症状命名，无分类。内容涉及内、外、妇、儿等各科，如“嗜酸干咳居经三月案”“咳呛胁痛肺胀肝胀案”“嗳哕便血跗肿案”等。医者所记医案详细，辨证明确，析案有据，方药完整，如嗳哕便血跗肿案：“郭，脉情濡涩，舌色淡灰，中焦胃阳不振，脘中膈拒，嗳哕吞酸，稍进粥汤便作肠鸣，此饮邪蓄中，气瘀凝滞，大肠失于传导，故便艰而带血也，惟土为运之轴，水气不获流通，恐有跗肿喘逆之变，毋为言之不预也。”其后列方药，并有数次复诊记录。此书载案翔实，理、法、方、药悉备，且用药灵活，丸、散、膏、汤根据病情均有选用。

1218

时医类案不分卷/（清）李印参编：[1911]. --稿本. --239叶/二册. --半叶十行，行二十四字，框高16.9厘米，宽10.1厘米

中国中医科学院图书馆

提要：此书以病为纲，先录病名，再录病案，有症状、病机、治法等记载，详略不一，或列具体药物，或仅有方名，剂量未注，部分有复诊记录，涉及内外妇儿诸科病证。全书当四册，今仅存后两册。此书字体隽秀，具有一定的艺术收藏价值。

1219

顾师方案不分卷/（清）袁自复录：[1911]. --清抄本. --229叶/一册. --半叶十行

南京中医药大学图书馆

提要：此书为顾氏脉案合编，分为两部分，前部分为“杂病”，后部分为“伤寒温病”。此书医案叙理清晰，治疗用药严谨，且临床功夫深厚，具有一定的参考价值。

1220

王仲奇医案一卷/（清）王仲奇（名金杰，号懒翁）撰：[1911]. --清抄本. --一册

上海中医药大学图书馆

提要：著者王仲奇（1881—1945），名金杰，号懒翁，歙县（今安徽黄山）人，以善治温热著称，后以擅长调理驰誉沪上。全书收

载医案约100则，大多是王仲奇先生迁于杭沪时所诊病案。以内伤杂病为主，其中不乏危重症、顽症。案语朴实，描摹病状详尽细致，比喻形象贴切，引经据典，旁征博采，思路清晰。辨证上重视脏腑、经络理论。治疗时经方、时方并举，唯求一效，无门户之见。临证重视脑的生理病理，治疗多从调补肝肾、督脉入手。擅长治疗瘀血病症，用药多取辛香行气、辛润通络之法。医案中夹杂一些西医用语，但辨证用药却坚持中医特色，参西而衷中，值得后世学习。

1221

游艺室诊断簿三卷／（清）顾允若（字思湛）撰：［1911］.－－清稿本．－－630叶／十二册．－－半叶八行，行十五字，四周双边，无界栏，框高16.9厘米，宽9.8厘米

中国中医科学院图书馆

提要：此书封面记有处方年代、月份，处方内容包括病者姓名、年龄、症状、舌脉、治法、方药（无剂量）等，可见中成药的使用记载，记录详略不一，涉及内、外、妇、儿各科疾病，少有复诊记录，连续性欠佳。第三函第十册前7叶，字体与前迥异，乃蝇头小楷，极为工整，有句读，分述咳嗽、吐血、失音、肺痿、肺痈、遗精各个疾病的病因、病位、病机、治法、治疗原则、治疗宜忌，在论咳嗽时有引喻嘉言之议。此书笔迹隽秀，不但可以给临床以参考，也是值得珍藏的书法作品。

1222

叶案臆摘不分卷／（清）叶桂（字天士，号香岩、上津老人、南阳先生）撰　徐大椿（一名大业，字灵胎，号洄溪道）评：［1911］.－－清抄本．－－六册

上海中医药大学图书馆

提要：此书以《临证指南医案》中医案为主，后夹有徐灵胎评批，天头亦有评述。第一册论中风、肝风、眩晕等7种疾病，第二册论咳嗽、失音、痰饮等10种疾病，第三册论风寒、风温、温热论等医案和医论，第四册论木乘土等医论及胃痛、胁痛等7种疾病，第五册论疟、痢、泄泻等5种疾病，第六册以噫嗳、噎膈反胃等10种疾病为主。

1223

陈氏方案三卷／（清）陈颖川撰：［1911］.－－清抄本．－－99叶／二册．－－半叶八行，行二十字，框高23.2厘米，宽13厘米

苏州图书馆

提要：此书为陈氏诊病医案，以外科病证为主，兼有咽喉口齿病症。全书以上集、中集、下集为序，分别罗列治疗之案，从霉头风至翻花疮肉菌等。脉案记述清晰，方治确当，举药举方，不举剂量，病因病机述录精简，并有复诊记录、方案用药，有一定参考价值。

1224

红树山庄医案十二卷／（清）叶昶著：［1911］.－－清抄本．－－770叶／十二册．－－半叶九行，行二十二字，单蓝鱼尾，框高28厘米，宽17.8厘米

中山大学图书馆

提要：此书系叶氏临证记录汇编。全书十二卷。卷一至十为内科病，卷十一至十二为儿科、妇科病。版心口镌“薅笞斋

算学拾"，下镌"求庸庸斋订"。

1225

剑慧草堂医案三卷／（清）卧云山人手录：［1911］. --清稿本. --一册

上海中医药大学图书馆

提要：此书包含内科、外科、五官科、妇科等66种病症，共506则医案。上卷载咳呛、音嘶、哮喘等病证14种，多为外感病；中卷列虚损、鼻渊等病症24种，多为内科杂病，亦见数则五官科及外科肠痈医案，其中专列"膏方"一篇，收膏方3首，专用冬藏滋补；下卷专收女科病症28种，先载咳呛、疟疾、虚损等女科杂病，后列调经、子悬、产后瘀阻等妇科专病。各病医案，数量不一，少则一例，多则数十例，如风温证，附湿温、暑温、秋温、冬温，共列医案50则，通过病案详细列举几种温病在症状特点、治则、遣方用药上的区别与联系。此书医案不载患者信息，每案主要记录症状、治则及方药，各案多载脉证。大凡遇有复诊，对于病势的进退、症状的变化、治疗方案的调整及方药的加减均有较详细的介绍。医案遣方用药时，在药物的炮制上也较为考究，如石膏每以冰糖煅制，竹茹多用姜汁炒制，柴胡多用酒炒制，而在治女科"湿伏三阴，发为痎疟"，立法"搜剔络邪"，药用柴胡时特用鳖血炒制，以助活血通络之效。

1226

孤鹤医案三卷／著者佚名：［1911］. --清宣统三年辛亥（1911）抄本. --一册

上海中医药大学图书馆

提要：此书一册，分上、中、下三卷，体例较为简单，无序跋。上卷扉页简要列出目录，为12种病症名称，分别是中风、肝风、虚劳、吐血、遗精、肿胀、噫嗳、哮喘、痰饮等。全书共记载500余例病案，以内科杂病为主，涉及妇科、五官科等。此外还载有女科病案24则，时证29种，杂记28条，另有泻痢、噎膈反胃、便血、痿证、痹等近200种。此书叙述证候颇为简明，辨证正确，治法灵活，思路清晰。

1227

醴泉医案粹不分卷／（清）半庐辑：［1911］. --清抄本. --四册. --框高30厘米，宽28厘米

中国中医科学院中国医史文献研究所

提要：此书无序、凡例等项，书中各论为简单症状及方药。第一册收录寒、风温、温病、湿、湿温、暑等医案，第二册收录寒热往来、痢、下血等医案，第三册收录痰饮、咳嗽、喑等医案，第四册收录头痛、邪痛、胸痹、胃痛、胁痛、腹胀、腹痛、吐血、痰血、咳血、衄血、肝病、呕吐、反胃等医案。

1228

吴氏方案一卷／著者佚名：［1911］. --清抄本. --43叶／一册

中国国家图书馆

提要：此书内容为吴氏行医案例，首有卷一目录：风温、瘟疫、温毒、喉痹、暑温、伏暑、湿温、疟、中燥、伤寒。此书一册，内容仅为卷一目录前两项之风温、瘟疫，

记录医案数10例，每一例都先记病案诊治日期、病人姓氏、性别、年龄，后述诊治开方用药过程及追访疗效。其病人年龄上至70岁老妪，下至3个月男婴，记述翔实清晰。全书卷数及内容不详，比照卷一目录，此书内容残缺严重。

1229

养素庐医案一卷／著者佚名：［1911］．——清抄本．——一册

上海中医药大学图书馆

提要：此书有目录，无序跋，目录叶题有“孔瑞璋”等字样。书中有夹批及眉批数条，未标明何人所注。此书共载医案400余则，分为疾病29种，内容涉及内、外、妇、儿、五官等各科，其中于肝胃、积饮、哮喘、喉痹、经带、产后等最丰，可略见该医家所长。其记录医案的方式较为简约，每以病机治法为主，略论症状，然后述及方药，不记病人姓名、乡里等基本要素，一般不录药物剂量。观其所用方药，大多采用古方，但求稳当，中正不颇。

1230

慎五堂治验录十二卷／（清）钱艺（字兰陔，号隐谷）著：［1911］．——清光绪十年甲申（1884）慎五堂抄本．——四册

上海中医药大学图书馆

提要：此书全四册，每册三卷。第一册扉页有题解，当是吴中名士彰显钱氏之言，文中有“我感君德心拳拳，歌此一曲付云笺，表君学问思辨行，五者具备慎且坚”等句。此书共载医案500余则，以内科为主，偶见妇科病症。每则病案详列姓名、症状、舌象、脉象、病机分析、治则治法等。所用方药，药物大多注明剂量，许多病案有复诊记录，有的达四五诊之多。详细记载患者服药后变化转归、著者分析及方药加减变化等。此书病案记录翔实，分析细致透彻，处方精当灵活，多为时方及著者经验方，亦注重经方的应用。如周亦新室案，用桂枝加桂合奔豚汤治脘痛吐蛔得效。又如王襄案，患者抑郁且兼劳役，食滞于中，钱氏以仲景表里双解法辨证化裁，药则多用清宣之品。著者还对一些有争议的医学问题进行探讨，如伤风误治，“古人云伤风不醒便成痨，玉横先生云伤风误表必成痨”，这两种观点冲突，钱氏认为咸有至理，并举亲身经历的“陆星农案”作为佐证。

1231

鲁峰医案三卷／（清）鲁峰撰：［1911］．——清抄本．——一册

山东省图书馆

提要：此书分述虚损类（附吐血、衄血、便血）、伤寒类（附伤风、中风、中气、中痰）、瘟疫类、诸痛类（附痿症、淋证）、妇人类5类病症，以内科杂病及伤寒、瘟疫类疾病为主。

1232

吴氏医案征信录一卷／著者佚名：［1911］．——清抄本．——72叶／一册．——半叶十二行，行二十二字，框高18.1厘米，14.1厘米

浙江省中医药研究院图书馆

提要：此书为医案实录，略加分门，如

"伏暑""痰饮"，或不分门以日期为目，或随记之。从内容来看，著者临证经验丰富，用药精当，但记录较为随意，字迹潦草。

1233

李冠仙医案一卷/（清）李文荣（字冠仙，号如眉老人）撰：[1911]．--清抄本．--一册

上海中医药大学图书馆

提要：此书乃仿喻嘉言《寓意草》而作，记载医案27则，大多可见于《仿寓意草》。内容涉及伤寒、疟疾等病症，涵盖临床各科，范围较广，如牙痛、小便不通、类中、疮疹等。此书理法方药俱备，既有辨证思想、治病原则、辨治方药，又有验案、心得体会等，对中医理论研究与临床实践，均有参考价值。

1234

梅花庐医案不分卷/著者佚名：[1911]．--清抄本．--120叶/一册

上海中医药大学图书馆

提要：此书按中风、目赤、鼻衄、齿衄、虚热、营虚、头痛、头晕、哮喘、咳呛、吐血、失音、痫、呃逆、痿症、痤痱、疟、痢泻、五淋等分类，共录医案169则。其中，中风门所录3则医案，实为类中。此书所录医案，证、因、脉、治俱全，论治结合时令，颇有特色，如强调春升木旺最宜静息，夏令宜静养息烦等，可资临床医生参考。

1235

古松石斋医案不分卷/著者佚名：[1911]．--清抄本．--110叶/一册

上海中医药大学图书馆

提要：此书无目录、序跋，分中风门、风寒湿痹门、虚劳门、痰饮咳嗽门、吐血门、淋浊尿血门、肝脾胃门、三消门、痢门、烂喉丹痧门、湿温门、冬温门等28门，共载医案259则。前为内伤杂病，后为时疫温病。所录医案行文简洁，往往只录病机、舌脉、治法，方药多不载剂量。如咳嗽门一案："风温侵肺，咳嗽为疾，舌黄脉数，宜以辛解：牛蒡、杏仁、橘红、枳壳、薄荷、山栀、前胡、象贝、米仁、桑叶赤苓、竹茹。"又有数案在天头处有标注，写明为某方加味，便于查阅。

1236

凌正指南四卷/著者佚名：[1911]．--清抄本．--二册

上海中医药大学图书馆

提要：此书共载医案257则，每案脉证详审，理法方药俱全，以温病症治为主，涉及内、外、妇、男、儿、五官、神经等科。据凡例所称，当是医者于诊病之余，将临证、出诊等所记录方案进行整理而成。为方便查阅，每案于天头处标明类属，但较之目录，次序并不相合。

1237

怀古楼医案不分卷/著者佚名：[1911]．--清抄本．--96叶/一册．--半叶九行，行十六字，有界栏，框高21.5厘米，宽12.5厘米

上海中医药大学图书馆

提要：此书载有小儿发热、咳嗽、湿温、

纳差、泄泻、痢疾等时令杂证37则。从医案可见，著者是位医术精湛的民间医生，似受清代温病学术思想影响，凡证多从温邪侵袭思考，方药常选轻清宣解、调和脾胃之药，诸如薄荷、葛根、芦根、郁金、川朴花、黄芩、茯苓、半夏等，可资临床借鉴。

1238

金山何氏医案一卷／著者佚名：［1911］．——清抄本．——86叶／一册．——半叶十二行，行二十字，单绿鱼尾，有界栏，框高22厘米，宽12.5厘米

上海中医药大学图书馆

提要：此书无目录，正文直接书写医案。此书前大部分载有寒热、寒湿、湿热、春温、脘痛、白浊、睾丸肿痛、痛经、腹泻、痢疾等时令杂证，共计99则病案。其纪月颇具传统特色，以陬月、如月、小春月、荷月、榴月、巧月、相月、壮月等记载。分析病证以病机入手，简洁明了。最后附有“顾雨棠先生医案”之“脚气”案，共计19则。

1239

徐养恬方案三卷／（清）徐养恬（字澹成）撰：［1911］．——清同治十三年甲戌（1874）抄本．——1874叶／三册

上海中医药大学图书馆

提要：此书收录内科及少量妇科病案，共529则。上卷收录春温、风温等内科病症8种，医案171则；中卷记录痢疾泄泻、类中风等内科病症11种，医案197则；下卷辑录鼓胀、痰等内科病症9种，医案101则，另含妇科病症5种，医案60则，分别为经水不调、怀娠、崩漏、产后和带。

1240

医案秘方不分卷／著者佚名：［1911］．——抄本．——310叶／三册．——半叶十二行，行二十八字，框高27厘米，宽14.8厘米

浙江省中医药研究院图书馆

提要：此书为著者家传遗稿，历先后四代加以订定而辑成。内容涉及内科及温病，共54门，每门下有论有治，有方有案，辩论部分为历代先贤论述或家传见识，案例收集自家亲治之案，加以佐证。但书中仅列方案，无治疗效果评价。

1241

壶山意准不分卷／（清）林作建（字和斋）撰：［1911］．——清抄本．——284叶／二册

上海中医药大学图书馆

提要：此书共载医案98则，未分门类，涉及内、妇科等疾病。病人姓氏名字、所患疾病、病发之因、某日某症、曾服何方何药、有效无效，均有记录。如用药加减，医者如何思想，若此证何、若彼证何，用此药何、用彼药何，皆有探讨。并记载病人服药后情况，愈后则又总结经验，以为下次所用。此书所治吐利案较多，对吐利的治疗，提倡辨为阴厥阳厥，阴厥用白通、通脉、四逆、附子汤等以救阳，阳厥用大柴胡、白虎、承气等攻逐清下，并以四肢厥逆的程度作为阴厥阳厥之辨；又有中虚吐利者，当补脾以升，则吐利可治。林氏还重视病人体质，每案必载病人身体胖瘦如何等。

1242
千山东阳聋叟医存二卷／（清）东阳聋叟撰：［1911］．——清抄本．——二册

上海中医药大学图书馆

提要：此书有目录，无序跋。上卷分为中风、咳嗽、湿热等9门，载医案150则；下卷分为痞积、呕吐、湿阻、泄泻、霍乱、痰饮等24门，载医案147则。内容主要涉及内妇等科，其中尤以外感湿热门、寒热门、内伤呕吐、泄泻等最丰富，可窥见医者所长。其记录医案的方式较为简约，每以病机治法为主，略论症状，然后述及方药，不记病人姓名、故里等基本要素，一般不载药物剂量。

1243
赖嵩兰医案不分卷／（清）赖元福（字嵩兰）撰：［1911］．——清抄本．——二册

上海中医药大学图书馆

提要：此书又名《赖嵩兰处方》《赖松南处方》。著者赖元福，字嵩兰，清末名医，青浦（今上海）人，著有《赖氏脉诊》及此书。上册载36种病症医案，有中风、虚损、咳血吐血、咳嗽、哮喘、溲血、痿痹、喘促等。下册载25种病症医案，为肝火、肝风、痉厥、诸虫、不寐、嗜卧、汗症、癫狂等。医案记录理、法、方、药完备，用药配伍精密允当，根据病情随证加减，灵活运用，反映了赖氏的临床经验，可供参考。

10.2　医话医论

1244
医方集论一卷／（明）俞朝言编：1493．——明弘治六年癸丑（1493）俞氏刻本．——42叶／一册

中国中医科学院图书馆

提要：此书编者鉴于《袖珍方》一书方论杂出，难于检阅，固择其论，自为一帙，而为是书。此书实即《袖珍方》之医论部分之汇编。共收风、寒、暑、湿、伤寒、疟、痢、呕吐、泄泻、霍乱、秘结、咳嗽、痰气、喘急、气、脾胃、翻胃、诸虚、痨瘵、咳逆、头痛、心痛、眩晕、腰胁痛、脚气、五痹、五疸、蛊毒、诸淋、消渴、赤白浊、水肿、胀满、积聚、宿食、虚惊、健忘、癫痫、阴癞痼冷、积热、诸血、痔漏、脱肛、遗尿、失禁、咽喉、眼目、五脏内外所固证治、痈疽疮疖、折伤、调经众疾、股前众疾、痘疹，凡53论。不附方剂。此书为明刻孤本，可与《袖珍方》互参，而《袖珍方》传本稀少，故此书弥足珍贵。

1245
儒医精要一卷／（明）赵继宗（字敬斋）撰：1528．——日本庆安元年戊子（1648）江户刊本．——一册

日本国立公文书馆内阁文库

提要：此书共录医论33篇，连同续篇5篇，共38论。从内容看，脉理13篇；药饵连同续补的方药论说10篇；此外依次为伤寒4篇、痰3篇、痘疮2篇、伤暑2篇，其他论说1篇。此书的表述方法，大致可分为两类：一类是利用图示法，将某些医学理论内容加以归纳，以求一目了然；另一类是采用论辩体裁，批评前人的某些学术观点。

1246

医学管见一卷/（明）何瑭（字粹夫，号柏斋）撰：1534. --日本文政四年辛巳（1821）多纪氏的手校本. ---一册

日本国立公文书馆内阁文库

提要：此书有论22篇，所论范围很广，以论病为多，论方药次之，论基础理论最少。但从学术观点上来说，其最引人注目的观点又都集中在基础理论部分。

1247

敬修堂医源经旨八卷首一卷/（明）李日宣编：1606.--明崇祯四年辛未（1635）刻本. --846叶/八册. --半叶九行，行二十一字，白口，单鱼尾，双栏，框高22.5厘米，宽14.8厘米，绵纸

上海图书馆

提要：此书八卷。首卷为医学理论，包括五运六气、十二经络、脉学等理论，又自撰"药性气味体用论"，并编写药性赋、病机赋。卷一除药性之外，多摘取前人之书，并无太多新意。其余七卷，则为全书主体，按病分门，计110门。诸病排列大致为六淫为病在先，继而为内科、外科诸病，其中也夹有眼、耳、口舌、齿、喉、鼻等病。末为妇科、儿科诸疾。此书各病之下，首为"论"，阐释该病的发生机理。继而为"脉"，摘录《四言举要》中的内容。次为"方法活套"，即介绍该病治疗的法则。末为治疗该病的常用方剂。

1248

答朝鲜医问一卷/（明）王应遴（字堇父）撰：1624. --明刻本. ---一册

日本国立公文书馆内阁文库

提要：此书如实地记载了中国官员王应遴对朝鲜医官尹知微所持疑问的书面回答。原书分为"答朝鲜医问题词"、正文24条及问10条三部分。正文记有24条问题，王氏逐一回答。这些问题主要围绕临床中常见疾病的治疗，其中内科病8条、妇科3条、口腔病2条、目疾1条、外科病1条，其他涉及的医学理论还有经络6条、药物理论3条。此外，王氏未能回答的10个遗留问题，其中绝大多数在万历四十五年（1617）已由太医院御医傅懋光作出了回答（见《医学疑问》）。此书的记载，可客观了解十七世纪中国与朝鲜医学交流史实，并了解当时朝鲜的医学发展水平及医疗实际状况。

1249

鹤圃堂三录一卷/（清）沈时誉（字明生）撰　梅熏　蒋元烺　汪琥　顾諟编辑：1640. --清抄本. ---一册

上海中医药大学图书馆

提要：此书又名《鹤圃堂治验病议》。由《鹤圃堂治验》和《鹤圃堂病议》两部分组成。此书记载医案40余则，以内科、妇科为主，均是沈氏临床治案。书中所载验案或是病情危笃、棘手难为者，或是为医误治、坏症蜂起者，或是虚实不辨、攻补不明者，或是用意自为、轻信他言者，各案理法方药，具能点透，或论或议，使学者不惑。

1250

医医一卷/（明）施沛（字沛然，号元元

子、一鹤道人、笠泽居士）撰：[1644].--明崇祯刻本华亭施衙啬斋藏板（见灵兰集）.--一册

日本国立公文书馆内阁文库

提要：此书为明代施沛《灵兰集》初集中的一种。此书分十章，次第为精习业、持大体、存博济、详诊处、戒偏执、辨药物、处人己、惜生命、慎著述、知果报。纵观全书，重在劝导医生树立良好的医德医风。

1251

说疗一卷/（明）施沛（字沛然，号元元子、一鹤道人、笠泽居士）撰：[1644].--明崇祯刻本华亭施衙啬斋藏板（见灵兰集）.--一册

日本国立公文书馆内阁文库

提要：此书为明代施沛《灵兰集》初集中的一种。分成12个章节，每章一个主题，有治未病、识先图、祛邪妄、审工拙、详病情、贵尊信、戒自用、谨药饵、慎左右、易心志、守禁忌、杜后患。在这些篇章中，著者以辑录前人的言论为主，而且很多材料是辑自非医学书籍。其中既有论说，也有故事，每多令人警醒之言。

1252

祝茹穹先生医印三卷附祝茹穹先生医验一卷/（清）赵嶷（号一苍子）编注：1656.--清顺治十三年丙申（1656）旷旷居刻本.--四册

中国中医科学院图书馆

提要：此书共三卷。前二卷重在论脉，其论脉多从八卦、五运六气入手，或从经典医书中的某些观点入手进行阐释。卷三多是伤寒论治。书后有附卷《医验》，其体裁与众不同，不是祝氏自撰，而是不同的人追忆而成，每一案之后都载有记述的人名。此本书法秀丽，存世者极为罕见。

1253

医意商一卷/（清）蒋示吉（字仲芳，号自了汉）撰：1671.--清康熙十一年壬子（1672）序刻本.--一册.--半叶八行，行二十一字，白口，上黑鱼尾，四周单边，无界栏，框高18.8厘米，宽11.8厘米

日本国立公文书馆内阁文库

提要：此书内容有商中风真类主治，商痨瘵须分何阴之虚，商酒病之变归一脏调理，商烟性烟毒以补本草之未备，商鬼箭、羊毛疔、冷麻沙以补方书之未备，商少年富贵志乐生病，商醉饱入房复冒风寒主治.商饱不死痢疾之误，伤癥瘕积聚用药法，商鼓胀分消、补火、化滞、调理法，商噎膈治兼标本法，商下法之秘，商血症有温下法，商月事后期有热、淋漓有寒，商小儿顿咳嗽神方，商疡疮初起三法中总宜开窍，商疮疥日久亦伤生、法宜理肺，商肠细如线粒米如飞案，商引出痨虫案，商偏身多骨案。主要是介绍著者对某些疾病的病因病机、治疗方法的经验之谈，内容非常充实。

1254

医学三书论不分卷/（清）周亮斋选定 沈棣怀编：1724.--清抄本.--二册

上海中医药大学图书馆

提要：此书有钱晋珏与周亮斋序，谓沈棣怀为人讲医，因朝廷开考医官，遂请医家

周亮斋选定《黄帝内经》《伤寒论》《本草纲目》三书之文，辑成此书，以供考试。此书选三书部分原文，并在文后加以发挥。《黄帝内经》共选17篇，《伤寒论》共选16条原文，《本草纲目》选用人参、附子、黄连、大黄、甘菊、桂枝、枸杞、丹砂、青铅、鹿茸10种药物。最后有“论名医医书”“明医讲学叙”2篇。前者纵观历代名家及其著作，共推荐8部医书，为《黄帝内经》《类经》《伤寒论》《集病书非易集》《方书》《本草纲目》《集古名医医案》《古名人论医集说》；后者为韩祖昭为鼓励沈氏及其同人讲学并研究医理之作。此书为清代医考的教科书之一。

1255

活人精论二卷／（清）孙从添（字庆增，号石芝）撰：1738.——清乾隆三年戊午（1738）郑节斋抄本.——40叶／一册.——半叶八行，行二十八字，框高19.3厘米，宽10厘米，竹纸

中国中医科学院图书馆

提要：此书卷端题“琴川孙从添著，同川郑节斋手录”，为著者学医心得笔记集录而成。书中每段文字皆独立成篇，少则二三句，多则十余句，就医学中一些问题及个人心得发表议论，从基础理论到病证施治，从藏象生理到运气病机，言虽简但义精，有些医话颇具警语之风，值得阅读参考。

1256

脉证方治存式一卷／（清）金硕祄（字介石，号瓯人）撰　金德徽　金德彻点校　王兰坪重订：1744.——抄本.——一册

上海中医药大学图书馆

提要：此书共载医论26篇，并附注解《黄帝内经》条文2篇，以及“女人病”“孩子病”2篇。此书著者以仲景方为基础，自裁许多新的方剂，为历来他书所未载。所附内容可见著者对《黄帝内经》也有独到的见解，如注“春伤于风，夏生飧泄”条，曰：“伤者内伤，非外感之伤也；风者肝之令气，非外邪之风也。夫春当风木主气之时，万物发陈。有违圣度，而内伤肝木是为春伤于风，谓失春气养生之道。”

1257

薛一瓢先生论一卷／（清）薛雪（字生白，号一瓢、槐云道人、磨剑道人、牧牛老朽）撰：1764.——清末郭文俊抄本.——29叶／一册.——半叶十二行，行二十一字，框高21.2厘米，宽13厘米，竹纸

苏州图书馆

提要：此书系薛氏与众弟子临诊心得随笔而录，内容主要论述湿热之源及其证治方药，约百余条。书末附有“湿热秘论”“伤科急救方”“伤科救急秘方”“太医院传建脾祛湿秘方”。此书为薛生白《湿热病篇》又一传本，内容与《湿热病篇》（王孟英《温热经纬》中所辑）略有出入，但大体相同，条文式书写，夹叙夹议，方论治详明。书首有门人郭文俊（子鱼）的手录薛雪之原叙一篇，可与其他文本做校资。

1258

一见草四卷／（清）孔继菼（字甫寒，号云

湄）撰：1810. -- 清抄本. -- 四册

上海中医药大学图书馆

提要：著者孔继菼，字甫寒，号云湄，滕县（今山东滕州）人，乾嘉间名医，晚年著《一见草》。从抄本序文可知，孔氏少年业儒，博通经史，未尝习医。缘由其祖母卧病数载，医莫能愈，故究心于神农黄帝之书，医术日精，病遂以瘥，渐渐有了医名。时瘟疫盛行，危殆者多，而医各持己见，治病不效，孔氏出灼见济之，全活者甚多。此书共载医话90余篇，囊括内、外、妇、儿诸科。著者上溯《黄帝内经》《难经》、历代名家，于病常有独见。如“叙赵氏二积聚症攻下过峻之害”篇，谓治疗姻亲赵元诚内室积聚病，在《黄帝内经》“大积大聚，衰其大半而止”的观点上，认为“积聚溃其大半，正气犹可支持。此时但当养正，而此未尽之积聚已属不拔根断之物，候正气一健，自将转运而下，即或不下，于用攻伐，正气不致大伤，积聚亦难更留”。此书每案均详述病症的前因后果、疾病发展情况及预后，以及治疗疾病之难易、主次等，医学理论与临床实际紧密结合。

1259

医略管窥一卷／（清）葛桂（字轮香）著：1830. -- 清道光十年庚寅（1830）昆山仁聚堂刻本. --48叶／一册

上海中医药大学图书馆

提要：此书列“论医书”“奇经八脉”“论舌苔”等医论81篇，内容涉及内、儿、妇、疡等科病症，尤在用药方面颇有特色，均为经验之谈。

1260

修残集一卷／著者佚名：［1848］. -- 清道光二十八年戊申（1848）抄本. -- 一册

上海中医药大学图书馆

提要：此书扉页题“顾坤一藏”。正文前注明疑有阙文，估计为各脏腑分绘图形。此书内容丰富，包括阴阳、藏象、四诊、治则治法、本草、针灸等方面的论述。前半部分，开篇为人体脏腑图，图形首为正面藏形图，后为背后藏象图、践行反隅之小图。次为针灸学内容，分别为铜人经络图、子午八法、膏肓穴图、四花穴图、明堂尺寸、十二支人神所在、逐日人神所在、温脐兜肚方法、炼脐法。论述人体耳、鼻、口、齿、唇、舌等15处重要部位的经络连属及主要功能。次为论“五伤”之义，求嗣之论。次为诊断内容，包括“叔和观病生死候歌”“丹溪观形察色”，听声审音及问症。后半部分为“治则治法”和“本草”。前者涉及“水火分治”“标本分治”“标本论”“求本论”“五脏泻法”“正治从治”“五脏五味补泻”等20大法，综合《黄帝内经》《伤寒论》《金匮要略》之论，又旁引金元医家之说，如“五脏五味补泻”出自张元素的医论。后者主要包括“引经报使”“脏腑标本虚实用药式”“四时用药例”“气味阴阳”“五味宜忌”等12篇，最后为“杂治赋”。其中“引经报使”“脏腑标本虚实用药式”亦为张元素之论，“四时用药例”摘自《本草纲目》。此外，在杂证的用药方面，列出了许多特效单方，为中医急诊提供了用药思路。

1261
医学识小录二卷／（清）孙天骐撰：［1851］．－－清咸丰一年辛亥（1851）潘道根抄本．－－47叶／一册

南京中医药大学图书馆

提要：此书分上下二卷。书前有黄镕、王浩序言，书尾有潘道根跋语。此书主要内容为诸多医学问题的阐论和发明，如“伏暑字义说”“咽喉论”“气血有相生之理论”“水银说”“幼科杂说”等，既有对经典医籍《黄帝内经》中的问题阐发，又有对临证中重要认识的记述。书中最后附有识小录附条，医案摘抄，录著者治验10余则。

1262
养新堂医论读本八卷／（清）周赞鸿（字伯颜）编：1864．－－清同治三年甲子（1864）稿本．－－八册

上海中医药大学图书馆

提要：此书八卷，前六卷论述内科疾病，后二卷为妇儿科疾病。卷一为中风、痹、历节、痿、厥、虚劳、三消等，卷二论伤寒、百合、寒热、霍乱、癃闭等，卷三为湿、暍、疟痢、癫狂痫、痰饮、咳嗽、疝等，卷四论喘、诸血、噎膈、呕吐、泄泻等，卷五为积聚癥瘕、虫、诸痛、脚气等，卷六为疫疠鬼疰、诸疸、情志卧梦、五官、杂病。所用病名和编排体例多效法《金匮要略》。每病先列统论，然后分证论述。卷七对月经、孕产、带下等妇科病证的论述十分详细。此书重在探讨各病的病机、证治等理论，而对于方药运用论述则较为简单。

1263
医林琐语一卷／（清）陆懋修（字九芝、勉旃，号江左下工、林屋山人）撰：1866.－－稿本．－－54叶／一册．－－半叶九行，行字不等，四周双边

中国国家图书馆

提要：此书内容为著者杂记医方、医家医著、医目及杂感等。其各条文字前画有圆圈或三角标记，据扉页提示，画有圆圈者已入下工语屑，画三角者拟补陆氏家训。此书或为陆氏著作刊刻之前所备资料底稿，书中可见涂改增删处。

1264
世补斋医论一卷／（清）处常子录：［1866］．－－清抄本．－－73叶／一册

中国国家图书馆

提要：此书前有陆懋修于甲申（1884）春二月二十五日所作之批注，其言称，此稿为《世补斋医书》二十年前之初稿，不及今之二十分之一，且未分卷。书中内容皆可从今之《世补斋医书》中找到，多有圈点、批注、修改之处。

1265
读医心得一卷／（清）徐光瑞（字乐庵）编：1869．－－清同治八年己巳（1869）稿本．－－48叶／一册．－－半叶十二行，行十八字，小字行三十一字，白口，上蓝鱼尾，左右双边，有界栏，框高15.5厘米，宽17.9厘米

中国中医科学院图书馆

提要：著者徐光瑞，字乐庵，清代会稽皋埠（今浙江绍兴）人，屡试不第，乃

发其先人所集，精研医术，有闻于时，同治年间悬壶于皋埠，挂牌内科，擅治温热伤寒，看病者络绎不绝。此书体例前半册以疾病为纲，先引经文中相关病因、相应症状、舌象、脉证条文，并加小字注文，最后是自己的见解，处方亦多引名家，保留加减用药、针灸治法。后半册主要介绍部分中成药、中药的制法、功效、主治疾病，发表之剂、泻剂等的作用机理、使用后的临床表现、调护宜忌以及所包含的具体药物。在心肺生理功能描述时，还有西医内科新说的记载，如“心与肺交相为用，二而一也”。

1266

医说医案合编一卷／（清）刘子翚编：1870. ——清同治九年庚午（1870）刻本. ——25叶／一册. ——半叶八行，行二十字，框高18厘米，宽11.3厘米

上海图书馆

提要：此书为医论与医案合编一书，是著者习文之补旁通医理治验而汇辑成书，内容有一定心得体会，但过于简略。

1267

南野医话一卷／（清）查有钰（字式庵）辑：1877.——南野草堂抄本. ——20叶／一册

中华医学会上海分会图书馆

提要：此书据《初白公人海记》《芝庵杂记》《甲申杂记》《随手杂录》《闻见杂录》《收潜志》《随园医话》等书摘录医话，汇编而成，且所抄皆注明出处。

1268

采论医道一卷／（清）胡卢道人撰：1888. ——清抄本. ——一册

上海中医药大学图书馆

提要：此书为医学论说集，书首有胡卢道人序及目录。共收录医论12篇，每篇引《易经》《孟子》等儒学经典入论，论述精当，多有见地。其中“时证鄙论”一篇，据篇后所记，是录慈水书痴晓舆氏稿；“难产神验方中并论”篇收难产神验方一首，为补气血之方。认为难产为气血不足所致，世医不知此理，“每用催生丹及一切下胎诸药”，杀人无数，故设此方大补气血，以备救生之用。

1269

医理略述二卷／（清）尹端模编：1893. ——清光绪十九年癸巳（1893）刻本羊城博济医局藏版. ——二册. ——框高26厘米，宽14厘米

中国中医科学院中国医史文献研究所

提要：此书前两篇序言均为赞赏著者而作。著者受业于天津医学馆，中西汇通，以西医为主。凡例中有：是书名为医理，盖专论医治之理，不拘用药与否，无不备载。使人知用一药，即有一药之理。全书二卷，共15章，其中有西医的病理、生理、药理知识，也有一定的中医术语，全书更偏向于西医。

1270

王春溪明理活人论一卷／（清）王澜（号春溪居士）撰：1901.——清光绪二十七年辛丑（1901）刻本. ——27叶／一册

南京图书馆

提要：此书是著者学医多年的医学随笔汇编。此书收“医道明理论”“医道通天论”“二十八脉总辨”“七表脉”“八里脉”“九道脉”“中风正病分经寒热论”“伤寒正病论”“望闻问切四字辨”“人参论”“误泻变证论”“太阳表证误下八变论”“针灸误用速祸尤烈论”“攻击汤头论”“局方需择论”“病似鬼神勿妄施治论”“医道活法论”“十二经络总论”“小儿惊风急惊慢惊论”。后有附篇“医学泛滥论”“行医请医合论”“校医十大则”“明医一大难”“病家一大忌”。

1271

新医宗必读一卷／（清）何炳元（字廉臣，号印岩、越中老朽）撰：1907.--清光绪三十三年丁未（1907）刻本．--67叶／一册．--半叶九行，行二十一字，框高19厘米，宽11厘米

苏州图书馆

提要：此书为何廉臣所撰医学短文汇编而成。书首有青浦陈莲舫于光绪丁未所作序文一篇，概言当时世界竞争在科技文化医学上的紧迫形势，及中西医学之境地，指出何氏能与此时发聩警言，难等可贵，故集此13篇短文而成。具体有：医与国家关系论、医非小道论、医必光明十要论、医宜开化病家论、中国医学源流论、泰西医学源流论、中西医学折中论、中西医异同论、医学改良论中医急宜讲全体学论、人身一机器论、越医传派论、医家应尽之义务论。

1272

医学明理论二卷／著者佚名：［1910］．--抄本．--二册．--半叶八行，行十六字，四周单边，高28.1厘米，宽16.8厘米

北京中医药大学图书馆

提要：此书开篇有四行行书题记：“此二册抄自《临证指南》，乃每门医案之附论。均出自叶氏各门徒之手，内容甚佳，可资参考，惜未抄全。”落款“胤漳审定并志”。诚如题记所言，此书所抄内容均为叶天士《临证指南医案》每门医案后之附属医论，作者当为叶氏门徒。全书两册，标明上、下卷，所抄内容对应《临证指南》：卷一、卷二全，卷三缺“阳痿”“木乘土”，卷四缺“吐蛔”“肠痹”，卷五全，卷六缺“糟”“脾瘅”，卷七仅录“痢”“便血”，以下内容以及卷八、九、十均缺。

1273

医论会通六卷附录一卷／（清）周自雨（字省吾）辑：1911.--清抄本．--295叶／六册．--半叶九行，行二十五字，框高24厘米，宽12厘米

浙江省中医药研究院图书馆

提要：此书由医论汇编而成。书中分射、御、礼、乐、书六卷，按专题汇辑历代名医名论，如李东垣阴火论、徐灵胎病同因别论、王安道积热沉寒论等，无评述。

1274

种榆山人医论一卷／（清）胡仁寿（字悦彭）撰：［1911］．--清稿本．--73叶／一册．--半叶九行，行二十七字，框高21.2厘米，宽15.3厘米

中华医学会上海分会图书馆

提要：此书收医论24则。著者为江南人，因此所论疾病多为夏病霍乱、痧、时疫等。此外著者所处时代，西洋医学也大举进入，因此也兼论“洋药”利弊、医学考试等。书中还介绍了其临床经验，如“血去无咎”“补药宜慎”“用痧药宜先辨痧证说”等，颇有己见。

1275

张景东医论一卷／（清）张景东（字寿乔）撰：［1911］．－－清抄本．－－一册

上海中医药大学图书馆

提要：此书共有7论，分别为“瘟疫论”“集补冬温论”“集补春温论”“秋后晚发感症拟疟新论”“重集痉病论”“热痹新论”“增补卧龙道人痿症论”。“瘟疫论”论述风湿、热病、暍暑、湿热、秋燥、中风、伤风、发颐、咳嗽诸证，另有“手少阴心经见症说”。每论后均有著者按语，对伤寒及温病的治疗每有独到见解。“集补春温论”提出春温治疗的第一要旨为始终照顾胃液肾津，不论对于暑病或是痢疾均需要辨证论治，不可概以同类药物治之。“痉病”中则指出，六气之为病皆足以致痉，而不独风湿，故尤需辨证以施治，但大旨不外津伤热极生风六字。此书为张氏生平临证经验辑录，然不全为其独立观点，多在参考张仲景学说的基础上，引用喻嘉言、罗天益、张石顽、李士材等医家之言，按语中点明赞许之处。

1276

医学汇粹一卷／（清）香樵氏纂辑：［1911］．－－清抄本．－－35叶／一册．－－半叶九行，行二十五字

上海中医药大学图书馆

提要：此书封面题“医学汇粹”，首为目录，题“虞山汲古后人香樵氏纂辑，孙君修校订”，主要列命门之义、三焦配合肾藏火府之义、论真阳栖息施化之义、申明气不归元为病之义等。此书有论说21篇，多为辑录前人书中之论，如养生论（李南丰）、寝食说（梅公说）等，也有少数为纂辑者所撰。

1277

拣选医理要论一卷／著者佚名：［1911］．－－清抄本．－－64叶／一册

中国国家图书馆

提要：此书为抄录名医要论及临证验方等而成的一部医论书，计有痈疮第一方、治小儿口疮、治血瘤方、治梦遗之精、治疟疾妙方、诸药相反例、十八反歌、十九畏歌、三焦包络命门辨、七味圣神汤、新都治验、大宝论、真阴论、十二脏脉候部位论、广东肇罗道署传送治噎膈神方、四时用药加减法、除风温羌活汤、五香丸、四德丸、吐衄血方、治小儿实证、治泻方等数十篇，有论有方。

10.3 笔记杂录

1278

物理小识十二卷／（清）方以智（字密云）撰　方中通编：1664．－－清康熙三年甲辰（1664）刻本．－－399叶／八册

上海中医药大学图书馆

提要：此书为方以智游学随闻随录之笔记，

内容多摘自《山海经》《博物志》《抱朴子》等书。与医学较密切者主要为卷三人身类、卷四医药类、卷五医药类。卷四主要为《黄帝内经》《难经》之说，未附内科诸证治疗；卷五载各种书籍对药物形态、产地、服用轶事等论述。

1279

崇实堂诸症名篇必读一卷/（清）何镇（字龙符，号培元）撰：1672. --清抄本. --79叶/一册

上海中医药大学图书馆

提要：此抄本无序跋，正文中有红笔圈点。目录首题“崇实堂删订济生论诸症目录”，由此可知应为《济生论》的删订本。此书共收30余症，主要为内科病症，如中风、疟疾、火症、脚气、呕吐、咳逆等。何氏深受河间、丹溪影响，如“诸气”之论，在河间“五志过极皆为火”以及丹溪“气有余便是火”“上升之气自肝而出中夹相火”的基础上，提出“七情交攻，五志间发，乖戾失常，清者遂变而为浊，行者抑遏而反止，扰乱妄动，失其常度，变而为火”。除上承名家之论，何氏也有新说。如“火症”，提出“五火”：“人禀五行，惟火居二，有君相之分。心为正火，焦曰龙火，故曰二火。君不主令，相火代之，其性寄于肝肾之内，附于脾肺之间，凡诸经动者皆属于火，故谓之五火。”在编写体例上，将有些病症以歌诀形式编成，列于篇首，便于读者诵读记忆。

1280

平痾帖括二卷/（明）王肯堂（字宇泰，号损庵、念西居士）纂集 （清）秦东隐重著：1679. --张伯纳抄本. --158叶/四册

上海中医药大学图书馆

提要：此书两卷，收录中风、伤寒、内伤、眼疾等各科病症40余种，先论病因病机，后列治法及处方用药，并详述君臣佐使之法。

1281

客窗偶谈一卷/（清）沈明宗（字目南，号秋湄、槜李）撰：1692. --清抄本. --一册

上海中医药大学图书馆

提要：此书原为陈存仁藏书，是一部以问答形式记录的医学笔记。全书共两篇，第一篇未立篇名，设5问；第二篇“辨天地六气标本”，设16问。内容涉及五运六气、伤寒治法、《难经》要义、对《素问》王冰注文的解释，以及骨蒸内热、情志虚劳、疫病等，而皆以《素问》《伤寒论》《难经》为本。此书极其重视五运六气学说的重要性，认为治法必定要遵从五运六气。首篇就指出：“欲求医学之明，须合三才，则能燮理阴阳，医事乃毕，非惟脏腑经络而已。”著者还十分强调“圆融变化”“慎毋胶柱鼓瑟”，对前人学术见解有所发挥。

1282

松心笔记一卷/（清）缪遵义撰：1797.--清除子瑜抄本. --56叶/一册. --框高17.5厘米，宽12厘米

南京图书馆

提要：此书是著者临证之余所记笔记，有方药、病案、医论，内容丰富，且为临证

实践所来，具有很高的学术及研究价值。但未分门类，颇显庞杂、零乱。

1283
随笔所到一卷/（清）陆懋修（字九芝、勉旃，号江左下工、林屋山人）撰：1866.--稿本. --59叶/一册

中国国家图书馆

提要：此书为著者随笔稿本，内容杂散，包括字词释音、诊病案例、摘录史书医目、古代医家简介等。此书纸捻装，书写多为草书，用纸欠规整，纸背有书写文字并透字。

1284
医学杂缀一卷/（清）查有钰（字式庵）辑：1877.--南野草堂抄本. --51叶/一册

中华医学会上海分会图书馆

提要：此书为诸书抄录医方或辨治要点，如"阳黄明亮，阴黄暗黑，故疸症有阴阳之别""男子以暖肾为补益，妇人以调经为补益""泻心汤用黄连，所以治实邪，实邪责木之有余，泻子以清母也""凡草木之性，生者良而熟之则温，熟者补而生者泻"等，虽然语句简洁，但皆言之有物，颇便初学。

1285
医稗初稿四卷/（清）田晋蕃（字杏村）撰：1879. --清光绪五年己卯（1879）稿本（见田晋蕃医书七种1328）. --480叶/四册. --半叶九行，行二十五字，小字行三十字，白口，上红鱼尾，红色界栏，框高21厘米，宽12.1厘米

中国中医科学院图书馆

提要：此书摘录艺文志小说中的医案医话，如《齐东野语》《花间笑语》《随园诗话》《南部新书》《西溪业语》等，达到10056种。原是著者随得随抄，最后竟成巨帙，是早期非医文献中的医学知识辑录。附有摘录的小说名称及年代，方便查询。

1286
中西医辨一卷/（清）田晋蕃（字杏村）撰：1879. --清光绪五年己卯（1879）至光绪十年甲申（1884）稿本（见田晋蕃医书七种1328）. --6叶/一册. --半叶十一行，行二十四字，有界栏，框高17.5厘米，宽11.8厘米

中国中医科学院图书馆

提要：此书内容仅数叶，但不乏真知灼见，著者提及很多西医的新知识、新方法，和中医相应的知识内容进行比较说明。如西学中肝居膈右方，这一点在《周礼》《针灸大成》等书中也有类似记载。又如，西学将牛痘种于两肘消泺穴和清冷渊穴，从中医的角度进行了解释，取穴于此，乃借水中生阳之气解散痘毒等。此书对西医的理论进行了中医的诠释，对于西学和中医学更好地融合进行了一定的探索，有一定的价值。

1287
名家杂抄五卷/（清）田晋蕃（字杏村）撰：1879. --清光绪五年己卯（1879）至清光绪十年甲申（1884）稿本（见田晋蕃医书七种1328）. --363叶/三册. --半叶十一行，行二十四字，有界栏，框高17.9厘米，宽11.9厘米

中国中医科学院图书馆

提要：此书是将《外台秘要》《河间六书》《本草乘雅半偈》等名家医案中精华内容分条摘录，多以病为纲，也有中医病机的论述，用药宜忌等，间或有著者按语。第一册左侧、第二册、第三册前有索引目录，方便查询。

1288

医宗解铃语一卷／（清）谭焯撰：1890. ——清光绪十六年庚寅（1890）稿本. ——40叶／一册. ——半叶十二行，行二十七字，框高19.8厘米，宽14厘米

上海图书馆

提要：此书为医学杂抄类著作，共载五运六气等17篇医论，对《黄帝内经》等经典著作作了一定阐发。

1289

退省斋说医私识四卷／（清）姚凯元（字子湘，号雪子）编：1892. ——清光绪十八年壬辰（1892）稿本. ——123叶／二册. ——白口，单鱼尾，四周双边，有界栏，框高19.1厘米，宽13厘米

中国科学院国家科学图书馆

提要：此书四卷，卷一铜人经穴及铜人正侧图，收载古今各家论述41篇，并收录嘉庆十九年赐其先祖之御药名单；卷二为“重刻咽喉通论”，论述其病因病机及用药法则等；卷三论述伤寒温病及阿胶制法，药性异同；卷四论药，述药物性味归经等。后附方剂及单秘验方。

1290

公余医录抄六卷／（清）刘庶咸（字绍熙）编：1895.——清光绪二十一年乙未（1895）三槐书屋刻本. ——396叶／六册. ——半叶八行，行十八字，白口，单黑鱼尾，四周双边

成都中医药大学图书馆

提要：此书内封书名《公余十六种汇抄》，书口书名《公余医录抄》。此书为陈修园先生原本，由刘庶咸（绍熙）摘录而成，并由三槐书屋刻印刊行。刘氏在序中说：“余读陈修园先生《公余医录》三十余年，粗有所得，投无不效……因辑所见，刊为读本，以代传抄。”其内容多为摘录陈修园的《公余医录》。

1291

念初居笔记不分卷／（清）钱艺（字兰陔，号隐谷） 钱雅乐（字韵之）等：1896.——清抄本. ——二十三册

上海中医药大学图书馆

提要：此书每案首列患者姓名、性别，然后描述证候，阐析病机，提出治则治法，列出方药。医案所涉及的主要为内科病证，如外感暑热、暑湿、风寒、湿热、温疫及内伤杂病。并有部分妇科经带胎产等医案，及五官科口齿耳目鼻等病证。某些医案非直接描述症状，而是在分析病机过程中兼加述证，并列治法。第二十册钱韵之辑录“医门十劝诗”，用朗朗上口的诗歌体例，劝告医师应该遵循的医德和行为规范。全书内容丰富，叙证明晰，治法简明，方药灵活多样，是一本反映清末太仓医家的较好著作。

1292

读方笔记精义不分卷／（清）张仲璇撰：

1906.——清光绪三十二年丙午（1906）稿本．——530叶/八册．——半叶十行，行二十八字，框高13.8厘米，宽6厘米

山东省图书馆

提要：此书无序跋及总目录，名册之间也无序次，内容以杂病为主。据各册签题：头痛、头风等21症，心痛、胃脘痛等24症，消渴22症，血症、呕吐等26症，霍乱、转筋、口齿、瘟疫等10余症。无签者三册，据内容概括为瘟疫、女科、喉症、咳嗽、外科。书名据书内夹的一叶纸所书而定。夹纸题：赠张老先生"海鹤丰姿寿而康，双凫莅要携青囊（先生所到处必以所著读方笔记字随）。飘然物外神仙侣，诗酒高谈逸兴长""读方笔记精义，针茅张徒柳著奇方，集腋成裘万法藏。先生于医书无所不读，采其精华集成是编数卷编成，留宇宙大千世界有慈航。世晚梁书康敬题"。

1293

桂林轩临证心悟录一卷/（清）邓孟高（字养秋）撰：1911.——清抄本．——一册

上海中医药大学图书馆

提要：此书载于《临证心悟等三种》内。卷首有"澄江养秋邓孟高养秋著"字样。书首有邓氏门人黄振枢作叙一篇，称其师悬壶三十余年，医学精妙入神。此书共19句谨言，皆为治法、处方的要点，包含汗证、呕吐呕逆、血风劳、疟疾、便血、痰饮、温病、下利、中风、咳血等病证。每句后均有撰者的进一步论述，以供临证辨别。如在"下利有旁流与协热不同"中提出，热结旁流者乃热与垢结，属无形，可出现大便黏腻如胶似漆、利不爽而多转矢气等症，故需泻出秽水，古方用大承气汤，其恐泻下太过而改用小承气汤；邪热下利乃热与湿混协垢，属有形，可出现大便溏薄，利必爽出而并无矢气，需用葛根芩连汤。此书为邓氏临床经验之言录，对内科常见病多有论述，涉及方剂、用药经验，尤其对于历代名方、验方的使用皆有所心得，可供临床参考。

1294

临证举隅一卷/（清）田筱园著　陈邦瑞编辑：1911.——抄本．——34叶/一册．——九行

成都中医药大学图书馆

提要：此书根据田筱园先生对伤寒、风寒、风湿、风温、温病、热病、湿病、湿温、痧气、霍乱、暑病、伏暑、秋燥、冬瘟、疫疠、斑、疹、痧、疟、痢等病症的治疗，列举临证症状、辨证施治并备用成方。此书序为陈邦瑞作，序中简介了田筱园先生从医的生平事迹，盛赞先生勤奋好学，博览医家群书，并"以阅历增学识，故先生于温热一症，尤独擅其长"。此书抄写工整，字迹清晰。

1295

医学刍言二卷/（清）金清桂（字兰升，号石如、冬青老人）撰：［1911］．——清抄本．——四册

上海中医药大学图书馆

提要：此书上卷论述外感内伤病证，并于卷末附"杂说"一篇。开首以"四时百病不出外感内伤"为总概，以风寒暑湿燥火及喜怒忧思悲恐惊为病因病机分

类，逐证论治。每证先述病证，探讨病因病机，后言治法，并举方论药。在噎嗝、反胃、泄泻病证中载奇方数首，用法简便廉效。论述详于温病、痰饮、血证、痛证、痢疾、黄疸等，各有其独特之处。如提出“温病初起即在阳明”，认识到伏邪温病与新感温病的不同，故用药上“开首即以栀豉汤”为治；对于痰饮的治疗，提出“以二陈汤为主，余则随症加减”；于痛证分为九种痛，并录高士宗《医学真传》中治疗心腹痛，分胸膈、中脘、大腹、脐旁左右、少腹等部位用药，痛的部位不同，则用药不同，如脐旁左右痛，多为寒凝冲脉所致，故用血分之药等。杂说篇提出医家十要，如一要工夫，二要见识，三要人品，四要时运等。下卷载方160首，多选自《伤寒论》《金匮要略》及温病各家，并有方论，详细探讨药物配伍及应用等。

1296

金匮圆机一卷／著者佚名：［1911］．--清抄本．--一册

上海中医药大学图书馆

提要：此书共录医论10篇。首篇“医有彻始彻终”为病因病机总概；“火字解”论述火邪，分为“贼火”“子火”，提出“贼火宜驱”“子火宜养”的临床治法；“寒热虚实表里阴阳辨”辨明八纲，论治疾病；随后“看症诀”“色”“脉法金针”等篇分别从望、问、切等方面论述诊法。全书重点部分是对“汗和下消吐清温补”八法的探讨，见于“医门八法”篇中，集前人经验之大成，并系统总结；“六气相杂论”提出外感六淫之气相兼为病不易治；又有“伤寒总论”“伤寒主治四字论”二篇总论伤寒，提出“伤寒主治四字者表里寒热也，太阳阳明为表，太阴少阴厥阴为里，少阳居表里之间，谓半表半里”，在伤寒病的治疗上，则提出先分表里阴阳虚实寒热之法，可谓执简御繁，“任伤寒千变万化总不出此”。论述精当，切实可用，正如夹注所评“的是名家”。察此10篇医论，除“六气相杂论”和“伤寒总论”外，皆是摘自清代程国彭《医学心悟》卷一部分。

1297

医书节录一卷／著者佚名：［1911］．--清抄本．--18叶／一册

中国国家图书馆

提要：此书题名为编目者自拟。书中首有节录明代医家陶华著“治伤寒症察病人舌法”；次为元代医家杜清碧增订、明代医家薛己润图的“验证舌法”等内容；后有陈述各种病症，对症开方，如类伤寒症、湿病、热病、温病、中风、类中风、伤风、头风、偏头风、雷头风、鹤膝风、痛风、厉风、暴死等。书中配录彩图。

1298

训蒙医略不分卷／著者佚名：［1911］．--清抄本．--474叶／五册

上海中医药大学图书馆

提要：此书封面题“训蒙医略”及“泽农氏藏”字样。有目录，无序跋。正文以“辨舌论约”为始，论述“伤寒舌象”；次为“伤寒要法”，以正伤寒之名，对正伤

寒及温病、瘟疫、时毒等加以区分；次为“伤寒内伤外感辨”“伤寒一切证治宜忌”“妇人伤寒”等篇，论伤寒汗吐下法应用及伤寒用药宜忌等。以六经为纲，对伤寒各证治及仲景之法详加探讨。随证附方，目录收方共161首，实载157首，以《伤寒论》方剂为主，兼选后世名方。每首方剂先列药物，次述主治症状，后论方剂配伍及临床应用特点。书内有朱笔句读，细笔楷书夹批及眉批数条，疑为后人作。此书名为论伤寒，实是论治伤寒之法在温病、时疫等病症中的应用。

11 医史目录

1299

古代医家画像一卷/（清）林钟撰：1816. --清嘉庆二十一年丙子（1816）稿本. --16叶/一册

中国中医科学院图书馆

提要：此书绘制古代6位医家的画像，分别是：神农氏、雷公、岐山和尚、风纲、纯阳老祖、窦太师。每幅画像之下，载有生平简介及后世医家之评述。书后所画之“明堂仰伏脏腑图”及其图解，与现代医学之内脏解剖大致相同，颇有研究价值。

1300

征士洄溪府君自序一卷/（清）徐大椿（一名大业，字灵胎，号洄溪道）撰：1759. --清洄溪草堂家刻本. --12叶/一册

中国中医科学院图书馆

提要：此书为徐氏自传。徐大椿生于清康熙三十二年癸酉（1693），吴江（今江苏苏州）人。少业儒，为诸生，好读道家书，通晓天文、地理、音律等。后因家人有误于医者，始学岐黄，时年20岁。徐氏博览群书，精研医理。乾隆年间曾两次应诏入宫治病，尝官太医院供奉。徐氏著述宏富，尤重视阐发经典医著，师古而不泥古，颇多精辟之论；同时尝著述针砭时弊及评介诸书，多有创见。后人将其所著刊入《徐灵胎医学全书》。此书是研究徐大椿生平最可信的原始史料。

1301

文学孝行陈府君传志铭诔杂记合编一卷/（清）沈曰富等撰：1852. --清刻本. --19叶/一册. --半叶十一行，行二十四字，白口，上黑鱼尾，左右双边，有界栏，框高17.8厘米，宽12.9厘米

中国中医科学院图书馆

提要：全书分五个部分，陈梦琴君的墓志铭、陈养吾家传、陈梦琴文学诔、妇翁陈先生治疾记、行略。陈梦琴，生于乾隆五十五年九月二十四日，殁于道光三十年七月二十六日，终年61岁。梦琴君以儒业相承，省试7次未举，但心存仁厚，待人宽率、谦虚，遂从外家顾氏学习疡医术，治病多奇，女婿沈曰富摘录病案几则记为“妇翁陈先生治疾记”，所记病案有牙疳、舌出于口寸余、寒热如疟、左足倔强、刃疔、咽痛勺水不能下等急症，有食阿芙蓉者遍体发疱的鸦片中毒症，以外科疾患为多，与学习疡医术相符。附有陈梦琴次子嘉甫传。此书原为许盥孚收藏，刊刻质量一般，所涉及医药知识不多。

1302

医说抄方十卷/（明）张琳（字天瑞）：1493. --明张凤刻本. --97叶/四册. --半叶十行，行二十字，黑口，四周双边

中国国家图书馆

提要：此书卷前有明弘治六年（1493）秦民

悦撰序，序后有目录。卷一为三皇历代名医，列百余位名医姓氏；卷二为药有君臣佐使、针灸、针法；卷三至十为各种神方、药方及治法、养生调摄等。其卷次内容与宋张杲的《医说》大致同。据书中秦序及全书内容，推知为明张琳撰辑。张琳（1438—1506）字天瑞，明浙江余姚县（今浙江宁波）人。弘治间擢右副都御史，巡抚保定诸府，曾辑《医说抄方》十卷，《浙江通志》及明高儒的《百川书志》中皆有记载。秦序云："浙之医至今籍之琳尝有志于此，闻之医家有所谓《医说》者，似乎法家之律例，为之非一手，愈之非一证。宦游中外几三十年，始得书于苏之沈启南氏，因出旧之所著，对讹补缺，遂为完备。其间有涉神怪并时医所不能者，悉与删去。止取所能知及易得者，政暇手自抄录，仍为十卷，名曰《医说抄方》。乃命属吏内黄知县张凤寿梓，以广其传。"

1303

医说简略一卷／（清）杨念慈著：［1850］.－－清道光培桂山房刻本.－－25叶／一册

上海中医药大学图书馆

提要：此书前载张子和汗、吐、下三法一篇，后录总论及医说16条。书中多随笔记录及经验之谈，文字浅显易懂，寓意较深，多针时弊。

1304

工部局卫生清册一卷／（清）上海工部局编：1905.－－清光绪三十一年乙巳（1905）上海商务印书馆铅印本.－－34叶／一册.－－半叶十二行，行二十七字，白口，四周双边

中国国家图书馆

提要：此书又名《工部局医官汇造一千九百零四年卫生清册》。此书是1904年上海工部局卫生官所作的卫生清册，将上海英美租界内所推行或监测的医疗事务详细记录，以作为向工部局董事会报告的书面依据，并为卫生处留下档案，成为日后租界推广卫生事业之参考，是一份研究清末上海公共卫生的重要史料。全书内容包括：报告建医院一所，以备卫生事宜之用；工部局卫生示谕，告诫民众饮食起居要讲求卫生洁净；本年度本埠风雨寒暑表；统计域内华人、西人死亡人数、传染病诸症名目；本年度医院医治各项传染病名目表及预防之法；工部局化学所查明微生物，试制各种疫苗；治理环境；火葬、地葬价目；开设洗衣所及食品、饮用水的卫生检验等。此书1905年刊印，硬纸板装订。书内题签："汪仲阁先生惠赠。"此书内容翔实，统计数据细密精准。

1305

工部局卫生清册一卷／（清）上海工部局编：1907.－－清光绪三十三年丁未（1907）上海商务印书馆铅印本.－－40叶／一册.－－十二行，二十七字，白口，四周双边

中国国家图书馆

提要：此书又名《工部局医官汇造一千九百零六年卫生清册》。此书是1906年上海工部局卫生官所作的当年卫生清册，将上海英美租界内所推行或监测的医疗事务详细记录，以作为向工部局董事会报告的书面依据，并为卫生处留下档案，成为日后租界推广卫生事业之参考，是一份研究清末上海公共卫生的重要史料。全书内容所包括的各个部分及表格形式与

1904年的卫生清册类同。此书硬纸板装订。书内题签："汪仲阁先生惠赠。"此书1907年刊印，内容翔实，统计数据细密精准。

1306
京师警察法令汇纂卫生类不分卷/（清）内城巡警总厅卫生处编纂：1909. --清宣统元年己酉（1909）京华印书局铅印本. --111叶一册. --半叶十四行，行三十五字

中国国家图书馆

提要：此书收录清洁、防疫、医务、化验、禁烟五部分。有民政部责成卫生司制定预防时疫清洁规则条例及逐级检查制度，也有对街巷环境、饮食卫生、戒食大烟等细节的相关要求及法令。书后印有"宣统元年六月印刷，宣统元年十一月出版（非卖品），内城巡警总厅卫生处编纂，京华印书局印刷"。此书是了解清末至近代北京警察法令中有关卫生类的条文及监管范围的重要史料。

1307
防疫纪实四卷/（清）延龄辑：1911. --清宣统三年辛亥（1911）日新排印局铅印本. --280叶/四册. --半叶八行，行三十字，下黑口，单鱼尾，四周双边

中国国家图书馆

提要：此书又名《直隶省城办理临时防疫纪实》。清宣统二年（1910）冬，东北三省及关内直隶、山东及北京、天津等城市发生了鼠疫，清政府历降诏旨敦促各地消灭疫情，此书主要记录了直隶省城保定及周边一带的防疫工作。全书四册，每册封题"直隶省城办理临时防疫纪实"。首有宣统三年保定府知事延龄序，后列直隶临时防疫局中西医官职名。正文卷一为往来电文；卷二为列宪札批；卷三为批示、章程、方法，附记保定学界防疫检验所规则；卷四为逐日报告、伤亡人数表。此书详细记录了一个地区疫灾情况和防灾灭疫的组织领导工作，有数据，有实例，具有一定的医学史料价值。

1308
奉天万国鼠疫研究会始末一卷/陈垣（字援庵、圆庵，笔名谦益、钱罂）编纂：1911.--清宣统三年辛亥（1911）广州光华医社铅印本. --53叶/一册. --半叶十三行，行三十二字，白口，单鱼尾，四周双边

中国国家图书馆

提要：此书为史料类医籍。奉天万国鼠疫研究会是在清政府应对1910年末到1911年初东北三省鼠疫过程中，认识到亟须向国外学习先进的防控经验的前提下召开的。会议由中国倡议并主办，共有来自12个国家的34位正式代表参加。从1911年4月3日至4月28日在奉天（今辽宁沈阳）召开，其间共举行大会24次，形成决议45项，确定了许多国际通行的防疫准则，为此后的国际防疫合作奠定了基础。这次会议是由清政府主办的中国近代史上第一次国际学术会议，极大推动了中国近代公共防疫事业的发展。此书由陈垣编纂，陈垣（1880年11月12日—1971年6月21日），字援庵，又字

圆庵，笔名谦益、钱罂等，广东新会人，出生于药商家庭，为我国近现代著名学者，同时专于细菌学。此书汇集了此次会议的详细情况。书首附研究会会长伍连德照片和简历。清宣统三年四月初版，升敏公司印刷，光华医社发行。今黑龙江伍连德纪念馆藏有此书。

1309

甘肃官医戒烟局试办章程一卷甘肃官立医学馆试办章程一卷/（清）甘肃戒烟局撰：［1911］. --清末官报书局铅印本. --6叶/一册. --半叶十行，行二十四字，白口，单黑鱼尾，四周双边

中国国家图书馆

提要：此书为清末甘肃省制定的两部章程，其一为《甘肃官医戒烟局试办章程》，首先提出开办官医戒烟局的宗旨是精研医理，普济贫民；点种牛痘，保养婴孩；戒烟除瘾，健全人格。其后在规则、用人、经费、职任、办法、奖惩等方面制定了具体条例。其二为《甘肃官立医学馆试办章程》，首先提出开办官立医学馆的宗旨是研究中外医理，造就医学通才。其后在定名、学科、用人、学额程度、功课、考验、奖惩、经费等方面提出具体条例。书末强调“以上各条系属试办章程，如有未尽事宜，随时酌量增入。”此书为清末官报书局铅字排印。

12 丛书

1310

运气易览三卷针灸问对三卷／（明）汪机（字省之，号石山居士）撰：1530. ——明嘉靖新安程氏刻本. ——143叶／六册. ——半叶十二行，行二十二字，白口，双黑鱼尾，四周单边，框高19.1厘米，宽13.2厘米

中国国家图书馆

提要：著者汪机（1463—1539），字省之，号石山居士，明代安徽祁门县人，时为名医，善著述，有多部著作传世。《运气易览》三卷，明嘉靖十二年程鐈刻本。此书乃汪机70岁时撰成，取《素问》中五运六气之说详加辨论，经其门生陈桷校正、程鐈付梓刊行。《针灸问对》三卷，明嘉靖十一年刻本。上、中二卷论针法，下卷论灸法及经络穴道，皆取《灵枢》《素问》《难经》《针灸甲乙经》及诸家针灸之书，条析其说，设为问答，以发明其义。版心镌有刻工黄琰、黄容、黄琇等。

1311

医学统宗八卷／（明）何柬（字文选，号一阳子）编撰：［1569］. ——明隆庆三年己巳（1569）刻本. ——241叶／八册. ——半叶十行，行二十二字，白口，单鱼尾，双栏，框高19.6厘米，宽13.6厘米

日本京都大学图书馆

提要：此书为医学丛书，有7部子书，包括《难经本义补遗》（滑伯仁撰，何柬补遗）、《治病针法》（何柬选编近理且要之针灸歌诀）、《滑氏诊家枢要》（滑伯仁撰）、《医书大略统体》（何柬撰，评述43种古医籍，描述人体脏腑形态）、《滑氏卮言》（经何柬校正之滑伯仁晚年读书心得）、《杂录》（何柬撰，为地方医学考试答卷）、《试论》（收载何氏九篇医论）。其中除滑伯仁《诊家枢要》外，均未见于我国现存书目中。书中所收地方医政部门试卷，是研究当时医事制度的珍贵资料。今有明刊本存世，另南京中医药大学图书馆有明刻本残卷。

1312

霍氏医书五种汇刻／（清）霍良（字玉华）编撰：1628. ——清顺治十四年丁酉（1657）刻本配补本. ——415叶／五册

山东中医药大学图书馆

提要：此书包括《痘科汇编》《痧科纂要》《方药治症提纲》《脉诀汇编说统》《经络汇编释义》5种。《痘科汇编》三卷，上卷总论痘疹部位、形色、气血、辨症；中卷治法、主治并兼证治；下卷方药总论，古今经验方151首。《痧科纂要》不分卷，包括痧通论、兼证，水痘论治，发斑论治，列方83首。《方药治症提纲》不分卷，强调方不一病，按阴阳、寒热、脏腑、经络、标本等方面论述。《脉诀汇编说统》包括脉论及切脉法、病脉说、脉象治法、

迟数、上下、相类、脉切法、相兼脉法及四时顺逆等。《经络汇编释义》列举三十二人形图，释义十二经脉、脏腑、联络分合状况及内景图。其中《痘科汇编》另有单行本。

1313

脉法的要不分卷汤散征奇不分卷／（明）闾丘煜（字芝林，号参微子）编：1628. --明树德堂闾丘氏抄本. --220叶／二册

中国国家图书馆

提要：此书为《脉法的要》《汤散征奇》合抄稿本，不分卷。明代闾丘煜辑，秦景明、闾丘炳、汪永龄等抄校。稿本自叙于明崇祯二年（1629）。《脉法的要》是系统阐述脉理脉法和切脉经验的书。全书辑次了14方面内容：①脉奥大原。②诊脉八段锦。③《脉经》直指论。④定左右部位。⑤诸脉。⑥十怪脉。⑦形脉不相应。⑧四时病五行相尅。⑨诊病生死。⑩《崔真人脉诀》。⑪妇人脉法的要。⑫奇经八脉总说。⑬辨诸脉。⑭运气脉及南北政。《汤散征奇》是以袖珍的短文讲述病证的治疗要点，选用的方剂皆是验之有征呈奇效者。共列123门，其中，内科汤散征奇，包括口齿眼病，列中风门以下78门；妇人汤散征奇，列经候不调门以下22门；外科汤散征奇，列疮疡疥癣门以下12门；小儿科汤散征奇，列初生护养歌以下至痘门共10门。

1314

十竹斋刊袖珍本医书十三种／（明）胡正心（字无所）辑：1632. --明崇祯六年癸酉（1633）十竹斋刻本. --1308叶／二十册. --半叶七行，行十五字，白口，上白鱼尾，四周单边，有行格，框高10.5厘米，宽7.1厘米

中国中医科学院图书馆

提要：此书共20册，11种书，乃汇刻薛氏医案，原缺《嗣产法论》和《保婴金镜》，刊刻者有感于薛氏医案的效验，遂择其最紧要的《内科摘要》《外科枢要》《女科撮要》《痘疹撮要》与《伤寒金镜录》等校订锲为袖珍本，方便携带与传播。《内科摘要》二卷，均为虚损证的验案以及常用方剂，体现了薛氏在治疗内科疾患时“以补为主，不崇尚盲目攻下，以求速效”的主旨。《外科枢要》四卷，每病之前先论该病的病因病机、常见的治疗方法，后有治验，针灸宜忌、辨治要点及各种伴随症之治疗均有详述。《女科撮要》二卷，记载了常见妇科疾病的病因病机、常用方药及治验。《痘疹方论》二卷，对痘疹的病因、治法以及验案、效方进行论述。《痘疹撮要》四卷，列有痘疹受病之原由、症状、轻重判别、调养护理之禁忌、伴随症、治疗验案举隅、常用的方剂，并附有红斑表现等简单图示。两书合论小儿痘疹，可见其对于痘疹的重视。《原机启微》二卷，《启微附录》一卷，各一册，眼科著作。敕山老人著作，后世流传皆为明代薛己据王庭藏本之校刻本。上卷论眼病之源18则，下卷论眼病制方之宜。全书收眼病方46首，及外洗、搐鼻、点药、刀针刺割等手术疗法。薛己增补附录一卷，有11论，39方。此书为较早的系统而又切合临床的眼科专著，为后世所推崇。《伤寒金镜录》一卷，敖氏著，薛己润图，胡正心校阅，记载伤寒诸证舌象图示及相应治疗方药。《伤寒五法》二卷，卷

上记载了伤寒的脉象、切脉方法、伤寒诸证的诊断要点、六经的用药方法等；卷下设发表门、解肌门、和解门、攻里门、救里门，论述治疗伤寒的方剂。《伤寒秘要》二卷，主要论述伤寒病证及药方。《五运六气详解》一卷，董玹订，详解五行衰旺之机，并结合气候考察民病，临证亦可酌为参考。

1315

明刻医书五种/（明）胡文焕（字德甫、德文，号全庵、抱琴居士）编：［1644］. --明刻本. --90叶/一册. --半叶十行，行二十字，白口，左右双边，框高19.6厘米，宽13.8厘米

山东省图书馆

提要：此书是明代胡文焕校刻五种医书的汇印本。版式与胡氏校刻的《格致丛书》相同。子目包括《医学要数》《医学碎金》《脉诀》《太素脉诀秘书》《新刊太素心要》。

1316

疢恒轩五种书/（明）吴蒙（字非蒙）撰：［1644］. --明末抄本. --245叶/三册. --半叶八行，行二十字

中国国家图书馆

提要：此书三册，各册首尾皆有残损。第一册书名叶残损不全，仅存文字“第一种岐黄书、第三种药性书、第五种豹韬书”，第二、四种书名已缺失；后有疢恒轩五种书叙言，为吴蒙自叙。此书今仅存两种，即第一种岐黄书和第三种药性书。第一种岐黄书，首有按症类分目录，如首症、面症、鼻症、眼症、耳症、口舌症、齿牙症、咽喉症、须发症、手足症、心腹症、腰肾症、小便症、大便症、痈毒症等，每一症又细分若干症状，然后针对每一症状出方配药，介绍服用方法；其后又有按科类分目录，如小儿科、妇人科、老人科等，每科细分病症，然后对症出方并介绍治疗方法。第三种药性书，首有目录，列本草名113个，其后依次介绍各种本草的性状、产地、药用部位、加工方法、药性及单方。此书钤有“吴蒙之印”“字非蒙”等印。

1317

郑素圃医书五种/（清）郑重光（字在辛，号素圃、完夫）编著：1707. --清康熙四十六年丁亥（1707）秩斯堂刻本. --845叶/二十四册

上海中医药大学图书馆

提要：此书由《素圃医案》四卷、《伤寒论证辨》三卷、《伤寒论翼》二卷、《温疫论补注》二卷以及《伤寒论条辨续注》十二卷5种医籍组成。

1318

仁寿堂医书四种/著者佚名：［1722］. --清初仁寿堂刻本. --32叶/一册. --半叶八行，行十八字，白口，单黑鱼尾，四周单边

中国国家图书馆

提要：此书四种，据内封题：《金镜舌法图》《经验良方》《经验良方续》《医家要语》。此书今残存一册一种：《金镜舌法图》，卷端题名“金镜录伤寒验证舌法图说，敖氏著，杜清碧增订，薛己阅图，仁寿堂重梓”，版心上题“金镜舌法”。宋元间医家敖继翁曾据张机《伤寒论》补“验

舌法”十二条，著《金镜录》一卷。元至正元年，医家杜本在敖氏十二验舌法的基础上增至验舌二十四图并治法方药。明崇祯六年，仁寿堂主人郑二阳刻《金镜舌法》一书，以广其传。清顺治年间，郑氏之子郑蕃又将《金镜舌法》并其他三种汇编重梓，即为此本。此书有舌法图36幅，标注各种舌症，旁注文字，辨识病症病因，提出治法及药方。杜本增订的《敖氏伤寒金镜录》单刻本今存明嘉靖至清代多种版本，此仁寿堂丛刻本未见其他著录。

1319

乐只堂医书汇函七卷/（清）何梦瑶（字报之，号西池）撰：1757.——清乾隆二十二年丁丑（1757）南海何氏刻本.——800叶/七册

河南省图书馆

提要：此书由《医碥》《伤寒论近言》《三科辑要》三部分组成。《医碥》前4卷除基础理论内容外，主要阐述内科杂症的病因病机、辨证诊断及治疗方法，卷五论述四诊，最后2卷是方药。《伤寒论近言》共七卷，分“太阳篇”“少阳篇”“阳明篇”“阳明合病并病篇”“太阴篇”“少阴篇”“厥阴篇”“仲景原方”等，每篇均有注解，原方下均附有功效、用量、炮制、注意事项等。《三科辑要》含“幼科辑要”“妇科辑要”“痘疹辑要”各一卷，对儿科、痘科、妇科常见病的症状、病因病机、治法、方药、用法等进行了详细阐述。

1320

奇效医述痘疹活幼心法合刻/（明）聂尚恒（字惟贞，号久吾）原撰　（清）黄治幽（字开周）重校：1766.——清乾隆三十一年丙戌（1766）黄氏校刻本.——148叶/四册.——半叶九行，行二十一字，白口，单鱼尾，四周单边，有界栏，框高13厘米，宽20厘米

中国中医科学院图书馆

提要：此书为《奇效医述》《痘疹活幼心法》的合刻本。《奇效医述》记载了37则医案及6首经验方，医案中所治病人姓名、病程、症状、脉象、病机、治疗用药的过程、验方的药物组成、剂量、煎服方法、随症加减均有详细记载。《痘疹活幼心法》分别论述了痘疹的发病原因、诸家的看法、时医的谬误、寒热虚实证的鉴别、气血盈亏消长之理以及寒凉药的炮制方法。在痘疹的治疗方面，从痘疹初发热，至痘出齐数日内，到痘出齐后起发灌脓数日内等各个病期的调治法分别阐述，颇为详尽实用。附录有“或问六条”“治痘医案十一条”“麻疹”“古今治痘要方”“痘疹的避忌”。后附《幼儿杂症方论》，对小儿除痘疹之外的其他常见病如吐泻、惊风、疳等的病机、治疗、方药进行了论述。

1321

平江贺氏汇刊医书/（清）贺缙绅辑：1777.——清光绪四年戊寅（1878）刻本.——84叶/二册.——半叶六行，行十九字，白口，上黑鱼尾，四周双边，框高20.6厘米，宽12.1厘米

中国中医科学院图书馆

提要：此书上册《福幼编》，清代庄在田撰。书中对慢惊风致病之由、病机、主症及伴随症、治法、用药、煎服方法、治验等均有详细论述，治疗专以温补见长。书

后附有经验方，包括蔡松汀难产神效方，治疗疟疾、痰迷心窍的方剂各一首，以及《时疫白喉捷要》，对白喉的辨治、调护、治法均有记载。下册《西洋种痘论》，因痘之患处处有之，取种痘法历验者条述之；并按铜人尺寸孩儿大小不等宜，因此类推绘图，标注种痘的准确位置；另有种痘的工具，执针的姿势等简单图示；对种牛痘的缘由、方法、出痘的具体症状、出痘后的注意事项以及种痘后一些变症的治疗方药有详细描述；并指出种痘的关键：一是如何养苗浆，二是如何识别疯疾。后附有救吞鸦片烟毒之救治良方。

1322

灵兰社稿/著者佚名：[1850]. --清稿本. --八册

中国中医科学院图书馆

提要：此书两栏，上栏为眉批、评语或对秘法、秘方的提示，有时也以简短的医案印证下文；下栏为医书的主体，在论述中有小字为注。《杂症》六卷，将杂病分为风门、虚劳、诸痛、寒暑、大小便和诸气6门。《锦囊药性赋》两卷，共列从陈皮到芜荑，12类238味中药，为四言或多言歌诀韵证的形式。

1323

详论烟瘾疑难症参变一卷医儒两道指南新书一卷/（清）孙静轩撰：[1852]. --清咸丰二年（1852）刻本. --39叶/一册. --半叶八行，行二十二字，框高26厘米，宽16厘米

中国中医科学院中国医史文献研究所

提要：此书前无序，但有一短言："大烟瘾与干痨、气鼓、噎食皆乱无章之大症，拘其常经而莫能治，彼皆抱恨于九泉。而道之明昧，关乎诸病之生死，圣道之从违，关乎人心之公私，贤才之有无，世道之升降，天人之安危，更为紧要。吾既窃附儒林，焉忍坐视，不皆劈根寻源，以彰明于世也哉。"此书主要包括：详论大烟瘾、男女干痨、气鼓、噎论；示人医道入门之法，分别二十七脉主虚实寒热之症、瘟疫辨要，示人学儒道入门之法等内容。

1324

世补斋医书续集/（清）陆懋修（字九芝、勉旃，号江左下工、林屋山人）撰：[1866]. --稿本. --50叶/三册. --半叶十行，行字不等，印格纸

中国国家图书馆

提要：此书三册，用印格纸撰写，每册卷端均题"世补斋医书续集"。第一册《世补斋医书》以医论为主，主要论及霍乱、伤寒，末有"世补斋书重印需改"二叶，是对已刊印的《世补斋医书》的部分更正；第二册《世补斋医书刊后续论》以医方为主，其方主治暑、热等症，末有光绪十二年陆氏识语；第三册《世补斋乙酉以后杂谈》为杂记。三册书中多有空白叶。

1325

鉴轩医书二种/（清）谢希轼编：[1866]. --清同治五年丙寅（1866）江西崇仁谢氏鉴轩刻本. --759叶/十册. --半叶九行，行二十五字，白口，单黑鱼尾，四周双边

中国国家图书馆

提要：此书含子目2种：①（清）江涵暾撰《笔花医镜》四卷，二册。②（清）鲍相璈撰《验方新编》十六卷，八册。此书总题名据内封所题。其中《笔花医镜》一至三卷题“笔花医镜”，卷四题“卫生便览医镜”，一至四卷版心均题“卫生便览”，故是书又名《卫生便览》，其内容从诊法、五脏六腑、儿科、女科四方面论述疾病的证治。《验方新编》，乃鲍相璈积二十年心力广求验方，所获甚富，遂选其实用廉便者，分门别类，辑撰而成。两部医籍自清道光年间即有单本流传，同治五年，江西崇仁谢希轼合刊二书为一本，题名“鉴轩医书二种”，即此本。

1326

泉唐沈氏医书九种／（清）沈灵犀编：［1875］．－－清稿本．－－十册．－－十二行，框高18.9厘米，宽18.7厘米

中国中医科学院图书馆

提要：此书包含：《伤寒分类集成》《伤寒摘要》《读金匮要略大意》《中风简要》《诸痹汇要》《痿证大要》（以上合为一册）；《虚劳要则》《水气指南》《温病方书》。《伤寒分类集成》三卷，按“可汗不可汗证”“可下不可下证”“可吐不可吐证”“可清证”“可温补证”及“别证变证”（如“结胸”“脏结”“除中”“百合”“狐惑”等20个病证）将仲景《伤寒杂病论》分类予以辨析。《伤寒摘要》立153个专题，对《伤寒杂病论》加以阐说。前13论为总论，概说六经证治大略及诊法；后140论以病名为篇目，各论简明，叙理清晰。《读金匮要略大意》将《金匮要略》原文前25篇逐篇加以提要钩玄，对其中重点条文加以阐释。《中风简要》《诸痹汇要》《痿证大要》《虚劳要则》《水气指南》等是从《黄帝内经》或《金匮要略》中重点抽出原文加以解析，著者均能提出较为中肯的释义。《温病方书》主要择取《温病条辨》中条文方药加以解析阐发。

1327

凤氏医书三种／（清）凤实夫（字在元，号凤兮山叟）撰：1877.－－清光绪三年丁丑（1877）稿本．－－八册

上海中医药大学图书馆

提要：此书包括《凤氏医案》四卷、《医师秘籍》二卷和《内科脉镜》二卷3种。《凤氏医案》，又名《临证经验方》，是凤实夫在同治五年（1866）所著，系凤氏三十年临证经验精华，共载医案100余则。书中所录医案，首载患者姓氏、性别；次述患者症状、病机治则，尤以病机所论最详，往往引经据典，鞭辟入里；最后辅以方药煎服方法等。《医师秘籍》，撰者未详，扉页题“薛生白原稿，凤兮山叟藏”。上卷载“太极生人图说”“十二经藏府合八卦图说”等7篇，下卷载“四诊论法”“诊脉图说”等8篇。《内科脉镜》，不著撰者，清光绪三年（1877）由凤实夫编入《凤氏医书三种》。扉页题“洞庭凤实夫辑，养和医室藏稿”。上卷为五脏图，下卷为六腑图。除心包络外，每一脏腑均按全图（含经络连属）、主病、药队及列方，详析为4项；各脏腑首论生理，次按寒热虚实辨证。

1328

田晋蕃医书七种／（清）田晋蕃（字杏村）撰：1879. －－清光绪五年己卯（1879）至

清光绪十年甲申（1884）稿本．--546叶/三十二册．--半叶十一行，行二十三字，有界栏，框高17.6厘米，宽11.2厘米

中国中医科学院图书馆

提要：著者田晋蕃，清末医家，字杏村，会稽（今属浙江）人，著《内经素问校正》《中西医辨》《慎疾格言》等，均有刊本行世。此书汇辑田氏所撰7部医著，即《医经类纂》（见0003）、《内经素问校正》《医稗》（见1285）、《名家杂抄》（见1287）、《田晋蕃日记》《中西医辨》（见1286）及《慎疾格言》。全书主要内容包括节选编纂《黄帝内经》，或校证释义《素问》，或荟萃前贤精华，阐析医理，参以己见。

1329

韩氏医书六种/（清）韩善征（字止仙）撰：1896.--清稿本．--258叶/六册．--半叶八行，行二十字，框高20.3厘米，宽12.9厘米

上海中医药大学图书馆

提要：此书子目包括：《疟疾论》《痢疾论》《时病撮要》《阳痿记》《金匮杂病辨》《醒世琐言》6种。前五种书皆为疾病论说，后一种为医论著作。正文前有光绪二十三年（1897）束允泰（季符）“韩氏医书序”。书末署“光绪二十二年曲阿韩善征”。

1330

牖蒙丛编二十四卷/（清）王锡祺辑：1901.--清光绪二十七年辛丑（1901）王氏小方壶斋木活字本．--79叶/一册．--半叶十二行，行二十四字，下黑口，单黑鱼尾，四周双边

中国国家图书馆

提要：此书是在清光绪年间兴起的变科举废八股而建学堂的背景下编纂的一部幼儿蒙学读本，对象为七至十四岁幼儿。全书二十四卷，有百家姓、千字文及经、史、子、集等各科各类内容，采用歌诀、诗赋、格言的语言形式以适合幼儿诵读识记。其中第十七、十八卷为医籍，共选取7种：清陈念祖著《医学三字经》，清罗必炜参订的《药性赋》，清汪昂辑《汤头歌》《经络歌诀》，宋崔嘉彦著、明李言闻删补的《脉学四言举要》，清陈念祖著《金匮歌括》，清程国彭著《医中百误歌》。此7种医籍的早期版本有注、有方，此本皆在题名后以小字注明略去注、方。

1331

石室丛抄十九种/（清）石颀（字更叟）辑：1910.--清宣统二年庚戌（1910）抄本．--三十八册

上海中医药大学图书馆

提要：此书收录医书《脉经》十卷、《伤寒证治》二卷、《良方汇录》六卷、《医学汇编》三卷、《医林改错》二卷、《脉诀图证汇参》二卷、《医学秘书》四卷、《医学丛抄》二卷、《王孟英医案》二卷、《傅青主女科》二卷、《外科秘方》二卷、《医原纪略》一卷、《疡科补苴》一卷、《十二经图并见症用药法》一卷、《俪语集锦》一卷、《咽喉症类》一卷、《医学策问论说序文手札类》一卷、《痧喉症治阐解》一卷及《医宗备要》一卷，共19种。集医论、医案、

诊脉、方药、内科、外科、女科、咽喉科等内容汇刻而成，内容广博。其中除《脉经》《医林改错》《王孟英医案》《傅青主女科》外，均未有单行本传世。

1332

肇坤医稿五种 /（清）肇坤辑：1911.--清稿本．--157叶/五册．--半叶十行，行二十一字，框高14.1厘米，宽9.2厘米

中国中医科学院图书馆

提要：此书包括《六经撮要》《撮要伤寒方论》《时病撮要》《撮要男妇科》《撮要妇科儿科》5种医稿。《六经撮要》先是对六经病变的经文择其要述之，后为著者自己的见解。《撮要伤寒方论》第一部分先概述《伤寒论》中的重要方剂，简述病机，后列方名、药物；第二部分为名医方论，乃论治内科诸证，对虚损证候单列叙述，可见其重视。《时病撮要》列出春夏秋冬四季常见的时病，并提出相应治法及用药，比如中风治法有顺气搜风法、活血祛风法、宣窍导痰法等，可谓切中病机，颇有见地。《撮要男妇科》名为男妇科，前半部分实为数种常见疾病的总括，论述其临床表现、病机、常用方剂、加减用药等；后有妇科总括，及一些常见妇科疾病的治疗用药等。《撮要妇科儿科》简述儿科常见疾病的证治、常用方剂的组成。

1333

西洋引痘四言脉诀合编 /著者佚名：1911.--清抄本．--58叶/一册

郑州图书馆

提要：此书分“牛痘源”“点穴法”“慎择苗宜”“轻刺法宜”“种后情形”“牛痘法”“辨天行”“种后病形”“用药调治”“心法宜留”“此言脉诀及主病证”等，用四言脉诀形式详细介绍了痘症的治疗方法、治疗禁忌等。

1334

河北张氏医书五种 /著者佚名：［1911］．--稿本．--八册

辽宁中医药大学图书馆

提要：此书共有5种子目，包括：《伤寒要法》四册，《症治疗法》一册，《温疫时令症》一册，《霍乱金笺》一册，《温症方针》一册。

索引

书名笔画索引

一画

二画

三画

四画

五画

六画

七画

八画

九画

十画

十一画

十二画

十三画

十四画

十五画

十六画及以上

书名音序索引

[B]

[C]

[D]

[E]

[F]

[G]

[H]

[J]

[K]

[L]

[M]

[N]

[P]

[Q]

[R]

[S]

[T]

[W]

[X]

[Y]

[Z]

著者笔画索引

一画

二画

三画

四画

五画

六画

七画

八画

九画

十画

十一画

十二画

十三画

十四画

十五画

十六画及以上

著者音序索引

[D]

[H]

[J]

[M]

[N]

[O]

[P]

[Q]

[R]

[S]

[T]

[W]

[X]

[Y]